普通高等教育"十三五"规划教材

管理统计学

齐晓峰　王宏新　主编

北　京
冶金工业出版社
2022

内 容 提 要

本书从管理统计学的基础知识入手，由浅入深，全面、简明、系统地介绍了管理统计的基础知识、原理和方法，略去了复杂的数学推导过程，重点强调统计学在经济管理中的应用，强调对SPSS软件计算原理的透彻理解与正确应用，以求构建一个贯通统计学原理、SPSS软件使用技巧以及对管理统计学进行数理研究的方法体系。

本书可作为普通高等院校信息管理与信息系统、人力资源管理、国际经济与贸易、金融学等专业的教材，也可供有关技术及管理人员参考。

图书在版编目(CIP)数据

管理统计学/齐晓峰，王宏新主编．—北京：冶金工业出版社，2016.8（2022.2重印）

普通高等教育“十三五”规划教材

ISBN 978-7-5024-7293-1

Ⅰ.①管…　Ⅱ.①齐…　②王…　Ⅲ.①经济统计学—高等学校—教材　Ⅳ.①F222

中国版本图书馆CIP数据核字(2016)第188051号

管理统计学

出版发行	冶金工业出版社	**电　　话**	(010)64027926
地　　址	北京市东城区嵩祝院北巷39号	**邮　　编**	100009
网　　址	www.mip1953.com	**电子信箱**	service@mip1953.com

责任编辑　郭冬艳　美术编辑　吕欣童　版式设计　吕欣童

责任校对　孙跃红　责任印制　李玉山

北京虎彩文化传播有限公司印刷

2016年8月第1版，2022年2月第4次印刷

787mm×1092mm　1/16；16印张；400千字；246页

定价 39.00 元

投稿电话　(010)64027932　投稿信箱　tougao@cnmip.com.cn

营销中心电话　(010)64044283

冶金工业出版社天猫旗舰店　yjgycbs.tmall.com

前　言

管理统计学是一门以经济管理理论为基础，以一般统计学为工具，研究社会与经济管理问题的应用学科。它研究如何有效地收集、整理和解释反映社会和经济管理实践的数据，以期认识数据的规律性及内在的社会和经济含义。管理统计学现在已被广泛应用于市场调查、证券市场分析、风险分析、产品抽样调查和质量控制、投资效益评估、人力资源分析和评估、经济指标分析和预测等方面，为管理者进行正确决策提供科学的依据。

本书在面向高校学生的同时也面向实际工作者，重点在于应用，强调学习统计分析方法及 SPSS 软件的透彻理解和正确应用。管理者可以依托统计学知识来全面管理，制定调查方案、分析统计数据，凭数据决策，获取对决策有用的信息，进而做出科学的决定，解决实际问题。

管理统计学是一种技术，也是一门艺术，对同一组数据，站在不同的立场，用不同的统计方法及不同的置信水平，可能得出不同的结论，因此如何正确使用统计方法依赖于使用者的统计技巧和经验。管理统计学的原理和方法恰恰能够帮助我们区分科学真理和科学虚伪，为我们提供寻求真理的有效途径。

丰富的案例、结合软件的应用，以及选材的系统性与完整性是本书的特点，内容覆盖常用的统计分析方法及 SPSS 软件应用，共 11 章，包括管理统计学的基础知识、管理统计学的预分析、参数的区间估计、假设检验、方差分析、相关分析、线性回归分析、时间数列分析、非参数假设检验和协方差分析。内容全面、完整且有新意，逻辑严密、体系自成，注重培养实际操作和准确决策的能力，本书深入浅出，通俗易懂，适合读者自学。

本书前言和第 1 章由辽宁工程技术大学王宏新编写，第 2 ~ 11 章由齐晓峰编写。齐晓峰负责本书的策划、统稿和最终定稿工作。辽宁工程技术大学任海芝教授、王宏新副教授负责书稿的主审工作，提出了很多宝贵意见，在此表示衷心的感谢。

本书在编写工作中做了大量的探索、提炼和总结，以求有新的方法应用于管理统计学。由于编者水平所限，书中难免存在疏漏和需要改进之处，恳请同行和读者批评指正，以便日后修改和完善。

编 者

2016 年 4 月

目　录

1 管理统计学的基本知识

1.1 统计学与管理统计学

1.1.1 统计学

(1) 统计学的涵义。一般来说，统计学（statistics）又称统计方法，是研究如何收集、整理、分析和解释涉及社会、经济、管理问题的数据，并对研究对象进行统计推断的一门方法论科学。

在自然界里，在生产、管理实践中，人们观察到的现象可以大体归结为两种类型：一种是确定性现象；另一种是不确定现象，也称随机现象。随机现象是指在相同条件下重复进行试验，每次结果未必相同的现象；或是知道它过去的状况，但未来的发展事前不能完全确定的现象。例如，某种新产品投放市场后消费者对其欢迎程度，对某个房地产项目投资后的获利情况，顾客在某服务系统接受服务的等待时间等，都是不确定现象，即随机现象。

实际上，所谓不确定，只是对一次或少数几次观察或实践而言，当在相同条件下进行大量观察时，随机现象都呈现某种规律，这被称为随机现象的统计规律性。例如，通过大量的统计发现，某些服务系统对顾客的服务时间是服从指数分布规律的，人的身高是服从正态分布规律的，等等。因而人们便可以根据所发现的规律，对所研究的问题进行科学决策。统计学就是研究随机现象统计规律性的，即在确定性和不确定性的资料中探讨事物发展的规律，为科学决策提供一套系统而有效的方法。现在的统计学已是一门非常重要的方法论科学，正如统计学家高尔登（G. Galton）所预言的，统计方法可应用于各种学科和各种部门。

(2) 统计学的研究意义。在日常的学习和工作中，人们会经常碰到对具有不确定性（uncertainty）的事项作决策（decision making）的问题。如填报大学志愿问题，我们虽然不能断定是否会被录取，但是可以根据自己的成绩估算与该校以往年度的录取分数标准作比较来衡量。统计学就是在这种不确定、不充分的信息背景下，以具体的经验数据考虑尽可能地少犯错误，而获得较为正确决策的方法。

在企业管理中，为了使现有的人力、物力和财力做到有效配置，提高企业的整体效率，就需要用各种有效的统计方法为企业的管理者提供决策的依据。决策的基本知识来自经验的总结，将统计调查中所获得的信息，以数量方法加以整理，并基于这种信息作出的决策称为统计推论（statistical inference）；以统计推论来决定行动的方案称为统计决策（statistical decision making）。

(3) 统计学的内容。统计工作需要有统计理论的指导，有关统计方面的理论就是统计学。人们通常误解统计学为数据资料的收集，以及对这些数据作一些简单的均值、百分比等运算，或用图和表等形式加以表示。其实这些仅是统计学工作的一小部分。统计学还包括假设检验、回归分析、时间序列分析、独立性分析等许多工作。统计学的内容一般包括：1）统计调查；2）统计描述；3）统计推断；4）非参数统计等部分。在口语中，人们经常把“统计资料”、“统计工作”、“统计学”含糊地通称“统计”。在英语中，Statistics 作为单数使用时，指的是统计学；作为复数应用时，指的是统计资料。

一般来说，统计学的研究对象具有以下特点：

1）随机性。随机性有两个解释，一个是事件发生的结果不确定，另一个是不同的个体有差异。

2）群体性。研究对象应包含不止一个个体，换句话讲，单个个体不需要统计分析。

3）数量性。事件的发生情况应由数量表示，以便于进行统计分析。这在大部分情况下是可以做到的。如果事件的发生是以定性的方式表述的，则应该将其转换为数量表述。例如，某产品的销售可能有好、中、差三种情况，可以将三种情况分别记为1、2、3；再例如，对某种突发事件的发生记为1，不发生记为0，等等。

（4）统计学在管理中的应用。统计学的应用领域非常广，几乎所有的研究领域都要用到统计方法。例如，经济学、管理学、气象学、医学、遗传学、地质学、历史学、语言学、教育学、金融学等。当数理统计方法广泛应用于管理领域以及经营管理活动的各个方面和环节时，如管理预测和决策、资金管理和成本控制、费用预算和盈亏分析、质量控制和检验、市场调查和需求预测、劳力分配和人员调度等，便产生一些与管理有密切关系的新兴边缘学科，如管理科学（运筹学）的各学科或分支、管理系统工程、经济计量学等。总之，统计学已经成为管理者必备的基本知识和有力工具。当统计学应用于企业管理时，统计方法与管理的思想和理论便结合起来处理各种管理问题了，从而形成了一门研究行动的理论和方法的新兴学科——管理统计学。本书主要是从管理统计学的角度进行论述。

俗话说得好：“知己知彼，百战不殆。”企业为了生存、发展，除了要了解自身特点，内在优劣势之外，还必须时刻掌握市场、竞争对手、供销商、顾客等多方面的情况，收集那些能反映企业目前状况的相关数据，并且最重要的是将这些数据转化为对企业有用的信息，为企业科学决策提供最好的依据。统计学在企业管理中所扮演的角色就是这样一个将原始数据转化为有价值信息的过程。可见，企业要能真正做到知己知彼，百战不殆，离不开科学有效的管理统计。

统计学在管理中的应用包括以下几个方面：

1）存货库存的确定。企业经理应根据对存货的需求和存货库存状态的分析，确定存货的进货量（需要用到统计方法，分析需求量变化的分布规律）。

2）生产控制。企业生产部门负责人应根据对样本产品的质量检验情况，确定是否对企业生产过程进行调整（需要用到统计学中的抽样选取样本产品及假设检验方法）。

3）市场分析。企业市场部门负责人应根据对某种新产品在样本消费者中试销情况的调查结果，确定该产品可能的销售量（需要用到统计学中的参数估计方法，进行销售量预测）。

4）客户管理。企业市场部门负责人应通过调查，对企业客户的类别进行细分，根据不同类别客户的特点，选择不同的服务策略（需要用到统计学中的聚类分析方法）。

5）风险投资。企业投资部门负责人应通过对各种项目投资回报率及其风险的分析，并根据企业所处的情况，确定是否对某项目进行风险投资（需要用到统计学中的参数估计等方法）。

6）审计查账。检查一个大公司账目的审计员，会运用统计方法抽样检查公司的账目，然后根据抽样检查的结果，确定公司的账目是否有问题（需要用到统计学中的参数检验方法）。

7）考核标准。例如，企业总部希望了解设立在全国多个城市中的子公司的经营业绩是否与所在城市的 GDP 有关。如果有关，企业总部准备以分公司所在城市的 GDP 作为考核标准，对各个子公司进行绩效考核（需要用到统计学中的回归分析）。

1.1.2 管理统计学

（1）管理统计学的研究对象。管理统计学（statistics for management）是以经济管理为理论基础，采用描述和推断的方法，对社会经济现象一定统计总体的数量特征、数量关系、发展变化趋势及其规律性进行研究，实施统计决策，解决经济管理问题。管理统计学是一门应用性的方法论科学，它以理论统计学的理论和方法为核心，不断吸收现代管理科学，尤其是信息论、系统论、控制论和决策论等方面的研究成果，使统计的职能从反映和监督拓展到推断、预测和决策，是统计与管理的结合。管理统计学是认识社会经济现象的有力武器，是工商企业管理、服务的工具。它是国内外工商管理硕士（MBA）研究生必修的核心课程。

（2）管理统计学的研究范围。管理统计学是研究统计学原理和统计方法在经济管理中应用的一门学科。具体地说，它是研究如何搜集、加工、整理、分析和解释社会及经济管理问题的数据，以便认识其规律性及内在的社会与经济涵义。近几十年来，管理统计学已被人们广泛地应用于解决经济管理中出现的重要问题，如宏观经济的计划与预测、市场调查与分析、证券市场技术分析、产品抽样调查和质量控制等等。管理统计学为管理者进行正确的决策提供了科学的依据。正因为如此，管理统计学的研究范围是相当广泛的，如概率论（probability theory）、概率分布（probability distribution）、抽样理论（theory of sampling）、抽样调查（sampling inspection）、假设检验（hypothesis testing）、统计推断（statistical inference）、差异分析（variance analysis）、时间数序分析（time series analysis）、统计指数（index numbers）等，均成为其研究的对象。

（3）管理统计学的研究内容。社会经济现象的数量表征是多方面的，其相互联系的变量关系具有确定性或随机性，因而管理统计研究的内容也相应分为描述统计和推断统计，其核心是统计推断的基本理论和方法。从现象总体数量特征和数量关系角度出发，管理统计学研究的主要内容有：

1）以社会经济现象静态统计信息为依据，运用统计分组和变量数列，采用绝对数、相对数、平均数等变量，对现象总体数据的基本特征、位置特征、综合特征和分布特征等进行描述；

2）根据现象变量的概率分布、大数定律和极限定理，运用抽样推断原理，按照一定的精度和概率用样本统计量去推算统计总体参数；

3）根据现象过去和现在的统计信息，对其未来的数量特征，进行假设检验、方差分析和非参数估计；

4）通过现象大量随机变量相互之间的统计信息，采用相关回归分析，表明现象变量与变量之间的相关方向、程度及其数学表达式，并建立回归数学模型进行统计预测；采用投入产出分析，揭示部门之间数量联系，综合反映平衡状态；

5）根据现象动态统计信息，采用动态比较、动态平均、长期趋势、季节波动等，对现象总体的发展变化情况、变动趋势及其变化成分进行统计描述与推断。

1.2 管理统计学的基本术语

管理统计学的基本术语有：

（1）总体（population）。总体是指同时满足同质性、大量性和差异性全部元素的集合体。组成总体的每个元素则称为个体或总体单位。例如，某专业同一年的所有考生；一条生产线上生产出来的所有零件、一条生产线上 10 月份生产出来的所有零件；所有的中国工人、所有的中国农民、空气中的氧气分子含量、所有 18 岁的人等。

按照所包含个体的多少，总体又可分为有限总体（finite population）和无限总体（infinite population）。如果总体中所包含的个体个数是无限的，则该总体称为无限总体；如果总体中包含的个体个数是有限的，则称该总体为有限总体。

总体和个体不是固定不变的，随着研究问题的内容不同，二者可以相互转化，即在某种情况下可能被看做总体，但在另一场合可能是作为个体。

（2）样本（sample）。为了对总体的分布规律进行各种研究，需要对总体进行抽样观察。观察总体中某一个体所得到的结果，称为数据（data）。人们从某一总体中取出部分个体，研究其数据的特征，并以所得的观察结论去推断总体特征的方法，在管理统计学上称为抽样（sampling），抽样又分为重复抽样和不重复抽样两种方法。在抽样中被抽取的部分个体组成的集合体就称为样本，样本中所包含的个体数称为样本容量（sample size），记为 n。所以，样本容量是 n 次随机抽样的结果（x_1，x_2，…，x_n）的次数表现，也是随机向量的维度，即 X_1，X_2，…，X_n 的维度，又称自由度。

由于样本是用来对总体的分布特征进行推断的，因而从总体中抽样进行观察时必须是随机的，即每个个体具有同等的可能性被抽到，因为只有这样才能经过多次观察比较全面地了解总体。

例 1.1 现准备调查某批产品的质量，假设质量分为合格和不合格，分别用数字 1 和 0 表示。该批产品共有 N 件，用重复抽取方法，从这些产品中任意抽取 $n=20$ 件进行检查。即每抽一件产品，经检查，记录下质量情况后，放回去，然后再抽下一件。从抽得的 20 件产品检查得到的质量数据用 x_i 表示，那么 x_1、x_2、…、x_{20} 就构成一个样本容量 $n=20$ 的样本。

样本包括随机样本（random sample）和非随机样本（nonradom sample），其中，随机样本又包括简单随机样本（simple random sample）和非简单随机样本（unsimple random sample）。

（3）变量或指标（variable）。表征对象特征信息的名称就称为变量或指标。这里的对象既可以是总体也可以是个体。例如，要了解某专业同一年级所有考生的成绩情况如何，则该专业同一年级所有考生的考生总人数、平均成绩、性别比例等就是反映总体特征信息的变量或指标，而每一名考生的性别、学历、年龄等就是反映个体特征信息的变量或指标。

变量或指标的种类可以从不同的角度进行划分，按性质不同，可以把变量或指标分为定性型（qualitative）、定量型（quantitative）、半定量型（semi-quantitative）；按测度级别不同可以把变量或指标分为刻度级（scale）、序次级（ordinal）和名义级（nominal）；按具体表现不同可以把变量或指标分为连续变量和离散变量；按反映的对象不同可以把变量或指标分为数量指标、质量指标和品质指标，其中，数量指标既可以是反映总体的也可以是反映个体的，而质量指标只能是反映总体的，品质指标只能是反映个体的。数量指标又可以细分为时期指标和时点指标，质量指标又可以细分为平均指标和相对指标，平均指标又包括算术平均数、调和平均数、几何平均数、中位数和众数五个；相对指标又包括计划完成程度相对指标、结构相对指标、比例相对指标、比较相对指标、强度相对指标和动态相对指标六个，这里不再详述。

（4）变量值（指标值）或数据（data）。变量或指标的具体表现称为变量值（指标值）或数据（data）。例如，要了解某专业同一年级所有考生的成绩情况如何，该专业同一年级所有考生 3000 人，平均成绩为 80 分，性别比例为 1：5，则 3000 人、80 分、1：5 等就是反映总体特征信息的变量值（指标值）或数据；而每一名考生的性别的男（女）、学历的大学（研究生）、年龄的 20 岁等就是反映个体特征信息的变量值（指标值）或数据。

变量值（指标值）或数据的种类也可以从不同的角度进行划分，基本与变量或指标的划分方法相同，即按性质不同，可以把变量值（指标值）或数据分为定性型（qualitative）、定量型（quantitative）、半定量型（semi-quantitative）；按测度级别不同可以把变量值（指标值）或数据分为刻度级（scale）、序次级（ordinal）和名义级（nominal）；按具体表现不同可以把变量值（指标值）或数据分为连续变量值和离散变量值；但是变量值（指标值）或数据还可以按获得数据的角度不同，把变量值（指标值）或数据分为观察数据、实验数据和询问数据。

1.3 获得数据的调查方法

获得数据的调查方法主要分为抽样调查和统计报表两种，其中抽样调查又有非随机抽样和随机抽样之分。非随机抽样主要包括普查、重点调查和典型调查；随机抽样主要包括简单随机抽样和综合随机抽样，综合随机抽样又有分层（分类）抽样、整群抽样、等距抽样和多阶段抽样之分。

（1）统计报表制度。统计报表制度是我国统计调查方法体系中的一种重要的组织方式。它是根据国家的统一规定，按照统一的表格形式、统一的指标内容、统一的报送时间和报送程序，自上而下统一布置，自下而上逐级向上呈报统计资料的统计报告制度。统计报表制度具备统一性、时效性、全面性、可靠性的特点，可以满足各级管理层次的需要。

（2）普查。普查是指为了了解某种现象的数量特征而专门组织的一次性全面调查。普查一般是调查一定时点上的社会经济现象的总量，但也可以调查某些时期现象的总量，乃至调查一些并非总量的指标。普查涉及面广，指标多，工作量大，时间性强。为了取得准确的统计资料，普查对集中领导和统一行动的要求极高。

在我国，最常见的是人口普查，截至目前共进行了六次，第一次人口普查：1953 年 6 月 30 日 24 时为标准时点，全国总人口为 601938035 人，其中直接调查的人口为 574205940 人，用其他办法间接调查到的人口为 27732095 人。第二次人口普查：1964 年 6 月 30 日 24 时，全国总人口为 720370269 人，28 个省、自治区、直辖市为 694581759 人（不包括台湾省人口、港澳同胞和国外华侨）。第三次人口普查：1982 年 7 月 1 日零时，全国总人口为 1031882511 人其中大陆 29 个省、自治区、直辖市（不包括福建省的金门、马祖等岛屿）人口和现役军人共 1008175288 人。第四次人口普查：1990 年 7 月 1 日零时，全国总人口为 1100173810 人，其中大陆 30 个省、自治区、直辖市（不包括福建省的金门、马祖等岛屿）和现役军人共 1133682501 人。第五次人口普查：2000 年 11 月 1 日零时，全国总人口为 129533 万人，其中大陆 31 个省、自治区、直辖市（不包括福建省的金门、马祖等岛屿）和现役军人共 126583 万人。第六次人口普查：2010 年 11 月 1 日零时，全国总人口为 1370536875 人。其中：普查登记的大陆 31 个省、自治区、直辖市和现役军人的人口共 1339724852 人。香港特别行政区人口为 7097600 人。澳门特别行政区人口为 552300 人。台湾地区人口为 23162123 人。

（3）抽样调查。抽样调查是非全面调查的一种主要组织形式。它是按照随机原则从总体中抽取部分单位作为样本进行观察，并用观察结果推断总体数量特征的一种调查方式。抽样调查与其他非全面调查相比，具有如下特点：1）按照随机原则抽取调查单位；2）以推断总体为目的，而且能够对推断结果的可靠性做出数学上的说明。

（4）重点调查。重点调查是一种非全面调查。它是在调查对象中，只选择少数重点单位所进行的调查。重点调查的特点是省时、省力，能反映总体的基本情况。能否开展重点调查是由调查任务和调查对象的特点所决定的。当调查任务只要求掌握基本情况，而且调查对象中又确实存在重点单位时，方可实施。

（5）典型调查。典型调查是一种非全面调查。它是根据调查目的，在对研究对象进行全面分析的基础上，有意识地选出少数有代表性的单位，进行深入细致调查的一种调查方法。典型调查可以弥补其他调查方法的不足，为数字资料补充丰富的典型情况，在有些情况下，可用典型调查估算总体数字或验证全面调查数字的真实性。

以上统计调查方法中统计报表制度和普查是全面调查，抽样调查、重点调查和典型调查是非全面调查。

2 管理统计中常用的 SPSS 命令概述

用 SPSS 处理管理统计的问题，常用的命令有数据的排序、排名、指定加权变量、根据已存在的变量产生新变量和合并数据文件。但所有命令操作的前提都是定义变量和录入数据。

2.1 定 义 变 量

2.1.1 SPSS 定义变量界面

利用 SPSS 处理统计问题，操作的第一步骤就是在 Variable View 窗口定义变量。

SPSS 是 statistical program for social sciences 的简称，即社会科学统计程序，由美国 SPSS 公司 20 世纪 70 年代推出，迄今已有 40 多年的历史，是国际著名三大社会科学统计软件包之一（SAS、SPSS、Statis）。最初是 6.0 版，目前最新的版本是 22.0 版，但是 SPSS for Windows 17.0 版足够教学使用。SPSS 的主界面如图 2－1、图 2－2 所示。

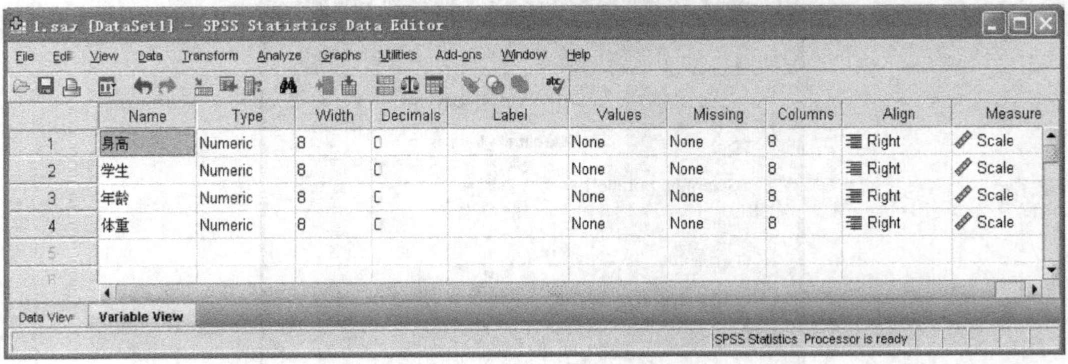

图 2－1　SPSS 定义变量窗口

2.1.1.1　SPSS 定义变量界面工具栏的解释

（1）定义变量名 Name。变量名必须以字母、汉字或字符@开头，其他字符可以是任何字母、数字或_、@、#、$ 等符号，且最后一个字符不能是句号。变量命名必须唯一，不能有两个相同的变量名，在 SPSS 中不区分大小写，如 HXH 与 hxh、Hxh 均为同一变量名。不能使用空白字符或其他特殊字符（如！、？等），SPSS 的保留字也不能作为变量的名称，如 ALL、AND、WITH、OR 等。

（2）定义变量类型 Type。SPSS 变量类型的界面如图 2－3 所示。

1）Numeric：数值型。定义变量的宽度（Width），即整数部分＋小数点＋小数部分的位数，默认为 8 位；定义小数位数（Decimal Places），默认为 2 位。

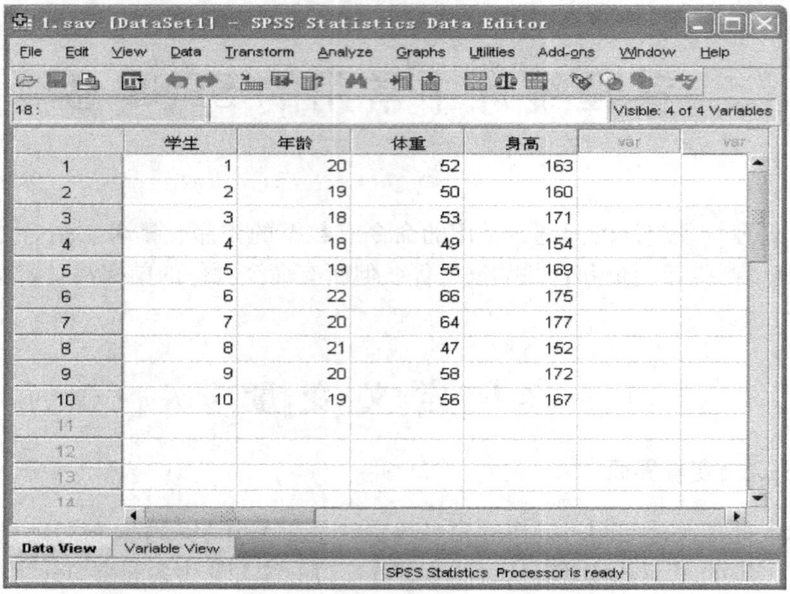

图2-2 SPSS录入数据窗口

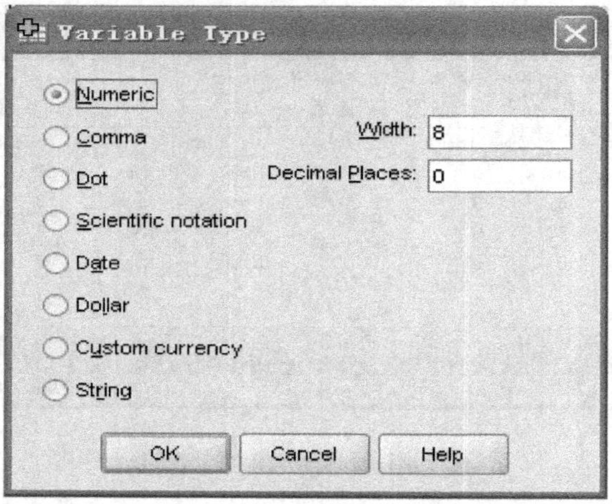

图2-3 SPSS变量类型的界面图

2）Comma：带逗号的数值型。即整数部分每3位数加一逗号，其余定义方式同数值型，也需要定义数值的宽度和小数位数。

3）Dot：圆点数值型。整数部分从右向左每三位一个圆点（不是小数点），对小数位的分割用逗号。

4）Scientific notation：科学记数型。同时定义数值宽度和小数位数，在数据编辑窗口中以指数形式显示。如定义数值宽度为9，小数位数2，则345.678显示为3.46E+02或3.46E02、3.46D+02、3.46D02等。

5） Date：日期型。用户可以选择自己需要的多种日期显示形式。如 mm/dd/yy 或 dd-mm-yy 等。

6） Dollar：货币型。用户可以选择自己需要的多种货币显示形式，并定义数值宽度和小数位数，显示形式为数值前加 $ 符号。

7） Custom currency：用户自定义型。如果没有定义，则默认显示为整数部分每 3 位加一逗号，用户定义数值宽度和小数位数。

8） String：字符型。用户可以定义字符的长度（Characters）以便输入字符。

（3）变量长度 Width。设置变量的长度，当变量为日期型时无效。

（4）变量小数点位数 Decimal。设置变量的小数点位数，当变量为日期型时无效。

（5）变量名标签 Label。变量名有时不足以表示变量的含义，需要借助变量名标签加以辅助说明，变量名标签可长达 120 个字符。

（6）变量值标签 Values。当变量是定性或定序变量时，非常有用，如 1 代表 male，2 代表 female 等。

（7）缺失值的定义方式 Missing。缺失值分系统缺失值和用户缺失值两类。由于特殊原因造成的信息缺失值为用户缺失值。如统计中可能需要区别一些被调查者不愿意回答的题目，将他们标为用户缺失值，带有缺失值的观测被特别处理。

缺失值定义分离散定义和区间定义两种。

（8）变量的显示宽度 Columns。屏幕上变量的显示宽度，默认 8 位，用户可改变该宽度，范围是 1 ~255。不是前面定义的内在宽度。

（9）变量显示的对齐方式 Align，分 Left、Right 和 Center 三种，默认是右对齐。

（10）变量的测度级别 Measure。

2.1.1.2 SPSS 定义变量界面菜单栏的解释

（1）File：有关文件的调入、存储、显示和打印等。

（2）Edit：编辑菜单，有关文本内容的选择、拷贝、剪贴、寻找和替换等。

（3）Data：数据管理菜单，有关数据变量定义、数据格式选定、观察对象的选择、排序、加权、数据文件的转换、连接、汇总等。

（4）Transform：数据转换处理菜单，有关数值的计算、重新赋值、缺失值替代等。

（5）Statistics：统计菜单，有关统计方法的应用。

（6）Graphs：作图菜单，有关统计图的制作。

（7）Utilities：用户选项菜单，有关命令解释、字体选择、文件信息、定义输出标题、窗口设计等。

（8）Windows：有关窗口的排列、选择、显示等。

（9）Help：有关帮助文件的调用、查寻、显示等。

（10）Analyze 菜单。

2.1.2 样本数据定义变量方法

样本数据有不分组、单项分组和组距分组三种数据，不同的数据资料种类，定义变量方法也不同。

（1）样本数据不分组时的定义变量方法。在样本数据不分组的情况下，利用 SPSS 进行数据处理时，需要定义的变量就是未分组的样本数据载体。例如，某商品在商场的单价资料见表2－1，请对单价进行排序，则需要定义的变量就是单价。

表2－1 某商品在抽样商店的单价 （元）

9.98	10.02	10.00	10.04	10.01	9.99	10.05	10.04	10.06	10.01

（2）样本数据单项分组的定义变量方法。在样本数据单项分组的情况下，利用SPSS进行数据处理时，需要定义的变量是对处理样本数据有用的变量。例如，某单位职工的学历结构见表2－2，请画出学历的饼形图。因为是单项分组的数据，且对画饼形图有用的变量只有学历和各个学历出现的频次，所以需要定义的变量是“学历”和“频次”。

表2－2 单位职工的学历结构

学 历	小学	初中	高中	大学	研究生	合计
频 次	1	2	2	9	2	16
各学历出现的频率/%	6.25	12.5	12.5	56.25	12.5	100

（3）样本数据组距分组的定义变量方法。在样本数据组距分组的情况下，利用SPSS进行数据处理时，需要定义的变量根据分析的内容及SPSS操作命令不同有两种不同的定义变量方式。例如，某单位职工的人均月收入见表2－3，请画出所有职工人均月收入的饼形图。则对画饼形图有用的变量是人均月收入、工人人数和干部人数，所以需要定义的变量是“人均月收入”“工人人数”和“干部人数”；或者定义的变量是“人均月收入”“人数”和“职工种类”三个。这两种定义变量的方式都能实现对所有职工人均月收入饼形图的绘制。

表2－3 职工的人均月收入

按家庭人均月收入/元	职工人数/人	
	工 人	干 部
2000以下	20	5
2000～3000	60	13
3000～4000	200	60
4000～6000	80	17
6000以上	40	5
合 计	400	100

2.2 样本数据的排序

SPSS的数据排序是将数据编辑窗口中的数据按照某个或多个指定变量的变量值升序或降序重新排列。这里的变量也称为排序变量。排序变量只有一个时，排序称为单值排序。排序变量有多个时，排序称为多重排序。多重排序中，第一个指定的排序变量称为主排序变量，其他依次指定的变量分别称为第二排序变量、第三排序变量等。

数据排序便于数据的浏览，有助于了解数据的取值状况、缺失值数量的多少等；通过数据排序能够快捷地找到数据的最大值和最小值，进而可以计算数据的全距，初步把握和比较数据的离散程度；通过数据排序还能够快捷地发现数据的异常值，为进一步明确它们是否会对分析产生重要影响提供帮助。

A 样本数据未分组的排序

例 2.1 某商品在商场的单价资料见表 2-4，请对单价进行排序。

表 2-4 某商品在抽样商店的单价 （元）

9.93	10.02	10.00	10.04	10.01	9.99	10.05	10.04	10.06	10.01
10.03	9.99	9.97	9.93	10.01	10.03	10.03	10.02	10.05	9.99
9.95	9.96	9.96	10.00	9.97	10.01	10.00	9.96	9.98	10.00

对单价进行排序的 SPSS 操作步骤为：

（1）在 Variable View 窗口的 Name 下定义“单价”一个变量，其他采用计算机默认选项；

（2）在 Data View 窗口录入表中数据；

（3）对单价数据进行排序：

1）点击 Data 出现下拉菜单，如图 2-4 所示。

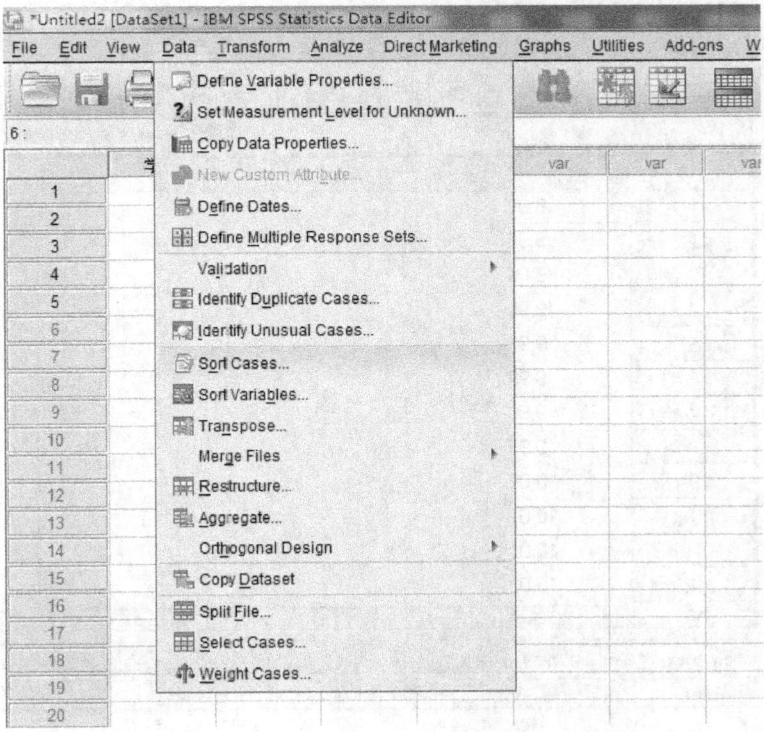

图 2-4 Data 下拉菜单窗口

点击 Sort Cases 出现新窗口，在新窗口中选择需要排序变量“单价”，移动进 Sort by 栏中，并在 Sort Order 中选择 Ascending（升序）/Descending（降序），如图 2－5 所示。

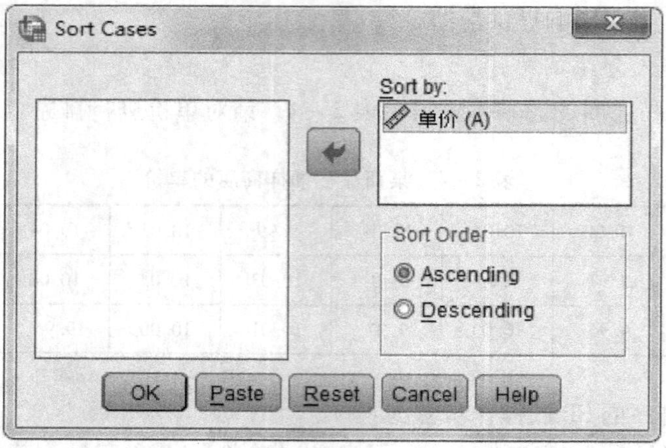

图 2－5　Sort Cases 窗口

2）点击 OK，即完成数据排序，如图 2－6 所示。

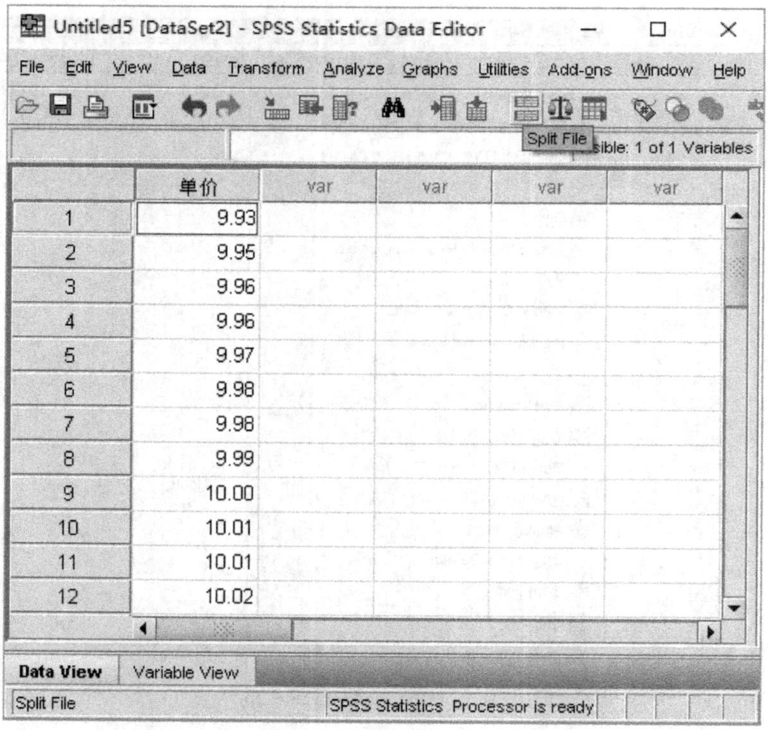

图 2－6　数据排序结果

B 样本数据分组的排序

例 2.2 某企业共有职工 4000 人，随机抽取 500 人，其人均月收入的数据资料见表 2-5，试对全体职工的人均月收入进行排序。

表 2-5 职工人均月收入的数据资料

按家庭人均月收入/元	职工人数/人	
	工 人	干 部
2000 以下	20	5
2000~3000	60	13
3000~4000	200	60
4000~6000	80	17
6000 以上	40	5
合 计	400	100

其 SPSS 操作步骤如下：

(1) 在 Variable View 窗口定义变量“人均月收入”、“职工类型”和“职工人数”变量，将“职工类型”变量设定标签。

(2) 在 Data View 窗口录入数据（人均月收入数据取中值输入）。

(3) 指定“职工人数”为加权变量（见第 2.3 节）。

(4) 对全体职工“人月均收入”变量进行排序：

1) 点击 Data 出现下拉菜单，如图 2-4 所示。点击 Sort Cases 出现新窗口，在新窗口中选择需要排序变量“人均月收入”，移动进 Sort by 栏中，并在 Sort Order 中选择 Ascending（升序）/Descending（降序），如图 2-7 所示。

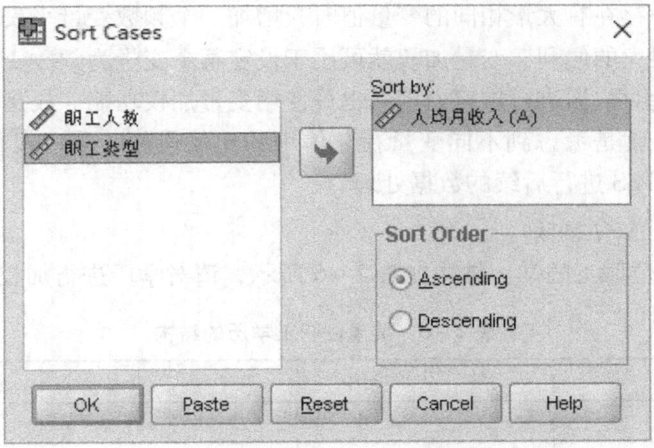

图 2-7 Sort Cases 窗口

2) 点击 OK 完成“人均月收入”变量的排序，如图 2-8 所示。

本题也可以对“工人人数”或者“干部人数”排序，对哪个变量排序，就把哪个变量送入 sort by 栏，然后选择是升序排还是降序排即可，但需要在 Variable View 窗口定义变量“人均月收入”、“工人人数”和“干部人数”，SPSS 排序截图略。

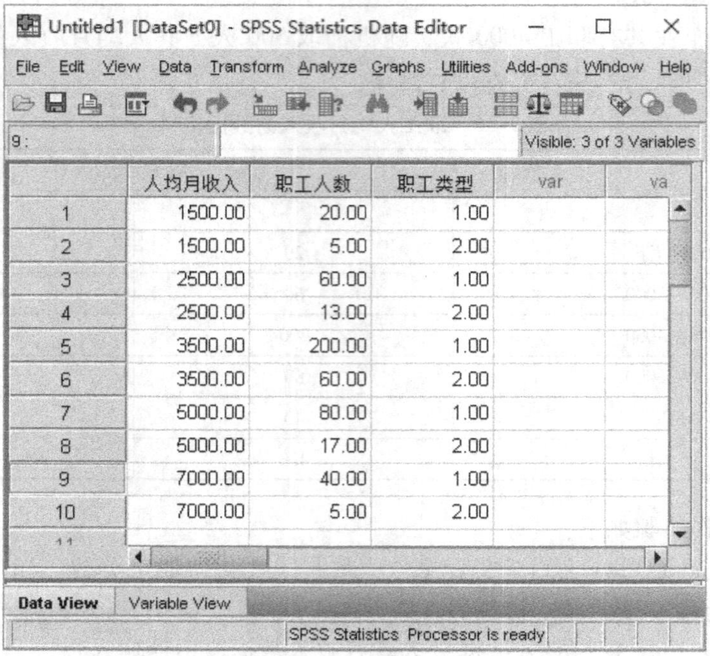

	人均月收入	职工人数	职工类型	var	va
1	1500.00	20.00	1.00		
2	1500.00	5.00	2.00		
3	2500.00	60.00	1.00		
4	2500.00	13.00	2.00		
5	3500.00	200.00	1.00		
6	3500.00	60.00	2.00		
7	5000.00	80.00	1.00		
8	5000.00	17.00	2.00		
9	7000.00	40.00	1.00		
10	7000.00	5.00	2.00		

图2－8 排序结果

2.3 样本数据的指定变量加权

当数据文件中存在有大量相同的变量值时，增加一个频数变量来表示相同变量值出现的频数，可带来很大的便利，变量加权就可用于设定某个变量为频数变量。如果希望在计算过程中利用变量对数据进行加权处理，也可使用变量加权功能。权是权重，通俗理解就是系数。“加权”就是考虑到不同变量在总体中的比例份额，乘以权重的意思。加权之后，就可以利用SPSS进行后续的数据处理。

A 序次级变量的加权

例2.3 某单位职工的学历结构如表2－6所示，请对学历进行加权。

表2－6 某单位职工学历的结构

学 历	小学	初中	高中	大学	研究生	合计
频 次	1	2	2	9	2	16
各学历出现的频率/%	6.25	12.5	12.5	56.25	12.5	100

对学历进行加权的SPSS步骤为：

（1）在Variable View窗口定义变量“频次”和“学历”变量，并将“学历”变量的测度级别修改为“Ordinal”，通过Value设定变量值标签，如图2－9所示。

（2）在Data View窗口录入表2－6中的数据，其中学历用标签值录入。

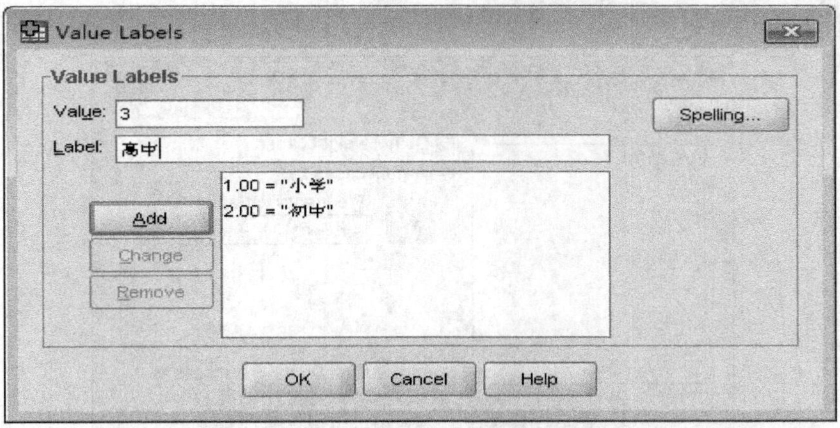

图 2 - 9 变量值标签结果

(3) 设置“频次”变量为加权变量:

1) 点击 Date，出现下拉菜单，并点击 Weight Cases，出现新窗口，如图 2 - 10 所示。

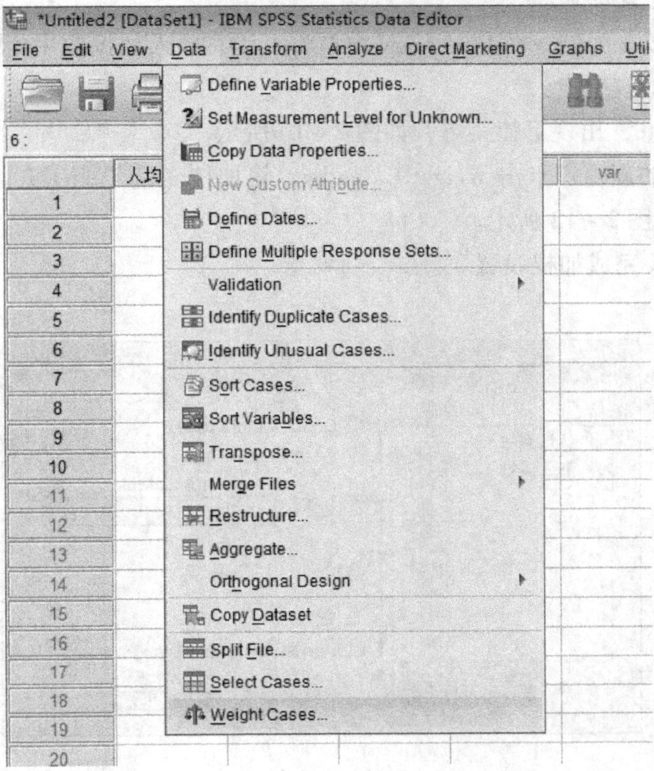

图 2 - 10 Date 下拉菜单

2）并点击 Weight Cases，出现新窗口，如图 2－11 所示。

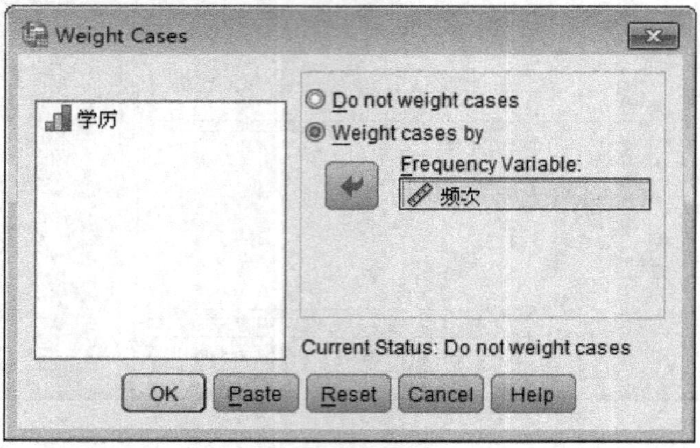

图 2－11 Weight Cases 窗口

3）点击 Weight Cases by，将加权变量“频次”移进 Frequency Variable 栏中，然后点击 OK 就完成加权设置了。

B 刻度级变量的加权

依然以例题 2.3 为例，在 Data View 窗口将人均月收入数据取中值输入后，设置“职工人数”变量为加权变量：

（1）点击 Date，出现下拉菜单，如图 2－10 所示。

（2）在出现的新窗口点击 Weight Cases by，将加权变量“职工人数”移进 Frequency Variable 栏中，如图 2－12 所示。

（3）点击 OK 完成加权设置。

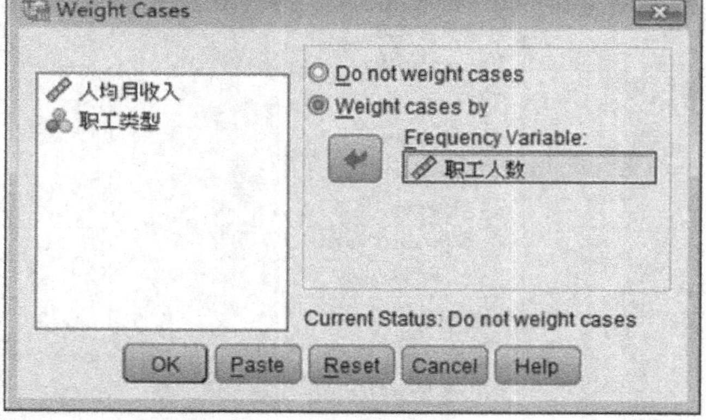

图 2－12 Weight Cases 窗口

2.4 根据已存在变量产生新变量及画图

从头定义变量的情况多数在建立数据集时出现。但是，当数据集已经建立起来，需要对已有的数据进行整理、转换变量时，遇到的更多情况是需要根据已存在的变量计算产生一个新变量。下面以某企业职工人均月收入的数据资料为例依次讲解其 SPSS 操作步骤。

例 2.4 某企业共有职工 4000 人，随机抽取 500 人，其人均月收入的数据资料见表 2－7，要求：绘制全体职工的人均月收入的饼状图。

表 2－7 工人和干部的人均月收入的数据资料

按家庭人均月收入/元	职工人数/人	
	工 人	干 部
2000 以下	20	5
2000～3000	60	13
3000～4000	200	60
4000～6000	80	17
6000 以上	40	5
合 计	400	100

2.4.1 根据已存在变量产生新变量

利用表 2－7 中的数据资料，若使用 SPSS 绘制全体职工的人均月收入的饼状图，则第一步需要在 Variable View 窗口定义变量。本题有两种定义变量的方法，本节仅介绍其中一种。

其 SPSS 操作步骤为：

（1）在 Variable View 窗口定义变量“人均月收入”、“工人人数”和“干部人数”变量，将“人均月收入”设定标签或者人工计算各组数据的中值并录入到 SPSS 界面。

（2）在 Data View 窗口录入数据。

（3）根据“工人人数”和“干部人数”变量生成新变量“总人数”：

1）点击 Transform，在出现的下拉菜单中点击 Compute Variable，出现新窗口，如图 2－13 所示。

2）在 Target Variable 栏中输入新变量“总人数”，在 Numeric Expression 栏中输入“工人人数＋干部人数”，如图 2－14 所示。

3）点击 OK，完成添加新变量“总人数”，如图 2－15 所示。

（4）设置“总人数”变量为加权变量：

1）点击 Date，在出现的下拉菜单中点击 Weight Cases，如图 2－4 所示。

2）在出现的新窗口点击 Weight Cases by，将加权变量“总人数”移进 Frequency Variable 栏中，如图 2－16 所示。

3）点击 OK 完成加权设置。

加权之后就可以利用 SPSS 绘制各种图形了。

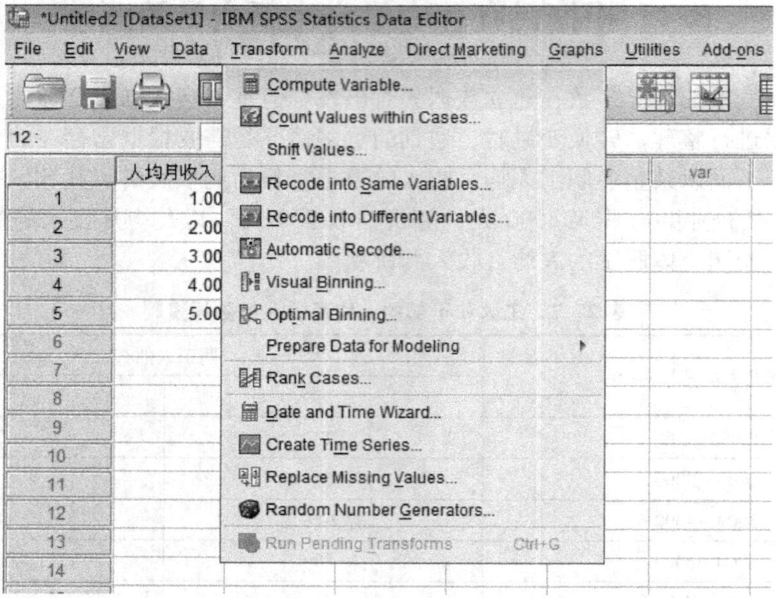

图 2－13 Transform 下拉菜单

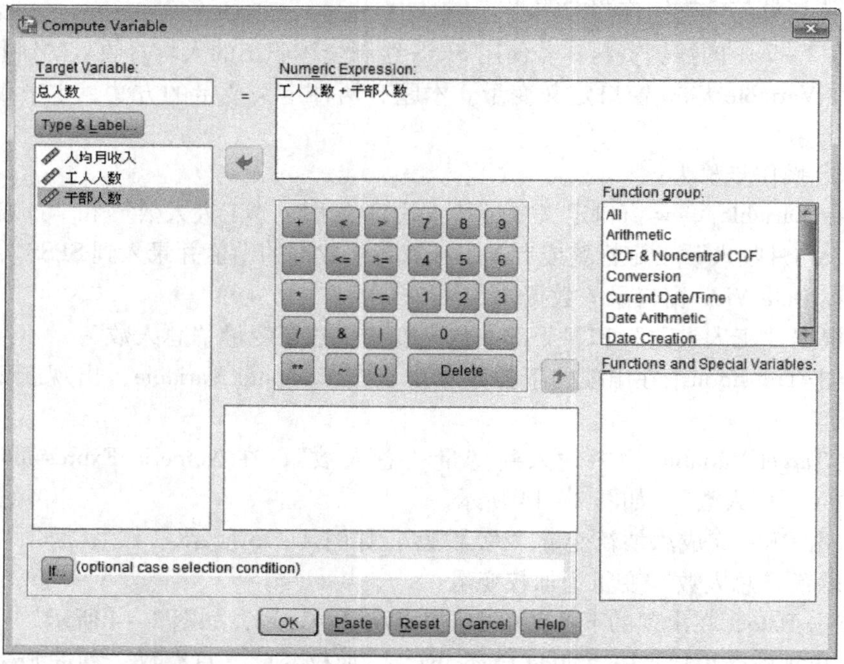

图 2－14 Target Variable 窗口

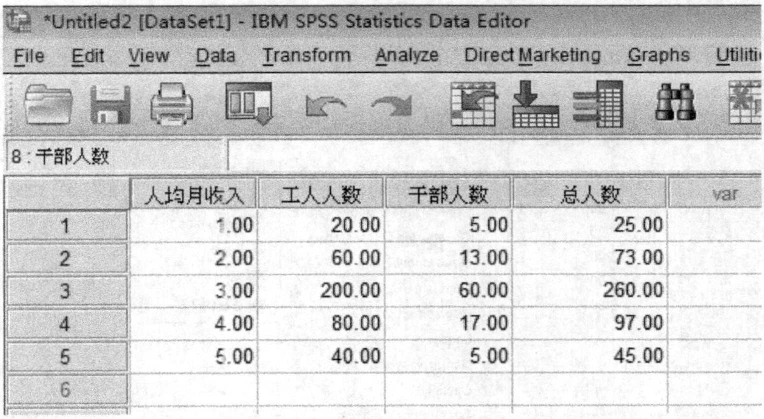

图 2-15　录入数据窗口

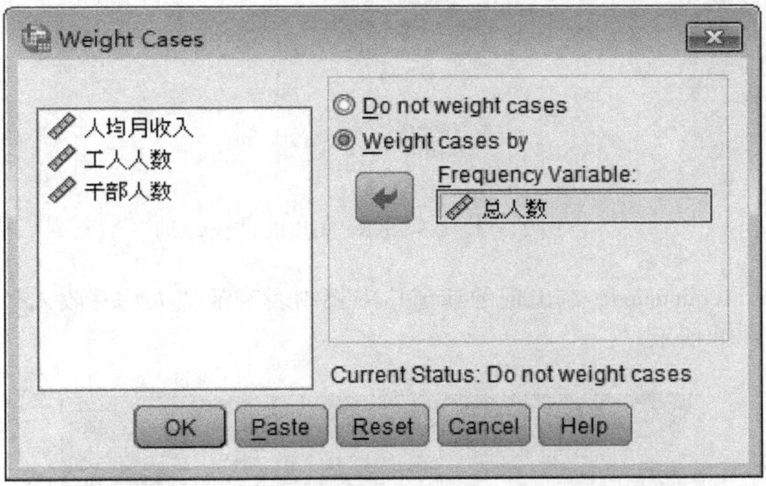

图 2-16　Weight Cases 窗口

2.4.2　利用 SPSS 绘制图形

2.4.2.1　绘制饼状图

饼状图是在统计上常用的一种特殊的图形。独立变量沿着一个圆以顺时针或逆时针方向作图，因变量（一般是百分数）以弧形被着色，来表示相对于总数的比例。每段圆弧的两端都通过线段与圆心连接，形成一个楔形的圆片。

饼状图的适用范围：饼状图适用于所有测度级别的数据。

以例 2.4 中数据为例，用 SPSS 绘制饼状图的步骤是：

首先，对产生的新变量进行加权，其次，执行如下操作：

（1）点击 Analyze，在出现的下拉菜单中点击 Descriptive Statistics，出现次一级下拉菜单，如图2-17所示。

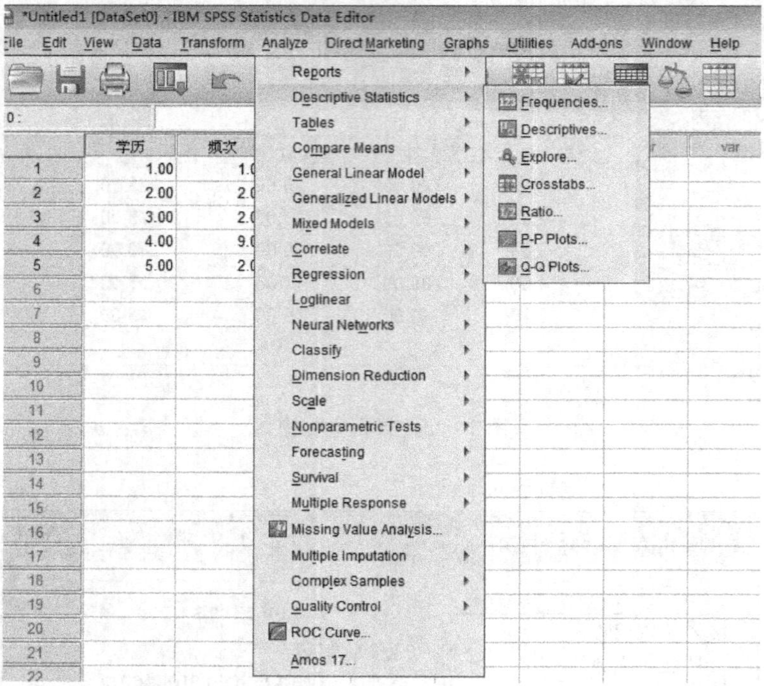

图2-17 Descriptive Statistics 菜单

（2）点击 Frequencies，在出现的新窗口中将制表变量“人均月收入”移进 Variable 栏中，如图2-18所示。

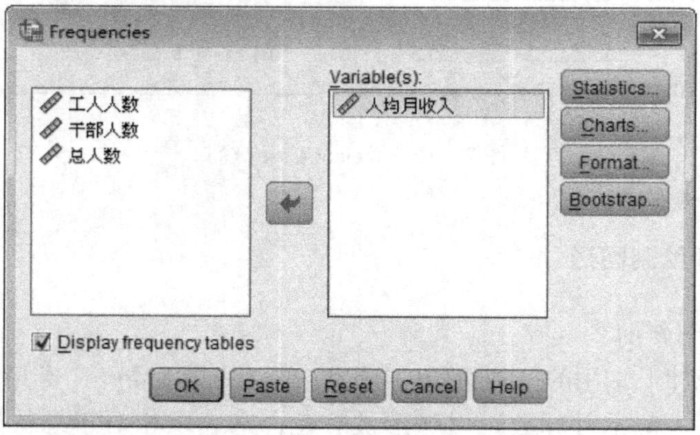

图2-18 Frequencies 窗口

（3）点击 Chats，选择需要的图形 Pie Chats，如图2-19所示。

在 Chart Type 选项中有四个备选项目，分别是：

None：不画图

Bar charts：条形图

Pie charts：饼形图

Histograms（直方图）（勾选 show normal curve on histogram 则绘制的直方图带正态分布曲线）

本题画饼形图，所以勾选 pie charts。由此对话框可知，执行 Analyze 命令，在出现的下拉菜单中点击 Descriptive Statistics，然后选择 Frequencies，点击 Chats 按钮，除饼形图以外，还可以画直方图、条形图或者不画图。

（4）点击 Continue，点击 OK，完成“人均月收入”变量饼状图的绘制，如图 2－20 所示。

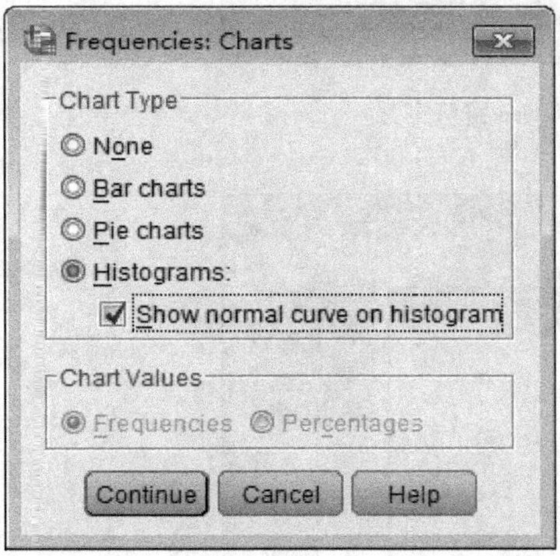

图 2－19 Chats 窗口

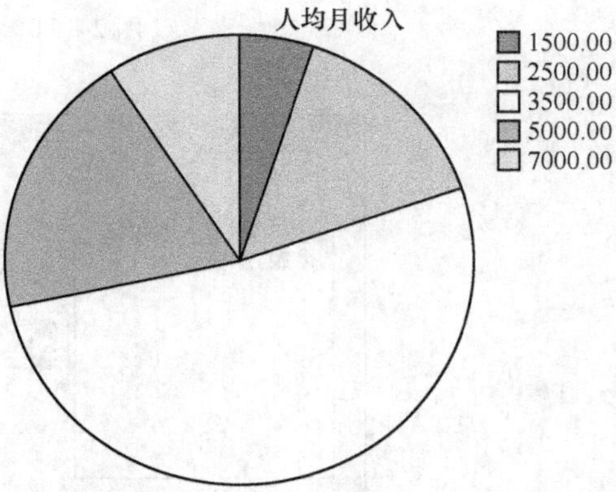

图 2－20 全体职工人均月收入饼状图

本题绘制饼形图还可以执行如下 SPSS 操作步骤：

（1）在 Variable View 窗口定义变量“人均月收入”、“职工类型”和“职工人数”变量，将“职工类型”变量设定标签，“人均月收入”变量设定标签录入或计算各组数据中值录入。

（2）在 Data View 窗口录入数据。

（3）设置“职工人数”变量为加权变量：

1）点击 Date，在出现的下拉菜单中点击 Weight Cases，如图 2－4 所示。

2）在出现的新窗口点击 Weight Cases by，将加权变量“职工人数”移进 Frequency Variable 栏中，如图 2－21 所示。

3）点击 OK 完成加权设置。

（4）画出全体职工“人均月收入”的饼状图，操作步骤为：

1）点击 Analyze，在出现的下拉菜单中点击 Descriptive Statistics，出现次一级下拉菜单，如图 2－17 所示。

2）点击 Frequencies，在出现的新窗口中将制表变量“人均月收入”移进 Variable 栏中，左下角的 Display frequency tables 为是否输出频率频次表，SPSS 默认输出，如图 2－22 所示。

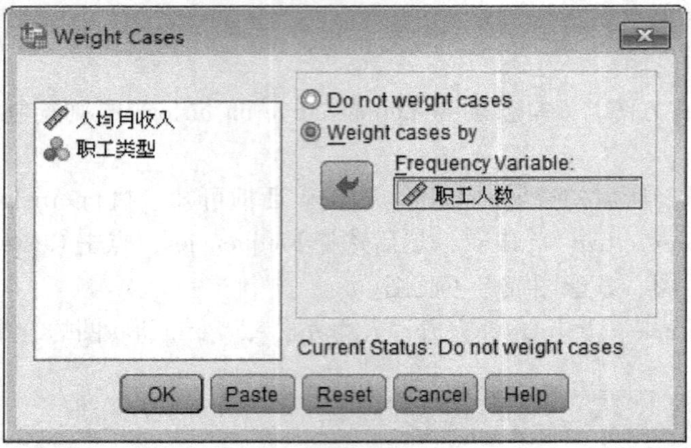

图 2 - 21 Weight Cases 窗口

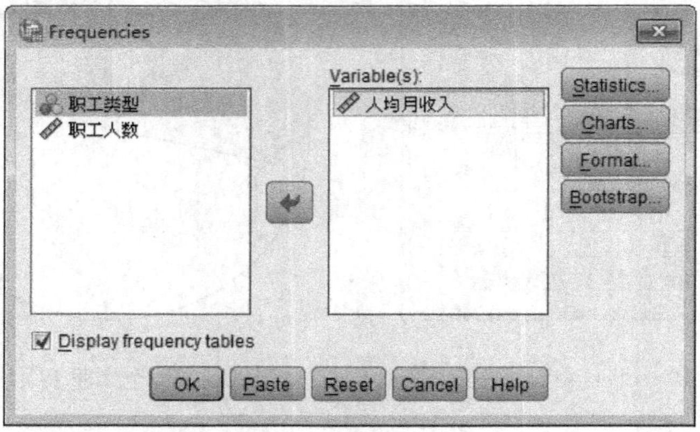

图 2 - 22 Frequencies 窗口

3）点击 Chats，选择需要的图形 Pie Chats，点击 Continue，如图 2 - 19 所示。

4）点击 OK，完成“人均月收入”变量饼状图的绘制，如图 2 - 20 所示，频率频次表的输出，见表 2 - 8。

表 2 - 8 人均月收入

		Frequency	Percent	Valid Percent	Cumulative Percent
Valid	150	25	5.0	5.0	5.0
	250	73	14.6	14.6	19.6
	350	260	52.0	52.0	71.6
	500	97	19.4	19.4	91.0
	700	45	9.0	9.0	100.0
	Total	500	100.0	100.0	

2.4.2.2 绘制直方图

对某一变量在相同条件下做 n 次重复测量，得到一系列测量值，找出它的最大值和最小值，然后确定一个区间，使其包含全部测量数据，将区间分成若干小区间，统计测量结果出现在各小区间的频数，以测量数据为横坐标，以频数或频率值为纵坐标，划出各小区间及其对应的频数或频率高度，则可得到一个矩形图，即直方图，该图形态简单直观，适用于初步分析数据的分布与规律。

直方图的适用范围：直方图适用于顺序级以上的数据。

月 SPSS 绘制直方图的步骤如下：

（1）点击 Analyze，在出现的下拉菜单中点击 Descriptive Statistics，出现次一级下拉菜单，如图 2 - 17 所示。

（2）点击 Frequencies，在出现的新窗口将制表变量“学历”移进 Variable 栏中，如图 2 - 23 所示。

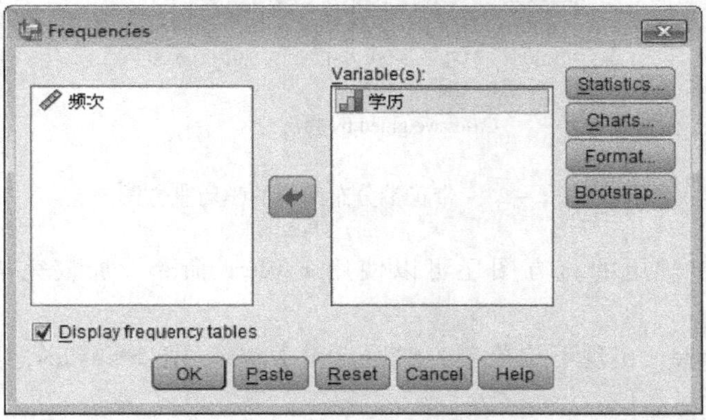

图 2 - 23　Frequencies 窗口

（3）点击 Chats，在出现的新窗口中选择需要的图形，如图 2 - 19 所示。

（4）点击 Continue，点击 OK，完成“学历”变量直方图的绘制，如图 2 - 24 或图2 - 25 所示。

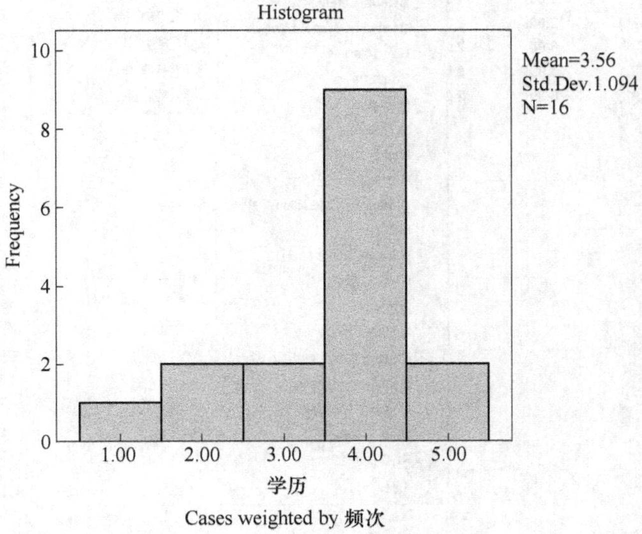

图 2 - 24　不带正态分布曲线的学历直方图

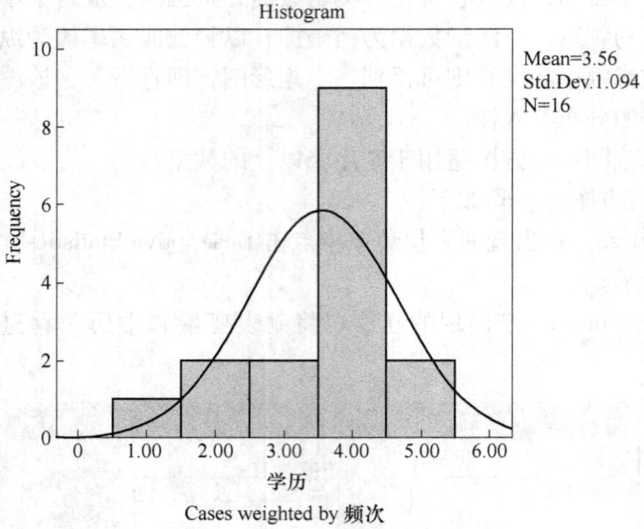

图 2-25 带正带分布曲线的学历直方图

（5）本题画出学历的直方图还可以使用 Explore 命令。加权完毕之后执行下面的操作：

1）点击 Analyze，出现下拉菜单，然后点击 Descriptive Statistics，出现次一级下拉菜单，如图 2-26 所示。

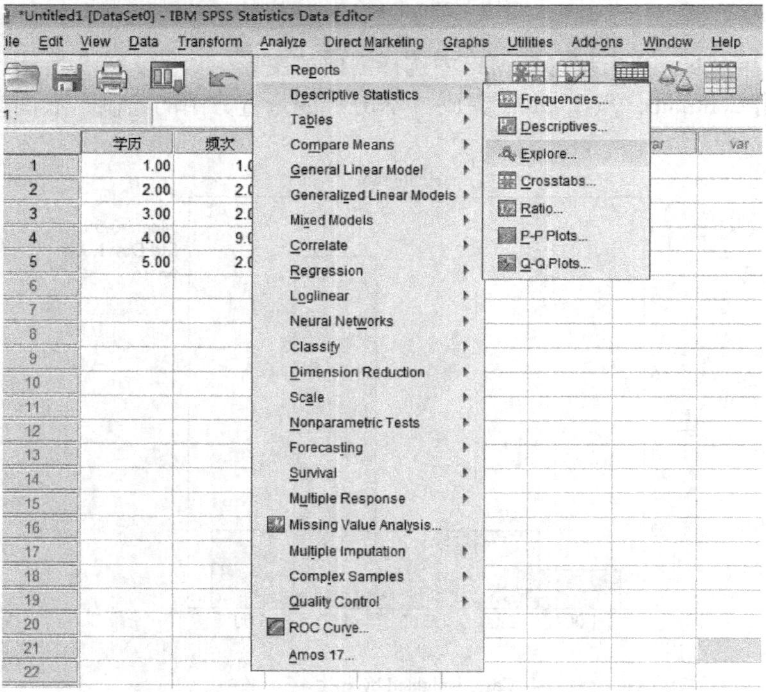

图 2-26 Analyze 下拉菜单

2）点击 Explore，在出现的新窗口将制表变量“学历”移进 Dependent List 栏中，Disply 选项选择 Both，则画图的同时计算统计指标，如图 2－27 所示。

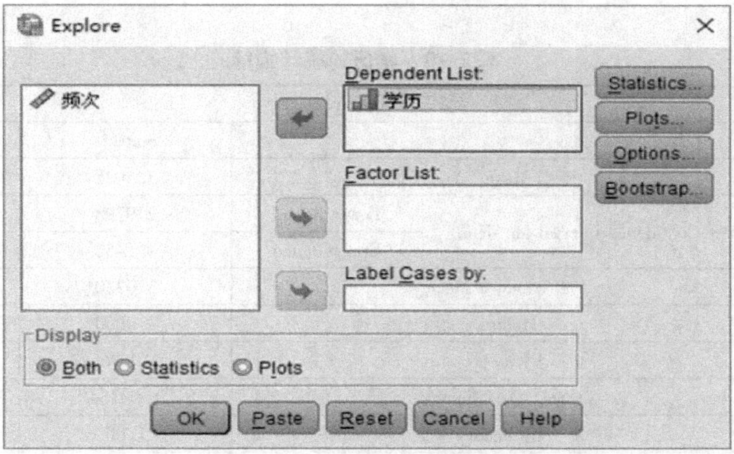

图 2－27 Explore 窗口

3）点击 Plots，如图 2－28 所示。

在 Descriptive 选项中有两个备选项目，分别是：

Stem-and-leaf：茎叶图

Histograms：直方图

在 Boxplots 选项中可以选择画还是不画箱形图。

本题选择 Histograms，绘制直方图。此命令只能绘制纯粹的直方图，不能绘制带正态分布曲线的直方图。

4）点击 Continue，点击 OK，完成“学历”变量直方图的绘制，如图 2－29 所示。相关统计指标的计算如表 2－9 所示。

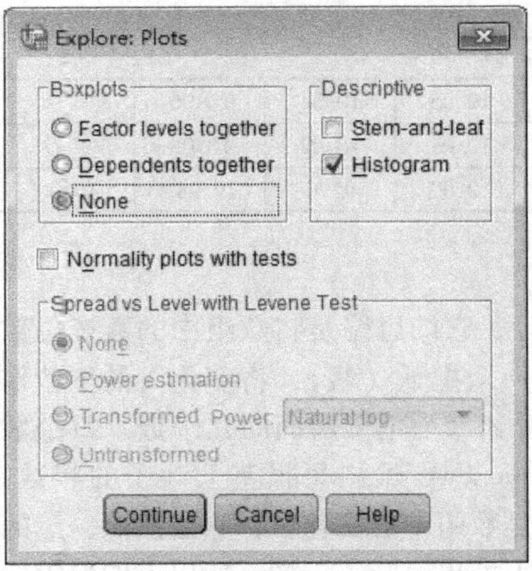

图 2－28 Plots 窗口

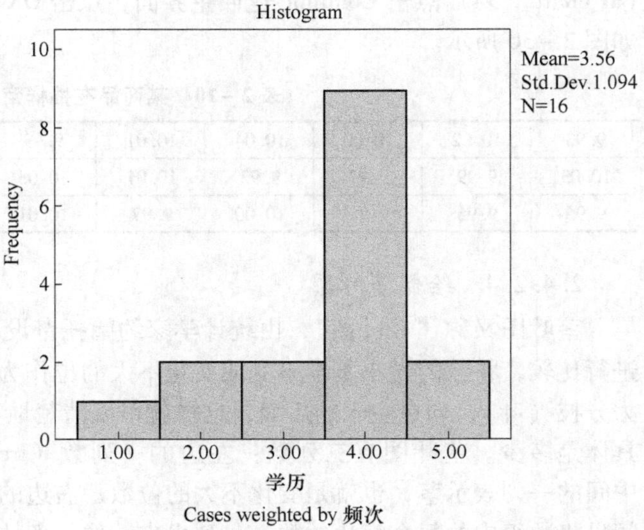

图 2－29 学历的直方图

Frequencies 模块绘制的直方图与 Explore 模块绘制的直方图的区别是 Frequencies 模块绘制直方图时可以选择是否同时附带正态分布曲线，而 Explore 模块绘制直方图时则没有这个选择。

表 2-9 学历的统计指标

Descriptives				
			Statistic	Std. Error
学历	Mean		3.5625	.27339
	95% Confidence Interval for Mean	Lower Bound	2.9798	
		Upper Bound	4.1452	
	5% Trimmed Mean		3.6250	
	Median		4.0000	
	Variance		1.196	
	Std. Deviation		1.09354	
	Minimum		1.00	
	Maximum		5.00	
	Range		4.00	
	Interquartile Range		1.00	
	Skewness		-1.056	.564
	Kurtosis		.758	1.091

2.4.2.3 绘制条形图

条形图（bar charts），又称带形图或柱形图，它是利用相同宽度的条形的长短或高低来表现统计数据大小或变动的统计图。

条形图的适用范围：适用于顺序级以上的数据，也可以“强行”用于名义级。

用 SPSS 根据表 2-10 中数据绘制条形图的步骤同饼图，最后一步在 Chart 界面选择 Bar charts，然后点击 Continue 返回主界面，点击 OK，条形图就绘制完毕，条形图的格式如图 2-30 所示。

表 2-10 某商品在抽样商店的单价 （元）

9.93	10.02	10.00	10.04	10.01	9.99	10.05	10.04	10.06	10.01
10.03	9.99	9.97	9.93	10.01	10.03	10.03	10.02	10.05	9.99
9.95	9.96	9.96	10.00	9.97	10.01	10.00	9.96	9.98	10.00

2.4.2.4 绘制茎叶图

茎叶图又称“枝叶图”，由统计学家约翰托奇设计，它的思路是将数组中的数按位数进行比较，将数的大小基本不变或变化不大的位作为一个主干（茎），将变化大的位数作为分枝（叶），列在主干的后面，这样就可以清楚地看到每个主干后面的几个数，每个数具体是多少。茎叶图有三列数：左边的一列数（frequency）给出每根茎上叶子的频数；中间的一列表示茎，也就是变化不大的位数；右边的是数组中的变化位，它是按照一定的间隔将数组中的每个变化的数一一列出来，像一条枝上抽出的叶子一样，所以人们形象地叫它茎叶图。

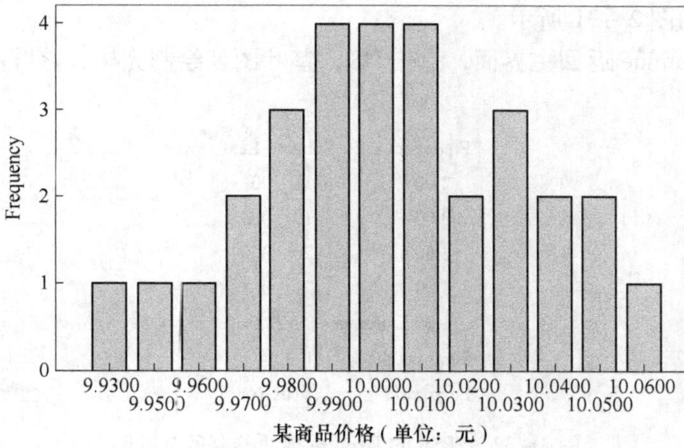

图 2－30 SPSS 绘制的条形图

茎叶图是一个与直方图相类似的特殊工具，但又与直方图不同，茎叶图保留原始资料的资讯，直方图则失去原始资料的讯息。将茎叶图茎和叶逆时针方向旋转 90°，实际上就是一个直方图，可以从中统计出次数，计算出各数据段的频率或百分比。从而可以看出分布是否与正态分布或单峰偏态分布逼近。

用茎叶图表示数据有两个优点：一是从统计图上没有原始数据信息的损失，所有数据信息都可以从茎叶图中得到；二是茎叶图中的数据可以随时记录，随时添加，方便记录与表示。但是茎叶图只便于表示两位有效数字的数据，而且茎叶图只方便记录两组的数据，两个以上的数据虽然能够记录，但是没有表示两个记录那么直观、清晰。

茎叶图的适用范围：茎叶图适用于顺序级以上的数据。绘制茎叶图时要用到茎节宽度和茎节长度两个基本概念。

当某样本值以小数与 10 的倍数相乘的形式表示时，10 的倍数就称为“茎节”的宽度，即：

样本值 = “茎节．叶”表达式 × “茎节”的宽度

确定茎节宽度原则是茎节必须有变化。

茎节的长度，是指茎叶图中，每个“茎节”所允许覆盖的“叶”的数字代表的数值中“允许的最大叶值－允许的最小叶值＋1”。其计算公式为：

1）茎节长度＝允许的最大叶值－允许的最小叶值＋1

2）茎节长度＝$n/10$ × 茎节宽度

用 SPSS 绘制茎叶图的步骤同 Explore 模块绘制的直方图，在 Plots 界面选择

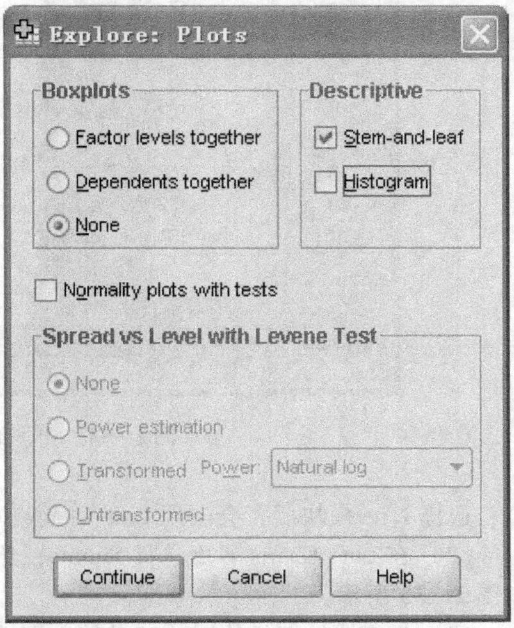

图 2－31 SPSS 的 Plots 界面图

Stem-and-Leaf，如图 2 - 31 所示。

然后点击 Continue 返回主界面，点击 OK，茎叶图就绘制完毕，茎叶图的格式如图2 - 32 所示。

Frequency	Stem & Leaf
2.00	18 . 00
3.00	19 . 000
3.00	20 . 000
1.00	21 . 0
1.00 Extremes	(>=22.0)
Stem width:	1
Each leaf:	1 case(s)

图 2 - 32 SPSS 的 Explore 模块绘制的茎叶图

2.4.2.5 绘制折线图

用 SPSS 绘制折线图的步骤是：

(1) 选择 Graphs 下拉菜单中的 Legacy Dialogs 子菜单，选择 Line 模块，如图 2 - 33 所示。

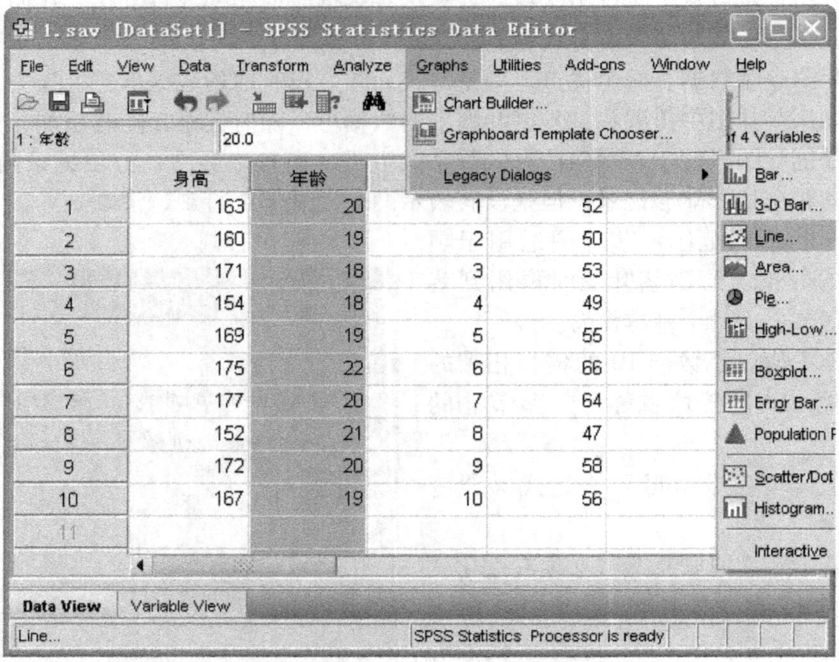

图 2 - 33 SPSS 绘制折线图的步骤图

选择 Line 模块后，会出现 Line Charts 对话框，如图 2 - 34 所示。

(2) 在 Line Charts 界面选择 Simple，然后点击 Define，进入 Define Simple Line 界面，如图 2 - 35 所示。

(3) 把需要绘制折线图的变量从左框选择移入 Category Axis，然后点击 OK，折线图就绘制完毕，如图 2 - 36 所示。

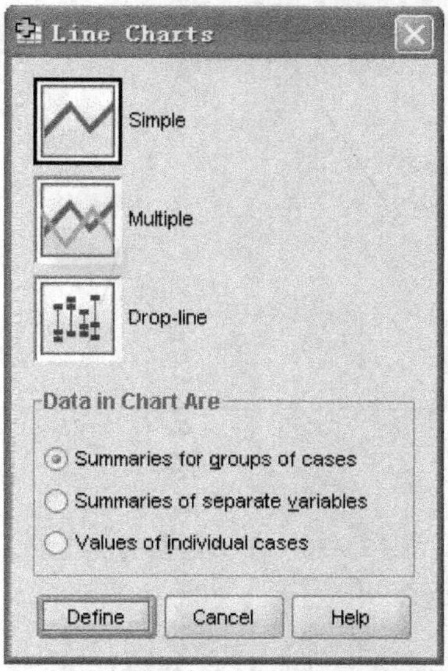

图 2－34　SPSS 绘制折线图的 Line Charts 界面

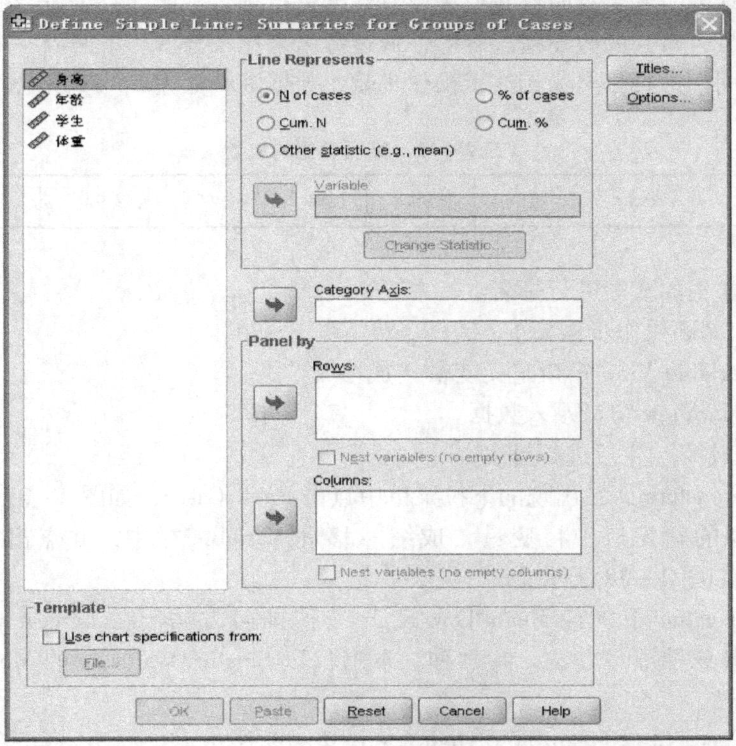

图 2－35　SPSS 的 Define Simple Line 界面

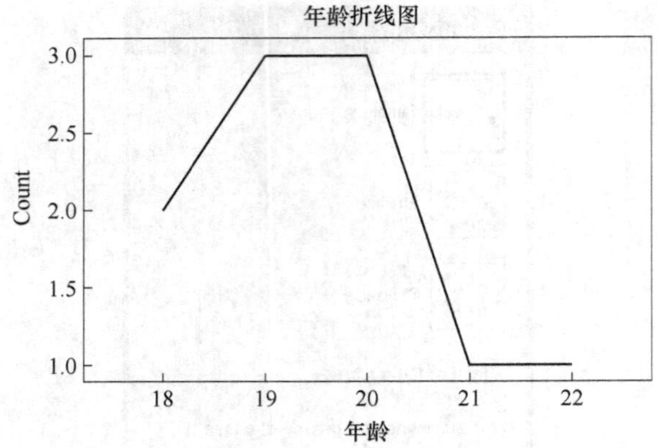

图 2－36　SPSS 绘制的折线图

2.5　样本数据的排名

2.5.1　数据资料未分组下的排名

在数据处理的时候，有时候我们需要对数据进行排名，比如一个班级的成绩表，本年度各产品的销量，每月的收支情况等等，通过排名来比较分析。下面以一个班级各同学的总分，对每个同学进行排名为例演示操作步骤，数据资料如表 2－11 所示。

表 2－11　某班学生的成绩　（分）

98	98	95	95	95	92	92	92	92	90

要求：对学生的成绩进行排名。

其排名的 SPSS 操作步骤如下：

（1）在 Variable View 窗口定义变量“成绩”。

（2）在 Data View 窗口录入数据。

（3）对“成绩”变量进行排名：

1）点击 Transform，在出现的下拉菜单中点击 Rank Cases，如图 2－37 所示。

2）在出现的新窗口中将变量“成绩”移进 Variable 栏中，并点击 Smallest value/Largest value，如图 2－38 所示。

在 Smallest value 下，有 Mean/Low/High 三种排名方法，在 Largest value 下，也有 Mean/Low/High 三种排名方法，共六种。本书仅以 Smallest valus 下的 Mean 为例，说明 SPSS 的操作方法。

3）点击 Ties，选择 Mean/Low/High，如图 2－39 所示。

4）点击 Continue，点击 OK，完成对学生成绩名次的多样排序，如图 2－40 所示。

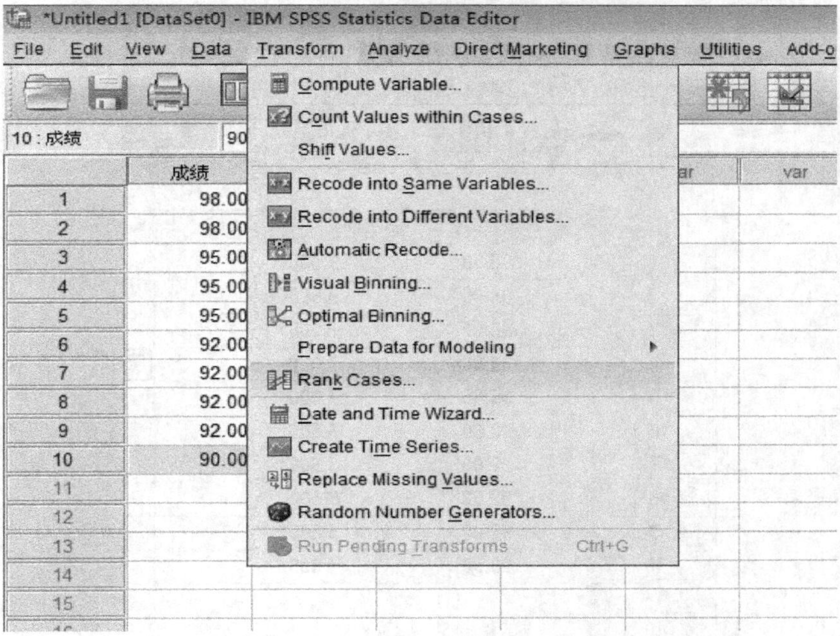

图 2-37 Transform 下拉菜单

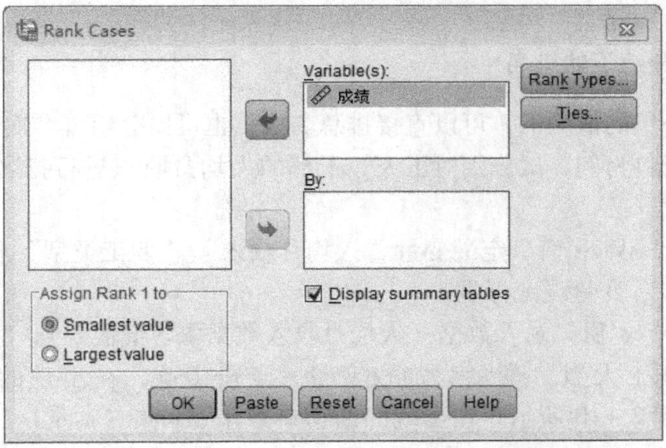

图 2-38 Rank Cases 窗口

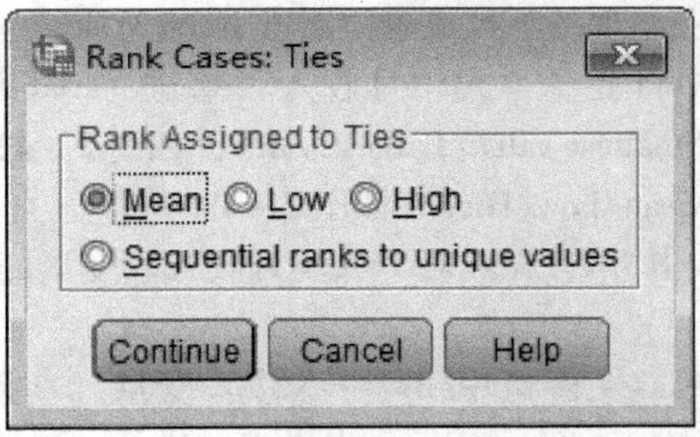

图 2-39 Ties 窗口

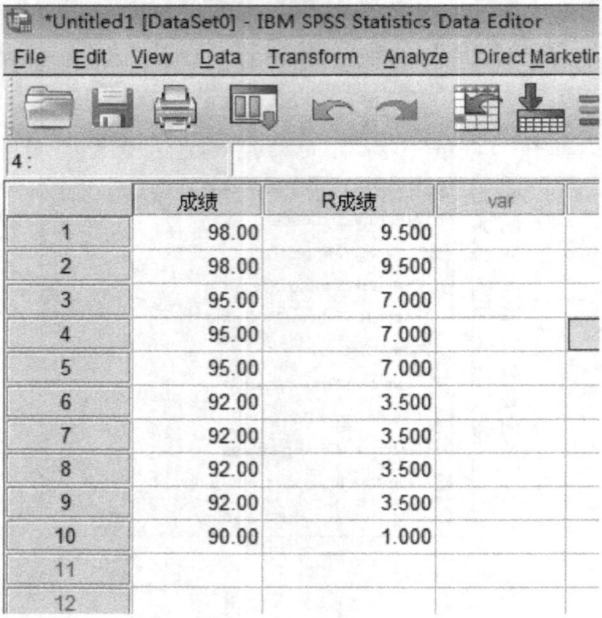

	成绩	R成绩	var
1	98.00	9.500	
2	98.00	9.500	
3	95.00	7.000	
4	95.00	7.000	
5	95.00	7.000	
6	92.00	3.500	
7	92.00	3.500	
8	92.00	3.500	
9	92.00	3.500	
10	90.00	1.000	
11			
12			

图 2-40 数据的 Mean 排名结果

2.5.2 数据资料分组下的排名

在数据资料分组的情况下，可以直接排总名次，也可以分组排名次。依然以例 2.4 的人均月收入数据资料为例，试分别对工人、干部的人均月收入进行排名。其 SPSS 操作步骤如下：

（1）在 Variable View 窗口定义变量“人均月收入”、“职工类型”和“职工人数”变量，将“职工类型”变量设定标签。

（2）在 Data View 窗口录入数据（人均月收入数据取中值输入）。

（3）设置“职工人数”变量为加权变量，点击 Date，在出现的下拉菜单中点击 Weight Cases，如图 2-10 所示。在出现的新窗口点击 Weight Cases by，将加权变量“职工人数”移进 Frequency Variable 栏中，如图 2-21 所示。点击 OK 完成加权设置。

（4）对“人均月收入”变量进行分组排名：

1）点击 Transform，在出现的下拉菜单中点击 Rank Cases，如图 2-41 所示。

2）在出现的新窗口中将变量“人均月收入”移进 Variable 栏中，将变量“职工类型”移进 By 栏中，点击 Smallest value/Largest value，如图 2-42 所示。

3）点击 Ties，选择 Mean/Low/High，如图 2-43 所示。

4）点击 Continue，点击 OK，完成对“人均月收入”变量的分组排名，如图 2-44 所示。

若图 2-42 的 Rank Cases 窗口中 By 栏不移入变量，直接在 Smallest value/Largest value 下，点击 Ties，选择 Mean/Low/High，点击 Continue，点击 OK，即可完成对“人均月收入”变量的总名次的排名。SPSS 截图略。

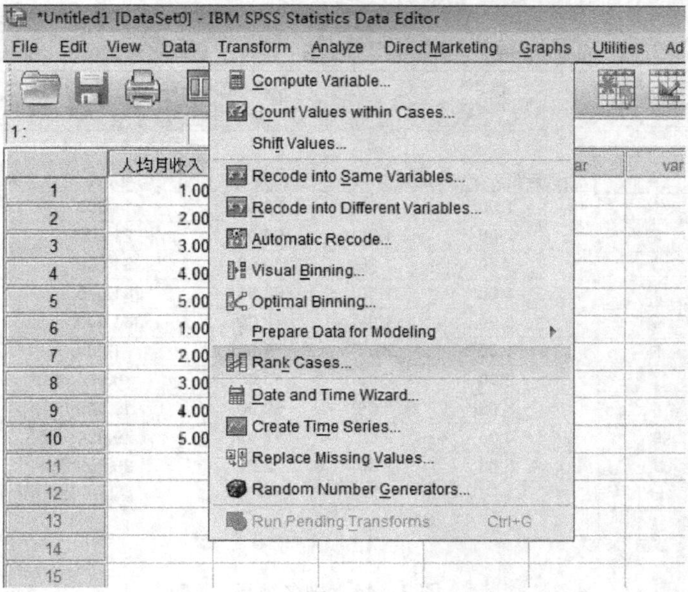

图 2-41 Transform 下拉菜单

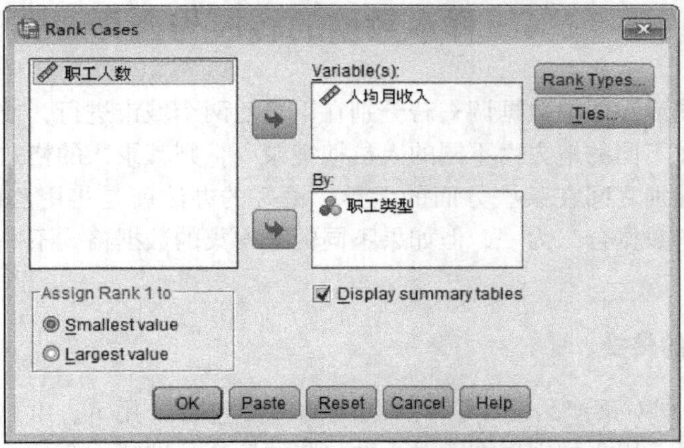

图 2-42 Rank Cases 窗口

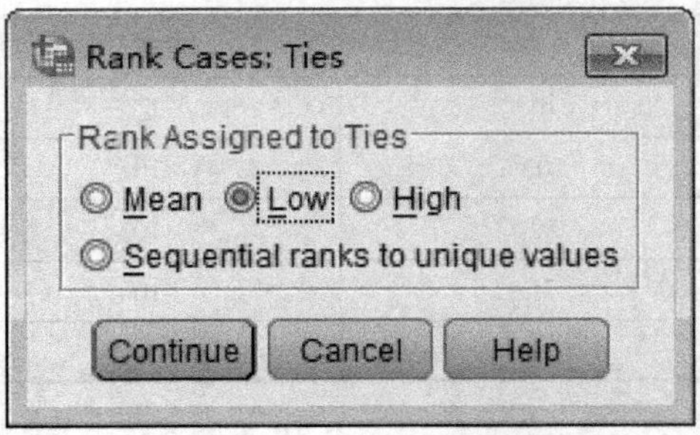

图 2-43 Ties 窗口

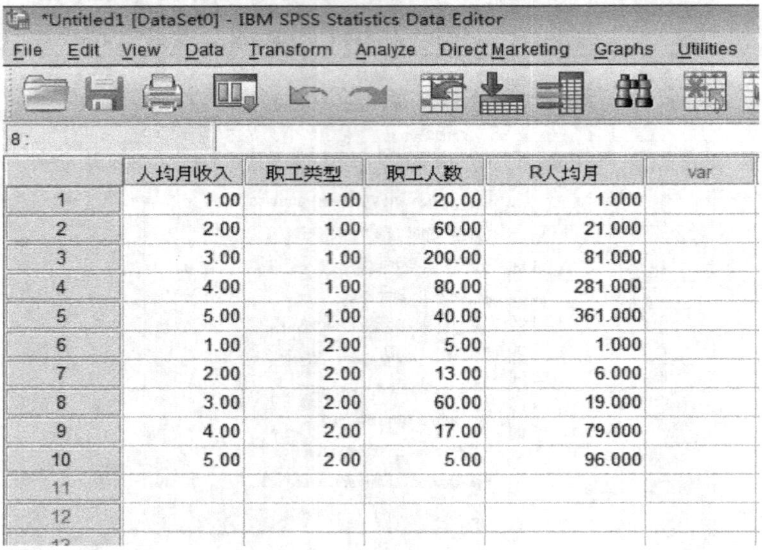

	人均月收入	职工类型	职工人数	R人均月	var
1	1.00	1.00	20.00	1.000	
2	2.00	1.00	60.00	21.000	
3	3.00	1.00	200.00	81.000	
4	4.00	1.00	80.00	281.000	
5	5.00	1.00	40.00	361.000	
6	1.00	2.00	5.00	1.000	
7	2.00	2.00	13.00	6.000	
8	3.00	2.00	60.00	19.000	
9	4.00	2.00	17.00	79.000	
10	5.00	2.00	5.00	96.000	
11					
12					

图 2－44　排名结果

2.6　样本数据的转换与合并

一个内容相同或类似的数据调查若分别在甲、乙两个城市进行，或在男性和女性之间进行。由于数据在不同的地方由不同的人员搜集录入，则其录入的格式可能不同。若需要比较不同城市、性别之间在某些方面的差异，最好的办法就是将甲乙的样本数据合二为一，将男女的样本数据合二为一，但如果不同的人搜集的数据格式不一致时，需要先进行数据格式的转换。

2.6.1　数据格式的转换

例 2.5　某公司对某产品设计了 4 种类型的产品包装（用 A、B、C、D 表示），又设计了 3 种销售方案，用 3 种销售方案对 4 种包装的该产品试销一个月，调查者小张在东北地区搜集的业绩如表 2－12 所示。

表 2－12　销售业绩资料　　（万元）

包装类型	销售方案		
	甲	乙	丙
A	103	106	135
B	82	102	118
C	71	100	106
D	52	66	85

如果在实务操作过程中需要将 SPSS 录入数据界面的行和列互换一下，则可以执行 Data Transpose 命令完成，具体操作步骤如下：

（1）在 Variable View 窗口的 Name 下定义“包装类型”、“销售方案” 和 “销售业绩” 三个变量，并对“包装类型” 和 “销售方案” 做变量值标签，其他采用计算机默认选项。

（2）在 Data View 窗口录入表中数据。

（3）点击 Data 出现下拉菜单，如图 2－45 所示。

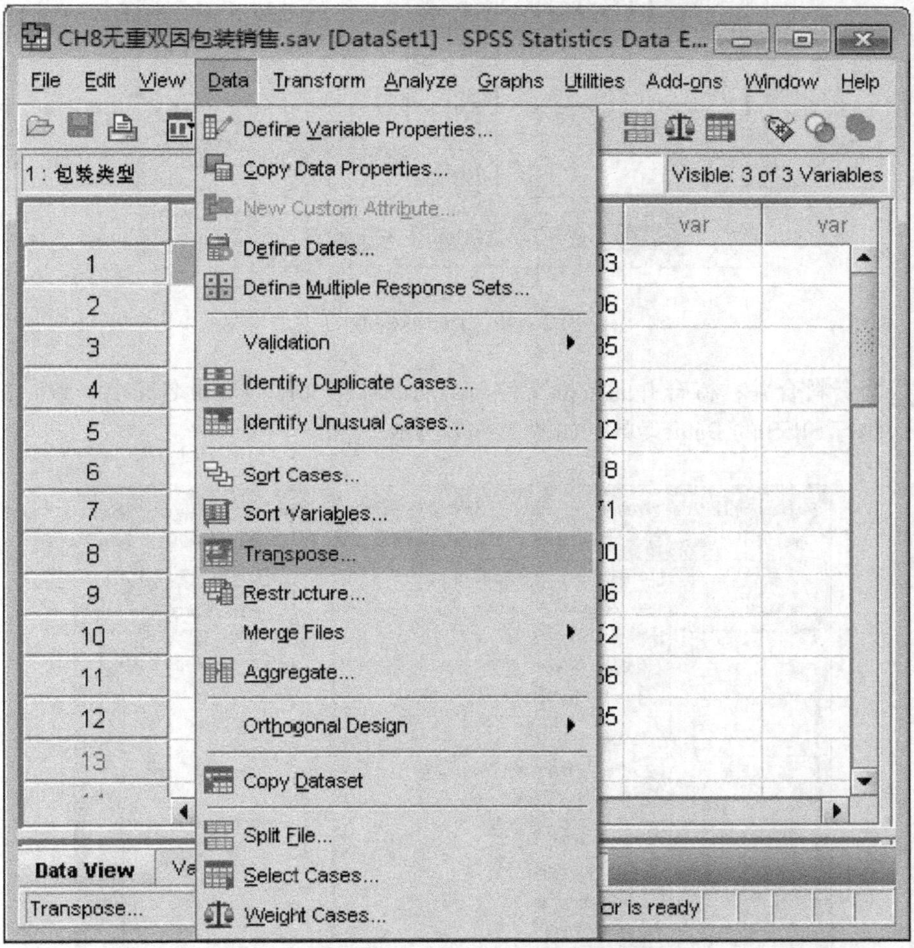

图 2－45 Data 菜单的 transpose 子菜单

进入 Transpose 对话框，如图 2－46 所示。

将需要行和列互换的变量送入右侧的 Variable 小窗口，点击 OK，SPSS 就完成了数据的行列互换。

2.6.2 数据资料的合并

数据的合并要根据具体的需要来确定，SPSS 中的数据合并有纵向合并、横向合并和交叉合并三种。

2.6.2.1 纵向合并

纵向合并是把两个数据的样本加总在一起，使总样本增加。如将城市的男性数据和农

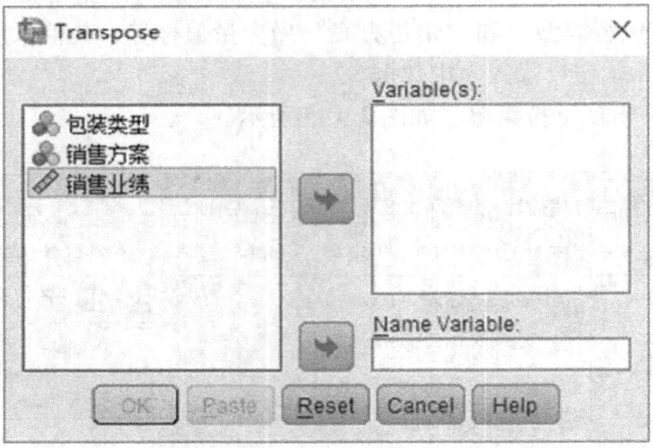

图 2－46 Transpose 窗口

村男性数据资料合并；待合并的数据文件与当前的数据文件的变量名完全一致时，可以直接合并。执行 SPSS 的 Data 菜单，如图 2－47 所示。

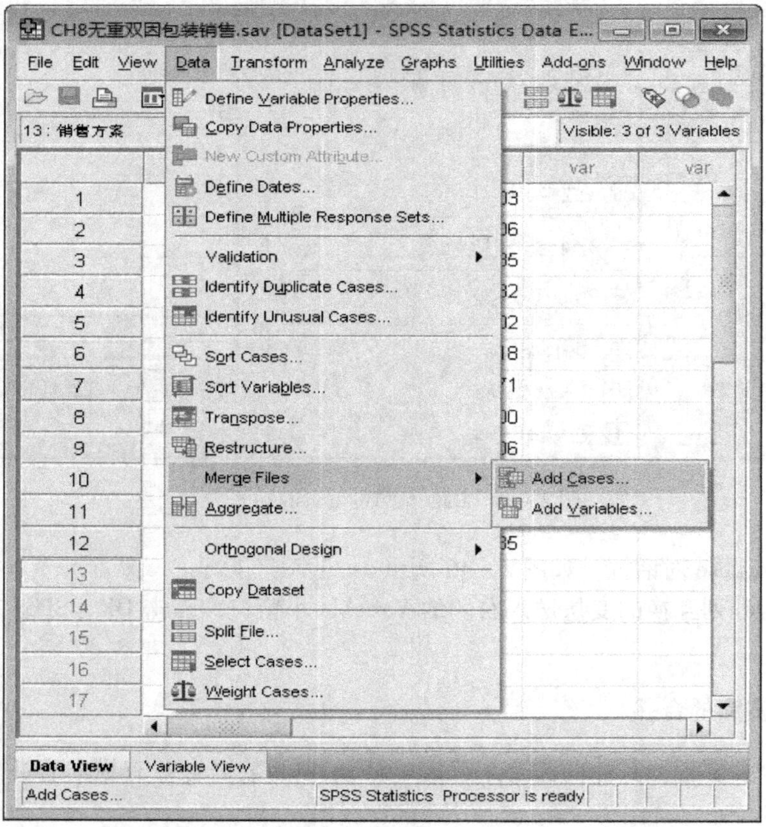

图 2－47 Data 菜单

选择 Merge Files 子菜单中的 Add Cases 命令，如图 2 - 48 所示。

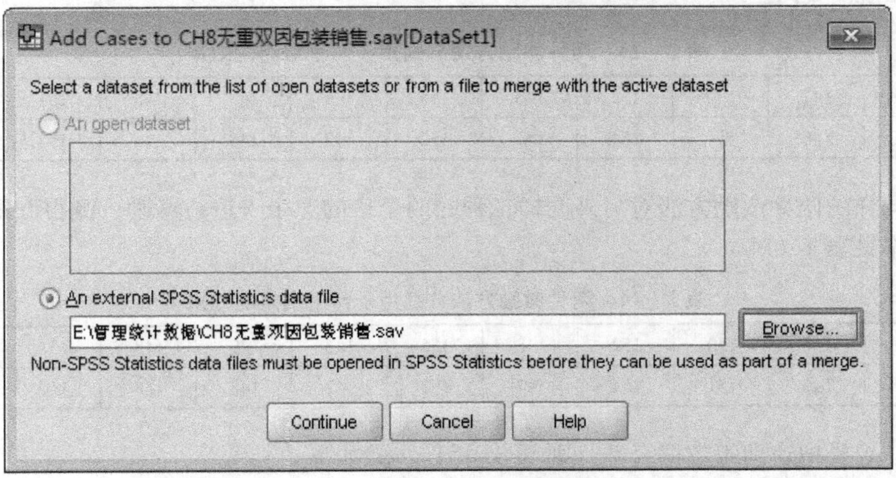

图 2 - 48　Add Cases 窗口

点击 Browse 选择待合并的数据文件，但是在进行合并时，有两种情况：

（1）如待合并的数据文件与当前数据文件的变量名完全一致，则直接合并，如图 2 - 49 所示，点击 OK，SPSS 自动完成数据的纵向合并。

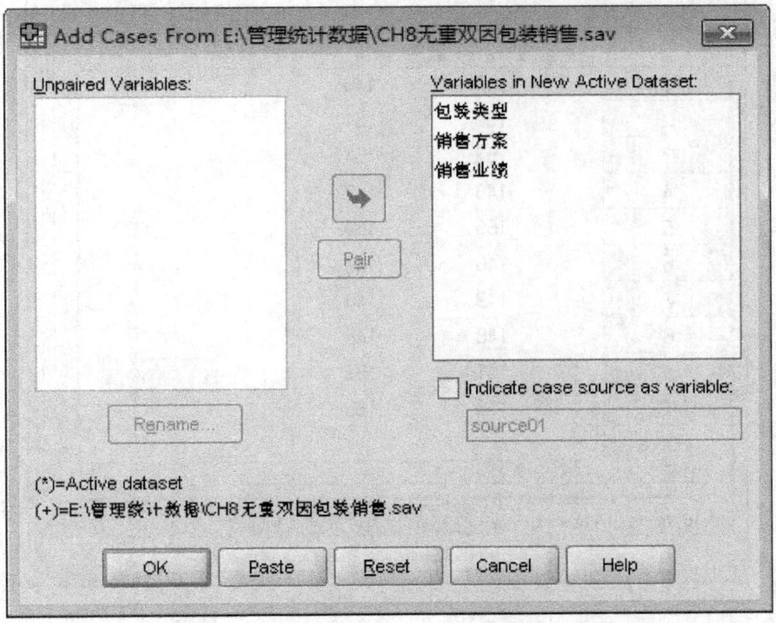

图 2 - 49　合并数据窗口

（2）若待合并的数据文件与当前的数据文件的变量名完全一致时，则需要修改变量名后再合并。

例 2.6 用两种激励方法对同样工种的两个班的 7 个人进行激励，测得激励后的业绩增长率见表 2－13。

表 2－13 两种激励方法分别用于两个班组的效果 （%）

激励法 A	147	150	152	148	155	146	149	148	151	150
激励法 B	146	151	154	147	152	147	148	146	152	150

用同样的两种激励方法对另外同样工种的两个班的 7 个人进行激励，测得激励后的业绩增长率见表 2－14。

表 2－14 两种激励方法分别用于两个班组的效果 （%）

激励法 A	147	150	152	148	155	146	149	148	151	150
激励法 B	146	151	154	147	152	147	148	146	152	150

现在想要把这两组数据合并，则 SPSS 操作步骤如下：

1）将表 2－13 和表 2－14 中的数据录入到 SPSS 中并保存到电脑里。

2）打开表 2－13 中的数据，如图 2－50 所示。

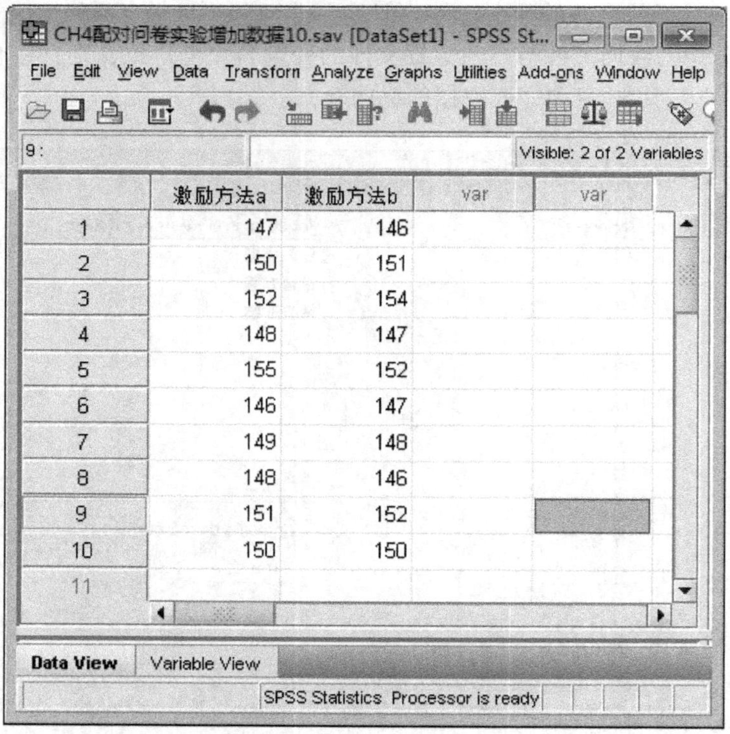

图 2－50 录入数据界面

3）执行 SPSS 的 Data 菜单，选择 Merge Files 子菜单中的 Add Cases 命令，点击 Browse 选择待合并的数据文件，因为待合并的数据文件与当前数据文件的变量名不完全一致，因此，变量名不一致的在 Unpaired Variables 窗口显示，如图 2－51 所示。

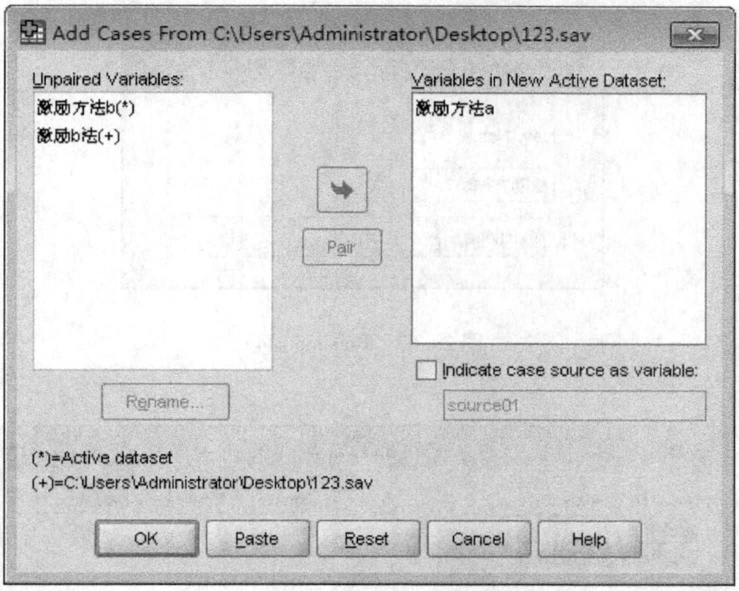

图 2－51 合并数据窗口

4）需要将待合并的数据文件中不一致的变量名选中，Rename 键盘被激活，如图 2－52 所示。

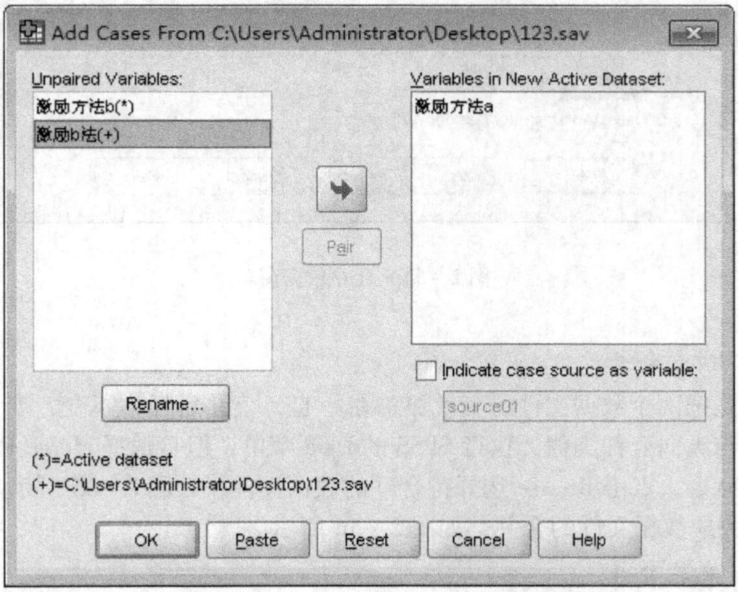

图 2－52 合并数据窗口

通过 Rename 修改待合并的数据文件的变量名，如图 2－53 所示。

5）点击 Continue 回到主界面，然后与原来的变量 Pair 送入右侧，点击 OK 完成数据文件的合并，如图 2－54 所示。

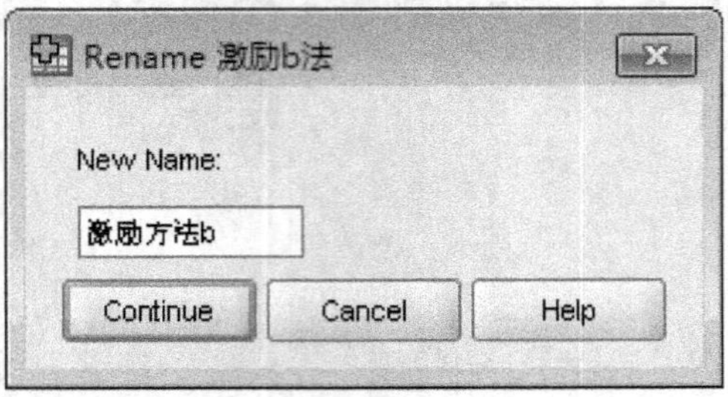

图2-53 Rename窗口

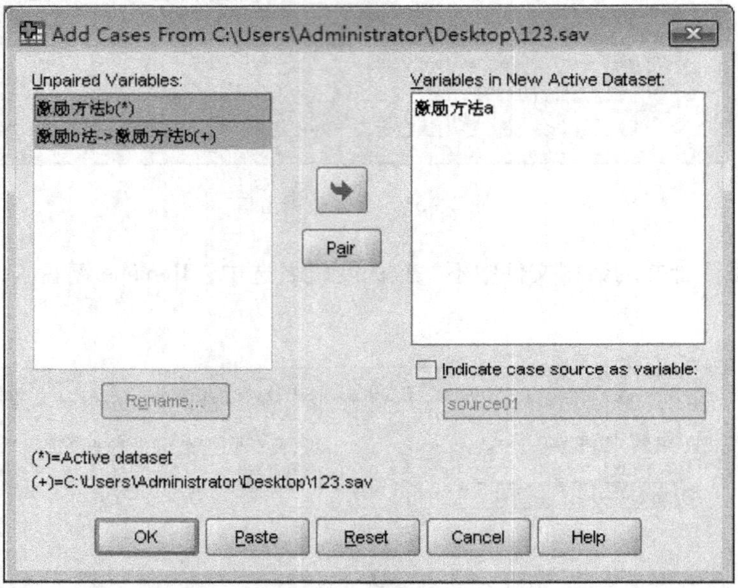

图2-54 合并数据窗口

2.6.2.2 横向合并

横向合并是把两个数据文件的变量加总在一起，合并后样本不变，变量的数目增加；具体操作步骤与纵向合并类似，执行SPSS的Data菜单，但是选择Merge Files子菜单中的Add Variables命令，点击Browse选择待合并的数据文件，如图2-55所示。

点击OK完成数据文件的合并，如图2-56所示。

2.6.2.3 交叉合并

交叉合并是把一个数据的个案和另外一个数据的个案交叉搭配生成新的数据。通过执行SPSS的Data菜单，选择Merge Files子菜单中的Add Cases命令，点击Browse选择待合并的数据文件，因为待合并的数据文件与当前数据文件的变量名不完全一致，将变量不Rename，也不Pair送入右侧，即可完成交叉合并。合并时，若数据格式不同，则需要先进行数据格式的转换然后再合并。

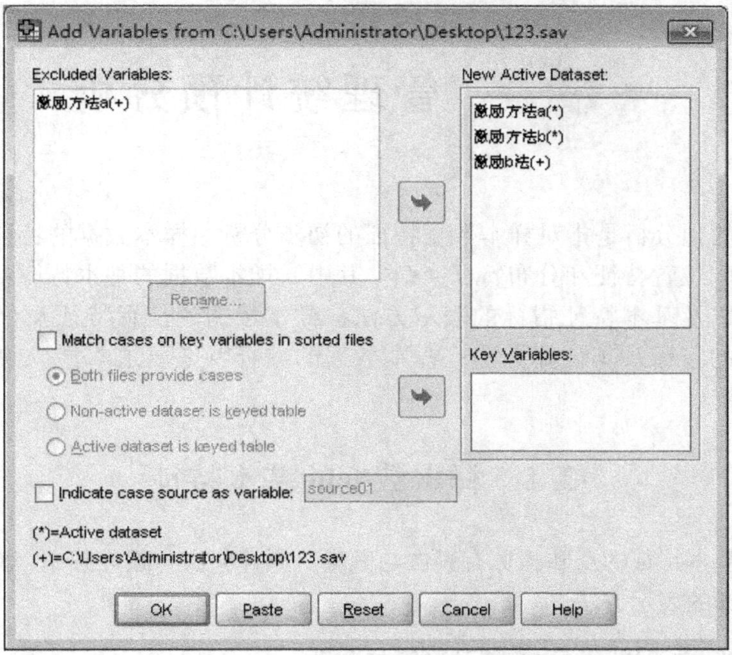

图 2-55 Browse 窗口

图 2-56 数据的横向合并

3 管理统计预分析

管理统计的预分析是指对样本数据特征的初步分析。样本数据的特征主要有基本特征、综合特征、位置特征和分布特征4个。其中，样本数据的基本特征要求掌握反映基本特征的指标以及基本特征指标的表示方法；样本数据的位置特征及分布特征只要求掌握反映特征的指标及其计算方法；样本数据的综合特征要求掌握反映特征的图形及指标。

3.1 样本数据的基本特征

样本数据基本特征的反映指标有频次与频率、累计频次与累计频率，对其要求掌握指标的计算及指标的表示方法。

3.1.1 频率与频次、累计频次与累计频率的含义

（1）频次（frequency）。频次又称为频数、次数，是指样本数据重复出现的次数。例如，某商品的单价见表3-1。

表3-1 某商品在抽样商店的单价 （元）

9.93	10.02	10.00	10.04	10.01	9.99	10.05	10.04	10.06	10.01
10.03	9.99	9.97	9.93	10.01	10.03	10.03	10.02	10.05	9.99
9.95	9.96	9.96	10.00	9.97	10.01	10.00	9.96	9.98	10.00

由表3-1可知，该商品的单价资料未分组，单价为9.99元的商品重复出现了3次，则数据9.99的频次为3。

又如，某单位职工的学历见表3-2。

表3-2 某单位职工的学历

学　历	小学	初中	高中	大学	研究生	合计
各个学历的频次	1	2	2	9	2	16

由表3-2可知，学历为“大学”的职工共有9人，则数据“大学”的频次为9。

再如，某商场家具的颜色见表3-3。

表3-3 家具颜色出现的频次

家具的颜色	绿色	橙色	红色	白色	黄色	合计
各个颜色的频次	1	6	8	5	10	30

由表 3 - 3 可知，颜色为“黄色”的家具共有 10 个，则数据“黄色”的频次为 10。

（2）频率（percentage 或 relative frequency）。频率是指某数据的频次与总频次的比值。如表 3 - 2 中，单位职工学历的频率见表 3 - 4。

表 3 - 4　某单位职工的学历

学　历	小学	初中	高中	大学	研究生	合计
各个学历的频次	1	2	2	9	2	16
各个学历的频率/%	6.25	12.5	12.5	56.25	12.5	100

再如，表 3 - 3 中，商场家具颜色的频率见表 3 - 5。

表 3 - 5　家具颜色出现的频次

家具的颜色	绿色	橙色	红色	白色	黄色	合计
各个颜色的频次	1	6	8	5	10	30
各个颜色的频率/%	3.33	20.00	26.67	16.67	33.33	100

由于数据按测度级别不同可以分为刻度级（scale）、序次级（ordinal）和名义级（nominal），所以，频次与频率的种类也有刻度级数据的频次与频率、顺序级数据的频次与频率和名义级数据的频次与频率之分。

（3）累计频次。累计频次的种类也有刻度级数据的累计频次、顺序级数据的累计频次和名义级数据的累计频次之分。各级别数据的累计频次又可分为向上累计和向下累计两种，向上累计是指以某一组的频次为基准向上或向前累加频次而得到的数；向下累计是指以某一组的频次为基准向下或向后累加频次而得到的数。例如，某商品单价的累计频次见表 3 - 6。

表 3 - 6　某商品价格频数累计表　（元）

价　格	个　数	频次向上累计数	频次向下累计数
9.93	2	2	30
9.95	1	3	28
9.96	3	6	27
…	…	…	…
10.06	1	30	1
合　计	30	—	100

又如，某单位职工学历的累计频次见表 3 - 7。

表 3 - 7　某单位职工的学历

学　历	小学	初中	高中	大学	研究生	合计
各个学历的频次	1	2	2	9	2	16
学历的向上累计数	1	3	5	14	16	—
学历的向下累计数	16	15	13	11	2	—

再如，某商场家具颜色的累计频次见表3－8。

表3－8 家具颜色出现的频次

家具的颜色	绿色	橙色	红色	白色	黄色	合计
颜色的频次	1	6	8	5	10	30
颜色的向上累计数	1	7	15	20	30	—
颜色的向下累计数	30	29	23	15	10	—

（4）累计频率。累计频率的种类也有刻度级数据的累计频率、顺序级数据的累计频率和名义级数据的累计频率之分。各级别数据的累计频率也可分为向上累计和向下累计两种，向上累计是指以某一组的频率为基准向上或向前累加频率而得到的数；向下累计是指以某一组的频率为基准向下或向后累加频率而得到的数。

3.1.2 频率、频次的表示方法

频率、频次的表示方法有表格表示法和图形表示法两种。

3.1.2.1 频率、频次的表格表示法

以表格的形式将某数据的频次表示出来，这样的表称为频数分布表或次数分布表；以表格的形式将某数据的频次和频率都表示出来，这样的表称为频率分布表。

（1）次数分布表的种类如下图所示。

- 次数分布表
  - 属性数列分布表
  - 数量数列分布表
    - 单项数列
    - 组距数列
      - 组距等否
        - 等距数列
        - 异距数列
      - 组距全否
        - 开口数列
        - 闭口数列

如，某单位共有职工100人，其基本资料见表3－9。

表3－9 某单位职工人数

性 别	人 数	比率（频率）/%
男	40	40
女	60	60
合 计	100	100

则表3－9属于次数分布表中的属性数列分布表。

再如，某企业产品的价格及职工的产量资料见表3－10～表3－14。

表3－10 某企业产品价格频数累计表

价格/元	个 数	比率（频率）/%
9.93	2	
9.95	1	
9.96	3	
…	…	
10.06	1	
合 计	30	

表3－11 某企业职工产量资料

产量/千件	人 数	比率（频率）/%
50～60	2	6.67
60～70	10	33.33
70～80	12	40
80～90	6	20
合 计	30	100

表 3－12　某企业职工产量资料

产量/千件	人　数	比率（频率）/%
50～60	2	6.67
60～80	10	33.33
80～90	12	40
90～100	6	20
合　计	30	100

表 3－13　某企业职工产量资料

产量/千件	人　数	比率（频率）/%
60 以下	2	6.67
60～70	10	33.33
70～80	12	40
80 以上	6	20
合　计	30	100

则，表 3－10 称为次数分布表中的单项数列，表 3－11 称为次数分布表中的闭口等距数列，表 3－12 称为次数分布表中的闭口异距数列，表 3－13 称为次数分布表中的开口等距数列，表 3－14 称为次数分布表中的开口异距数列。

表 3－14　某企业职工产量资料

产量/千件	人　数	比率（频率）/%
60 以下	2	6.67
60～80	10	33.33
80～90	12	40
90 以上	6	20
合　计	30	100

（2）次数分布表的指标计算：

1）各组中值。各组中值是指组距数列中每一组的组限之间位于中间的那个数据，其计算公式如下：

（Ⅰ）闭口组＝(上限＋下限)/2

（Ⅱ）开口组＝上限－邻近组组距/2（缺下限）

或　　开口组＝下限＋邻近组组距/2（缺上限）

2）组平均数。在分组数列中，若每一组包含的具体数据已知，则该组具体数据的平均数称为该组的组平均数。各组中值是该组数据平均值的近似反映，各组的组平均数是该组数据平均值的精确反映。如，某班组男职工的身高数据资料见表 3－15。

表 3－15　某班组男职工的身高数据分组表　(dm)

组别	组 1	组 2	组 3	组 4	组 5	组 6	组 7
组界	16.25 以下	[16.25, 16.75]	[16.75, 17.25)	[17.25, 17.75)	[17.75, 18.25)	[18.25, 18.75]	18.75 以上
身高	16.0	16.3，16.5	16.8，17.0，17.1，17.2	17.5，17.6，17.7	17.8，18.0，18.1，18.2	18.3，18.5，18.6	19.0
频次	1	2	4	6	5	3	1

则：第一组的组中值 $=16.25-\dfrac{16.75-16.25}{2}=16$

第一组的组平均数 $=16.0$

第二组的组中值 $=\dfrac{16.25+16.75}{2}=16.5$

第二组的组平均数 $=\dfrac{16.3+16.5}{2}=16.4$

第三组的组平均数…

第三组的组中值…

⋮

第七组的组中值 $=18.75+\frac{18.75-18.25}{2}=18.5$

第七组的组平均数 $=19.0$

3.1.2.2 频率、频次的图形表示法

表示频率、频次的图形有饼形图、条形图、直方图、茎叶图和折线图五种，上述图形绘制方法在第 2 章已有介绍，本章不做介绍。

3.2 样本数据的位置特征

样本数据的位置特征包括集中趋势特征和离散趋势特征两种。集中趋势特征指标主要包括众数、中位数和均值三个；离散趋势特征指标主要包括极差（全距）、标准差和方差、离散系数和四分位距四个。

3.2.1 样本数据的集中趋势指标

3.2.1.1 众数（mode）

A 众数定义

众数是指在统计分布上具有明显集中趋势点的数值，即是一组数据中出现次数最多的数值，简单地说，就是一组数据中占比例最多的那个数，主要应用于大面积普查研究之中。

众数代表数据的一般水平，可以不存在也可以多于一个。用众数代表一组数据的平均水平，可靠性较差，不过，众数不受极端数据的影响，并且求法简便。在一组数据中，如果个别数据有很大的变动，选择众数表示这组数据的“集中趋势”就比较适合。而且，当数值或被观察者没有明显次序（常发生于非数值性资料）时众数特别有用，因为此时可能无法更好地定义算术平均数和中位数。

B 众数的计算

（1）名义级的样本数据众数的计算。如，某商场家具的颜色见表 3 – 16。

表 3 – 16 家具颜色出现的频次

家具的颜色	绿色	橙色	红色	白色	黄色	合计
各个颜色出现的频次	1	6	8	5	10	30
各个颜色出现的频率/%	3.33	20.00	26.67	16.67	33.33	100

由表 3 – 16 可知，颜色为黄色的家具共有 10 件，则数据“黄色”为众数，为单一众数。

（2）顺序级的样本数据众数的计算。如，某单位职工的学历见表 3 – 17。

表 3 – 17 某单位职工的学历

学 历	小学	初中	高中	大学	研究生	合计
各个学历出现的频次	1	2	2	9	2	16
各学历出现的频率/%	6.25	12.5	12.5	56.25	12.5	100

由表 3－17 可知，学历为大学的职工共有 9 人，则数据“大学”为众数，也为单一众数。

(3) 刻度级的样本数据（众数的计算）：

1）数据资料不分组时。如，某商场抽样调查某种商品的价格，调查资料见表 3－18。

表 3－18 某商品在抽样商店的单价 （元）

9.93	10.02	10.00	10.04	10.01	9.99	10.05	10.04	10.06	10.01
10.03	9.99	9.97	9.93	10.01	10.03	10.03	10.02	10.05	9.99
9.95	9.96	9.96	10.00	9.97	10.01	10.00	9.96	9.98	10.00

由表 3－18 可知，该商品的单价资料未分组，单价为 10.00 元、10.01 元的商品重复出现了 4 次，则数据 10.00 和 10.01 为众数，为复众数。

2）数据资料分组时：

① 单项数列。根据单项数列求众数，不需要任何计算，可以直接从分配数列中根据频次最大原则找出众数在哪一组，众数所在组的数据就是所求的众数。如，某商品的价格见表 3－19。

表 3－19 某商品的价格 （元）

9.93	9.95	9.96	9.97	9.98	9.99	10.00	10.01	10.02	10.03	10.04	10.05	10.06
1	1	1	2	3	4	4	4	2	3	2	2	1
3.33	3.33	3.33	6.67	10.0	13.33	13.33	13.33	6.67	10.0	6.67	6.67	3.33

由表 3－19 可知，第 6、7、8 组的频次最大，为 4，所以众数为 9.99、10.00 和 10.01，为复众数。

② 组距数列。对组距数列求众数，众数的计算有下限和上限两种公式。

下限公式为：

$$M_o = L + \frac{\Delta_1}{\Delta_1 + \Delta_2} \times d$$

式中 Δ_1——众数组次数与前一组次数之差；

Δ_2——众数组次数与后一组次数之差；

L——众数组的下限；

d——众数组的组距。

上限公式为：

$$M_o = U - \frac{\Delta_2}{\Delta_1 + \Delta_2} \times d$$

式中 U——众数组的上限。

例如，某工业企业有职工 10000 人，其中工人 8000 人，干部 2000 人，为了了解职工家庭生活状况，在工人和干部两个组均以 5% 的比例抽选职工进行调查，结果见表 3－20。

表 3－20 职工人均收入表

按家庭人均周收入/元	职工人数/人		干部人数向上累计数	干部人数向下累计数
	工 人	干 部		
200 以下	20	5	5	100
200～300	60	13	18	95

续表 3－20

按家庭人均周收入/元	职工人数/人		干部人数向上累计数	干部人数向下累计数
	工 人	干 部		
300～400	200	60	78	82
400～600	80	17	95	22
600 以上	40	5	100	5
合 计	400	100	—	—

用下限公式求干部的众数时，首先根据干部人数判断众数在哪一组，方法是最大频次所在的组即为众数组，然后利用下限公式求出众数的数值。

由表 3－20 可知，第三组的频次为 60，最大，所以众数在第三组，则利用下限公式计算的众数为：

$$M_o = L + \frac{\Delta_1}{\Delta_1 + \Delta_2} \times d = 300 + \frac{60-13}{(60-13)+(60-17)} \times 100 = 352.222 \text{ 元}$$

用上限公式求干部的众数时，首先根据干部人数判断众数在哪一组，方法同上，然后利用上限公式求出众数的数值。

由表 3－20 可知，第三组的频次为 60，最大，所以众数在第三组，则利用上限公式计算的众数为：

$$M_o = U - \frac{\Delta_2}{\Delta_1 + \Delta_2} \times d = 400 - \frac{60-17}{(60-13)+(60-17)} \times 100 = 352.222 \text{ 元}$$

3.2.1.2 中位数（median）

A 中位数的定义

中位数是指将数据按大小顺序排列起来，形成一个数列，居于数列中间位置的那个数据，用 Me 表示。从中位数的定义可知，所研究的数据中有一半小于中位数，一半大于中位数。中位数的作用与算术平均数相近，也是作为所研究数据的代表值。在一个等差数列或一个正态分布数列中，中位数就等于算术平均数。在数列中出现了极端变量值的情况下，用中位数作为代表值要比用算术平均数更好，因为中位数不受极端变量值的影响；如果研究目的就是为了反映中间水平，当然也应该用中位数。在统计数据的处理和分析时，可结合使用中位数。

B 样本中位数的计算

若数据未分组，当样本数据的个数（样本容量）为奇数时，样本中位数适用于顺序级以上的样本数据集合；当样本数据的个数（样本容量）为偶数时，样本中位数仅适用于刻度级的样本数据集合（因为顺序级的数据不能做加减运算）。若数据已经分组，样本中位数适用于顺序级以上的样本数据集合。

（1）顺序级的样本数据中位数的计算。若数据未分组，需要先将样本数据从低到高排序，然后再计算中位数。如，某单位 5 名职工的学历分别为：高中、高中、大学、大学、研究生，则该单位职工学历的中位数是“大学”；若数据分组，则需要先求累计数，然后找出刚好大于或等于 $\frac{\sum f}{2}$ 的向上累计数或向下累计数，该累计数所在组的数据就是中位数。再如，若该单位16名职工的学历见表3－21。

表3－21　某单位职工的学历

学历	小学	初中	高中	大学	研究生	合计
各个学历出现的频次	1	2	2	9	2	16
各学历的向上累计数	1	3	5	14	16	—
各学历的向下累计数	16	15	13	11	2	—

由表3－21可知，该单位职工学历的累计数刚好大于或等于 $\frac{\sum f}{2}$ 的向上累计数为14，向下累计数为11，都在第四组，所以，该单位职工学历的中位数是"大学"。

（2）刻度级的样本数据：

1）数据资料不分组时。若数据未分组，需要先将样本数据从小到大排序，然后利用 $\frac{n+1}{2}$ 找出中位数的位置，若数据是奇数，则位置对应的数就是中位数；若数据是偶数，则位置两边数据的平均数是中位数。如，抽样调查某商场的某种商品价格，资料见表3－22。

表3－22　某商品在抽样商店的单价　（元）

9.93	10.02	10.02	10.04	10.01	9.99	10.05	10.04	10.06	10.01
10.03	9.99	9.97	9.93	10.01	10.03	10.03	10.02	10.05	9.99
9.95	9.96	9.96	10.00	9.97	10.01	10.03	9.96	9.98	10.00

由表3－22可知，该商品的单价资料是刻度级的样本数据，未分组且为偶数，首先将单价从小到大排序（略），然后再计算中位数。由于中位数的位置 $=\frac{n+1}{2}=\frac{30+1}{2}=15.5$，15号位上的数是10.01元，16号位上的数是10.01元，所以中位数是 $\frac{10.01+10.01}{2}=$ 10.01元。

2）数据资料分组时：

① 单项数列。根据单项数列求中位数，需要先求该单项数列的累计数，然后找出刚好大于或等于 $\frac{\sum f}{2}$ 的向上累计数或向下累计数，该累计数所在组的数据就是中位数。如，某商品的价格见表3－23。

表3－23　某商品的价格　（元）

价　格	9.98	9.99	10.00	10.01	10.02	10.03	10.04	10.05	10.06
次　数	3	4	4	4	2	3	2	2	1
向上累计数	3	7	11	15	17	20	22	24	25
向下累计数	25	22	18	14	10	8	5	3	1

由表3－23可知，刚好大于或等于 $\frac{\sum f}{2}$ 的向上累计数为15，刚好大于或等于 $\frac{\sum f}{2}$ 的

向下累计数为 14，都在第四组，所以，该商品价格的中位数是 10.01 元。

② 组距数列。对组距数列求中位数，中位数的计算有下限和上限两种公式。

下限公式为：

$$\mathrm{Me} = L_2 + \frac{\frac{\sum f}{2} - s_2}{f_2} \times d_2$$

式中 f_2——中位数组的次数；

s_2——中位数组前一组的频次向上累计数；

d_2——中位数组的组距。

上限公式为：

$$\mathrm{Me} = U_2 - \frac{\frac{\sum f}{2} - s_2}{f_2} \times d_2$$

式中 U_2——中位数组的上限；

s_2——中位数组后一组的频次向下累计数。

例如，某工业企业有职工 10000 人，其中工人 8000 人，干部 2000 人，为了了解职工家庭生活状况，在工人和干部两个组均以 5% 的比例抽选职工进行调查，结果见表 3－24。

表 3－24 职工人均收入表

按家庭人均周收入/元	职工人数/人		干部人数向上累计数	干部人数向下累计数
	工 人	干 部		
200 以下	20	5	5	100
200～300	60	13	18	95
300～400	200	60	78	82
400～600	80	17	95	22
600 以上	40	5	100	5
合 计	400	100	—	—

用下限公式求干部的中位数时，首先根据干部人数向上累计数判断中位数在哪一组，方法是大于等于 $\frac{\sum f_{干部}}{2}$ 的向上累计数所在的组即为中位数组，然后利用下限公式求出中位数的数值。

由表 3－24 可知，$\frac{\sum f_{干部}}{2} = \frac{100}{2} = 50$，第三组的向上累计数为 78，刚好大于 50，所以中位数在第三组，则利用下限公式计算的中位数为：

$$\mathrm{Me} = L_2 + \frac{\frac{\sum f}{2} - s_2}{f_2} \times d_2 = 300 + \frac{\frac{100}{2} - 18}{60} \times 100 = 353.333 \text{ 元}$$

用上限公式求干部的中位数时，首先根据干部人数向下累计数判断众数在哪一组，方

法是大于等于 $\frac{\sum f_{\text{干部}}}{2}$ 的向下累计数所在的组即为中位数组，然后利用上限公式求出中位数的数值。

由表 3－24 可知，$\frac{\sum f_{\text{干部}}}{2}=\frac{100}{2}=50$，第三组的向下累计数为 82，刚好大于 50，所以中位数在第三组，则利用上限公式计算的中位数为：

$$\text{Me} = U_2 - \frac{\frac{\sum f}{2} - s_2}{f_2} \times d_2 = 400 - \frac{\frac{100}{2} - 22}{60} \times 100 = 353.333 \text{ 元}$$

3.2.1.3 样本均值（Mean）

A 样本均值的定义

样本均值又称样本平均数（average）或期望，表示一系列数据或统计总体的平均特征的值，仅适用于刻度级的数据。

B 样本均值的种类

样本均值有算术平均数（mean）、调和平均数（harmonic mean）、几何平均数（geometric mean）三种。

C 样本均值的计算

a 算术平均数的计算

（1）数据资料不分组时。若数据未分组，算术平均数是所有数据加总后除以加总的个数，称为简单平均数。公式为：

$$\overline{X} = \frac{\sum x}{n}$$

如，抽样调查某商场的某种商品价格，资料见表 3－25。

表 3－25 某商品在抽样商店的单价 （元）

9.93	10.02	10.02	10.04	10.01	9.99	10.05	10.04	10.06	10.01
10.03	9.99	9.97	9.93	10.01	10.03	10.03	10.02	10.05	9.99
9.95	9.96	9.96	10.00	9.97	10.01	10.03	9.96	9.98	10.00

由表 3－25 可知，该商品的单价资料是刻度级的样本数据且未分组，所以，算术平均数

$$\overline{X} = \frac{9.93 + 10.02 + \cdots + 9.98 + 10.00}{30} = 10.01 \text{ 元}$$

（2）数据资料分组时：

① 单项数列。根据单项数列求算术平均数，需要先确定权数，然后在求算术平均数，称为加权平均数。公式为：

$$\overline{X} = \frac{\sum xf}{\sum f}$$

式中 x——各组数据；

f——频次或次数。

如，某专业硕士班学生年龄情况见表3－26。

由表3－26可知，算术平均数

$$\overline{X}=\frac{\sum xf}{\sum f}=\frac{1334}{56}=23.821\text{ 岁}$$

表3－26　某专业硕士班学生年龄情况表

年龄 x	人数 f	xf
20	1	20
21	4	84
22	8	176
23	13	299
24	12	288
25	8	200
26	5	130
27	3	81
28	2	56
合计	56	1334

② 组距数列。对组距数列求算术平均数，需要先确定各组中值和权数，然后再求算术平均数，也称为加权平均数。公式为：

$$\overline{X}=\frac{\sum xf}{\sum f}$$

式中　x——各组中值；

f——频次或次数。

具体计算方法同单项数列，这里不再赘述。

b　调和平均数的计算

调和平均数是平均数的一种，是指总体各单位标志值倒数的算术平均数的倒数，也称倒数平均数。主要是用来解决在无法掌握总体单位数（频数）的情况下，只有每组的变量值和相应的标志总量，而需要求得平均数的情况下使用的一种数据方法。计算调和平均数时，若数据未分组，调和平均数是所有数据取倒数后加总然后与所有数据加总的个数相除，称为简单调和平均数。计算公式为：

$$\overline{X}=\frac{n}{\sum\frac{1}{x}}$$

若数据分组，调和平均数是所有数据取倒数后先加权再加总然后与所有数据总权数相除，称为加权调和平均数。计算公式为：

$$\overline{X}=\frac{\sum f}{\sum\frac{1}{x}f}$$

如，某水果店某日销售三种水果，其价格、销售额见表3－27。

表3－27　水果及其价格及销售额资料

水　果	价格 x_i/元	销售额 f/元	f/x
苹果	3.4	1020	300
橙子	2.5	1125	450
梨	2.8	700	250
合计	—	2845	1000

由表3－27可知，三种水果价格、销售额资料是分组的，其平均价格

$$\overline{X}=\frac{\sum f}{\sum\frac{1}{x}f}=\frac{2845}{1000}=2.845\text{ 元}$$

c 几何平均数的计算

几何平均数是指 n 个观察值连乘积的 n 次方根。根据资料的条件不同，几何平均数有简单几何平均数和加权几何平均数之分。若数据未分组，采用简单几何平均数求均值，计算公式为：

$$\overline{X} = \sqrt[n]{x_1 \cdot x_2 \cdot \cdots \cdot x_n}$$

若数据分组，采用加权几何平均数求均值，计算公式为：

$$\overline{X} = \sqrt[\sum f]{x_1^{f_1} \cdot x_2^{f_2} \cdot \cdots \cdot x_n^{f_n}}$$

如，某银行对一笔存款按复利计息，具体数据见表 3－28。

由表 3－28 可知，存款年限不同，其平均年利率应该采用加权几何平均数计算。

$$\text{平均年利率 } \overline{X} = \sqrt[\sum f]{x_1^{f_1} \cdot x_2^{f_2} \cdot \cdots \cdot x_n^{f_n}}$$

$$= \sqrt[15]{3^2 \times 5^4 \times 6^7 \times 8^2} = 5.414$$

算术平均、调和平均数与几何平均数之间的关系为：

调和平均数≤几何平均数≤算术平均数

表 3－28 银行存款利率及存款年限资料

年 限	利率/%	存款年数
第 1～2 年	3	2
第 3～6 年	5	4
第 7～13 年	6	7
第 14～15 年	8	2
合计	—	15

3.2.2 样本数据的离散趋势指标

3.2.2.1 极差（全距）（range）

A 极差的定义

极差又称全距或范围误差，是指一组数据中最大数据与最小数据的差，在统计中常用极差来刻画一组数据的离散程度。极差反映的是变量分布的变异范围和离散幅度，在总体中任何两个单位的标准值之差都不能超过极差。同时，它能体现一组数据波动的范围。极差越大，离散程度越大；反之，离散程度越小。

B 极差的计算

（1）数据资料不分组时。数据资料不分组，极差的计算公式为：$R = \mathrm{Max} - \mathrm{Min}$

如，某商场抽样调查某种商品的价格，调查资料见表 3－29。

表 3－29 某商品在抽样商店的单价 （元）

9.93	10.02	10.00	10.04	10.01	9.99	10.05	10.04	10.06	10.01
10.03	9.99	9.97	9.93	10.01	10.03	10.03	10.02	10.05	9.99
9.95	9.96	9.96	10.00	9.97	10.01	10.00	9.96	9.98	10.00

由表 3－29 可以看出，该种商品的单价资料未分组，且商品最低单价为 9.93 元，商品最高单价为 10.06 元，所以商品单价数据的极差为：

$$R = \mathrm{Max} - \mathrm{Min} = 10.06 - 9.93 = 0.13 \text{ 元}$$

（2）数据资料分组时：

1）单项数列。根据单项数列求极差，计算公式与资料未分组。如，某商品的价格见表 3－30。

表 3-30 某商品的价格 (元)

9.93	9.95	9.96	9.97	9.98	9.99	10.00	10.01	10.02	10.03	10.04	10.05	10.06
1	1	1	2	3	4	4	4	2	3	2	2	1
3.33	3.33	3.33	6.67	10.0	13.33	13.33	13.33	6.67	10.0	6.67	6.67	3.33

由表 3-30 可知，该商品的最低单价也为 9.93 元，最高单价也为 10.06 元，所以单价数据的极差 $R = \text{Max} - \text{Min} = 10.06 - 9.93 = 0.13$ 元。

2）组距数列。对组距数列求极差，分开口数列和闭口数列两种情况。开口次数分布数列，理论上不存在极差，因为第一组缺下限，最后一组缺上限。但实际上第一组应该有下限，称之为假想下限；同理，最后一组也应该有上限，称之为假想上限，所以极差实际中应该存在。

第一组视为与其邻组具有相同的组距，所以假想下限 = 第一组上限 - 邻组组距；同理，最后一组也视为与其邻组具有相同的组距，所以假想上限 = 最后一组下限 + 邻组组距，所以，极差 = 假想上限 - 假想下限。例如，某班级学生统计学考试成绩结果见表 3-31。

由表 3-31 可知，第一组假想下限 = 60 -（70 - 60）= 50 分，最后一组假想上限 = 100 +（100 - 80）= 120 分，所以，极差 = 120 - 50 = 70 分。

闭口次数分布数列，极差 = 最后一组上限 - 第一组下限。若某班级学生统计学考试成绩结果见表 3-32。

表 3-31 该班学生统计学考试成绩分布表

成绩/分	男生人数/人	女生人数/人
60 以下	5	10
60~70	8	16
70~80	19	38
80~100	12	24
100 以上	6	12
合　计	50	100

表 3-32 该班学生统计学考试成绩分布表

成绩/分	男生人数/人	女生人数/人
50~60	5	10
60~70	8	16
70~80	19	38
80~100	12	24
100~120	6	12
合　计	50	100

由表 3-32 可知，第一组下限为 50 分，最后一组上限为 120 分，所以，极差 = 120 - 50 = 70 分。

3.2.2.2 总体（样本）的方差和标准差

方差和标准差是测算离散趋势最重要、最常用的指标，标准差为方差的算术平方根。

A 方差（variance）

方差是样本中各数据与样本平均数离差平方的平均数，它是测算数值型数据离散程度的最重要的方法。总体方差用 σ^2 表示，样本用 s^2 表示。

（1）总体方差的计算公式：

1）资料未分组：

$$\sigma^2 = \frac{\sum (x - \mu)^2}{n}$$

式中　x——总体数据；

μ——总体数据的均值；

n——数据个数。

2）资料分组：

$$\sigma^2 = \frac{\sum (x - \mu)^2 f}{\sum f}$$

式中　x——总体数据；

μ——总体数据的均值；

f——数据的频次。

（2）样本方差的计算公式：

1）资料未分组：

$$s^2 = \frac{\sum (x - \bar{x})^2}{n - 1}$$

式中　x——样本数据；

$\bar{x}$——样本数据的均值；

n——样本容量。

2）资料分组：

$$s^2 = \frac{\sum (x - \bar{x})^2 f}{\sum f - 1}$$

式中　x——样本数据；

$\bar{x}$——样本数据的均值；

f——数据的频次。

B　标准差（standard deviation）

标准差（standard deviation），也称均方差（mean square error），是各数据偏离平均数的距离的平均数，它是离均差平方和平均后的方根，总体标准差用 σ 表示，样本标准差用 s 表示。标准差是方差的算术平方根，标准差能反映一个数据集的离散程度，其数值越大，说明数据越分散。平均数相同的，标准差未必相同。所以，标准差可以用来判断平均数的代表性大小，当两个及以上总体的平均数数值大小相同时，判别其代表性大小，需要使用标准差。

（1）总体标准差的计算公式为：

1）资料未分组：

$$\sigma = \sqrt{\frac{\sum (x - \mu)^2}{n}}$$

式中　x——总体数据；

μ——总体数据的均值；

n——数据个数。

2）资料分组：

$$\sigma = \sqrt{\frac{\sum (x - \mu)^2 f}{\sum f}}$$

式中 x——总体数据；

μ——总体数据的均值；

f——数据的频次。

（2）样本标准差的计算公式为：

1）资料未分组：

$$s = \sqrt{\frac{\sum (x - \bar{x})^2}{n - 1}}$$

式中 x——样本数据；

$\bar{x}$——样本数据的均值；

n——样本容量。

2）资料分组：

$$s = \sqrt{\frac{\sum (x - \bar{x})^2 f}{\sum f - 1}}$$

式中 x——样本数据；

$\bar{x}$——样本数据的均值；

f——数据的频次。

3.2.2.3 离散系数

离散系数主要包括标准差系数和平均差系数两个，本书仅介绍标准差系数。标准差系数也反映数据的分散程度，其数值越大，说明数据越分散。当两个及以上总体的平均数数值大小不同时，判别其代表性大小，需要使用标准差系数。

（1）总体标准差系数：

$$V_\sigma = \frac{\sigma}{\mu} \times 100\%$$

（2）样本标准差系数：

$$V_s = \frac{s}{\bar{x}} \times 100\%$$

3.2.2.4 四分位数和四分位距

A 四分位数（quartile）

a 四分位数的定义

四分位数是指将数据按大小顺序排列起来，形成一个数列，居于数列第 25 个百分位位置的那个数据，称为下四分位数（Q_1）；居于数列第 50 个百分位位置的那个数据，称为中四分位数（Q_2），即中位数；居于数列第 75 个百分位位置的那个数据，称为上四分位数（Q_3）。

b 样本四分位数的计算：

若数据未分组，当样本数据的个数（样本容量）可以被 4 整除时，样本四分位数适用于顺序级以上的样本数据集合；当样本数据的个数（样本容量）不能被 4 整除时，样本四分位数仅适用于刻度级的样本数据集合（因为顺序级的数据不能做加减运算）。若数据已经分组，样本四分位数适用于顺序级以上的样本数据集合。

（1）顺序级的样本数据四分位数的计算。若数据未分组，需要先将样本数据从低到高排序，然后找出四分位数的位置，位置上对应的数据即为四分位数的数值。下四分位数的位置为$\frac{n+1}{4}$，中四分位数位置的确定方法同中位数，上四分位数的位置为$\frac{3(n+1)}{4}$。如，某单位 7 名职工的学历分别为：初中、高中、高中、大学、大学、大学、研究生，则该单位职工学历的下四分位数的数值是“高中”；上四分位数的数值是“大学”。若数据分组，则需要先求累计数，若用向上累计计算四分位数，则找出刚好大于或等于$\frac{\sum f}{4}\left(\frac{3\sum f}{4}\right)$的向上累计数，该累计数所在组的数据就是所要求的下（上）四分位数的数值。再如，若该单位 16 名职工的学历见表 3-33。

表 3-33　某单位职工的学历

学　历	小学	初中	高中	大学	研究生	合计
各个学历出现的频次	1	2	2	9	2	16
各学历的向上累计数	1	3	5	14	16	—
各学历的向下累计数	16	15	13	11	2	—

由表 3-33 可知，该单位职工学历的第三组向上累计数为 5，刚好大于或等于$\frac{\sum f}{4}=4$，所以，该单位职工学历的下四分位数是 Q_1“高中”。而该单位职工学历的第四组向上累计数为 14，刚好大于或等于$\frac{3\sum f}{4}=12$，所以，该单位职工学历的上四分位数是“大学”。

（2）刻度级的样本数据：

1）数据资料不分组时。若数据未分组，需要先将样本数据从小到大排序，然后利用$\frac{n+1}{4}$找出下四分位数的位置，利用$\frac{3(n+1)}{4}$找出上四分位数的位置，若整除，则位置对应的数就是四分位数；若不整除，则位置两边数据的加权平均数是四分位数，位置与两边数据的距离为权数。如，抽样调查某商场的某种商品价格，资料见表 3-34。

表 3-34　某商品在抽样商店的单价　（元）

9.93	10.02	10.02	10.04	10.01	9.99	10.05	10.04	10.06	10.01
10.03	9.99	9.96	9.93	10.01	10.04	10.03	10.02	10.05	9.99
9.95	9.96	9.96	10.00	9.97	10.01	10.04	9.96	9.98	10.00

由表 3-34 可知，该商品的单价资料是刻度级的样本数据，未分组，首先将单价从小到大排序，如表 3-35 所示，然后再计算四分位数。

表3-35 某商品在抽样商店单价的排序表 （元）

9.93	9.93	9.95	9.96	9.96	9.96	9.96	9.97	9.98	9.99
9.99	9.99	10.00	10.00	10.01	10.01	10.01	10.01	10.02	10.02
10.02	10.03	10.03	10.04	10.04	10.04	10.04	10.05	10.05	10.06

由表3-35可知，该种商品单价下四分位数的位置为$\frac{n+1}{4}=\frac{30+1}{4}=7.75$。

7号位上的数是9.96元，8号位上的数是9.97元，所以，下四分位数 $=9.96\times0.25+9.97\times0.75=9.9675$ 元。

同理，该种商品单价上四分位数的位置为$\frac{3(n+1)}{4}=\frac{3(30+1)}{4}=23.25$，23号位上的数是10.03元，24号位上的数是10.04元，所以，上四分位数 $=10.03\times0.75+10.04\times0.25=10.0325$ 元。

2）数据资料分组时：

① 单项数列。根据单项数列求四分位数，需要先求该单项数列的累计数，然后找出刚好大于或等于$\frac{\sum f}{4}\left(\frac{3\sum f}{4}\right)$的向上累计数，该累计数所在组的数据就是下（上）四分位数。如，某商品的价格如表3-36所示。

表3-36 某商品的价格 （元）

价　格	9.98	9.99	10.00	10.01	10.02	10.03	10.04	10.05	10.06
次　数	3	4	4	4	2	3	2	2	1
向上累计数	3	7	11	15	17	20	22	24	25
向下累计数	25	22	18	14	10	8	5	3	1

由表3-36可知，该种商品价格的第二组向上累计数为7，刚好大于或等于$\frac{\sum f}{4}=6.25$，所以，该种商品价格的下四分位数是9.99元。而该种商品价格的第六组向上累计数为20，刚好大于或等于$\frac{3\sum f}{4}=18.75$，所以，该种商品价格的上四分位数是10.03元。

② 组距数列。对组距数列求四分位数，下四分位数的计算公式为：

$$Q_1 = L_1 + \frac{\frac{\sum f}{4} - s_1}{f_1} \times d_1$$

式中 f_1——下四分位数组的次数；

s_1——下四分位数组前一组的频次向上累计数；

d_1——下四分位数组的组距。

上四分位数的计算公式为：

$$Q_3 = L_3 + \frac{\frac{3\sum f}{4} - s_3}{f_3} \times d_3$$

式中 f_3——上四分位数组的次数；

s_3——上四分位数组前一组的频次向上累计数；

d_3——上四分位数组的组距。

例如，某工业企业有职工10000人，其中工人8000人，干部2000人，为了了解职工家庭生活状况，在工人和干部两个组均以5%的比例抽选职工进行调查，结果如表3－37所示。

表3－37 职工人均收入表

按家庭人均周收入/元	职工人数/人		干部人数向上累计数
	工 人	干 部	
200以下	20	5	5
200～300	60	13	18
300～400	200	60	78
400～600	80	17	95
600以上	40	5	100
合 计	400	100	—

求干部的下四分位数时，首先根据干部人数向上累计数判断下四分位数在哪一组，方法是大于等于 $\frac{\sum f_{干部}}{4}$ 的向上累计数所在的组即为下四分位数组，然后利用下四分位数公式求出下四分位数的数值。

由表3－37可知，$\frac{\sum f_{干部}}{4}=\frac{100}{4}=25$，第三组的向上累计数为78，刚好大于25，所以下四分位数在第三组，则利用下四分位数公式计算的下四分位数为：

$$Q_1=L_1+\frac{\frac{\sum f}{4}-s_1}{f_1}\times d_1=300+\frac{\frac{100}{4}-18}{60}\times 100=311.667\text{ 元}$$

求干部的上四分位数时，首先根据干部人数向上累计数判断上四分位数在哪一组，方法是大于等于 $\frac{3\sum f_{干部}}{4}$ 的向上累计数所在的组即为上四分位数组，然后利用上四分位数公式求出上四分位数的数值。

由表3－37可知，$\frac{3\sum f_{干部}}{4}=\frac{300}{4}=75$，第三组的向上累计数为78，刚好大于75，所以上四分位数也在第三组，则利用上四分位数公式计算的上四分位数为：

$$Q_3=L_3+\frac{\frac{3\sum f}{4}-s_3}{f_3}\times d_3=300+\frac{\frac{300}{4}-18}{60}\times 100=395\text{ 元}$$

B 四分位距

四分位距是下四分位数与上四分位数之差，由于上、下四分位数已经在前面介绍其计算方法，此处不再赘述。

3.3 样本数据的综合特征：箱形图（Box-plot）

箱形图，又称为盒须图、盒式图、盒状图或箱线图，是一种用作显示一组数据分散情况资料的统计图。因形状如箱子而得名。在各种领域也经常被使用，常见于品质管理，不过作法相对比较繁琐。箱形图于1977年由美国著名统计学家约翰·图基（John Tukey）发明。它能显示出一组数据的最大值、最小值、中位数、下四分位数及上四分位数，最适宜提供有关数据的位置和分散的参考，尤其在不同的母体数据时更可表现其差异。

箱形图提供了一种只用5个点对数据集做简单的总结的方式。这5个点包括中点、Q_1、Q_3、分部状态的高位和低位。箱形图（见图3－1）很形象的分为中心、延伸以及分部状态的全部范围。

```
                                        +-----+-+
      *              o          |-------|  +  | |---|
                                        +-----+-+

   +---+---+---+---+---+---+---+---+---+---+   数轴
   0   1   2   3   4   5   6   7   8   9   10
```

图3－1 箱形图

由图3－1可以看出，这组数据的最小值（min）＝5，最大值（max）＝10，极差或全距（Rang）＝最大值（max）－最小值（min）＝10－5＝5，下四分位数（Q_1）＝7，上四分位数（Q_3）＝9，四分位间距（interquartile range）＝Q_3-Q_1＝2（即Iqr），中位数（Median）＝8.5，平均值（Mean）＝8。

用SPSS绘制箱形图的步骤也同Explore模块绘制的直方图，在Plots界面选择Box plots，如图3－2所示。然后点击Continue返回主界面，点击OK，箱型图就绘制完毕。箱形图的格式如图3－3或图3－4所示。

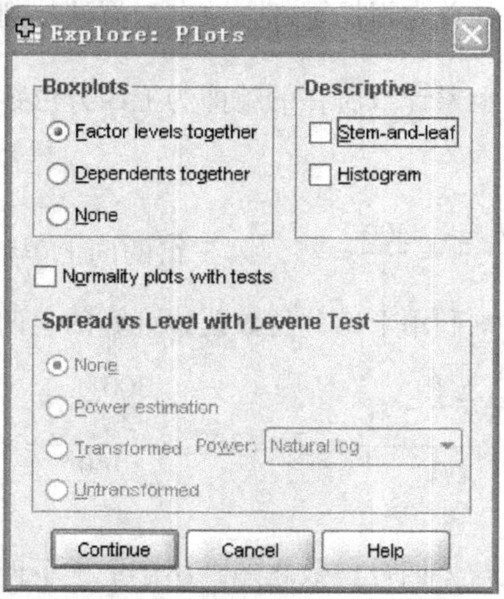

图3－2 SPSS的Plots界面图

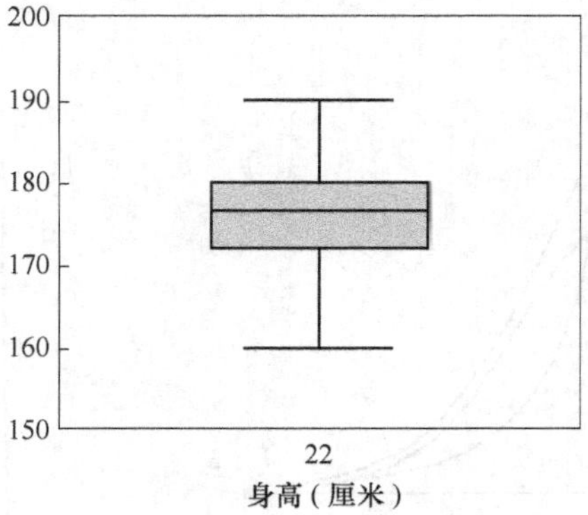

图 3－3　SPSS 的 Explore 模块绘制的普通箱形图

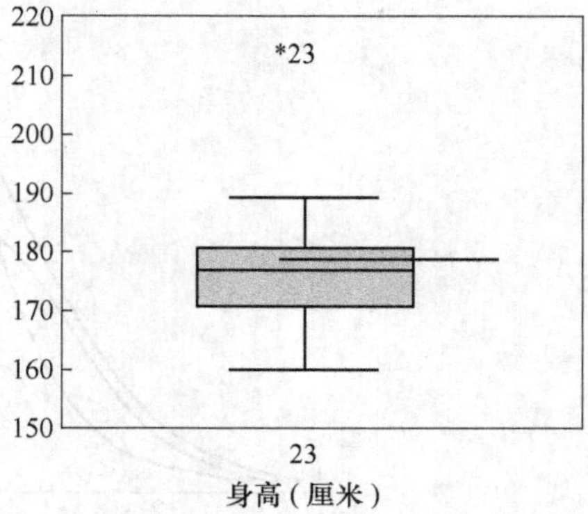

图 3－4　SPSS 的 Explore 模块绘制的修正箱形图

3.4　样本数据的分布特征

反映样本数据分布特征的指标有峰度和偏度两个。

(1) 峰度 (kurtosis):

1) 峰度的定义。峰度又称峰态系数。表征概率密度分布曲线在平均值处峰值高低的特征数。直观看来，峰度反映了尾部的厚度。

正态分布的峰度为 3。峰度小于 3，称分布具有不足的峰度或平顶峰，峰度大于 3，称分布具有过度的峰度或尖顶峰。若知道分布有可能在峰度上偏离正态分布时，可用峰度来检验分布的正态性。检验一个给定的数据是否服从正态分布的判别方法：检验均值和中位数是否相等，偏度是否接近 0 以及峰度是否接近 3（笔算）或是否接近 0（SPSS 计算结果）来进行初步的估计。

简单来讲，峰度是描述分布形态的陡缓程度。峰度为 3 表示与正态分布相同，峰度大于 3 表示比正态分布陡峭，小于 3 表示比正态分布平坦。在实际应用中，通常将峰度值做减 3 处理，使得正态分布的峰度为 0。因此，在使用 SPSS 软件进行计算时，应注意峰度值是做减 3 处理的，即峰度大于 0 表示比标准正态分布高峰更加陡峭，为尖顶峰分布；反之，峰度小于 0，表示比标准正态分布高峰更加平缓，为平顶峰分布。

2) 峰度的计算公式：

$$\text{kurtosis} = \frac{\frac{1}{n-1}\sum_{i=1}^{n}(x_i-\bar{x})^4}{SD^4} - 3$$

式中　SD——样本标准差。

3) 峰度的图形表示（见图 3－5）:

(2) 偏度 (skewness):

1) 偏度的定义。偏度是统计数据分布偏斜方向和程度的度量，是统计数据分布非对称程度的数字特征。表征概率分布密度曲线相对于平均值不对称程度的特征数。直观看来就是密度函数曲线尾部的相对长度。

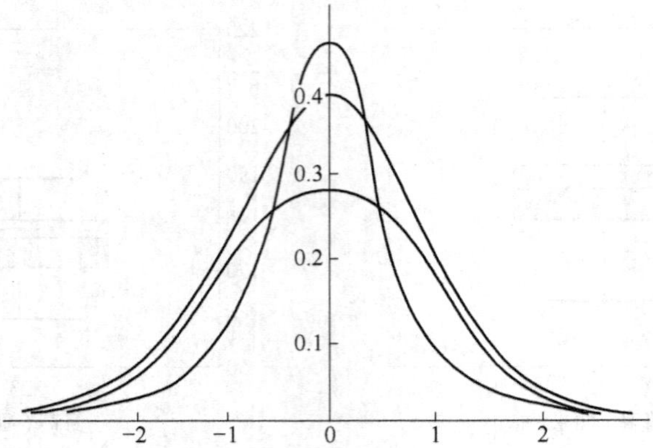

图 3－5 峰度图

正态分布的偏度为0，两侧尾部长度对称。偏度小于0，称分布具有负偏离，也称左偏态，此时数据位于均值左边的比位于右边的多，直观表现为左边的尾部相对于比右边的尾部要长，因为有少数变量值很小，使曲线左侧尾部拖得很长；偏度大于0，称分布具有正偏离，也称右偏态，此时数据位于均值右边的比位于左边的多，直观表现为右边的尾部相对于比左边的尾部要长，因为有少数变量值很大，使曲线右侧尾部拖得很长；而偏度接近0，则可认为分布是对称的。若知道分布有可能在偏度上偏离正态分布时，可用偏离来检验分布的正态性。右偏时一般算术平均数大于中位数大于众数，左偏时相反，即众数大于中位数大于平均数。正态分布三者相等。

2）偏度的计算公式：

$$\text{skewness} = \frac{\frac{1}{n-1}\sum_{i=1}^{n}(x_i - \bar{x})^3}{SD^3}$$

3）偏度的图形表（见图 3－6）：

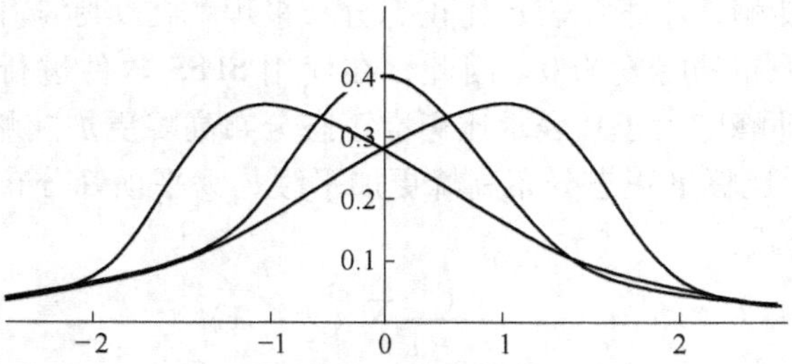

图 3－6 偏度图

3.5 样本数据特征指标的 SPSS 处理

用 SPSS 求样本数据的特征指标，可以在 Frequencies 模块中进行，也可以在 Descriptives 模块或 Explore 模块中进行。

（1）Frequencies 模块的处理过程。选择 Analyze 下拉菜单中的 Descriptive Statistics 子菜单，选择 Frequencies 模块，如图 3-7 所示。

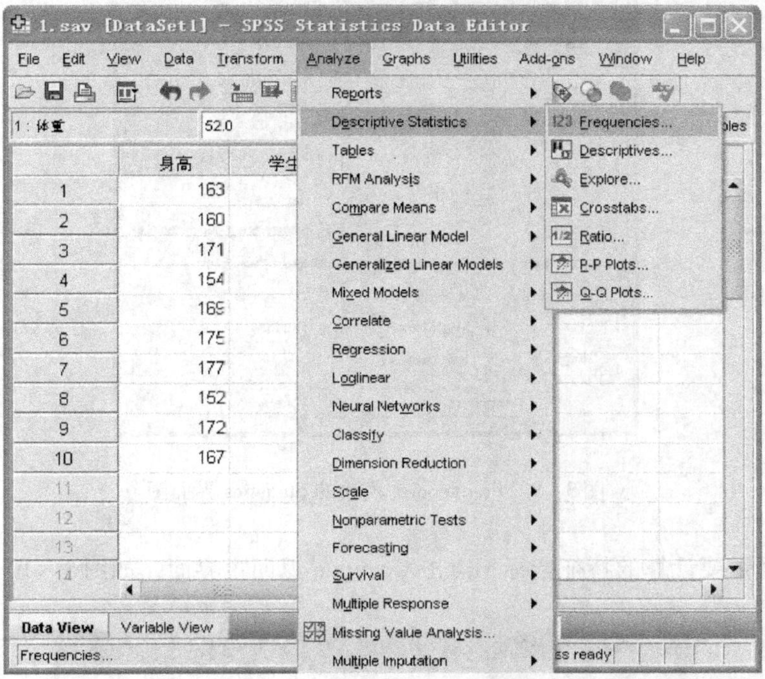

图 3-7 Frequencies 模块计算特征指标步骤图

选择 Frequencies 模块后，会出现频率、频次对话框，然后将要计算特征指标的变量从左边框选中移入右边框，如图 3-8 所示。

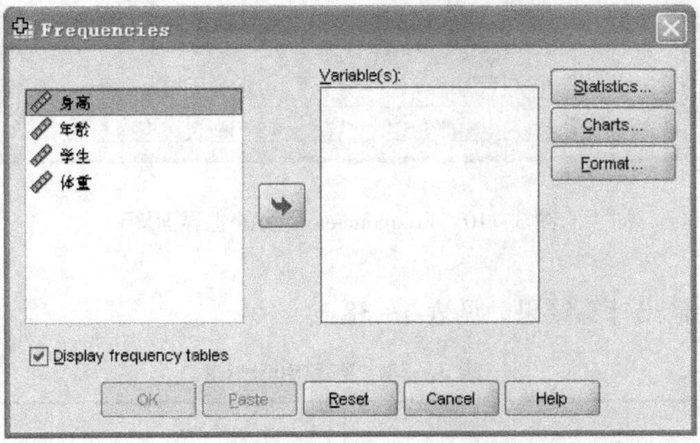

图 3-8 SPSS 频率、频次界面图

将需要计算特征指标的变量从左框选中移入右框，然后点击 Statistics 按钮，如图 3-9 所示。

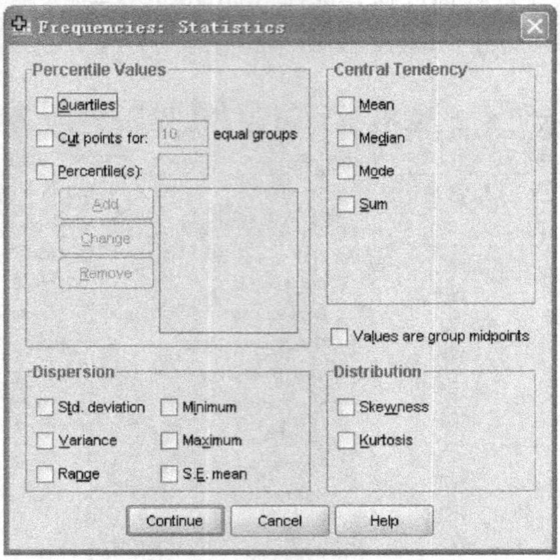

图 3－9 Frequencies 模块的 Statistics 界面图

然后选择需要计算的特征指标，点击 Continue 返回主界面，如图 3－10 所示。

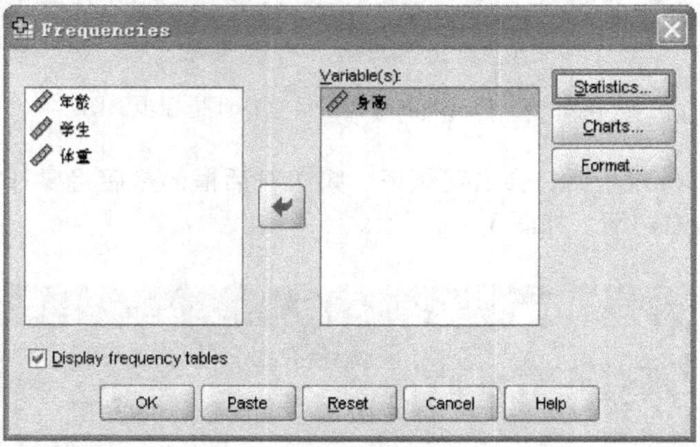

图 3－10 Frequencies 模块的主界面图

单击 OK 就会输出计算结果，见表 3－38。

表 3－38 身高 Statistics

N	Valid	10
	Missing	0
Mean	166. 00	
Median	168. 00	
Mode	152[a]	

续表 3-38

N		Valid	10
		Missing	0
Std. Deviation		8.551	
Variance		73.111	
Skewness		-.508	
Std. Error of Skewness		.687	
Kurtosis		-.920	
Std. Error of Kurtosis		1.334	
Percentiles	25	158.50	
	50	168.00	
	75	172.75	

a. Multiple modes exist. The smallest value is shown

（2）Descriptives 模块的处理过程。选择 Analyze 下拉菜单中的 Descriptive Statistics 子菜单，选择 Descriptives 模块，如图 3-11 所示。

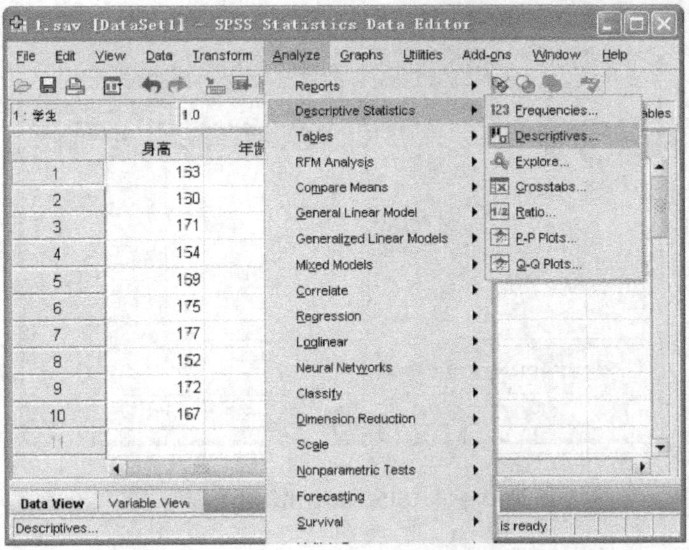

图 3-11 SPSS 的 Descriptives 模块计算特征指标步骤图

选择 Descriptives 模块后，会出现描述统计对话框，然后将要计算特征指标的变量从左边框选中移入右边框，如图 3-12 所示。然后点击 Options 按钮，如图 3-13 所示。

然后选择需要计算的特征指标，点击 Continue 返回主界面，如图 3-14 所示。

单击 OK 就会输出计算结果，见表 3-39。

（3）Explore 模块的处理过程。利用 Explore 模块计算描述统计指标，不能自己选择，只能接受计算机自动输出的结果，见表 2-9。

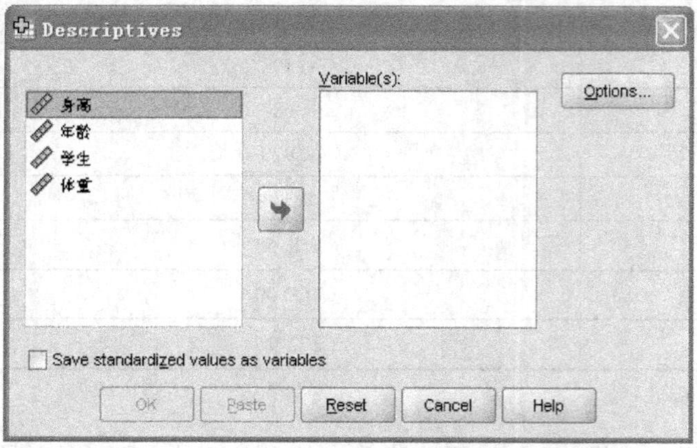

图 3－12 SPSS 的描述统计界面图

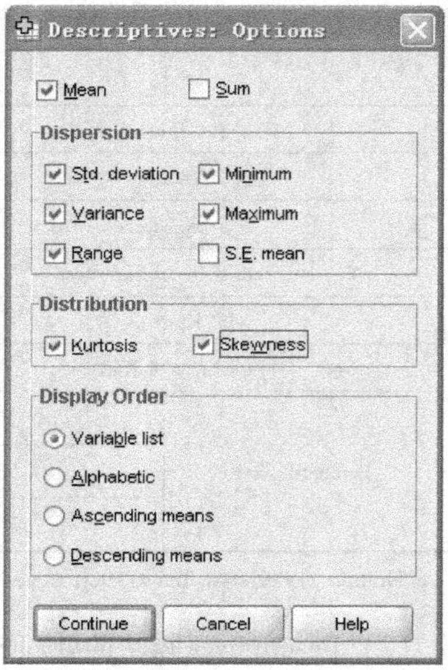

图 3－13 描述统计的 Options 界面图

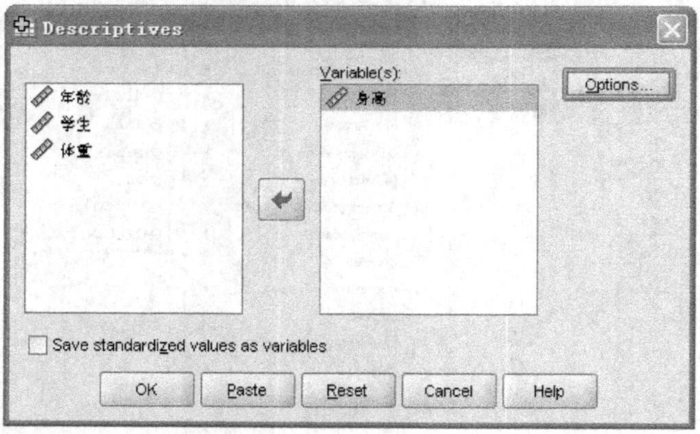

图 3－14 SPSS 的描述统计界面图

表 3－39 Descriptive Statistics

	N	Range	Minimum	Maximum	Mean	Std. Deviation	Variance	Skewness		Kurtosis	
	Statistic	Statistic	Statistic	Statistic	Statistic	Statistic	Statistic	Statistic	Std. Error	Statistic	Std. Error
身高	10	25	152	177	166.00	8.551	73.111	－.508	.687	－.920	1.334
Valid N (listwise)	10										

4 参数估计

参数估计（parameter estimation）是大致判断出总体分布的类型后，根据从总体中抽取的样本参数（均值或方差）推断总体分布中包含的未知相应参数的方法。它是统计推断的一种基本形式，是数理统计学的一个重要分支，分为点估计和区间估计两部分。

4.1 点估计

点估计是依据样本估计总体分布中所含的未知参数或未知参数的函数。通常它们是总体的某个特征值，如数学期望、方差和相关系数等。点估计问题就是要构造一个只依赖于样本的量，作为未知参数或未知参数的函数的估计值。例如，设一批产品的废品率为 θ。为了估计 θ，从这批产品当中随机抽出 n 个进行质检，用 m 标记其中的废品个数，用 $\frac{m}{n}$ 估计 θ，就是一个点估计。构造点估计常用的方法有以下几种：

（1）矩估计法。用样本矩佸计总体矩，如用样本均值估计总体均值。

（2）最大似然估计法。于 1912 年由英国统计学家 R. A. 费希尔提出，利用样本分布密度构造似然函数来求出参数的最大似然估计。

（3）最小二乘法。主要用于线性统计模型中的参数估计问题。

（4）贝叶斯估计法。基于贝叶斯学派的观点而提出的估计法。

由于可以用来估计未知参数的估计量很多，于是产生了怎样选择一个优良估计量的问题。首先必须对优良性定出准则，这种准则不是唯一的，可以根据实际问题和理论研究的方便进行选择。优良性准则有两大类：一类是小样本准则，即在样本大小固定时的优良性准则；另一类是大样本准则，即在样本大小趋于无穷时的优良性准则。最重要的小样本优良性准则是无偏性及与此相关的一致最小方差无偏估计，其次有容许性准则、最小化最大准则、最优同变准则等。大样本优良性准则有相合性、最优渐近正态估计和渐近有效估计等。

进行点估计时，由于不同样本算得的 μ 的估计值是不同的，因此，还希望根据所给的样本确定一个随机区间，使其包含参数真值的概率达到指定的要求，这就需要做区间估计。

4.2 区间估计

区间估计是依据抽取的样本，根据一定的正确度与精确度的要求，构造出适当的区间，作为总体分布的未知参数或参数的函数的真值所在范围的估计。例如人们常说的有百分之多少的把握保证某值在某个范围内，即是区间估计的最简单的应用。1934 年统计学家J. 奈曼创立了一种严格的区间估计理论。求置信区间常用的有利用已知的抽样分布求置信区间、利用区间估计与假设检验的联系求置信区间、利用大样本理论求置信区间三种方法。

利用已知的抽样分布求置信区间可以在重复抽样（sampling with replication）条件下进行，也可以在不重复抽样（sampling without repeating）条件下进行。重复抽样又称放回式抽样，即每次从总体中抽取的样本单位，经检验之后又重新放回总体，参加下次抽样，这种抽样的特点是总体中每个样本单位被抽中的概率是相等的。不重复抽样亦称不放回式抽样，即每次从总体中抽取的样本单位，经检验之后不再放回总体，在下次抽样时不会再次抽到前面已抽中过的样本单位，总体每经一次抽样，其样本单位数就减少一个，因此每个样本单位在各次抽样中被抽中的概率是不同的。该种抽样过程为：从总体 N 个单位中要抽取一个容量为 n 的样本，每次从总体中抽取一个单位，连续进行 n 次抽选，构成一个样本，但每次抽选一个单位就不再放回。不重置抽样的样本是由 n 次连续抽选的结果组成，实质上等于一次同时从总体中抽 n 个单位组成一个样本。连续 n 次抽选的结果不是相互独立的，第一次抽选的结果影响下一次抽样，每抽一次，总体的单位数就少一个。因此，每个单位的中选或下次中选的机会是不同的。由于不重复抽样每个样本单位最多只有一次被抽中的机会，而且随着抽中单位的不断增多，剩下的单位被抽中的机会不断增大，所以，不重复抽样的误差小于重复抽样的误差。

区间估计的主要内容如下图所示。

- 区间估计
  - 一个总体
    - 均值的区间估计
      - 重复抽样条件下
        - 方差已知时
        - 方差未知时
      - 不重复抽样条件下
        - 方差已知时
        - 方差未知时
    - 方差的区间估计
    - 比率的区间估计
  - 两个总体
    - 均值差的区间估计
      - 方差已知时
      - 方差未知且相等时
      - 方差未知且任意时
    - 方差比的区间估计

4.2.1 一个总体均值的区间估计

4.2.1.1 方差已知时的区间估计

A 理论基础

（1）求置信区间时需要的定义：

1）标准正态分布单侧上 α 分位点。若随机变量 X 服从标准正态分布，则满足式子 $P(X>z_\alpha)=\alpha$ 或 $P(X<-z_\alpha)=\alpha$ 的 z_α 或 $-z_\alpha$ 叫标准正态分布的单侧上 α 分位点，如图 4－1 所示。

2）标准正态分布双侧上 α 分位点。若随机变量 X 服从标准正态分布，则满足式子 $P(|X|>z_{\alpha/2})=\alpha$ 的 $z_{\alpha/2}$ 和 $-z_{\alpha/2}$ 叫标准正态分布的双侧上 α 分位点，如图 4－2 所示。

（2）求置信区间时需要的定理。若随机变量 $X \sim N(\mu, \sigma^2)$，则有如下定理成立：

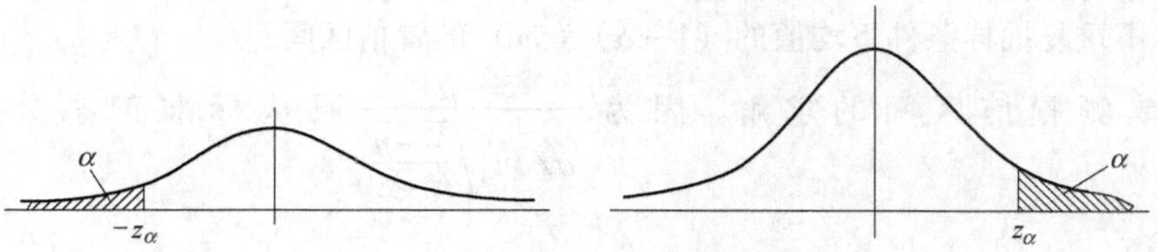

图 4-1　标准正态分布单侧上 α 分位点图解

1）重复抽样条件下：

$$Z=\frac{\bar{x}-\mu}{\sigma/\sqrt{n}}\sim N(0,1)$$

2）不重复抽样条件下：

$$Z=\frac{\bar{x}-\mu}{\sigma/\sqrt{n}\sqrt{\frac{N-n}{N-1}}}\sim N(0,1)$$

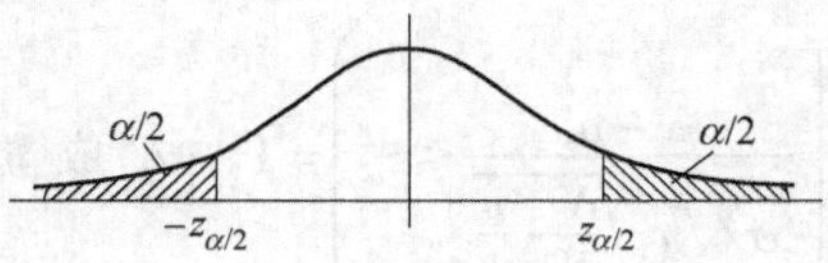

图 4-2　标准正态分布双侧上 α 分位点图解

B　置信区间的求解

（1）重复抽样条件下均值的（1 - α）（%）的置信区间：

1）单侧置信区间的求解。因为$\frac{\bar{x}-\mu}{\sigma/\sqrt{n}}$服从标准正态分布，所以 $P\left(\frac{\bar{x}-\mu}{\sigma/\sqrt{n}}>z_\alpha\right)=\alpha$ 成立或 $P\left(\frac{\bar{x}-\mu}{\sigma/\sqrt{n}}<-z_\alpha\right)=\alpha$ 成立，即等价于 $P\left(\frac{\bar{x}-\mu}{\sigma/\sqrt{n}}\leqslant z_\alpha\right)=1-\alpha$ 成立或 $P\left(\frac{\bar{x}-\mu}{\sigma/\sqrt{n}}\geqslant -z_\alpha\right)=1-\alpha$ 成立，所以令$\frac{\bar{x}-\mu}{\sigma/\sqrt{n}}\leqslant z_\alpha$ 或$\frac{\bar{x}-\mu}{\sigma/\sqrt{n}}\geqslant -z_\alpha$ 成立，解这两个不等式，就可以得到重复抽样条件下均值的两个（1 - α）（%）的单侧置信区间。

单侧右置信区间：$\mu\geqslant\bar{x}-z_\alpha\frac{\sigma}{\sqrt{n}}$；

单侧左置信区间：$\mu\leqslant\bar{x}+z_\alpha\frac{\sigma}{\sqrt{n}}$。

2）双侧置信区间的求解：

因为$\frac{\bar{x}-\mu}{\sigma/\sqrt{n}}$服从标准正态分布，所以 $P\left(\left|\frac{\bar{x}-\mu}{\sigma/\sqrt{n}}\right|>z_{\alpha/2}\right)=\alpha$ 成立，即等价于 $P\left(\left|\frac{\bar{x}-\mu}{\sigma/\sqrt{n}}\right|\leqslant z_{\alpha/2}\right)=1-\alpha$ 成立，所以令$\left|\frac{\bar{x}-\mu}{\sigma/\sqrt{n}}\right|\leqslant z_{\alpha/2}$成立，解这个绝对值不等式，就可以得到重复抽样条件下均值的（1 - α）（%）双侧置信区间：

$$\bar{x}-z_{\alpha/2}\frac{\sigma}{\sqrt{n}}\leqslant\mu\leqslant\bar{x}+z_{\alpha/2}\frac{\sigma}{\sqrt{n}}$$

单双侧置信区间中的$\frac{\sigma}{\sqrt{n}}=\sigma_{\bar{X}}$称为均值的标准误差，又称为抽样平均误差或均值标准误、标准误，表示任何一个分布函数的标准差，是原来分布函数标准差的$\sqrt{n}$分之一，或

者说 $\overline{X}$ 分布的方差，就是 X 分布方差的 n 分之一。

（2）不重复抽样条件下均值的（1 - α）（%）的置信区间：

1）单侧置信区间的求解。因为 $\dfrac{\bar{x}-\mu}{\sigma/\sqrt{n}\sqrt{\dfrac{N-n}{N-1}}}$ 服从标准正态分布，所以

$P\left(\dfrac{\bar{x}-\mu}{\sigma/\sqrt{n}\sqrt{\dfrac{N-n}{N-1}}}>z_{\alpha}\right)=\alpha$ 成立或 $P\left(\dfrac{\bar{x}-\mu}{\sigma/\sqrt{n}\sqrt{\dfrac{N-n}{N-1}}}<-z_{\alpha}\right)=\alpha$ 成立，即等价于

$P\left(\dfrac{\bar{x}-\mu}{\sigma/\sqrt{n}\sqrt{\dfrac{N-n}{N-1}}}\leqslant z_{\alpha}\right)=1-\alpha$ 成立或 $P\left(\dfrac{\bar{x}-\mu}{\sigma/\sqrt{n}\sqrt{\dfrac{N-n}{N-1}}}\geqslant -z_{\alpha}\right)=1-\alpha$ 成立，所以令

$\dfrac{\bar{x}-\mu}{\sigma/\sqrt{n}\sqrt{\dfrac{N-n}{N-1}}}\leqslant z_{\alpha}$ 或 $\dfrac{\bar{x}-\mu}{\sigma/\sqrt{n}\sqrt{\dfrac{N-n}{N-1}}}\geqslant -z_{\alpha}$ 成立，解这两个不等式，就可以得到不重复抽样条件下均值的两个（1 - α）（%）的单侧置信区间。

单侧右区间：$\mu\geqslant\bar{x}-z_{\alpha}\dfrac{\sigma}{\sqrt{n}}\sqrt{\dfrac{N-n}{N-1}}$；

单侧左区间：$\mu\leqslant\bar{x}+z_{\alpha}\dfrac{\sigma}{\sqrt{n}}\sqrt{\dfrac{N-n}{N-1}}$。

2）双侧置信区间的求解。因为 $\dfrac{\bar{x}-\mu}{\sigma/\sqrt{n}\sqrt{\dfrac{N-n}{N-1}}}$ 服从标准正态分布，所以

$P\left(\left|\dfrac{\bar{x}-\mu}{\sigma/\sqrt{n}\sqrt{\dfrac{N-n}{N-1}}}\right|>z_{\alpha/2}\right)=\alpha$ 成立，即等价于 $P\left(\left|\dfrac{\bar{x}-\mu}{\sigma/\sqrt{n}\sqrt{\dfrac{N-n}{N-1}}}\right|\leqslant z_{\alpha/2}\right)=1-\alpha$ 成立，所以令 $\left|\dfrac{\bar{x}-\mu}{\sigma/\sqrt{n}\sqrt{\dfrac{N-n}{N-1}}}\right|\leqslant z_{\alpha/2}$ 成立，解这个绝对值不等式，就可以得到不重复抽样条件下均值的（1 - α）（%）双侧置信区间：

$$\bar{x}-z_{\alpha/2}\frac{\sigma}{\sqrt{n}}\sqrt{\frac{N-n}{N-1}}\leqslant\mu\leqslant\bar{x}+z_{\alpha/2}\frac{\sigma}{\sqrt{n}}\sqrt{\frac{N-n}{N-1}}$$

例 4.1 设某厂生产的灯泡寿命 $X\sim N(\mu,\ 100^2)$，现随机抽取 5 只，测量其寿命如下：1455h、1502h、1370h、1610h、1430h，试以 95% 的概率保证程度推断该厂灯泡的平均使用寿命为多少？

解：由题可知，这是一个总体方差已知时均值的双侧区间估计。因为 N 未知，所以采用重复抽样条件下的置信区间求解。因为重复抽样条件下均值的（1 - α）（%）的双侧置信区间为：

$$\bar{x}-z_{\alpha/2}\frac{\sigma}{\sqrt{n}}\leqslant\mu\leqslant\bar{x}+z_{\alpha/2}\frac{\sigma}{\sqrt{n}}$$

因为资料未分组，$\sigma=100$，$n=5$，

所以 $\bar{x}=\frac{\sum x}{n}=\frac{1}{5}(1455+1502+1370+1610+1430)=1473.4$

又因为 $\alpha=0.05$，查表可知 $z_{\alpha/2}=1.96$，

所以 $$\bar{x}-z_{\alpha/2}\frac{\sigma}{\sqrt{n}}=1473.4-1.96\times\frac{100}{\sqrt{5}}=1385.746\ (\mathrm{h})$$

$$\bar{x}+z_{\alpha/2}\frac{\sigma}{\sqrt{n}}=1473.4+1.96\times\frac{100}{\sqrt{5}}=1561.054\ (\mathrm{h})$$

因此，有95%的把握认为该厂灯泡平均使用寿命为：(1385.746，1561.054)。

例4.2 设某厂生产的灯泡寿命 $X\sim N(\mu,\ 100^2)$，现随机抽取5只，测量其寿命如下：1455h、1502h、1370h、1610h、1430h，试以95%的概率保证程度推断该厂灯泡的平均使用寿命不低于多少？

解： 由题可知，这是一个总体方差已知时均值的单侧右区间估计。因为 N 未知，所以采用重复抽样条件下的置信区间求解。因为重复抽样条件下均值的 $(1-\alpha)$（%）的单侧右置信区间为：

$$\mu\geqslant\bar{x}-z_{\alpha}\frac{\sigma}{\sqrt{n}}$$

因为资料未分组，$\sigma=100$，$n=5$，

所以 $\bar{x}=\frac{\sum x}{n}=\frac{1}{5}(1455+1502+1370+1610+1430)=1473.4\ (\mathrm{h})$

又因为 $\alpha=0.05$，查表可知 $z_{\alpha}=1.645$，

$$\bar{x}-z_{\alpha}\frac{\sigma}{\sqrt{n}}=1473.4-1.645\times\frac{100}{\sqrt{5}}=1399.833\ (\mathrm{h})$$

因此有95%的把握认为该厂灯泡平均使用寿命不低于1399.833h。

4.2.1.2 *方差未知时的区间估计*

A 理论基础

(1) 求置信区间时需要的定义：

1) t 分布单侧上 α 分位点。若随机变量 X 服从 t 分布，则自由度小于45时，满足式子 $P(X>t_{\alpha}(n))=\alpha$ 或 $P(X<-t_{\alpha}(n))=\alpha$ 的 $t_{\alpha}(n)$ 或 $-t_{\alpha}(n)$ 叫 t 分布的单侧上 α 分位点；当自由度大于45时，t 分布单侧上 α 分位点转化为标准正态分布单侧上 α 分位点，如图4-3所示。

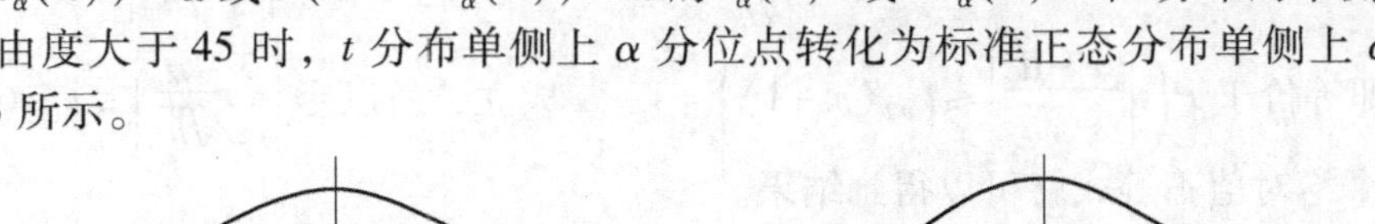

图4-3 t 分布单侧上 α 分位点图解

2) t 分布双侧上 α 分位点。若随机变量 X 服从 t 分布，则自由度小于45时，满足式子 $P(|X|>t_{\alpha/2}(n))=\alpha$ 的 $t_{(\alpha/2)}(n)$ 和 $-t_{(\alpha/2)}(n)$ 叫 t 分布的双侧上 α 分位点。当自由度

大于45时，t 分布双侧上 α 分位点转化为标准正态分布双侧上 α 分位点，如图4－4所示。

（2）求置信区间时需要的定理。若随机变量 $X \sim N(\mu, \sigma^2)$ 则有如下定理成立：

1）重复抽样条件下：

$$t = \frac{\bar{x} - \mu}{s/\sqrt{n}} \sim t(n-1)$$

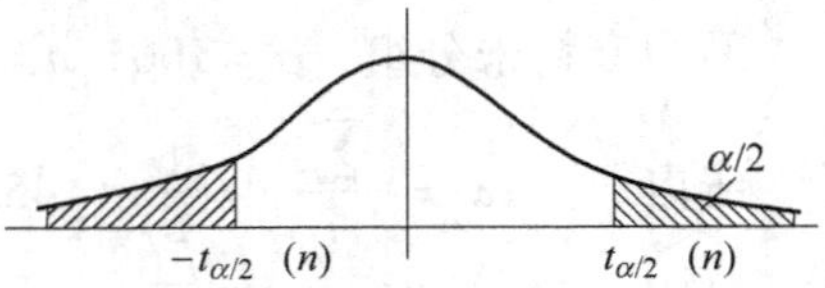

图4－4　t 分布双侧上 α 分位点图解

2）不重复抽样条件下：

$$t = \frac{\bar{x} - \mu}{s/\sqrt{n}\sqrt{\frac{N-n}{N-1}}} \sim t(n-1)$$

B　方差未知时置信区间的求解

a　重复抽样条件下均值的（$1-\alpha$）（%）的置信区间

（1）单侧置信区间的求解。因为 $\frac{\bar{x}-\mu}{s/\sqrt{n}}$ 服从 t 分布，所以 $P\left(\frac{\bar{x}-\mu}{s/\sqrt{n}} > t_\alpha(n-1)\right) = \alpha$ 成立或 $P\left(\frac{\bar{x}-\mu}{s/\sqrt{n}} < -t_\alpha(n-1)\right) = \alpha$ 成立，即等价于 $P\left(\frac{\bar{x}-\mu}{s/\sqrt{n}} \leqslant t_\alpha(n-1)\right) = 1-\alpha$ 成立或 $P\left(\frac{\bar{x}-\mu}{s/\sqrt{n}} \geqslant -t_\alpha(n-1)\right) = 1-\alpha$ 成立，所以令 $\frac{\bar{x}-\mu}{s/\sqrt{n}} \leqslant t_\alpha(n-1)$ 成立或 $\frac{\bar{x}-\mu}{s/\sqrt{n}} \geqslant -t_\alpha(n-1)$ 成立，解这两个不等式就可以得到结果。

1）自由度小于45时重复抽样条件下均值的两个（$1-\alpha$）（%）的单侧置信区间为：

单侧右置信区间：　$\mu \geqslant \bar{x} - t_\alpha(n-1)\frac{s}{\sqrt{n}}$

单侧左置信区间：　$\mu \leqslant \bar{x} + t_\alpha(n-1)\frac{s}{\sqrt{n}}$

2）自由度大于45时重复抽样条件下均值的两个（$1-\alpha$）（%）的单侧置信区间为：

单侧右置信区间：　$\mu \geqslant \bar{x} - z_\alpha \frac{s}{\sqrt{n}}$

单侧左置信区间：　$\mu \leqslant \bar{x} + z_\alpha \frac{s}{\sqrt{n}}$

（2）双侧置信区间的求解。因为 $\frac{\bar{x}-\mu}{s/\sqrt{n}}$ 服从 t 分布，所以 $P\left(\left|\frac{\bar{x}-\mu}{s/\sqrt{n}}\right| > t_{\alpha/2}(n-1)\right) = \alpha$ 成立，即等价于 $P\left(\left|\frac{\bar{x}-\mu}{s/\sqrt{n}}\right| \leqslant t_{\alpha/2}(n-1)\right) = 1-\alpha$ 成立，所以令 $\left|\frac{\bar{x}-\mu}{s/\sqrt{n}}\right| \leqslant t_{\alpha/2}(n-1)$ 成立，解这个绝对值不等式就可以得到结果。

1）自由度小于45时重复抽样条件下均值的（$1-\alpha$）（%）双侧置信区间为：

$$\bar{x} - t_{\alpha/2}(n-1)\frac{s}{\sqrt{n}} \leqslant \mu \leqslant \bar{x} + t_{\alpha/2}(n-1)\frac{s}{\sqrt{n}}$$

2）自由度大于45时重复抽样条件下均值的（$1-\alpha$）（%）双侧置信区间为：

$$\bar{x} - z_{\alpha/2}\frac{s}{\sqrt{n}} \leqslant \mu \leqslant \bar{x} + z_{\alpha/2}\frac{s}{\sqrt{n}}$$

单双侧置信区间中的$\frac{s}{\sqrt{n}}$称为均值的标准误差，又称为抽样平均误差或均值标准误、标准误，表示任何一个分布函数的标准差，是原来分布函数标准差的$\sqrt{n}$分之一，或者说$\overline{X}$分布的方差，就是X分布方差的n分之一。

b 不重复抽样条件下均值的（$1-\alpha$）（%）的置信区间

（1）单侧置信区间的求解。因为$\frac{\bar{x}-\mu}{s/\sqrt{n}\sqrt{\frac{N-n}{N-1}}}$服从$t$分布，所以$P\left(\frac{\bar{x}-\mu}{s/\sqrt{n}\sqrt{\frac{N-n}{N-1}}}>t_\alpha(n-1)\right)=\alpha$成立或$P\left(\frac{\bar{x}-\mu}{s/\sqrt{n}\sqrt{\frac{N-n}{N-1}}}<-t_\alpha(n-1)\right)=\alpha$成立，即等价于$P\left(\frac{\bar{x}-\mu}{s/\sqrt{n}\sqrt{\frac{N-n}{N-1}}}\leqslant t_\alpha(n-1)\right)=1-\alpha$或$P\left(\frac{\bar{x}-\mu}{s/\sqrt{n}\sqrt{\frac{N-n}{N-1}}}\geqslant -t_\alpha(n-1)\right)=1-\alpha$成立，所以令$\frac{\bar{x}-\mu}{s/\sqrt{n}\sqrt{\frac{N-n}{N-1}}}\leqslant t_\alpha(n-1)$或$\frac{\bar{x}-\mu}{s/\sqrt{n}\sqrt{\frac{N-n}{N-1}}}\geqslant -t_\alpha(n-1)$成立，解这两个不等式就可以得到结果。

1）自由度小于45时不重复抽样条件下均值的两个（$1-\alpha$）（%）的单侧置信区间：

单侧右置信区间：$\mu\geqslant\bar{x}-t_\alpha(n-1)\frac{s}{\sqrt{n}}\sqrt{\frac{N-n}{N-1}}$

单侧左置信区间：$\mu\leqslant\bar{x}+t_\alpha(n-1)\frac{s}{\sqrt{n}}\sqrt{\frac{N-n}{N-1}}$

2）自由度大于45时不重复抽样条件下均值的两个($1-\alpha$)(%)的单侧置信区间为：

单侧右置信区间 $\mu\geqslant\bar{x}-z_\alpha\frac{s}{\sqrt{n}}\sqrt{\frac{N-n}{N-1}}$

单侧左置信区间 $\mu\leqslant\bar{x}+z_\alpha\frac{s}{\sqrt{n}}\sqrt{\frac{N-n}{N-1}}$

（2）双侧置信区间的求解。因为$\frac{\bar{x}-\mu}{s/\sqrt{n}\sqrt{\frac{N-n}{N-1}}}$服从$t$分布，所以$P\left(\left|\frac{\bar{x}-\mu}{s/\sqrt{n}\sqrt{\frac{N-n}{N-1}}}\right|>t_{\alpha/2}(n-1)\right)=\alpha$成立，即等价于$P\left(\left|\frac{\bar{x}-\mu}{s/\sqrt{n}\sqrt{\frac{N-n}{N-1}}}\right|\leqslant t_{\alpha/2}(n-1)\right)=1-\alpha$成立，所以令$\left|\frac{\bar{x}-\mu}{s/\sqrt{n}\sqrt{\frac{N-n}{N-1}}}\right|\leqslant t_{\alpha/2}(n-1)$成立，解这个绝对值不等式就可以得到

结果。

1）自由度小于45时不重复抽样条件下均值的（1 - α）（%）双侧置信区间为：

$$\bar{x}-t_{\alpha/2}(n-1)\frac{s}{\sqrt{n}}\sqrt{\frac{N-n}{N-1}}\leqslant\mu\leqslant\bar{x}+t_{\alpha/2}(n-1)\frac{s}{\sqrt{n}}\sqrt{\frac{N-n}{N-1}}$$

2）自由度大于45时不重复抽样条件下均值的（1 - α）（%）双侧置信区间为：

$$\bar{x}-z_{\alpha/2}\frac{s}{\sqrt{n}}\sqrt{\frac{N-n}{N-1}}\leqslant\mu\leqslant\bar{x}+z_{\alpha/2}\frac{s}{\sqrt{n}}\sqrt{\frac{N-n}{N-1}}$$

例 4.3 设某厂生产的灯泡寿命 $X\sim N(\mu,\ \sigma^2)$，现随机抽取5只，测量其寿命如下：1455h、1502h、1370h、1610h、1430h，试以95%的概率保证程度推断该厂灯泡的平均使用寿命为多少？

解： 由题可知，这是一个总体方差未知时均值的双侧区间估计。因为 N 未知，所以采用重复抽样条件下的置信区间求解。因为自由度小于45，所以重复抽样条件下均值的 $(1-\alpha)(\%)$ 的双侧置信区间为：

$$\bar{x}-t_{\alpha/2}(n-1)\frac{s}{\sqrt{n}}\leqslant\mu\leqslant\bar{x}+t_{\alpha/2}(n-1)\frac{s}{\sqrt{n}}$$

因为资料未分组，$n=5$，

所以 $$\bar{x}=\frac{\sum x}{n}=\frac{1}{5}\ (1455+1502+1370+1610+1430)=1473.4$$

$$S=\sqrt{\frac{\sum(x-\bar{x})^2}{n-1}}=\sqrt{\frac{\sum(x-1473.4)^2}{5-1}}=89.988$$

又因为 $\alpha=0.05$，查表可知 $t_{\alpha/2}(5-1)=t_{0.025}(4)=2.7764$

所以 $$\bar{x}-t_{\alpha/2}(n-1)\frac{s}{\sqrt{n}}=1361.67\ (\mathrm{h})$$

$$\bar{x}+t_{\alpha/2}(n-1)\frac{s}{\sqrt{n}}=1585.13\ (\mathrm{h})$$

因此有95%的把握认为该厂灯泡平均使用寿命为：（1361.67，1585.13）。

例 4.4 设某厂生产的灯泡寿命 $X\sim N(\mu,\ \sigma^2)$，现随机抽取5只，测量其寿命如下：1455h、1502h、1370h、1610h、1430h，试以95%的概率保证程度推断该厂灯泡的平均使用寿命不低于多少？

解： 由题可知，这是一个总体方差未知时均值的单侧右区间估计，且自由度小于45。因为 N 未知，所以采用重复抽样条件下的置信区间求解。因为重复抽样条件下均值的 $(1-\alpha)(\%)$ 的单侧右置信区间为：

$$\mu\geqslant\bar{x}-t_{\alpha}(n-1)\frac{s}{\sqrt{n}}$$

因为资料未分组，$n=50$，

所以 $$\bar{x}=\frac{\sum x}{n}=\frac{1}{5}\ (1455+1502+1370+1610+1430)=1473.4\ (\mathrm{h})$$

又因为 $\alpha=0.05$，查表可知 $t_{\alpha}(5-1)=t_{0.05}(4)=2.1318$，

同时，$$S=\sqrt{\frac{\sum(x-\bar{x})^2}{n-1}}=\sqrt{\frac{\sum(x-1473.4)^2}{5-1}}=89.988$$

所以 $\bar{x} - t_{\alpha}(4)\dfrac{\sigma}{\sqrt{n}} = 1473.4 - 2.1318 \times \dfrac{89.988}{\sqrt{5}} = 1387.61\ (\mathrm{h})$

因此有95%的把握认为该厂灯泡平均使用寿命不低于1387.61h。

例题4.3的SPSS操作过程为：

（1）在定义变量标签窗口定义“灯泡使用寿命”一个变量。

（2）在录入数据窗口依次录入1455、1502、1370、1610、1430这5个数据，如图4－5所示。

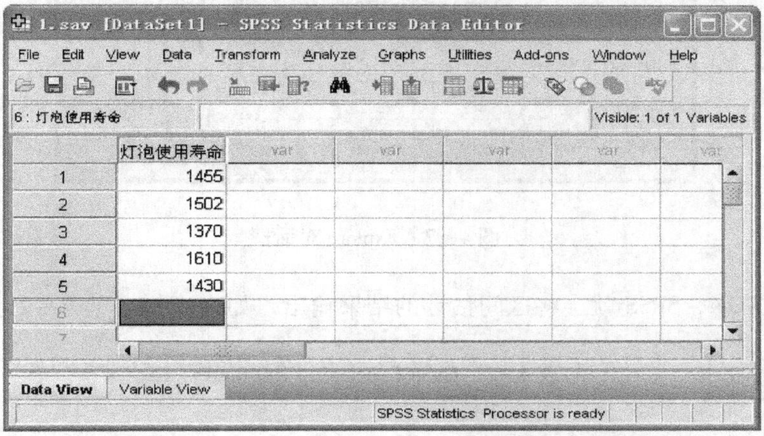

图4－5 SPSS定义变量窗口

（3）选择Analyze下拉菜单中的Descriptive Statistics子菜单，选择Explore模块，如图4－6所示。

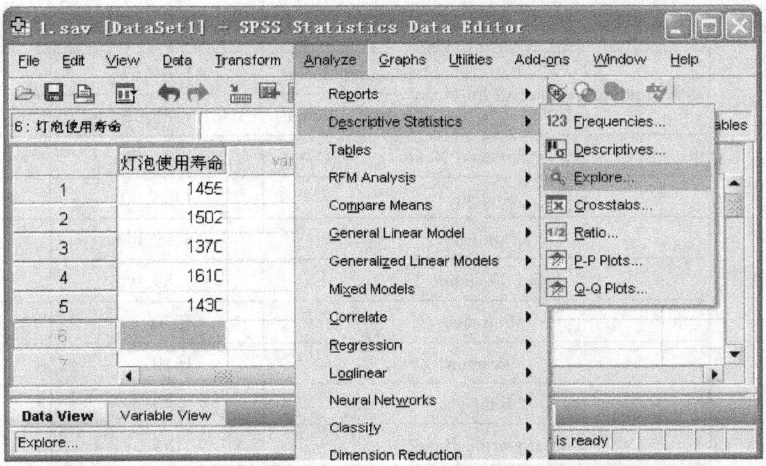

图4－6 Explore子菜单

（4）选择 Explore 模块后，会出现探索分析对话框，然后将“灯泡使用寿命”从左边框选中移入右边框，在 Display 栏选择 Statistics，如图 4－7 所示。

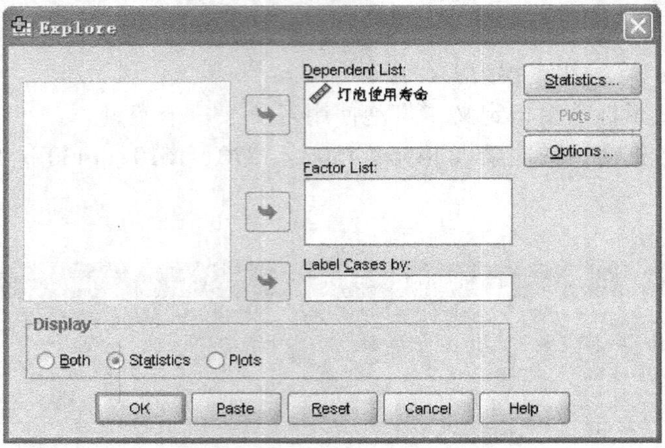

图 4－7　Explore 对话框

然后点击 OK，SPSS 就会将区间估计的结果输出，如表 4－1、表 4－2 所示。

表 4－1　Case Processing Summary

	Cases					
	Valid		Missing		Total	
	N	Percent	N	Percent	N	Percent
灯泡使用寿命	5	100.0%	0	.0%	5	100.0%

表 4－2　Descriptives

			Statistic	Std. Error
灯泡使用寿命	Mean		1473.40	40.244
	95% Confidence Interval for Mean	Lower Bound	1361.67	
		Upper Bound	1585.13	
	5% Trimmed Mean		1471.56	
	Median		1455.00	
	Variance		8097.800	
	Std. Deviation		89.988	
	Minimum		1370	
	Maximum		1610	
	Range		240	
	Interquartile Range		156	
	Skewness		.788	.913
	Kurtosis		.899	2.000

由表4-1可知，灯泡使用寿命样本数据有5个，缺失值为0，全部为有效数据。

由表4-2可知：

1）因为$n=5$，总体方差未知且自由度小于45，所以该厂生产的所有灯泡使用寿命95%的置信区间的分析方法见例4.3。

2）因为$\bar{x}=\dfrac{\sum x}{n}=1473.4$，$\text{Me}=L+\dfrac{\dfrac{\sum f}{2}-s}{f}\times d=1455$

样本均值与中位数不同，又因为峰度为0.899，不接近于0；偏度为0.788，不接近于0，所以该5个灯泡使用寿命数据不服从正态分布。

3）偏度为0.788>0，表示正偏差数值较大，说明数据位于均值右边的比位于左边的少，直观表现为右边的尾部相对于比左边的尾部要长，因为有少数变量值很大，使曲线右侧尾部拖得很长；峰度为0.899>0，表示比标准正态分布高峰更加陡峭，为尖顶峰分布。

4）100%的数据落入范围（1370，1610）他们之间距离为240，50%的数据落入范围（Q_1，Q_3），他们之间的距离为156。

例4.5 随机抽取某学校150名学生，统计学生期末考试成绩如表4-3所示。

表4-3 学生期末考试成绩表

成 绩	男生人数	女生人数	各组中值
60以下	5	10	55
60~70	8	16	65
70~80	19	38	75
80~100	12	24	90
100以上	6	12	110
合计	50	100	—

要求：以95%的概率推断该校所有学生期末考试成绩为多少？

用SPSS操作，其步骤为：

(1) 在定义变量窗口定义“成绩”、“男生人数”和“女生人数”三个变量。

(2) 计算各组中值。

(3) 根据已经存在的“男生人数”和“女生人数”变量产生新变量“总人数”，点击Transform选择Compute Variable，如图4-8所示。

在Compute Variable对话框里，通过键盘将“总人数”录入Target Variable栏中，然后将左下方框中的“男生人数”和“女生人数”依次送入Numeric Expression栏，如图4-9所示。

然后单击OK，录入数据界面就会生成一列“总人数”，如图4-10所示。

(4) 指定“总人数”为加权变量，依次点击：Data→Weight Case，如图4-11所示。

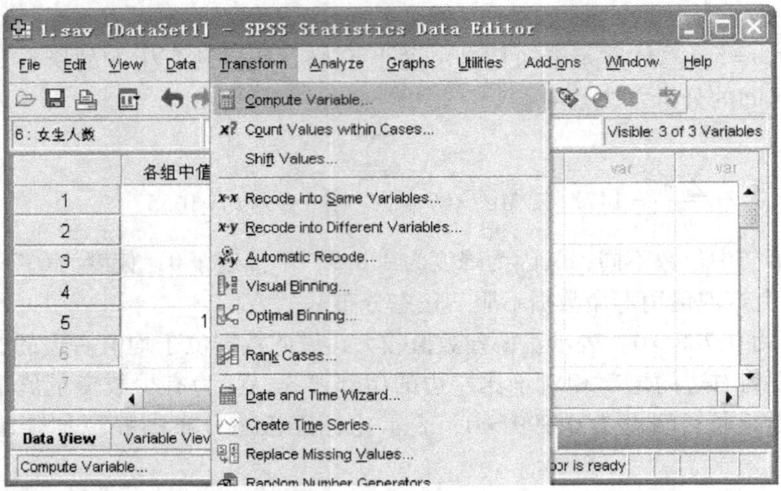

图 4-8 SPSS 的 Transform 界面图

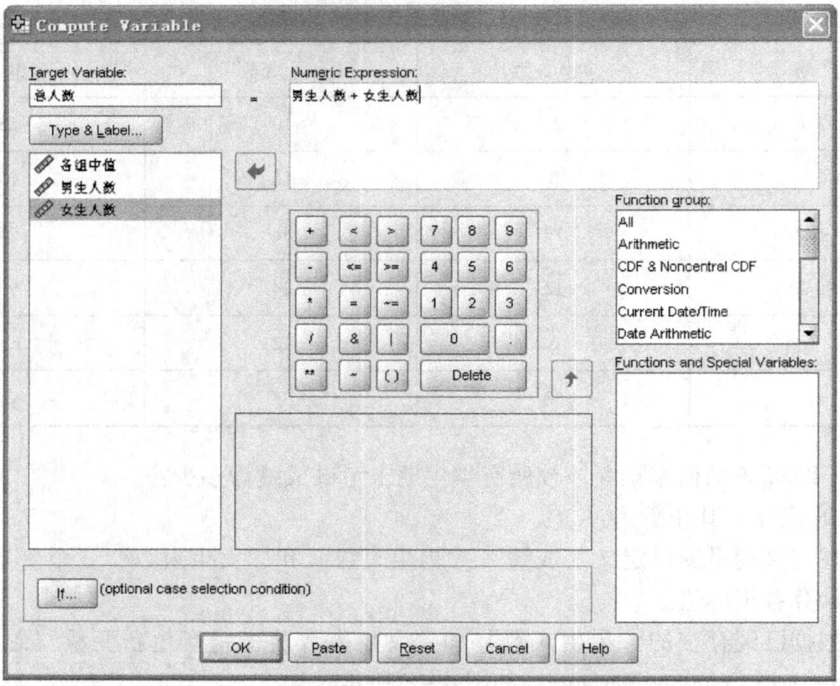

图 4-9 Compute Variable 界面图

然后单击 OK，回到录入数据界面。

（5）选择 Analyze 下拉菜单中的 Descriptive Statistics 子菜单，选择 Explore 模块，如图 4-12 所示。

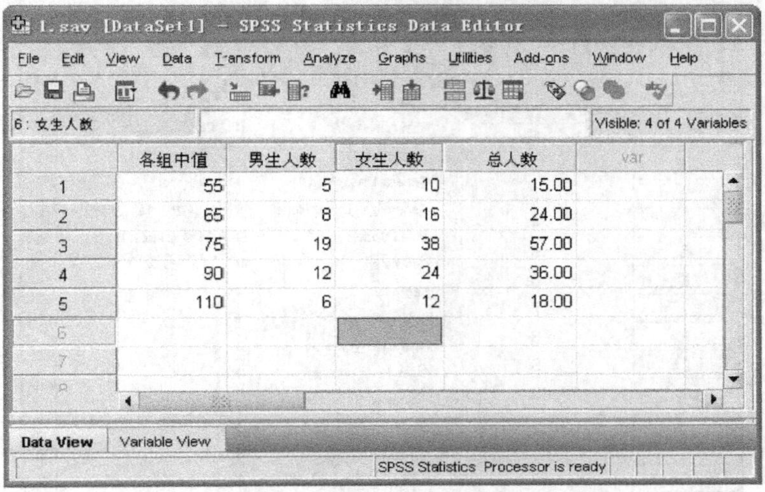

图 4-10 SPSS 定义变量窗口

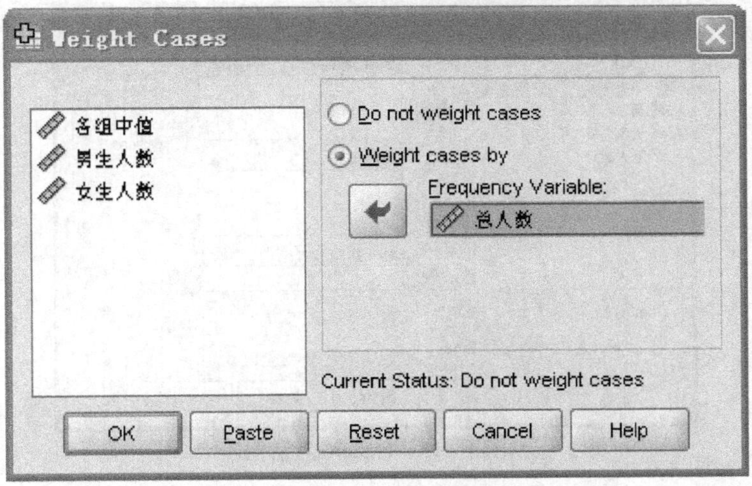

图 4-11 Weight Cases 对话框

选择 Explore 模块后，会出现探索分析对话框，然后将要进行参数估计的变量从左边框选中移入右边框，如图 4-13 所示。

单击 Statistics 按钮，进入探索分析的 Statistics 界面修改概率保证程度，SPSS 默认的概率是 95%，如图 4-14 所示。

单击 Continue 返回探索分析主界面，如图 4-15 所示。

单击 OK 按钮，就会输出区间估计的结果，如表 4-4 和表 4-5 所示。

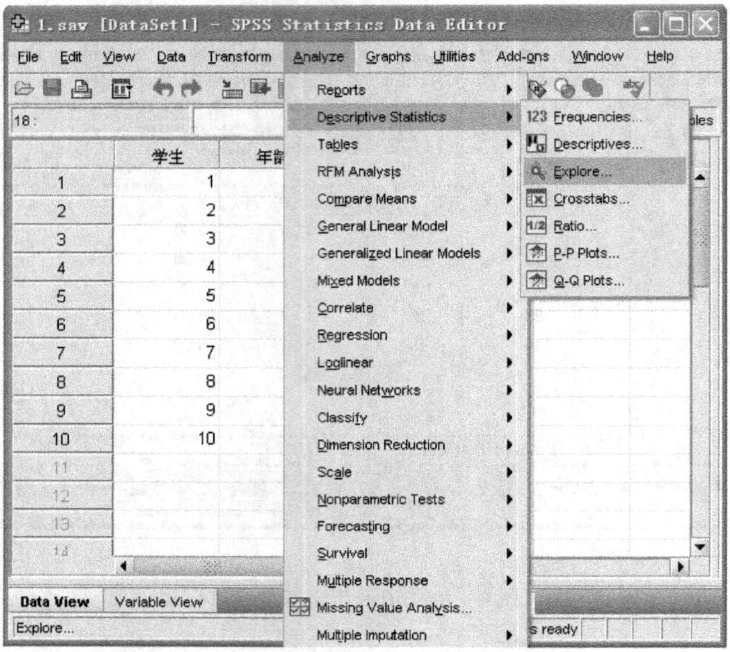

图 4－12　SPSS 的 Analyze 界面图

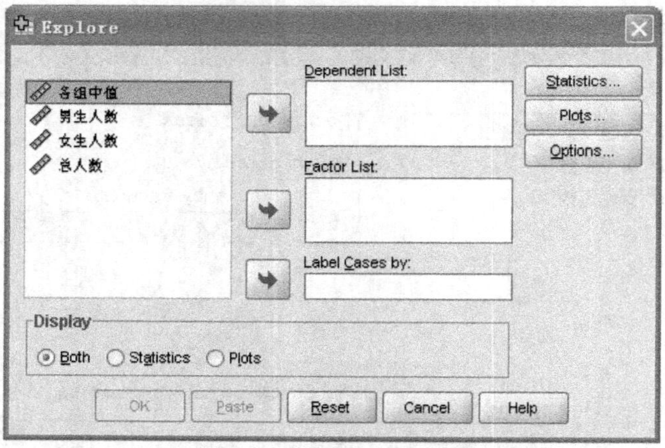

图 4－13　Explore 对话框

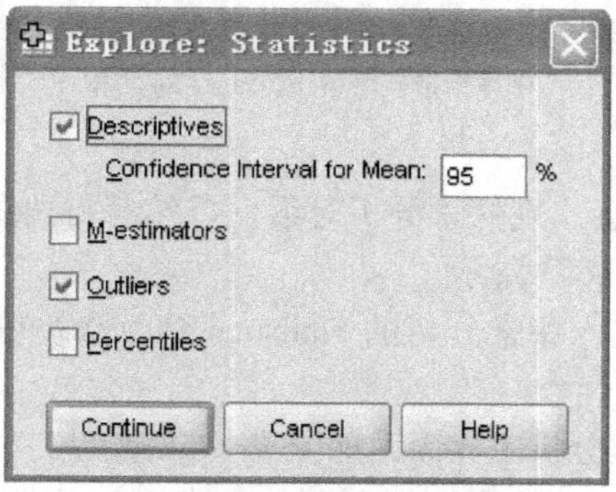

图 4－14　Explore：Statistics 对话框

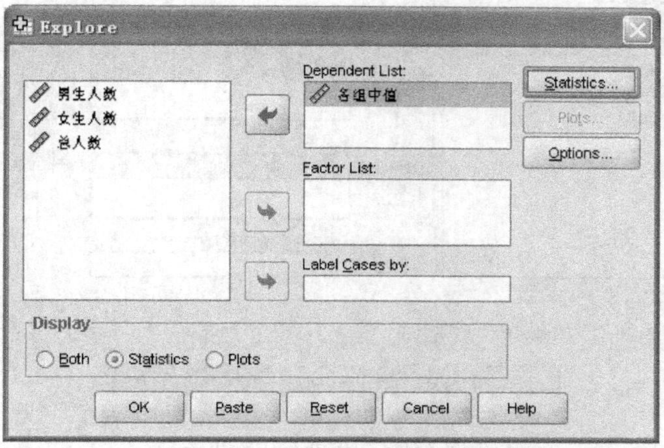

图 4-15 探索分析主界面

表 4-4 Case Processing Summary

性 别			Statistic	Std. Error
各组中值	Mean		79. 20	1. 267
	95% Confidence Interval for Mean	Lower Bound	76. 70	
		Upper Bound	81. 70	
	5% Trimmed Mean		78. 83	
	Median		75. 00	
	Variance		240. 966	
	Std. Deviation		15. 523	
	Minimum		55	
	Maximum		110	
	Range		55	
	Interquartile Range		25	
	Skewness		. 520	. 198
	Kurtosis		-. 315	. 394

表 4-5

Cases					
Valid		Missing		Total	
N	Percent	N	Percent	N	Percent
150	100. 0%	0	. 0%	150	100. 0%

分析表略。

若在探索分析主界面将性别移入 Factor List，如图 4-16 所示。

其他操作不变，则会输出不同性别的区间估计结果，如表 4-6 所示。

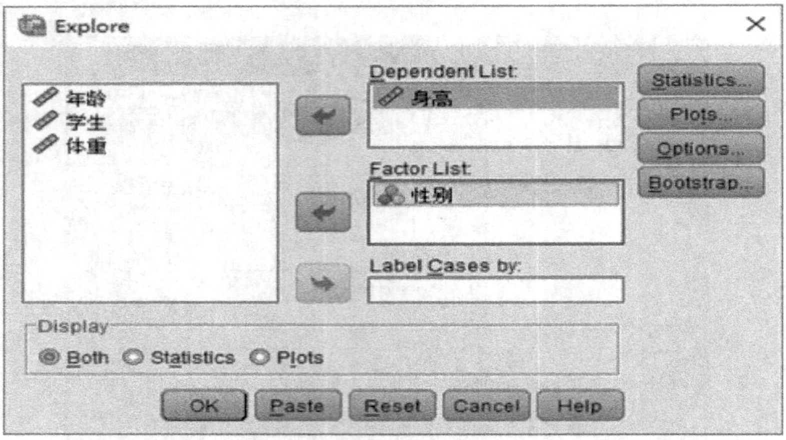

图 4-16 探索分析主界面

表 4-6 Descriptives

性别				Statistic	Std. Error
身高	1	Mean		168.00	2.503
		95% Confidence Interval for Mean	Lower Bound	161.56	
			Upper Bound	174.44	
		5% Trimmed Mean		167.94	
		Median		168.00	
		Variance		37.600	
		Std. Deviation		6.132	
		Minimum		160	
		Maximum		177	
		Range		17	
		Interquartile Range		11	
		Skewness		.203	.845
		Kurtosis		-.536	1.741
	2	Mean		163.00	5.845
		95% Confidence Interval for Mean	Lower Bound	144.40	
			Upper Bound	181.60	
		5% Trimmed Mean		162.94	
		Median		162.50	
		Variance		136.667	
		Std. Deviation		11.690	
		Minimum		152	
		Maximum		175	
		Range		23	
		Interquartile Range		22	
		Skewness		.075	1.014
		Kurtosis		-5.285	2.619

表4－6除了能分析出男女身高数据是否服从正态分布、其分布特征如何、95%的置信区间、100%及50%的数据落入的范围外，由表4－6还可以知道男女生平均身高的代表性大小，因为男生的平均身高是168.00，女生的平均身高是163.00，不等，所以用标准差系数判别。因为 $V_1=\frac{s_1}{\bar{x}_1}=\frac{6.132}{168}=0.0365<V_2=\frac{s_2}{\bar{x}_2}=\frac{11.69}{163}=0.072$，所以男生平均身高的代表性大于女生平均身高的代表性。

4.2.2 一个总体方差的区间估计

4.2.2.1 理论基础

A 求置信区间时需要的定义

（1）χ^2 分布单侧上 α 分位点。若随机变量 X 服从 $\chi^2(n)$ 分布，则满足式子 $P(X>\chi^2_\alpha(n))=\alpha$ 或 $P(X<\chi^2_{1-\alpha}(n))=\alpha$ 的 $\chi^2_\alpha(n)$ 或 $\chi^2_{1-\alpha}(n)$ 叫 χ^2 分布的单侧上 α 分位点，如图4－17所示。

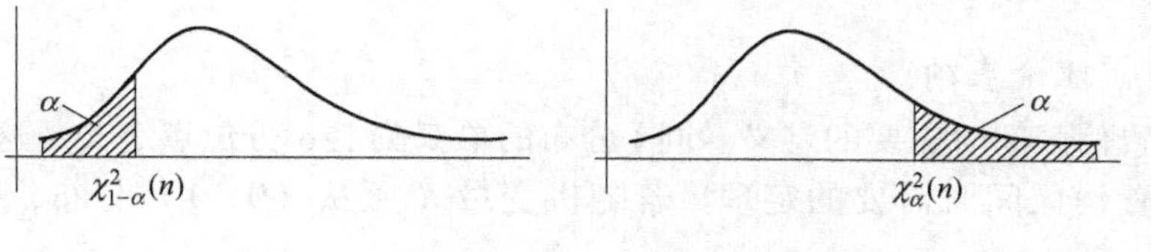

图4－17 χ^2 分布单侧上 α 分位点图解

（2）χ^2 分布双侧上 α 分位点。若随机变量 X 服从 $\chi^2(n)$ 分布，则满足式子 $P(|X|>\chi^2_{\alpha/2}(n))=\alpha$ 的 $\chi^2_{\alpha/2}(n)$ 和 $\chi^2_{1-\alpha/2}(n)$ 叫 χ^2 分布的双侧上 α 分位点，如图4－18所示。

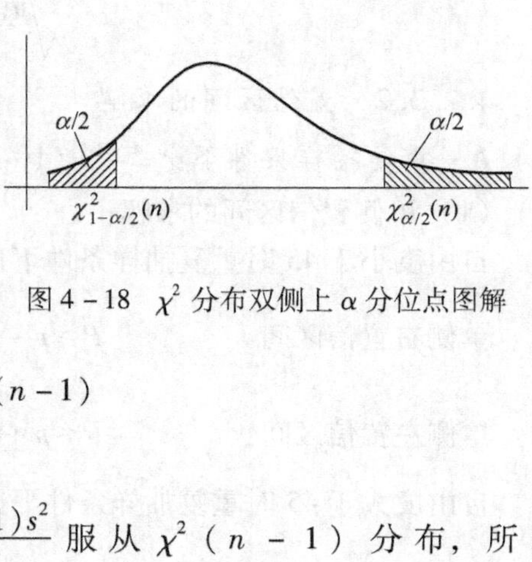

图4－18 χ^2 分布双侧上 α 分位点图解

B 求置信区间时需要的定理

若随机变量 $X\sim N(\mu,\sigma^2)$ 则有如下定理成立：

$$\chi^2=\frac{(n-1)S^2}{\sigma^2}\sim\chi^2(n-1)$$

4.2.2.2 置信区间的求解

（1）单侧置信区间的求解。因为 $\frac{(n-1)s^2}{\sigma^2}$ 服从 $\chi^2(n-1)$ 分布，所以 $P\left(\frac{(n-1)s^2}{\sigma^2}>\chi^2_\alpha(n-1)\right)=\alpha$ 或 $P\left(\frac{(n-1)s^2}{\sigma^2}<\chi^2_{1-\alpha}(n-1)\right)=\alpha$ 成立，即等价于 $P\left(\frac{(n-1)s^2}{\sigma^2}\leqslant\chi^2_\alpha(n-1)\right)=1-\alpha$ 或 $P\left(\frac{(n-1)s^2}{\sigma^2}\geqslant\chi^2_{1-\alpha}(n-1)\right)=1-\alpha$ 成立，所以令 $\frac{(n-1)s^2}{\sigma^2}\leqslant\chi^2_\alpha(n-1)$ 或 $\frac{(n-1)s^2}{\sigma^2}\geqslant\chi^2_{1-\alpha}(n-1)$ 成立，解这两个不等式就可以得到方差的两个（1－α）（%）的单侧置信区间：

单侧右置信区间：$\sigma^2 \geqslant \frac{(n-1)s^2}{\chi^2_{\alpha}(n-1)}$；

单侧左置信区间：$\sigma^2 \leqslant \frac{(n-1)s^2}{\chi^2_{1-\alpha}(n-1)}$。

(2) 双侧置信区间的求解。因为 $\frac{(n-1)s^2}{\sigma^2}$ 服从 $\chi^2(n-1)$ 分布，所以 $P\left(\left|\frac{(n-1)S^2}{\sigma^2}\right| > \chi^2_{\alpha/2}(n-1)\right) = \alpha$ 成立，即等价于 $P\left(\left|\frac{(n-1)S^2}{\sigma^2}\right| \leqslant \chi^2_{\alpha/2}(n-1)\right) = 1-\alpha$ 成立，所以令 $\left|\frac{(n-1)S^2}{\sigma^2}\right| \leqslant \chi^2_{\alpha/2}(n-1)$ 成立，解这个绝对值不等式就可以得到方差的 $(1-\alpha)$(%) 双侧置信区间：

$$\left[\frac{(n-1)S^2}{\chi^2_{\alpha/2}(n-1)}, \frac{(n-1)S^2}{\chi^2_{1-\alpha/2}(n-1)}\right]$$

4.2.3 一个总体比率的区间估计

4.2.3.1 理论基础

(1) 求置信区间时需要的定义。同 t 分布的单双侧上 α 分位点定义，这里不再赘述。

(2) 求置信区间时需要的定理。若随机变量 X 服从 (0, 1) 分布，则有如下定理成立：

$$\frac{p-P}{\sqrt{\frac{p(1-p)}{n}}} \sim t(n-1)$$

4.2.3.2 置信区间的求解

A 重复抽样条件下比率的 $(1-\alpha)$(%) 的置信区间

(1) 单侧置信区间的求解：

自由度小于45时重复抽样条件下比率的两个 $(1-\alpha)$(%) 的单侧置信区间为：

单侧右置信区间： $P \geqslant p - t_{\alpha}(n-1)\sqrt{\frac{p(1-p)}{n}}$

单侧左置信区间： $P \leqslant p + t_{\alpha}(n-1)\sqrt{\frac{p(1-p)}{n}}$

自由度大于45时重复抽样条件下比率的两个 $(1-\alpha)$(%) 的单侧置信区间为：

单侧右置信区间： $P \geqslant p - z_{\alpha}\sqrt{\frac{p(1-p)}{n}}$

单侧左置信区间： $P \leqslant p + z_{\alpha}\sqrt{\frac{p(1-p)}{n}}$

(2) 双侧置信区间的求解：

自由度小于45时重复抽样条件下比率的 $(1-\alpha)$(%) 双侧置信区间为：

$$p - t_{\alpha/2}(n-1)\sqrt{\frac{p(1-p)}{n}} \leqslant P \leqslant p + t_{\alpha/2}(n-1)\sqrt{\frac{p(1-p)}{n}}$$

自由度大于45时重复抽样条件下比率的（1-α）（%）双侧置信区间为：

$$p - z_{\alpha/2}\sqrt{\frac{p(1-p)}{n}} \leqslant P \leqslant p + z_{\alpha/2}\sqrt{\frac{p(1-p)}{n}}$$

B 不重复抽样条件下比率的（1-α）（%）的置信区间

（1）单侧置信区间的求解：

自由度小于45时不重复抽样条件下比率的两个（1-α）（%）的单侧置信区间为：

单侧右置信区间： $P \geqslant p - t_{\alpha}(n-1)\sqrt{\frac{p(1-p)}{n}}\sqrt{\frac{N-n}{N-1}}$

单侧左置信区间： $P \leqslant p + t_{\alpha}(n-1)\sqrt{\frac{p(1-p)}{n}}\sqrt{\frac{N-n}{N-1}}$

自由度大于45时不重复抽样条件下比率的两个（1-α）（%）的单侧置信区间为：

单侧右置信区间： $P \geqslant p - z_{\alpha}\sqrt{\frac{p(1-p)}{n}}\sqrt{\frac{N-n}{N-1}}$

单侧左置信区间： $P \leqslant p + z_{\alpha}\sqrt{\frac{p(1-p)}{n}}\sqrt{\frac{N-n}{N-1}}$

（2）双侧置信区间的求解：

自由度小于45时不重复抽样条件下比率的（1-α）（%）双侧置信区间为：

$$p - t_{\alpha/2}(n-1)\sqrt{\frac{p(1-p)}{n}}\sqrt{\frac{N-n}{N-1}} \leqslant P \leqslant p + t_{\alpha/2}(n-1)\sqrt{\frac{p(1-p)}{n}}\sqrt{\frac{N-n}{N-1}}$$

自由度大于45时不重复抽样条件下比率的（1-α）（%）双侧置信区间为：

$$p - z_{\alpha/2}\sqrt{\frac{p(1-p)}{n}}\sqrt{\frac{N-n}{N-1}} \leqslant P \leqslant p + z_{\alpha/2}\sqrt{\frac{p(1-p)}{n}}\sqrt{\frac{N-n}{N-1}}$$

例4.6 某进出口公司，出口一种名茶，规定每包规格重量不低于150g，现抽取1%进行检验，结果如表4-7所示。

表4-7 某种茗茶的规格分布情况

每包重量 x/g	包数 f	每包重量 x/g	包数 f
140～149	10	151～152	20
149～150	20	合计	100
150～151	50		

问以95%的概率推断这批茶叶包装合格率为多少？

解：由题可知，这是一个总体方差未知时比率的双侧区间估计，且自由度大于45。因为自由度大于45时重复抽样条件下比率的（1-α）（%）双侧置信区间为：

$$p - z_{\alpha/2}\sqrt{\frac{p(1-p)}{n}} \leqslant P \leqslant p + z_{\alpha/2}\sqrt{\frac{p(1-p)}{n}}$$

因为资料分组，$n=100$，$p=\frac{50+20}{100}\times 100\% = 70\%$，

又 $\alpha=0.05$，查表可知 $z_{\alpha/2}=1.96$，

所以 $p - z_{\alpha/2}\sqrt{\frac{p(1-p)}{n}} = 70\% - 1.96 \times \sqrt{\frac{70\%(1-70\%)}{100}} = 0.61$

$$p+z_{\alpha/2}\sqrt{\frac{p(1-p)}{n}}=70\%+1.96\times\sqrt{\frac{70\%(1-70\%)}{100}}=0.7898$$

因此，有95%的把握认为这批茶叶包装合格率的置信区间为（0.61，0.7898）。

此题也可以采用不重复抽样条件下置信区间的方法求解，但限于篇幅，不重复抽样条件下比率的（1-α）（%）双侧置信区间求解略。

4.2.4 两个总体均值差的区间估计

4.2.4.1 已知总体方差，均值差的区间估计

A 理论基础

（1）求置信区间时需要的定义。标准正态分布单、双侧上 α 分位点定义。

（2）求置信区间时需要的定理。若随机变量 $X_1\sim N(\mu_1,\sigma_1^2)$，$X_2\sim N(\mu_2,\sigma_2^2)$，则有如下定理成立：

$$Z=\frac{(\bar{x}_1-\bar{x}_2)-(\mu_1-\mu_2)}{\sqrt{\frac{\sigma_1^2}{n_1}+\frac{\sigma_2^2}{n_2}}}\sim N(0,1)$$

B 置信区间的求解

（1）均值差的两个（1-α）（%）的单侧置信区间为：

单侧右置信区间： $\mu_1-\mu_2\geqslant(\bar{x}_1-\bar{x}_2)-z_\alpha\sqrt{\frac{\sigma_1^2}{n_1}+\frac{\sigma_2^2}{n_2}}$

单侧左置信区间： $\mu_1-\mu_2\leqslant(\bar{x}_1-\bar{x}_2)+z_\alpha\sqrt{\frac{\sigma_1^2}{n_1}+\frac{\sigma_2^2}{n_2}}$

（2）均值差的（1-α）（%）的双侧置信区间为：

$$(\bar{x}_1-\bar{x}_2)-z_{\alpha/2}\sqrt{\frac{\sigma_1^2}{n_1}+\frac{\sigma_2^2}{n_2}}\leqslant\mu_1-\mu_2\leqslant(\bar{x}_1-\bar{x}_2)+z_{\alpha/2}\sqrt{\frac{\sigma_1^2}{n_1}+\frac{\sigma_2^2}{n_2}}$$

4.2.4.2 未知总体方差，但 $\sigma_1^2=\sigma_2^2$，均值差的区间估计

A 理论基础

（1）求置信区间时需要的定义。t 分布单、双侧上 α 分位点定义，这里不再赘述。

（2）求置信区间时需要的定理。若随机变量 $X_1\sim N(\mu_1,\sigma_1^2)$，$X_2\sim N(\mu_2,\sigma_2^2)$，则有如下定理成立：

$$t=\frac{(\bar{x}_1-\bar{x}_2)-(\mu_1-\mu_2)}{\sqrt{\frac{(n-1)s_1^2+(m-1)s_2^2}{n+m-2}}\sqrt{\frac{1}{n}+\frac{1}{m}}}\sim t(n+m-2)$$

B 置信区间的求解

（1）均值差的两个（1-α）（%）的单侧置信区间为：

1）自由度小于45时均值差的两个（1-α）（%）的单侧置信区间为：

单侧右置信区间：

$$\mu_1-\mu_2\geqslant(\bar{x}_1-\bar{x}_2)-t_\alpha(n+m-2)\sqrt{\frac{(n-1)s_1^2+(m-1)s_2^2}{n+m-2}}\sqrt{\frac{1}{n}+\frac{1}{m}}$$

单侧左置信区间：

$$\mu_1-\mu_2\leqslant(\bar{x}_1-\bar{x}_2)+t_\alpha(n+m-2)\sqrt{\frac{(n-1)s_1^2+(m-1)s_2^2}{n+m-2}}\sqrt{\frac{1}{n}+\frac{1}{m}}$$

2）自由度大于45时均值差的两个（$1-\alpha$）（%）的单侧置信区间为：

单侧右置信区间：

$$\mu_1-\mu_2\geqslant(\bar{x}_1-\bar{x}_2)-z_\alpha\sqrt{\frac{(n-1)s_1^2+(m-1)s_2^2}{n+m-2}}\sqrt{\frac{1}{n}+\frac{1}{m}}$$

单侧左置信区间：

$$\mu_1-\mu_2\leqslant(\bar{x}_1-\bar{x}_2)+z_\alpha\sqrt{\frac{(n-1)s_1^2+(m-1)s_2^2}{n+m-2}}\sqrt{\frac{1}{n}+\frac{1}{m}}$$

（2）均值差的（$1-\alpha$）（%）的双侧置信区间为：

1）自由度小于45时均值差的（$1-\alpha$）（%）双侧置信区间为：

$$(\bar{x}_1-\bar{x}_2)-t_{\alpha/2}(n+m-2)S_w\sqrt{\frac{1}{n}+\frac{1}{m}}\leqslant\mu_1-\mu_2\leqslant(\bar{x}_1-\bar{x}_2)+t_{\alpha/2}(n+m-2)S_w\sqrt{\frac{1}{n}+\frac{1}{m}}$$

式中，$S_w=\sqrt{\frac{(n-1)s_1^2+(m-1)s_2^2}{n+m-2}}$。

2）自由度大于45时均值差的（$1-\alpha$）（%）双侧置信区间为：

$$(\bar{x}_1-\bar{x}_2)-z_{\alpha/2}S_w\sqrt{\frac{1}{n}+\frac{1}{m}}\leqslant\mu_1-\mu_2\leqslant(\bar{x}_1-\bar{x}_2)+z_{\alpha/2}S_w\sqrt{\frac{1}{n}+\frac{1}{m}}$$

4.2.4.3 未知总体方差，但$\sigma_1^2\neq\sigma_2^2$，均值差的区间估计

A 理论基础

（1）求置信区间时需要的定义。标准正态分布单、双侧上α分位点定义。

（2）求置信区间时需要的定理。若随机变量$X_1\sim N(\mu_1,\ \sigma_1^2)$，$X_2\sim N(\mu_2,\ \sigma_2^2)$，则有如下定理成立：

$$Z\approx\frac{(\bar{x}_1-\bar{x}_2)-(\mu_1-\mu_2)}{\sqrt{\frac{s_1^2}{n_1}+\frac{s_2^2}{n_2}}}\sim N(0,1)$$

B 置信区间的求解

（1）均值差的两个（$1-\alpha$）（%）的单侧置信区间：

单侧右置信区间：　$\mu_1-\mu_2\geqslant(\bar{x}_1-\bar{x}_2)-z_\alpha\sqrt{\frac{s_1^2}{n_1}+\frac{s_2^2}{n_2}}$

单侧左置信区间：　$\mu_1-\mu_2\leqslant(\bar{x}_1-\bar{x}_2)+z_\alpha\sqrt{\frac{s_1^2}{n_1}+\frac{s_2^2}{n_2}}$

（2）均值差的（$1-\alpha$）（%）的双侧置信区间。

$$(\bar{x}_1-\bar{x}_2)-z_{\alpha/2}\sqrt{\frac{s_1^2}{n}+\frac{s_2^2}{m}}\leqslant\mu_1-\mu_2\leqslant(\bar{x}_1-\bar{x}_2)+z_{\alpha/2}\sqrt{\frac{s_1^2}{n}+\frac{s_2^2}{m}}$$

4.2.5 两个总体方差比$\frac{\sigma_1^2}{\sigma_2^2}$的区间估计

4.2.5.1 理论基础

A 求置信区间时需要的定义

（1）F 分布单侧上 α 分位点。若随机变量 X 服从 F 分布，则满足式子 $P(X>F_\alpha(n_1, n_2))=\alpha$ 或 $P(X<F_{1-\alpha}(n_1,n_2))=\alpha$ 的 $F_\alpha(n_1, n_2)$ 或 $F_{1-\alpha}(n_1, n_2)$ 叫做 F 分布的单侧上 α 分位点，如图 4－19 所示。

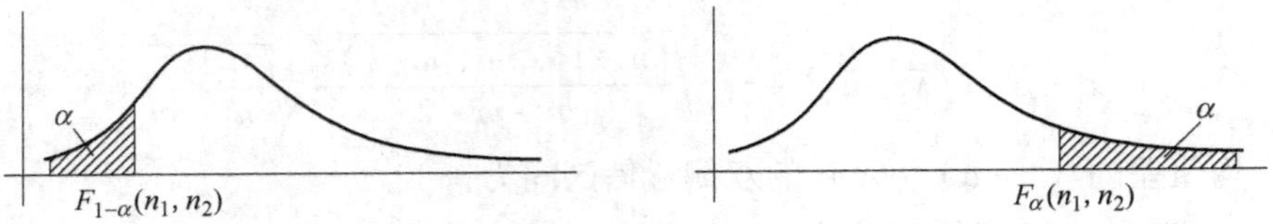

图 4－19 F 分布单侧上 α 分位点图解

（2）F 分布双侧上 α 分位点。若随机变量 X 服从 F 分布，则满足式子 $P(|X|>F_{\alpha/2}(n_1,n_2))=\alpha$ 的 $F_{\alpha/2}(n_1, n_2)$ 和 $F_{1-\alpha/2}(n_1, n_2)$ 叫 F 分布的双侧上 α 分位点，如图 4－20 所示。

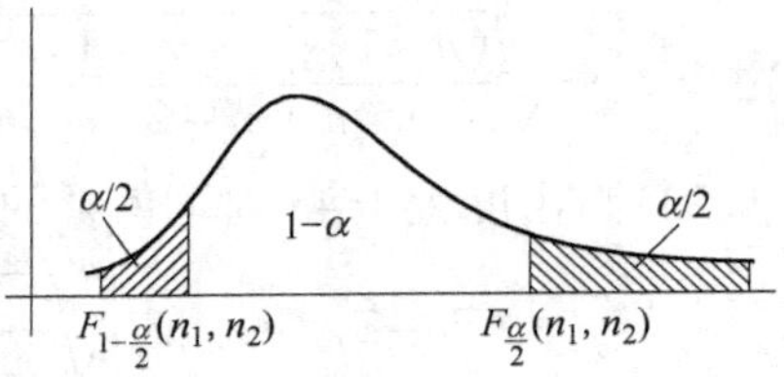

图 4－20 F 分布双侧上 α 分位点图解

B 求置信区间时需要的定理

若随机变量 $X\sim N(\mu_1, \sigma_1^2)$，$Y\sim N(\mu_2, \sigma_2^2)$，则有如下定理成立：

$$F=\frac{S_1^2/\sigma_1^2}{S_2^2/\sigma_2^2}=\frac{S_1^2/S_2^2}{\sigma_1^2/\sigma_2^2}\sim F(n-1,m-1)$$

4.2.5.2 置信区间的求解

（1）方差比的两个（$1-\alpha$）（%）的单侧置信区间为：

单侧右置信区间：
$$\frac{\sigma_1^2}{\sigma_2^2}\geqslant\frac{s_1^2}{s_2^2}\cdot\frac{1}{F_\alpha(n-1,m-1)}$$

单侧左置信区间：
$$\frac{\sigma_1^2}{\sigma_2^2}\leqslant\frac{s_1^2}{s_2^2}\cdot\frac{1}{F_{1-\alpha}(n-1,m-1)}$$

（2）方差比的（$1-\alpha$）（%）的双侧置信区间为：

$$\left(\frac{s_1^2}{s_2^2}\cdot\frac{1}{F_{\alpha/2}(n-1,m-1)},\ \frac{s_1^2}{s_2^2}\cdot\frac{1}{F_{1-\alpha/2}(n-1,m-1)}\right)$$

4.2.6 区间估计的几点说明

（1）置信区间的长度 T_2-T_1 反映了估计精度；T_2-T_1 越小，估计精度越高。

（2）α 反映了估计的可靠度，α 越小，越可靠，α 越小，$1-\alpha$ 越大，估计的可靠度越高，但这时，T_2-T_1 往往增大，因而估计精度降低。α 确定后，置信区间的选取方法不是唯一，常选最小的一个。

（3）选取置信区间时，选取 $z_{\alpha/2}$ 的原因是当置信区间为 $\left(\overline{X}-z_{\alpha/2}\sqrt{\frac{\sigma^2}{n}},\ \overline{X}+z_{\alpha/2}\sqrt{\frac{\sigma^2}{n}}\right)$ 时，区间的长度为 $2z_{\alpha/2}\sqrt{\frac{\sigma^2}{n}}$，达到最短。

取 $\alpha=0.05$，则：

$$z_{\alpha/2}-z_{1-\alpha/2}=1.96-(-1.96)=3.92$$

$$z_{2\alpha/3}-z_{1-\alpha/3}=1.84-(-2.13)=3.97$$

5 参数假设检验

所谓假设检验就是对一个关于总体参数或总体分布形式的假设，利用样本资料来检验其真或伪的可能性。具体来说，就是利用样本资料计算出有关的检验统计量，再根据该统计量的抽样分布理论判断样本资料对原假设是否有显著性的支持性或排斥，即在一定的概率下判断原假设是否合理，从而决定应接受或否定原假设。所以，假设检验也称为显著性检验。假设检验包括参数假设检验和非参数假设检验，对总体待估计参数（平均数、成数、方差等）的取值做出某种陈述——称之为假设，然后利用样本信息在事先给定的显著性水平 α 下判断所作的假设是否成立的一种方法，称为参数假设检验，简称参数检验（parametric tests）。参数假设检验是一种应用非常广泛的统计推断方法，是学生学习后续专业课程和参加工作会经常用到的基本理论和方法；对总体分布形式的假设进行检验一般称为非参数假设检验或自由分布检验。

5.1 参数假设检验的概述

5.1.1 问题的提出

在实际问题中，经常会遇到这样一类问题：在一个总体中原来参数 μ 或 σ 为某一数值，由于工作或生产条件的改变，参数 μ 或 σ 可能要变化，于是我们关心 μ 或 σ 是变大了，还是变小了，或者是没改变？这就可以通过“参数假设检验”来实现。

例如，根据以往经验，某地区成年男性平均身高为 172cm。现随机抽取一个样本，算得平均身高为 174cm。能否据此认为该地区成年男性平均身高提高了，或者是没有变？

如果将该地区成年男性身高变量记作 X，这就是检验随机变量 X 的均值 μ 是否发生变化的问题。若检验平均身高有没有变化时，可以用检验假设 $H_0:\mu=172$；$H_1:\mu\neq172$ 表示。H_0 称为原假设（null hypothesis），H_1 称为备择假设（alternative hypothesis）。原假设又称为零假设，是对未知总体参数做出的、正待检验的假设。备择假设是对立假设，其含义是，一旦否定原假设 H_0，这个假设 H_1 可供选择。一般把关注事项的结论或期望的结论（想要的结论）作为备择假设，H_0 与 H_1 统称为检验假设。

若检验平均身高有没有提高时，可以用检验假设 $H_0:\mu\leqslant172$；$H_1:\mu>172$ 表示。也可以用检验假设 $H_0:\mu=172$；$H_1:\mu>172$ 表示。

又例如，甲、乙两台包装机包装白糖，各随机抽取一个样本，算得样本标准差分别为 20g 和 24g。问能否据此认为甲包装机工作更稳定一些？

如果将甲、乙两台包装机包装白糖的质量分别记作总体 X、Y。这就是比较 X 与 Y 的方差 σ_x^2 与 σ_y^2 大小。可以用检验假设 $H_0:\sigma_x^2\geqslant\sigma_y^2$；$H_1:\sigma_x^2<\sigma_y^2$ 表示，或者用检验假设 $H_0:\sigma_x^2=\sigma_y^2$；$H_1:\sigma_x^2<\sigma_y^2$ 表示。

5.1.2　参数假设检验的基本原理与推理方法

作参数假设检验时，先提出检验假设 H_0 与 H_1，首先承认原假设 H_0 成立，在此基础上随机抽取一个样本进行统计推断。如果通过推断得到一个合理现象（这个样本不是小概率事件），则没有理由拒绝原假设 H_0，因此，不拒绝原假设 H_0，并且拒绝备择假设 H_1；相反，如果通过推断得到一个不合理现象（这个样本是小概率事件），则没有理由接受原假设 H_0，因此，拒绝原假设 H_0，即不拒绝备择假设 H_1。这就是参数假设检验的基本原理，有些类似于反证法。

参数假设检验的推理方法是用置信区间的方法，根据已知条件（要充分利用已知信息）选择一个分布已知的统计量 Z，由检验的显著性水平 α（是一个比较小的数，通常取 0.05，0.01，0.025 等，一般它是事先给定的）确定一个 H_0 的拒绝域，再由取定的样本值计算检验统计量 Z。如果 Z 属于拒绝域，则说明这个样本是小概率事件，现在小概率事件在一次抽样中居然发生了，则有理由认为 H_0 不合理，于是拒绝 H_0，而不拒绝 H_1；否则，不合理现象没有发生，则没有理由拒绝 H_0，于是不拒绝 H_0，而拒绝 H_1。下面通过一个典型例子，说明假设检验的基本知识。

例 5.1　一名刚毕业的某大学生应聘到某饲料厂负责原料采购。在采购复合维生素时，某销售商声称每袋装 10kg。结果可能有 4 种可能，（1）该销售商很诚实，即 $\mu=10$kg；（2）该销售商很保守，即 $\mu>10$kg；（3）该销售商不诚实，即 $\mu<10$kg；（4）该销售商经验不足，不知道每袋到底有多少，即 $\mu\neq10$kg。为了进行检验，对其采购的商品总量中随机抽取 25 袋进行去皮测重，结果平均重 10.36kg，假设已知方差为 1kg。

案例 1：检验上述某销售商是否是一位保守的销售商。

本题有两个假设，第一个是销售商的声明，以及根据他的声明对结果的预测，称作原假设，具体到本例，$H_0:\mu\leqslant10$kg。另一个假设为备择假设，它实际上是另一个看法，本例的备择假设 $H_1:\mu>10$kg。

因此，本例的检验假设可以写为：$H_0:\mu\leqslant10$

$$H_1:\mu>10$$

这两个假设互斥，而且包括了所有可能性。因此，H_0 和 H_1 只能有一个正确，不可能都正确。

如果原假设 H_0 正确，则表示期望 25 袋内容物的重量小于或等于 10kg。如果备择假设 H_1 正确，则表示每袋内容物应该“显著（significant）”地高于 10kg；这里的“显著”是一个统计学概念，指的是这时 H_0 发生是一个小概率（rare）事件。统计上用来确定或否定原假设为小概率事件的概率标准叫显著性水平（significance level）或检验水平（size of a test），记作 α。H_0 发生的概率如果小于或等于 5%，一般认为是小概率事件，这也是统计上达到了“显著（significant）”，这时的显著性水平为 5%；如果 H_0 发生的概率小于或等于 1%，则认为达到了“极显著（highly significant）”。

为了确定 H_0 发生的概率，需要找到合适的检验统计量（test statistic），使得在原假设和备择假设成立时，该统计量的数值有差异，从而能够根据这个统计量的数值大小确定 H_0 发生的概率。根据前一章的讲解可知，样本平均数 $\overline{X}$ 服从正态分布，期望值等于总体平均数，方差等于总体方差与样本含量平方根的比值。由上一章的知识可以构造检验统计量：

$$Z=\frac{\bar{x}-\mu}{\sigma/\sqrt{n}}=\frac{10.36-10.00}{1/\sqrt{25}}=\frac{0.36}{0.20}=1.8$$

上式中的统计量又称 Z 分数（Z score），或临界比率（critical ratio），它是一个标准正态分布离差。这种利用 Z 统计量进行假设检验的方法称为 Z 检验（Z test）。上式中 $\sigma/\sqrt{n}$称为平均数的标准误（standard error of the mean），为平均数的抽样标准差，是未来抽样中平均数的期望变异性。与标准差 s 的区别是，σ 描述的是总体，度量的是总体中个体的变异。

查标准正态分布表得 $z_\alpha=1.645$，因此，$Z=1.8>z_\alpha=1.645$，即如果 H_0 正确，则 H_0 发生概率为5%时的 Z 值等于1.645，该值可以用来确定当假设 H_0 正确时，统计量的发生是否是一个小概率事件，z_α 称为临界值（critical value）。临界值1.645规定了不拒绝区域（acceptance region，region of acceptance）为（$-\infty$，1.645），拒绝区域（rejection region，region of rejection）（或临界区域、判别区域，critical region）为［1.645，∞），即图5－1的阴影部分。本题1.8＞1.645，这时 Z 发生在临界值规定的右尾区间内即拒绝区域内，说明 H_0 发生的概率小于5%，因此拒绝 H_0，同时不拒绝 H_1，即有95%的把握认为每袋内容物的质量大于10kg，说明该销售商是一位保守的销售商。

案例2：检验上述销售商的行为是否诚信。

检验假设为：
$$H_0:\mu\geqslant 10$$
$$H_1:\mu<10$$

这时，实际上是与前面完全不同的问题。由案例1得到检验统计量 $Z=1.8$。查标准正态分布表得 $z_\alpha=1.645$，因此，$Z=1.8>-z_\alpha=-1.645$，该临界值规定原假设的拒绝区域为（$-\infty$，1.645］，如图5－2中阴影部分，本题的 Z 值不在临界值规定的左尾区间内，因此，不能拒绝原假设，即有95%的把握认为该销售商讲究诚信。

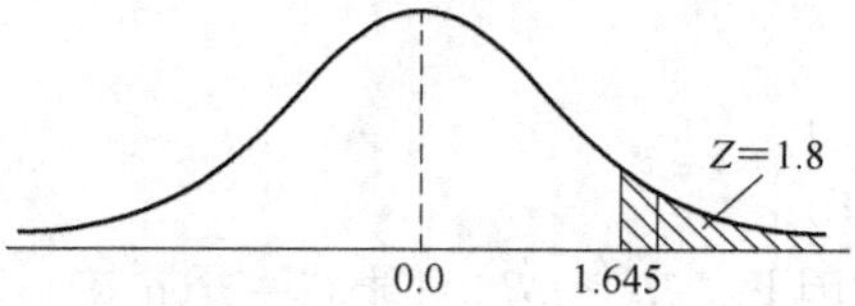

图5－1　案例1的临界值和统计量

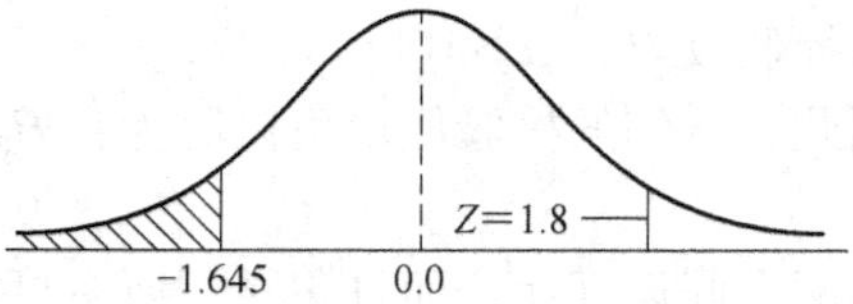

图5－2　案例2的临界值和统计量

案例3：销售商不知道每袋含量到底有多少。

这时，与上述两种案例不同，样本均数可能会高于也可能低于销售商的声明，每袋含10kg维生素，即可能销售商是保守的（案例1）也可能是一个骗子（案例2），这时的备择假设为均值不等于10kg，检验假设如下：

$$H_0:\mu=10$$
$$H_1:\mu\neq 10$$

由案例1知统计量 $Z=1.8$。查表得 $z_{\alpha/2}=1.96$，因此，$Z=1.8<z_{\alpha/2}=1.96$，该临界值规定原假设的拒绝区域为（$-\infty$，-1.96］和［1.96，∞），如图5－3中阴影部分，本题的 Z 值没有落在拒绝区域内，因此，不能拒绝原假设，即有95%的把握认为销售商知道每袋内容物的重量。

该例子说明了原假设和备择假设的三种形式，Z 统计量的计算，以及如何选择需要不拒绝和拒绝的假设。有时，即使无法拒绝 H_0，但还有一些观察值大于临界值，这时拒绝 H_0 实际上是不合适的。这类错误称为第一类错误（type Ⅰ error），其大小可以在进行统计分析之前确定，下面专门论述。上面的例子中，选择的第一类错误概率为 0.05。

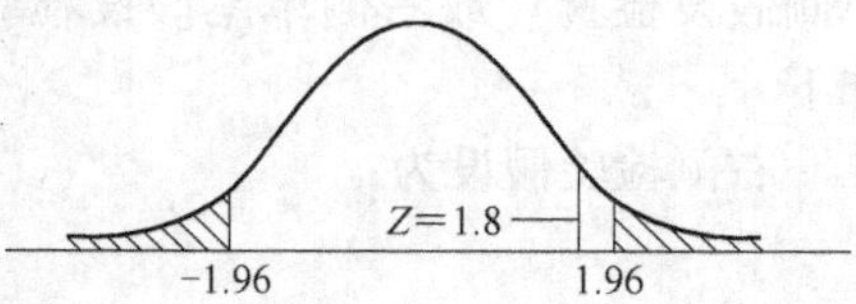

图 5－3　案例 3 的临界值和统计量

需要注意的是，在实际问题中，只可能有一种假设（案例 1，案例 2 或案例 3），利用同一样本数据进行不同假设的参数假设检验是不合适的。

通过这个例子可知，进行参数假设检验之前，需要事先明确检验任务，因研究目的不同，对同一问题可能提出不同的假设。假设检验的基本思想是：先做出一个假设，然后依据小概率事件在一次抽样中实际上不会发生的推断原则，看这一假设是否会导致不合理的结果，从而判断是否拒绝原假设。

5.1.3　参数假设检验的内容

参数假设检验的内容如图 5－4 所示。

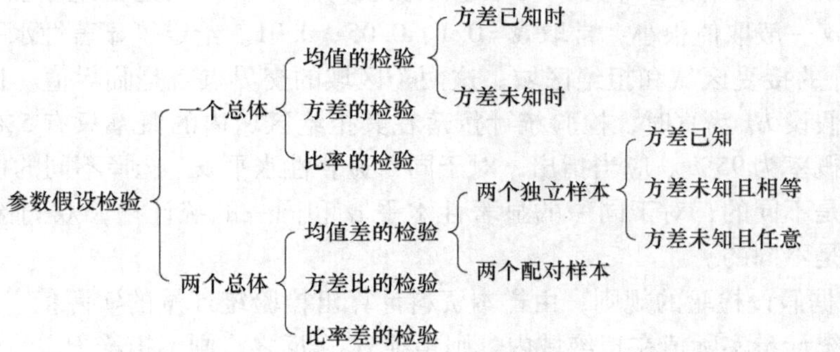

图 5－4　参数假设检验主要内容

5.1.4　双侧假设检验与单侧假设检验

在例 5.1 的案例 3 中，当 H_0 成立时，得 H_0 的拒绝域为 $|Z|>z_{\alpha/2}$，它位于 $|z_{\alpha/2}|$ 取值的两端，这样的假设检验称为双侧假设检验（或双尾假设检验），以均值假设检验为例，检验假设一般提法如下：

$$H_0: \mu=\mu_0$$
$$H_1: \mu\neq\mu_0$$

在实际问题中，有时更多关心的是参数 μ 或 σ 是否大于某一数值，或者小于某一数值，例如，在例 5.1 中的案例 2，由于 H_0 的拒绝域位于 $-z_\alpha$ 取值的一端，这样的假设检验称为单侧假设检验（或单尾假设检验）。在单侧假设检验中，如果 H_0 的拒绝域位于这个 $-z_\alpha$ 取值的左端，这样的假设检验称为左侧单侧假设检验（或左侧单尾假设检验）；如果 H_0 的拒绝域位于这个 z_α 取值的右端，如例 5.1 中的案例 1，这样的假设检验称为右侧单侧假设检验（或右侧单尾假设检验）。以均值假设检验为例，单侧检验假设一般提法如下：

右侧检验假设为：

$$H_0: \mu \leqslant \mu_0$$
$$H_1: \mu > \mu_0$$

左侧检验假设为：

$$H_0: \mu \geqslant \mu_0$$
$$H_1: \mu < \mu_0$$

5.1.5 假设检验的一般步骤

假设检验一般可以按以下四个步骤进行：

（1）根据要检验的问题判断是单边假设检验还是双边假设检验，提出检验假设，包括原假设 H_0 和备择假设 H_1。

（2）根据已知条件寻找并计算检验统计量，要求在假定 H_0 成立的前提条件下，该统计量分布已知。

（3）根据给定显著性水平，查所选统计量的分布临界值，确定 H_0 的拒绝域。

显著性水平表示假设 H_0 为真时拒绝原假设的概率，也就是拒绝原假设所冒的风险，用 α 表示。α 一般取值很小，常取 $\alpha = 0.1$、0.05、0.01。给定了显著性水平 α，也就确定了原假设 H_0 的接受区域和拒绝区域。这两个区域的交界点就是临界值。比如取 $\alpha = 0.5$，则意味着原假设 H_0 为真时，检验统计量落在其拒绝区域内的概率只有 5%，而落入其接受区域内的概率为 95%。应当指出，对于同一显著性水平 α，选择不同的检验统计量，得到的临界值是不同的；对于同一的显著性水平 α 和同一的统计量，双侧检验和单侧检验的临界值也是不同的。

（4）依据假设检验的规则，由样本资料计算出检验统计量的实际值，与临界值比较。如果计算的统计量实际值在拒绝域内，则拒绝 H_0；反之，则不拒绝 H_0。

5.1.6 假设检验的两类错误

在参数假设检验中，由于是以局部（一个样本）去推断全局（总体），并且又是依据"小概率事件原理"下结论。无论小概率有多小，还是有发生的可能。所以利用样本对总体的统计推断有时会产生关于总体的错误结论，这种错误的判断有两种情况，即所谓的两类错误。

因为 H_0 和 H_1 是互斥而且包含所有的可能，因此，二者只能有一个正确。如果 H_0 正确，则 H_1 是错误的；如果这时的假设检验结果为不拒绝 H_0，则结论正确；相反，如果假设检验结果为拒绝 H_0，结论就是错误的，这类错误称为第一类错误，也叫"弃真"错误，犯这类错误的概率不超过显著性水平 α。前面例子中确定的显著水平为 0.05，即如果 H_0 正确，对 20 个样本进行假设检验，如果有 1 次结果为拒绝 H_0，就怀疑 H_0 的正确性，而拒绝了 H_0，这时犯 I 类错误的概率为 5%。即：

$$P(\text{第一类错误}) = \text{拒绝一个正确原假设的概率}$$

如果 H_0 是错误的，则 H_1 是正确的。这时的假设检验结果如果为拒绝 H_0，则结论正确；如果为接受 H_0，则结论错误，这类错误称第二类错误（type Ⅱ error），也叫"存伪"错误，犯这类错误的概率通常记作 β。即：

$$P(\text{第二类错误}) = \text{接受一个错误原假设的概率}$$

H_0 是错误的，而结果为拒绝它的概率为 $1-\beta$，称为检验功效（power of a test），如表 5-1 所示。

表 5-1 检验 H_0 的可能结果

检验结果	未知的真正情况	
	H_0 正确	H_0 错误
不拒绝 H_0	正确结论 $1-\alpha$	第二类错误 β
拒绝 H_0	第一类错误 α	正确结论 $1-\beta$

由表 5-1 第三行可知，如果不拒绝 H_0，则或者得出正确结论，或者犯概率为 β 的第二类错误。由表 5-1 第四行可知，如果结论为拒绝 H_0，则可能得出正确结论，也可能犯概率为 α 的第一类错误。因为假设检验时可以选择显著水平 α 的高低，因此，可以控制它的大小。当假设检验结果为拒绝 H_0 时，知道犯第一类错误的概率，因此进行假设检验时，总是希望结论为拒绝 H_0。由于显著水平（第一类错误，α）是可以控制的。在样本容量 n 一定时，减小 α，则 β 增大；增大 α，则 β 减小，二者不可兼顾。要想让二者都减小，只能增大样本容量 n，但这样就会增加检验的成本。下面通过例子解释说明。

例 5.2 假设有一个总体服从正态分布，其平均数为 100，标准差为 10。另一个总体也服从正态分布，平均数为 105，标准差为 10。假定不知道样本是从哪一个总体抽取的，只知道为其中之一。而实际上，样本来自均值等于 105 的总体。

案例 1：假定样本容量 $n=25$，$\alpha=0.05$。

检验假设如下。

$$H_0: \mu = 100, \sigma = 10$$

$$H_1: \mu \neq 100, (\text{此时,等价于 } H_1: \mu > 100)\ \sigma = 10$$

首先，计算当 H_0 正确时，什么情况下会犯第一类错误。根据例 5.1，查标准正态分布表，得临界值 $z_{0.05}=1.645$，注意这时为单尾检验，即：

$$1.645 = \frac{\overline{X} - 100}{10/\sqrt{25}}$$

两类错误之间的关系如图 5-5 所示。

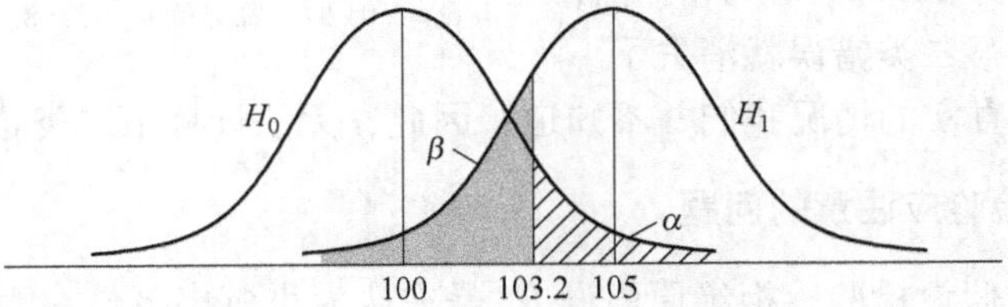

图 5-5 第一类错误和第二类错误

于是得 $\overline{X}=103.29$。如果 H_0 正确，当平均数大于 103.29 时，拒绝 H_0，第一类错误的概率为 0.05。如果 H_0 是错误的，平均数低于 103.29 会导致第二类错误，得出样本来自平均数为 100 总体的结论。图 5-5 中平均数为 100 的分布的斜影部分为第一类错误，平均数为 105 的分布的阴影部分为第二类错误。现在可以根据定义，计算第二类错误的概率：

$$\beta = P(\overline{X} < 103.29) = P\left(Z < \frac{103.29 - 105}{10/\sqrt{25}}\right) = P(Z < -0.855) = 0.1963$$

这时 Z 检验的检验功效等于 $1 - \beta = 1 - 0.1963 = 0.8037$。

案例 2：假定样本容量 $n = 25$，$\alpha = 0.01$。

同样地，先计算当 H_0 正确，什么时候会犯第一类错误。与前面的相同，查表，统计量临界值 $z_{0.01} = 2.330$，即：

$$2.330 = \frac{\overline{X} - 100}{110/\sqrt{25}}$$

于是得 $\overline{X} = 105.66$。第二类错误为：

$$\beta = P(\overline{X} < 105.66) = P\left(Z < \frac{104.66 - 105}{10/\sqrt{25}}\right) = P(Z < -0.170) = 0.4325$$

这时 Z 检验的检验功效等于 $1 - \beta = 1 - 0.4325 = 0.5675$。

案例 3：假定样本容量 $n = 100$，$\alpha = 0.05$。

$$1.645 = \frac{\overline{X} - 100}{10/\sqrt{100}}$$

得 $\overline{X} = 101.645$，于是，第二类错误概率为：

$$\beta = P(\overline{X} < 101.645) = P\left(Z < \frac{101.645 - 105}{10/\sqrt{100}}\right) = P(Z < -3.355) = 0.0004$$

检验功效等于 0.9996。

样本容量提高后，根据中心极限定理，样本平均数的标准误下降，使样本分布间的重叠减少，因此，可以通过样本容量来提高检验功效，降低第二类错误。

表 5-2 列出了三种显著水平下第二类错误和检验功效；可以看出，随着显著性水平的提高，第二类错误增大，检验功效下降；这样的后果不是我们期望的。这种现象的根本原因，是因为两个样本分布存在重叠。比如，如果一个样本的均值等于 100，而另一个为 10000，由于两个样本分布没有重叠，第二类错误就消失了。

表 5-2　显著水平和第二类错误、检验功效的关系

α	β	检验功效
0.05	0.1963	0.8037
0.01	0.4325	0.5675
0.001 *	0.7190	0.2810

* $\alpha = 0.01$ 时，临界值 $u_\alpha = 3.08$。

一般情况下，真实的情况我们并不知道，因此，无法计算第二类错误的概率值。

5.1.7　参数假设检验应注意的问题

（1）通过参数假设检验，拒绝原假设 H_0 是在认为小概率事件在一次抽样中实际上不会发生的前提下做出的，事实上小概率事件有时也可能发生；不拒绝原假设 H_0，是因为拒绝它的理由还不充分，并非认为它绝对正确。因此，由参数假设检验做出的判断不可能百分之百正确。

进行假设检验时，首先，应该注意统计显著和生物学重要性的区别。假设检验结果为差异显著，只是统计分析的结果，并不一定具有重要的生物学意义，也不表明差异非常大。比如，假如两个奶牛群的305天产奶量平均数差异10kg，如果样本足够大，进行假设检验结果可能会达到显著，但是，对于生产实际却没有任何价值。相反，如果两个蛋鸡群的平均蛋质量相差5g，假设检验结果可能不显著，但是，却可能有重要的经济价值。同样地，如果假设检验结果为差异不显著，不能理解为样本间没有差异，假设检验不显著可能是因为误差太大而掩盖了真正的差异，进一步精确的试验结果的假设检验可能会得出差异显著的结果。

（2）应该注意假设检验结果的解读。根据表5-1，无论是否拒绝H_0，都有可能会犯错误。因此，假设检验结果假如为$P>0.05$，不能说"证明（prove）"H_0是正确的，因为证明的意思为100%正确，但可以说数据（data）"支持"（support）原假设；同理，如果$P<0.05$，可以说数据支持备择假设。

（3）关于显著水平的选择。根据例5.2的结果，随α值的下降，第二类错误上升，检验功效下降。一般地，取$\alpha=0.05$比较合适。有时，犯Ⅰ类错误有严重后果，而且由于某些研究的特点决定了容易犯Ⅰ类错误，如遗传学中的QTL（数量性状座位）定位研究，需要利用较高的显著水平，这时可以根据研究中染色体的数量校正显著水平的大小；关于假设检验时α值的取值校正方法超出了本书的范围，读者可以参考有关的统计学专著。有时，需要利用较低的显著水平，如多重回归分析（多个自变量、一个因变量的线性回归分析）中，自变量选择时α值可以选择0.15，目的是提高回归方程的拟合度（即实际观察值和）。由于样本容量升高可以提高检验功效，因此，如果条件允许，试验设计时应该尽量使各组样本容量大一些。

（4）关于假设检验时是采用单侧检验还是双侧检验，要根据不同问题的要求和专业知识来决定，一般在试验设计时就已经确定。如果事先不知道假设检验的结果，分析的目的是处理间有无差异，则进行双侧检验；如果根据专业知识或前人的结果，A处理的平均数比B处理的平均数高（或相反），假设检验的目的是处理A的平均数是否高于处理B的平均数（或差），则进行单侧检验。由上可知，如果对同一资料同时进行双侧检验和单侧检验，假设检验的结果是不同的，即单侧检验在显著水平α时显著，相当于双侧检验的2α水平显著。双侧检验显著的，单侧检验结果一定显著；而单侧检验显著的，双侧检验结果不一定显著。

（5）假设检验时要根据样本分布理论选择合适的检验统计量，每种检验统计量都有其适用条件。比如，从本章下面内容可以知道，单样本的假设检验有Z检验和t检验之分，要注意应用的条件不同。

（6）"显著"针对的是样本而不是总体，只能说"样本A和样本B平均数间存在显著差异"，而不能说"总体A和总体B的平均数差异显著"。

5.2 单个正态总体参数的假设检验

设总体X服从正态分布$N(\mu, \sigma^2)$，x_1，x_2，…，x_n是容量为n的样本，$\bar{x}=\frac{\sum x}{n}$是样本均值，$s=\sqrt{\frac{\sum(x-\bar{x})^2}{n-1}}$是样本标准差。单个正态总体参数的假设检验就是关于未知

参数 μ 与 σ^2 的假设检验。

5.2.1 单个正态总体均值 μ 的假设检验

5.2.1.1 一个总体方差已知时均值的假设检验

由于 σ^2 已知，构造统计量为：

$$Z=\frac{\bar{x}-\mu}{\sigma/\sqrt{n}}$$

在 H_0 成立时，Z 服从标准正态分布，即 $Z\sim N(0,1)$。

（1）若是双边假设检验，当 $|Z|>z_{\alpha/2}$ 时，则拒绝 H_0；当 $|Z|<z_{\alpha/2}$ 时，则不拒绝 H_0，如图 5－6 所示。

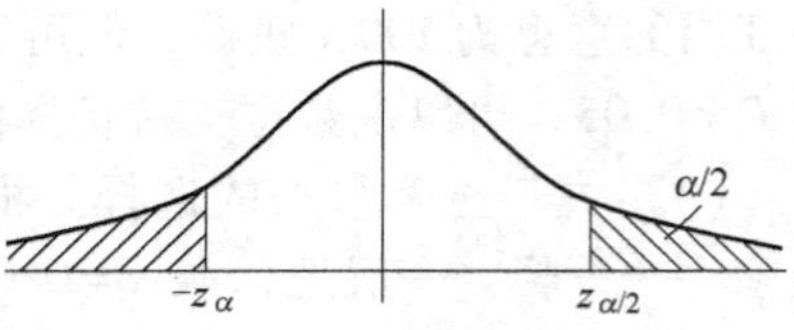

图 5－6 方差已知时均值双边假设检验图

（2）若是单边假设检验，当 $|Z|>z_\alpha$ 时，则拒绝 H_0；当 $|Z|<z_\alpha$ 时，则不拒绝 H_0。

左侧检验如图 5－7 所示，右侧检验如图 5－8 所示。

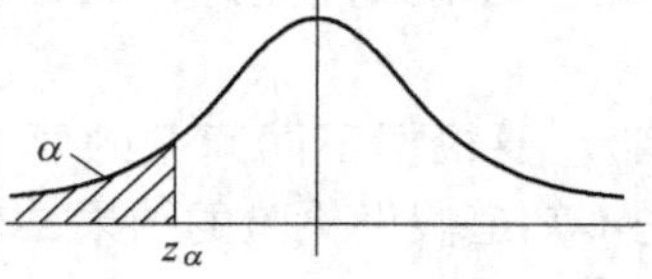

图 5－7 方差已知时均值左侧假设检验图

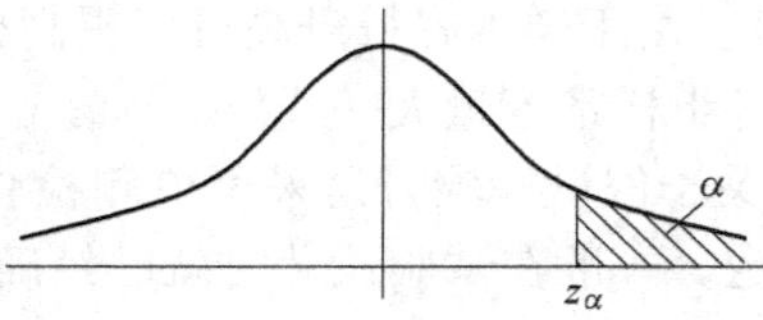

图 5－8 方差已知时均值右侧假设检验图

例 5.3 设某砖厂生产的砖的抗断强度 $X\sim N(32.50, 1.21)$，某天从该厂生产的砖中随机抽取 6 块，测得抗断强度如下（单位：kg/cm^2）：

32.56　29.66　31.64　30.00　31.87　31.03

检验这天该厂生产的砖的平均抗断强度是否仍为 $32.50kg/cm^2$？（取显著性水平 $\alpha=0.05$）

解：由题可知，这是一个总体方差已知时均值的双侧假设检验，提出假设如下：

$$H_0: \mu=32.50$$

$$H_1: \mu\neq 32.50$$

在假定 H_0 成立的条件下，寻找并计算检验统计量 Z 为：

$$Z=\frac{\bar{x}-\mu}{\sigma/\sqrt{n}}$$

因为资料未分组，$\sigma^2=1.21$，$n=6$，

所以 $$\bar{x}=\frac{\sum x}{n}=\frac{1}{6}(32.56+29.66+\cdots+31.03)=31.13$$

又因为 $\alpha=0.05$，查表可知 $-z_{\alpha/2}=-1.96$，

所以 $$Z=\frac{\bar{x}-\mu}{\sigma/\sqrt{n}}=\frac{31.13-32.50}{1.1/\sqrt{6}}=-3.05<-z_{\alpha/2}=-1.96$$

所以拒绝 H_0，即有 95% 的把握认为这天该厂生产的砖的平均抗断强度不为 32.50kg/cm²。

例 5.4 在上例中，检验这天该厂生产的砖的平均抗断强度是否小于 32.50kg/cm²？（取显著性水平 $\alpha=0.05$）

解： 由题可知，这是一个总体方差已知时均值的单侧假设检验，提出假设如下：

$$H_0: \mu = 32.50$$

$$H_1: \mu < 32.50$$

在假定 H_0 成立的条件下，寻找并计算检验统计量 Z 为：

$$Z = \frac{\bar{x}-\mu}{\sigma/\sqrt{n}}$$

因为资料未分组，$\sigma^2=1.21$，$n=6$，

所以 $$\bar{x} = \frac{\sum x}{n} = \frac{1}{6}(32.56+29.66+\cdots+31.03)=31.13$$

又因为 $\alpha=0.05$，查表可知 $-z_\alpha=-1.645$，

所以 $$Z = \frac{\bar{x}-\mu}{\sigma/\sqrt{n}} = \frac{31.13-32.50}{1.1/\sqrt{6}} = -3.05 < -z_\alpha = -1.645$$

所以拒绝 H_0，即有 95% 的把握认为这天该厂生产的砖的平均抗断强度小于 32.50kg/cm²。

5.2.1.2 一个总体方差未知时均值的假设检验

由于 σ^2 未知，选统计量为：

$$T = \frac{\bar{x}-\mu}{s/\sqrt{n}}$$

在 H_0 成立时，检验统计量 T 服从 t 分布，即 $T \sim t(n-1)$。

（1）若是双边假设检验，当 $|T|>t_{\alpha/2}(n-1)$ 时，则拒绝 H_0；当 $|T|<t_{\alpha/2}(n-1)$ 时，则不拒绝 H_0，如图 5-9 所示。

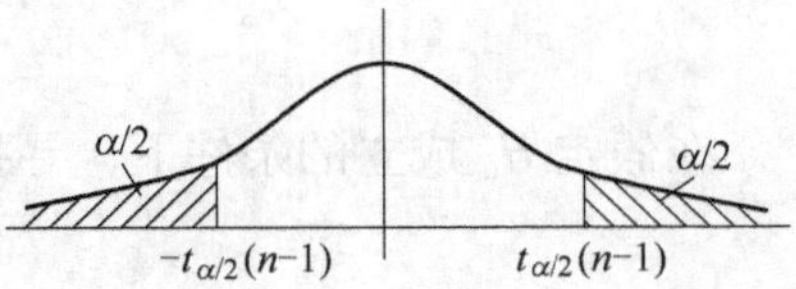

图 5-9 方差未知时均值双边假设检验图

（2）若是单边假设检验，当 $|T|>t_\alpha(n-1)$ 时，则拒绝 H_0；当 $|T|<t_\alpha(n-1)$ 时，则不拒绝 H_0。

左侧检验图如图 5-10 所示，右侧检验图如图 5-11 所示。

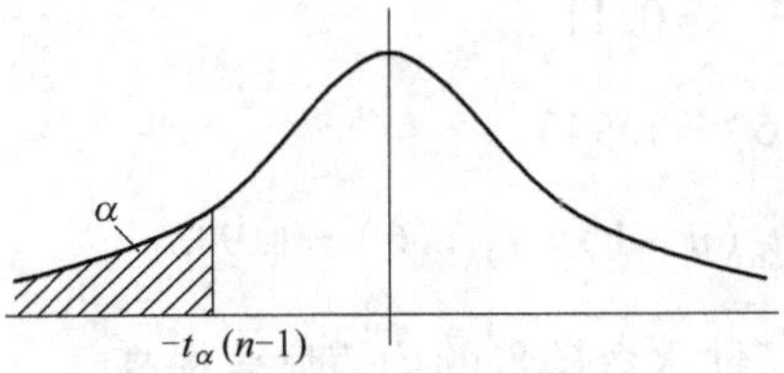

图 5-10 方差未知时均值左侧假设检验图

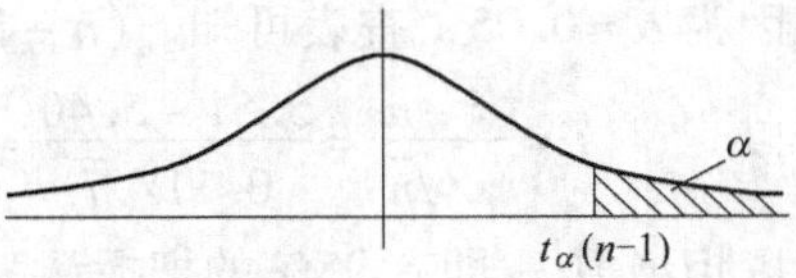

图 5-11 方差未知时均值右侧假设检验图

例 5.5 化肥厂用自动包装机包装化肥，某日随机抽取 9 包，测得重量（单位：kg）如下：

49.7　49.8　50.3　50.5　49.7　50.1　49.9　50.5　50.4

若每包化肥的质量服从正态分布，问是否可以认为这天每包化肥的平均质量为50kg?(取显著性水平 $\alpha=0.05$)

解：由题可知，这是一个总体方差未知时均值的双侧假设检验，提出假设如下：

$$H_0:\mu=50$$

$$H_1:\mu\neq 50$$

在假定 H_0 成立的条件下，寻找并计算检验统计量 T 为：

$$T=\frac{\bar{x}-\mu}{s/\sqrt{n}}$$

因为资料未分组，$n=9$，所以 $\bar{x}=\frac{\sum x}{n}=\frac{1}{9}(49.7+49.8+\cdots+50.4)=50.1$,

$$s=\sqrt{\frac{\sum(x-\bar{x})^2}{n-1}}=\sqrt{\frac{(49.7-50.1)^2+\cdots+(50.4-50.1)^2}{9-1}}=0.335$$

又因为 $\alpha=0.05$，查表可知 $t_{\alpha/2}(n-1)=t_{0.025}(8)=2.31$,

所以 $T=\frac{\bar{x}-\mu}{s/\sqrt{n}}=\frac{50.1-50}{0.335/\sqrt{9}}=0.896<t_{\alpha/2}(n-1)=t_{0.025}(8)=2.31$

所以不拒绝 H_0，即有95%的把握认为这天每包化肥的平均重量为50kg。

例5.6　已知某炼铁厂的铁水含碳量 X 服从正态分布，均值为5.40。某日随机测得7炉铁水，算得平均含碳量为5.51，标准差为0.11。以显著性水平 $\alpha=0.05$ 检验这天铁水含碳量的均值是否显著提高?

解：由题可知，这是一个总体方差未知时均值的单侧假设检验，提出假设如下：

$$H_0:\mu=5.40$$

$$H_1:\mu>5.40$$

在假定 H_0 成立的条件下，寻找并计算检验统计量 T 为：

$$T=\frac{\bar{x}-\mu}{s/\sqrt{n}}\sim t(n-1)$$

因为资料未分组，$n=7$，所以 $\bar{x}=\frac{\sum x}{n}=5.51$

$$s=\sqrt{\frac{\sum(x-\bar{x})^2}{n-1}}=0.11$$

又因为 $\alpha=0.05$，查表可知 $t_{\alpha}(n-1)=t_{0.05}(6)=1.943$,

所以 $T=\frac{\bar{x}-\mu}{s/\sqrt{n}}=\frac{5.51-5.40}{0.11/\sqrt{7}}=2.646>t_{\alpha}(n-1)=t_{0.05}(6)=1.943$

所以拒绝 H_0，即有95%的把握认为这天该厂铁水含碳量的均值显著提高。

注：此题中如果显著性水平 $\alpha=0.01$。则需要查 $t_{\alpha}(n-1)=t_{0.01}(6)=3.143>T=\frac{\bar{x}-\mu}{s/\sqrt{n}}=\frac{5.51-5.40}{0.11/\sqrt{7}}=2.646$

所以不拒绝 H_0，即有99%的把握认为这天该厂铁水含碳量的均值没有显著提高。

5.2.1.3　P 值（P-value）：与查表找临界点的等价判别法，如图 5－12 所示。

P 值即概率，是显著水平的实际观察值，是进行检验决策的另一个依据。P 值是一种在原假设为真的前提下出现观察样本以及更极端情况的概率，反映某一事件发生的可能性大小。统计学根据显著性检验方法所得到的 P 值，一般以 $P<0.05$ 为显著，$P<0.01$ 为非常显著，其含义是样本间的差异由抽样误差所致的概率小于 0.05 或 0.01。实际上，P 值不能赋予数据任何重要性，只能说明某事件发生的几率，表示对原假设的支持程度，是用于确定是否应该拒绝原假设的另一种方法。

若 $P<\alpha$，则表明 t 落在由 α 所决定的分界点的外侧，应当拒绝 H_0。

若 $P>\alpha$，则表明 t 落在由 α 所决定的分界点的内侧，应当不拒绝 H_0。

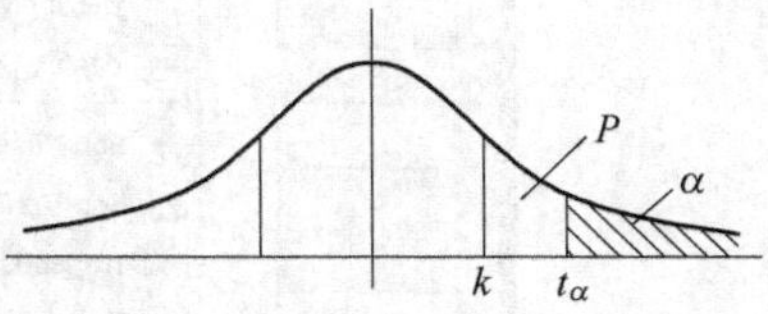

图 5－12　P 值判别法图示

例 5.7　某进出口公司出口一种茗茶，规定每包规格重量不低于 50g，现抽取 1% 进行检验，结果如表 5－3 所示。

表 5－3　某种茗茶的规格

每包重量/g	包　数	每包重量/g	包　数
40～49	10	51～52	20
49～50	20		
50～51	50	合计	100

试以 95% 的概率检验这批茶叶平均重量是否为 150 克（手工计算检验是否达到重量规格的要求）。

此题的笔算过程略，SPSS 的实现过程如下：

（1）在定义变量窗口定义“每包重量”和“包数”两个变量。

（2）计算各组中值。

（3）依次录入表中数据。

（4）指定“包数”为加权变量选中 Data 下拉菜单中的 Weight Cases，如图 5－13 所示。进入 Weight Cases 对话框，如图 5－14 所示。

单击 OK 按钮，返回录入数据界面，如图 5－15 所示。

（5）选择 Analyze 下拉菜单中的 Compare Means 项中选择 One-Sample T Test 模块，如图 5－16 所示。

在 One-Sample T Test 界面，将每包重量送入 Test Variable List 对话框，将要检验的数值“50”送入 Test Value，如图 5－17 所示。

单击 Options 按钮，进入 One-Sample T Test：Options 界面，修改显著性水平，计算机默认的显著性水平为 0.05，如图 5－18 所示。

单击 Continue 按钮返回 One-Sample T Test 界面，单击 OK 按钮，输出检验结果，如表 5－4、表 5－5 所示。

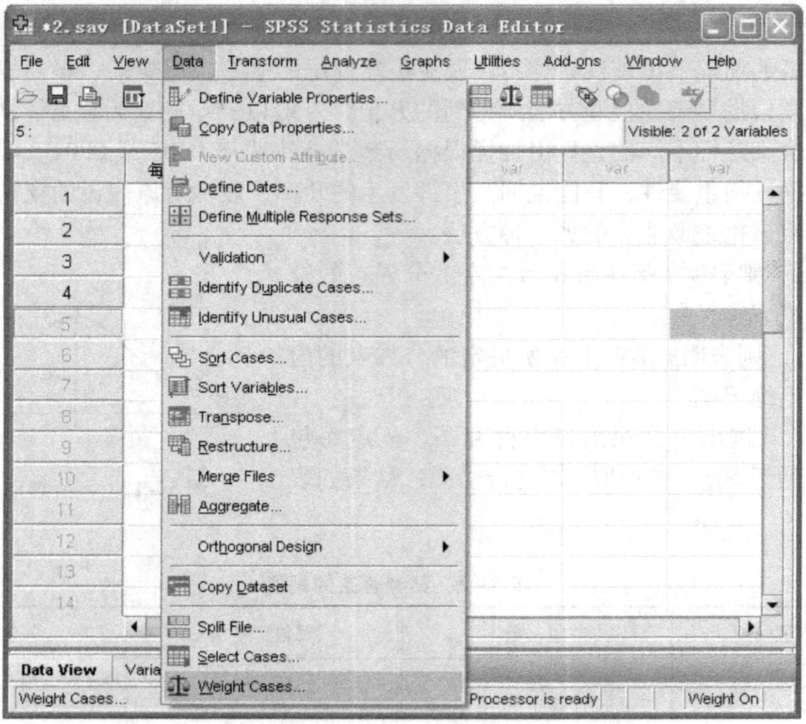

图 5-13 SPSS 的 Date 下拉菜单界面

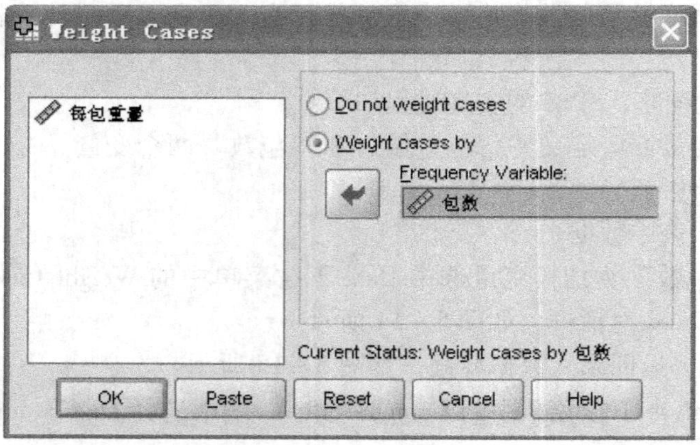

图 5-14 加权变量对话框

表 5-4 **One-Sample Statistics**

	N	Mean	Std. Deviation	Std. Error Mean
每包重量	100	49.9000	1.91749	.19175

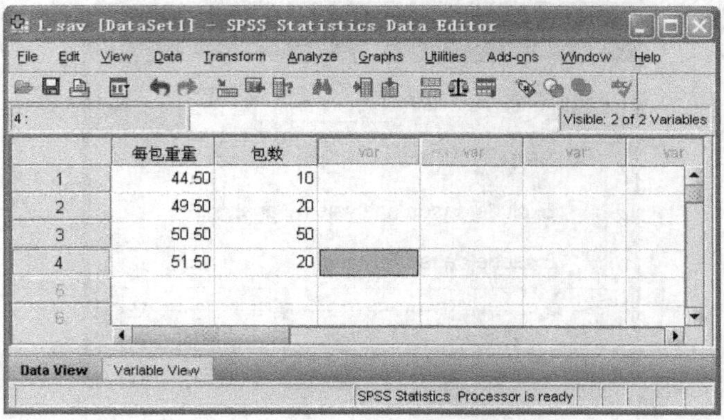

图 5－15 SPSS 的录入数据界面

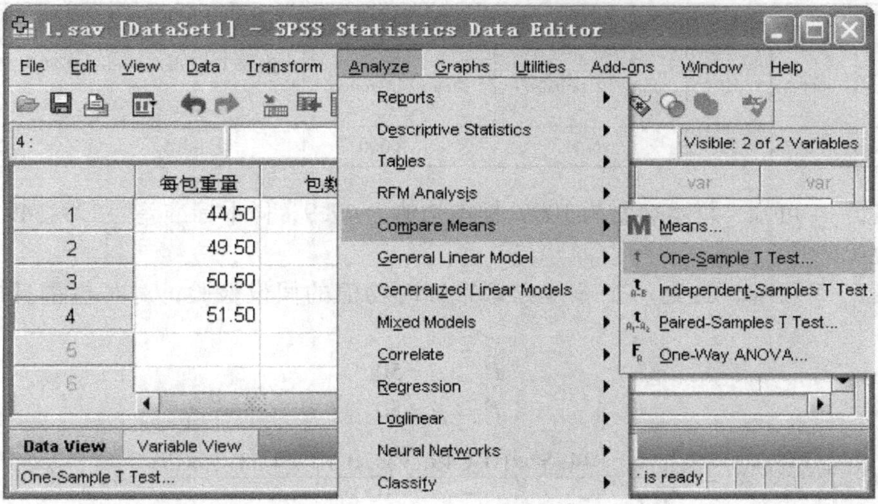

图 5－16 SPSS 的 Analyze 下拉菜单界面

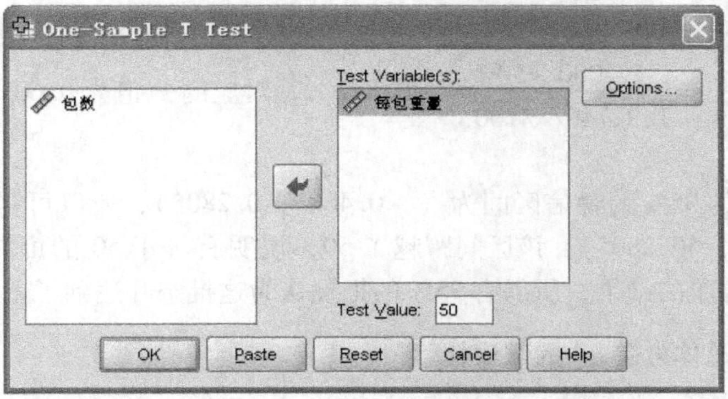

图 5－17 单一样本 T 检验对话框

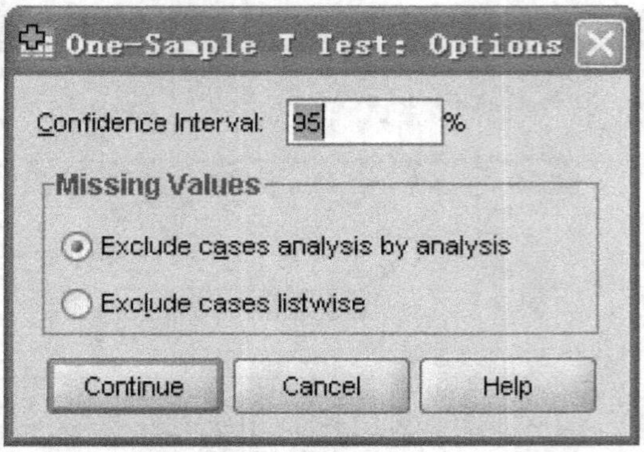

图 5－18 检验概率设置对话框

表 5－5 One-Sample Test

	Test Value = 50					
	t	df	Sig. (2-tailed)	Mean Difference	95% Confidence Interval of the Difference	
					Lower	Upper
每包重量	-.522	99	.603	-.10000	-.4805	.2805

由表 5－4 可知，样本容量为 100，样本均值为 49.9，样本标准差为 1.91749，抽样平均误差为 0.19175。

由表 5－5 可知，这是一个总体方差未知时均值的假设检验，对每包重量提出如下假设：

$$H_0: \mu = 50$$
$$H_1: \mu \neq 50$$

因为由表可知 $\bar{X} = \dfrac{\sum xf}{\sum f} = \dfrac{44.5 \times 10 + 49.5 \times 20 + \cdots + 51.5 \times 20}{100} = 49.9000$

$$s = \sqrt{\frac{\sum (x - \bar{x})^2 f}{\sum f - 1}} = \sqrt{\frac{\sum (x - 49.900)^2 f}{100 - 1}} = 1.91749$$

$$n = 100$$

所以 $T = \dfrac{\bar{X} - \mu}{S/\sqrt{n}} = \dfrac{49.000 - 50}{1.91749/\sqrt{100}} = -0.522$，其对应的 P 值为 $0.603 > \alpha = 0.05$，所以不拒绝 H_0。

又因为 μ-50 的 95% 的置信区间为（－0.4805，0.2805），所以可得 μ 的 95% 的置信区间为（49.5195，50.2805），该区间跨越了 50，说明有等于 50 的可能，即区间估计的结论验证了假设检验的结果，所以有 95% 的把握认为这批茶叶达到了重量规格的要求。

5.2.2 单个正态总体方差 σ^2 的假设检验

5.2.2.1 μ 已知，检验 σ^2

由于 μ 已知。于是，选统计量：

$$\chi^2=\frac{\sum(x_i-\mu)^2}{\sigma^2}$$

在 H_0 成立时，该统计量服从自由度为 n 的 χ^2 分布，即：

$$\chi^2=\frac{\sum(x_i-\mu)^2}{\sigma^2}\sim\chi^2(n)$$

（1）若双边检验，则检验假设如下：

$$H_0:\sigma^2=\sigma_0^2$$
$$H_1:\sigma^2\neq\sigma_0^2$$

在 H_0 成立时，χ^2 既不能过大，也不能过小。χ^2 过大与 χ^2 过小都是小概率事件。为此，令 $P\left(\left|\frac{\sum(x_i-\mu)^2}{\sigma^2}\right|>\chi^2_{\alpha/2}(n)\right)=\alpha$，查 χ^2 分布表得到临界值，于是，H_0 的拒绝域为 $\chi^2<\chi^2_{1-\alpha/2}(n)$ 或 $\chi^2>\chi^2_{\alpha/2}(n)$，如图 5－19 所示。

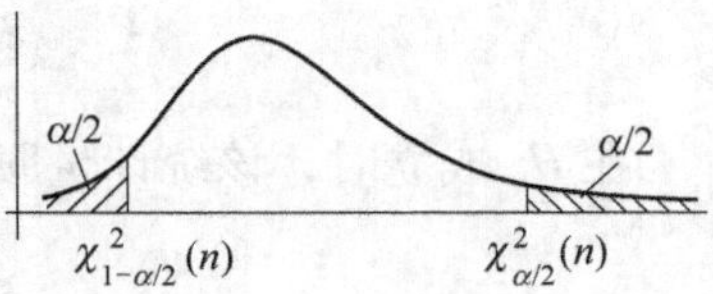

图 5－19　χ^2 双边假设检验图示

（2）若单边检验，则左侧检验假设如下：

$$H_0:\sigma^2\geqslant\sigma_0^2$$
$$H_1:\sigma^2<\sigma_0^2$$

在 H_0 成立时，即 $\sigma^2\geqslant\sigma_0^2$，$\chi^2$ 大一些较合理，χ^2 过小不合理，χ^2 过小是概率事件。因此，令 $P\left(\frac{\sum(x_i-\mu)^2}{\sigma^2}<\chi^2_{1-\alpha}(n)\right)=\alpha$，于是，$H_0$ 的拒绝域为 $\chi^2<\chi^2_{1-\alpha}(n)$，如图 5－20 所示。

（3）若单边检验，则右侧检验假设如下：

$$H_0:\sigma^2\leqslant\sigma_0^2$$
$$H_1:\sigma^2>\sigma_0^2$$

在 H_0 成立时，即 $\sigma^2\leqslant\sigma_0^2$，$\chi^2$ 小一些较合理，χ^2 过大不合理，χ^2 过大是概率事件。因此，令 $P\left(\frac{\sum(x_i-\mu)^2}{\sigma^2}>\chi^2_{\alpha}(n)\right)=\alpha$，于是，$H_0$ 的拒绝域为 $\chi^2>\chi^2_{\alpha}(n)$，如图 5－21 所示。

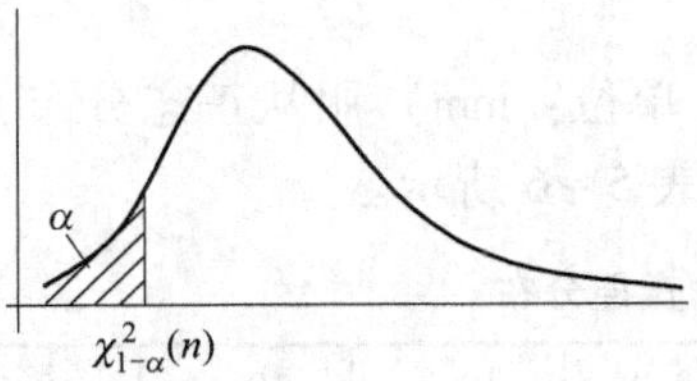

图 5－20　χ^2 左侧假设检验图示

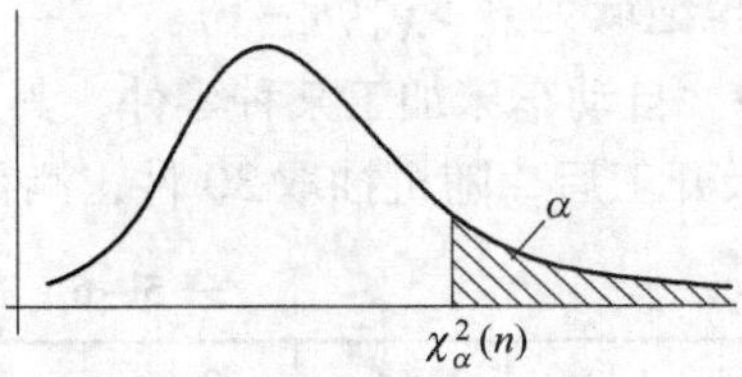

图 5－21　χ^2 右侧假设检验图示

例 5.8　在例 5.3 中，以显著性水平 $\alpha=0.1$ 检验这天该厂生产的砖的抗断强度的标准差是否为 1.1kg/cm^2？

解：由题可知，这是一个总体均值已知时方差的双侧检验，提出检验假设如下：

$$H_0: \sigma^2 = 1.21$$
$$H_1: \sigma^2 \neq 1.21$$

因为$\mu = 32$，$n = 6$，对显著性水平$\alpha = 0.1$，查表得$\chi^2_{1-\alpha/2}(n) = \chi^2_{0.95}(6) = 1.64$，$\chi^2_{\alpha/2}(n) = \chi^2_{0.05}(6) = 12.6$，所以计算检验统计量为：

$$\chi^2 = \frac{\sum (x_i - \mu)^2}{\sigma^2} = \frac{(32.56 - 32.5)^2 + \cdots + (31.03 - 32.5)^2}{1.21}$$
$$= 15.56 > 12.6 = \chi^2_{0.05}(6)$$

所以拒绝H_0，即有90%的把握认为这天该厂生产的砖的抗断强度的标准差不是1.1kg/cm^2。

5.2.2.2 μ未知，检验σ^2

由于μ未知。于是，选检验统计量：

$$\chi^2 = \frac{(n-1)s^2}{\sigma^2} = \frac{\sum (x_i - \bar{x})^2}{\sigma^2}$$

在H_0成立时，该统计量服从自由度为$n-1$的χ^2分布，即：

$$\chi^2 = \frac{\sum (x_i - \bar{x})^2}{\sigma^2} \sim \chi^2(n-1)$$

（1）若双边检验，则检验假设如下：

$$H_0: \sigma^2 = \sigma_0^2$$
$$H_1: \sigma^2 \neq \sigma_0^2$$

H_0的拒绝域为$\chi^2 < \chi^2_{1-\alpha/2}(n-1)$ 或$\chi^2 > \chi^2_{\alpha/2}(n-1)$。

（2）若单边检验，则左侧检验假设如下：

$$H_0: \sigma^2 \geqslant \sigma_0^2$$
$$H_1: \sigma^2 < \sigma_0^2$$

H_0的拒绝域为$\chi^2 < \chi^2_{1-\alpha}(n-1)$。

（3）若单边检验，则右侧检验假设如下：

$$H_0: \sigma^2 \leqslant \sigma_0^2$$
$$H_1: \sigma^2 > \sigma_0^2$$

H_0的拒绝域为$\chi^2 > \chi^2_{\alpha}(n-1)$。

例5.9 自动车床加工某种零件，其直径X（单位：mm）服从正态分布，要求$\sigma^2 \leqslant 0.09$。某天开工后，随机抽取30件，测得数据如表5-6所示。

表5-6 某种零件的直径分布

零件直径/mm	9.2	9.4	9.6	9.8	10.0	10.2	10.4	10.6	10.8
频数	1	1	3	6	7	5	4	2	1
xf	9.2	9.4	28.8	58.8	70.0	51.0	41.6	21.2	10.8

检验这天加工的零件是否符合要求？（取显著性水平$\alpha = 0.05$）

解：由题可知，这是一个总体均值未知时方差的左侧检验，提出检验假设如下：

$$H_0: \sigma^2 = 0.09$$
$$H_1: \sigma^2 < 0.09$$

医为μ未知，$n=30$，对显著性水平$\alpha=0.05$，查表得$\chi^2_{1-\alpha}(n-1)=\chi^2_{0.95}(29)=17.708$

所以选检验统计量：

$$\chi^2 = \frac{(n-1)s^2}{\sigma^2}$$

式中：$\bar{x} = \dfrac{\sum xf}{\sum f} = \dfrac{9.2\times 1 + \cdots + 10.8\times 1}{30} = \dfrac{300.8}{30} = 10.372$

$$s^2 = \frac{\sum (x_i - \bar{x})^2 f}{\sum f - 1} = \frac{(9.2-10.37)^2\times 1 + \cdots + (10.08-10.37)^2\times 1}{30-1}$$
$$= 0.1344$$

所以 $\chi^2 = \dfrac{(n-1)s^2}{\sigma^2} = \dfrac{29\times 0.1344}{0.09} = 43.3 > 17.708 = \chi^2_{0.95}(29)$

所以拒绝H_0，即有95%的把握认为这天加工的零件直径的方差小于0.09，符合要求。此时，犯错误的概率最多只有0.05。

5.2.3 单个正态总体比率的假设检验

在实际工作中，有时需要检验一个服从二项分布的样本百分数与已知的二项总体百分数差异是否显著，其目的在于检验一个样本百分数P所在二项总体百分数π是否与已知二项总体百分数π_0相同，换句话说，检验该样本百分数P是否来自总体百分数为π_0的二项总体。这里所讨论的百分数是服从二项分布的，但n足够大，P不过小，np和nq均大于5，可近似地采用T检验法或Z检验法来进行显著性检验；若np或nq小于或等于30时，应对u进行连续性矫正。

一般地，检验假设如下：

$$H_0: \pi = \pi_0$$
$$H_1: \pi \neq \pi_0$$

根据中心极限定理，$\pi \sim N\left(p, \dfrac{\pi(1-\pi)}{n}\right)$。因此，$T$值和$Z$值的计算公式为：

$$T = \frac{p-\pi}{\sqrt{\dfrac{p(1-p)}{n}}}$$

$$Z = \frac{p-\pi}{\sqrt{\dfrac{\pi(1-\pi)}{n}}}$$

其中p为样本百分数，π为总体百分数，$\sqrt{\dfrac{p(1-p)}{n}}$为样本百分数标准误，$\sqrt{\dfrac{\pi(1-\pi)}{n}}$为总体百分数标准误。

例5.10 某进出口公司，出口一种茗茶，规定每包规格重量不低于150克，现抽取

1% 进行检验，结果如表 5－7 所示。

表 5－7 某种茗茶的规格

每包重量 x/g	包数 f	每包重量 x/g	包数 f
140～149	10	151～152	20
149～150	20		
150～151	50	合计	100

问以 95% 的概率检验这批茶叶包装的合格率是否为 80%？

解：由题可知，这是一个总体方差未知时比率的双边假设检验，且自由度大于 45。检验假设如下。

$$H_0: \pi = 80\%$$
$$H_1: \pi \neq 80\%$$

在 H_0 成立的前提条件下，计算检验统计量 T（此题也可以选择计算 Z 检验统计量 $Z=\dfrac{p-\pi}{\sqrt{\dfrac{\pi(1-\pi)}{n}}}$）：

$$T=\frac{p-\pi}{\sqrt{\dfrac{p(1-p)}{n}}}$$

因为资料分组，$n=100$，$p=\dfrac{50+20}{100}\times 100\% = 70\%$，

又因为 $\alpha=0.05$，所以查表可知 $-z_{\alpha/2} = -1.96$，

所以，$$T=\frac{p-\pi}{\sqrt{\dfrac{p(1-p)}{n}}}=\frac{70\%-80\%}{\sqrt{\dfrac{70\%(1-70\%)}{100}}}=-2.182$$

若选择 Z 检验统计量，则 $$Z=\frac{p-\pi}{\sqrt{\dfrac{\pi(1-\pi)}{n}}}=\frac{70\%-80\%}{\sqrt{\dfrac{80\%(1-80\%)}{100}}}=-2.5$$

因为自由度大于 45，所以检验统计量 T 或 Z 都与 $-z_{\alpha/2}$ 比较，且均小于 $-z_{\alpha/2} = -1.96$，拒绝 H_0，即有 95% 的把握认为这批茶叶包装的合格率不为 80%。

用 SPSS 操作此题，其步骤如下：

（1）在定义变量窗口定义“合格否”和“包数”两个变量，或者定义“每包重量”和“包数”两个变量。

（2）若定义“合格否”变量，则对“合格否”做变量值标签，令“1 = 合格”，“0 = 不合格”。

（3）依次录入表中数据。

（4）指定“包数”为加权变量选中 Data 下拉菜单中的 Weight Case，如图 5－22 所示。

进入 Weight Case 对话框，如图 5－23 所示。

单击 OK 按钮，返回录入数据界面，如图 5－24 所示。

（5）选择 Analyze 下拉菜单中的 Nonparametric Tests 子菜单，选择 Binomial 模块，如图 5－25 所示。

进入 Binomial Test 对话框，将变量“合格否”或“每包重量”送入 Test Variable List

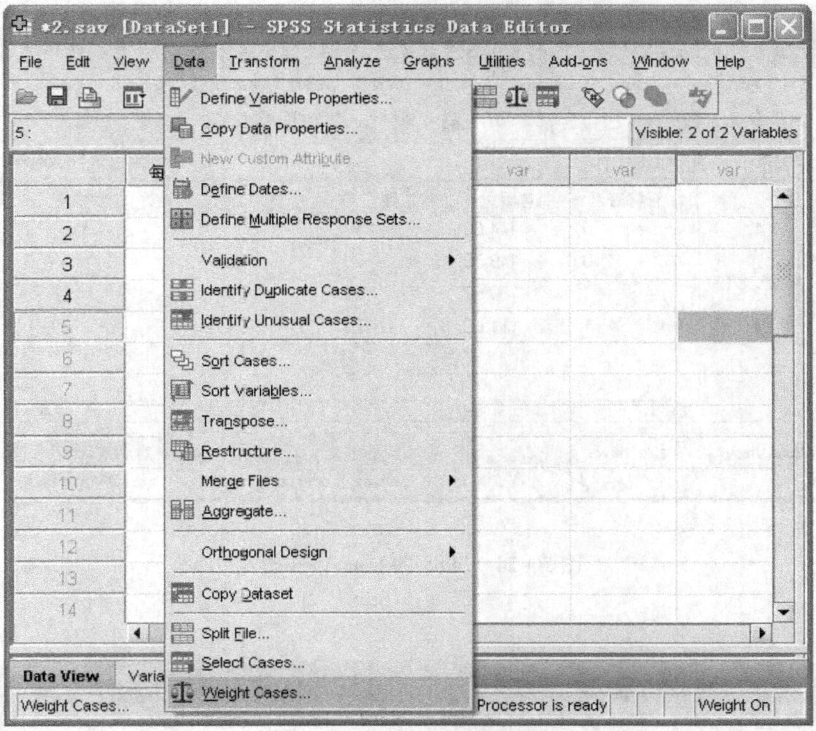

图 5-22　SPSS 的 Date 下拉菜单界面

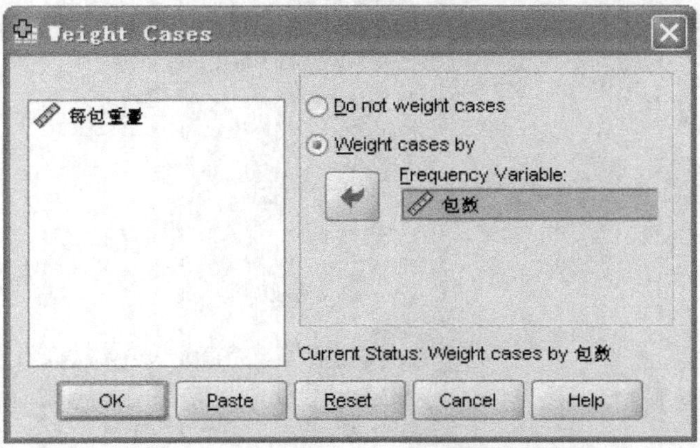

图 5-23　加权变量对话框

对话框，如图 5-26 所示。

若定义变量为“合格否”，则选择计算机默认选项，将“合格否”送入右侧，将 Test Proportion 改为 0.8，单击 OK 按钮，输出结果如表 5-8 所示。

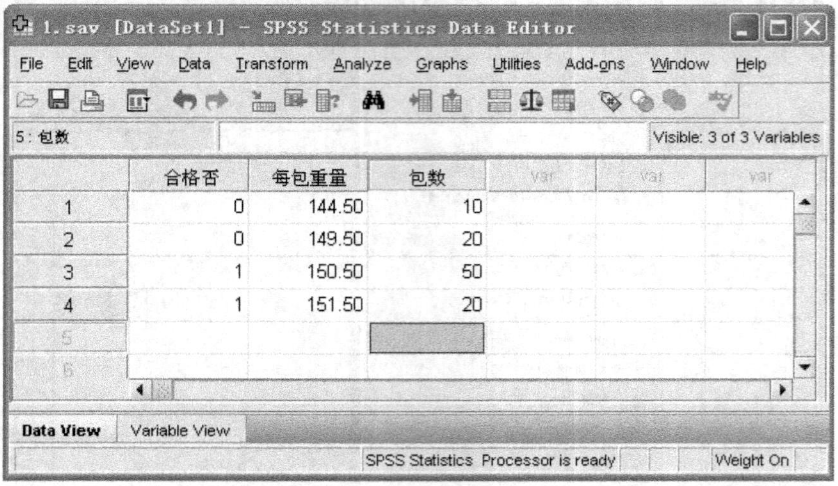

图 5－24　SPSS 的 Date View 界面

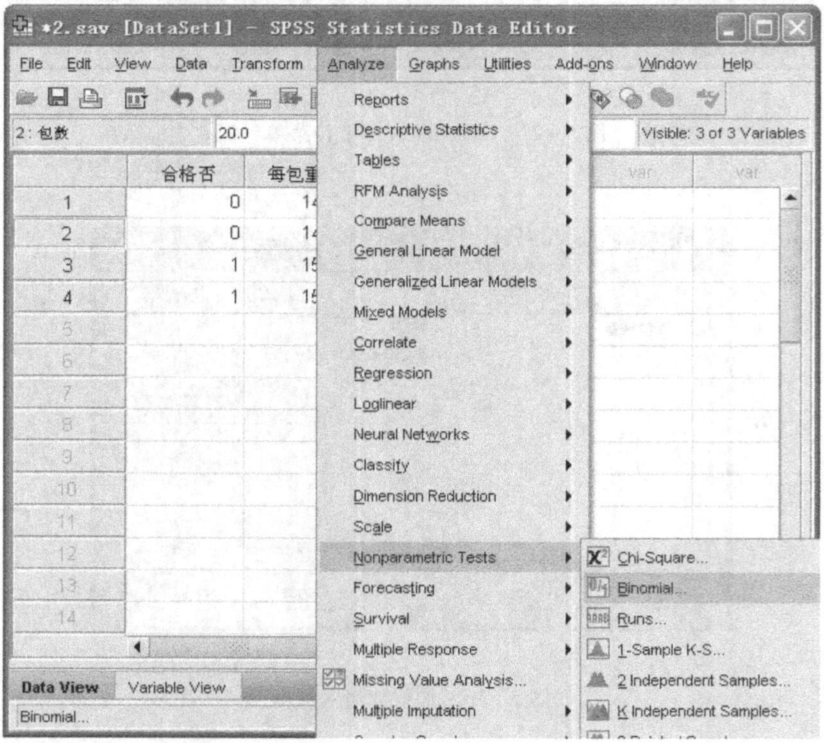

图 5－25　SPSS 的 Analyze 下拉菜单界面

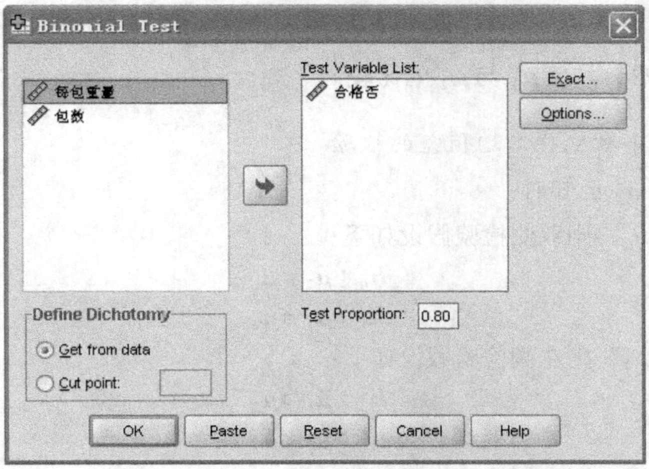

图 5-26　SPSS 的二项分布检验对话框

表 5-8　Binomial Test

		Category	N	Observed Prop.	Test Prop.	Asymp. Sig. (1-tailed)
合格否	Group 1	不合格	30	.30	.80	.000[a,b]
	Group 2	合格	70	.70		
	Total		100	1.00		

a. Alternative hypothesis states that the proportion of cases in the first group <0.8。

b. Based on Z Approximation。

分析表见例 5.10。

若定义变量为“每包重量”，则选择“Cut Point”并键入 150，将 Test Proportion 改为 0.8，然后单击 OK 输出结果如表 5-9 所示。

表 5-9　Binomial Test

		Category	N	Observed Prop.	Test Prop.	Asymp. Sig. (1-tailed)
每包重量	Group 1	≤150	30	.30	.80	.000[a,b]
	Group 2	>150	70	.70		
	Total		100	1.00		

a. Alternative hypothesis states that the proportion of cases in the first group <0.8。

b. Based on Z Approximation。

分析表见例 5.10。

5.3　两个正态总体参数的假设检验

设两个总体 X 和 Y 分别服从正态分布 $N(\mu_1, \sigma_1^2)$ 和 $N(\mu_2, \sigma_2^2)$，$(X_1, X_2, \cdots, X_n)$ 和 $(Y_1, Y_2, \cdots, Y_n)$ 分别是总体 X 和 Y 的容量为 n_1 和 n_2 的样本，$\bar{x}$ 和 $\bar{y}$ 分别是两个样本的均值，s_1^2 和 s_2^2 分别是两个样本的方差。

两个正态总体参数的假设检验，就是比较μ_1与μ_2之间，σ_1^2与σ_2^2之间的关系。

5.3.1 两个正态总体均值μ_1与μ_2的比较

5.3.1.1 两个独立样本均值差的检验

（1）当σ_1^2及σ_2^2已知时：

1）检验$\mu_1=\mu_2$，则双侧检验假设如下：

$$H_0: \mu_1=\mu_2$$
$$H_1: \mu_1\neq\mu_2$$

2）检验$\mu_1\geqslant\mu_2$，则左侧检验假设如下：

$$H_0: \mu_1\geqslant\mu_2$$
$$H_1: \mu_1<\mu_2$$

3）检验$\mu_1\leqslant\mu_2$，则右侧检验假设如下：

$$H_0: \mu_1\leqslant\mu_2$$
$$H_1: \mu_1>\mu_2$$

由于σ_1^2和σ_2^2已知，因此选统计量：

$$Z=\frac{(\bar{x}-\bar{y})-(\mu_1-\mu_2)}{\sqrt{\dfrac{\sigma_1^2}{n_1}+\dfrac{\sigma_2^2}{n_2}}}$$

在H_0成立的前提条件下，Z服从标准正态分布，即$Z\sim N(0,1)$。所以H_0的双侧假设检验的拒绝域为$|Z|>z_{\alpha/2}$；左侧假设检验的拒绝域为$Z<-z_\alpha$；右侧假设检验的拒绝域为$Z>z_\alpha$。

例 5.11 两种不同工艺纺出的细纱的强力X与Y分别服从正态分布$N(\mu_1, 14^2)$和$N(\mu_2, 15^2)$，各抽取容量为 50 的样本，算得$\bar{x}=280$，$\bar{y}=286$。

问在两种不同工艺纺出的细纱的强力有无明显差异？（取显著性水平$\alpha=0.05$）

解：由题可知，这是两个总体方差已知时均值差的双侧假设检验，检验假设如下：

$$H_0: \mu_1=\mu_2$$
$$H_1: \mu_1\neq\mu_2$$

因为$\sigma_1^2=14^2$，$\sigma_2^2=15^2$，所以选统计量：

$$Z=\frac{(\bar{x}-\bar{y})-(\mu_1-\mu_2)}{\sqrt{\dfrac{\sigma_1^2}{n_1}+\dfrac{\sigma_2^2}{n_2}}}$$

又因为$\bar{x}=280$，$\bar{y}=286$，所以：

$$Z=\frac{(\bar{x}-\bar{y})-(\mu_1-\mu_2)}{\sqrt{\dfrac{\sigma_1^2}{n_1}+\dfrac{\sigma_2^2}{n_2}}}=\frac{280-286}{\sqrt{\dfrac{14^2}{50}+\dfrac{15^2}{50}}}=2.07$$

对显著性水平$\alpha=0.05$，查表得$z_{\alpha/2}=z_{0.025}=1.96<Z=2.07$，

所以拒绝H_0，即有 95% 的把握认为两种不同工艺纺出的细纱的强力有明显差异。

（2）当σ_1^2及σ_2^2未知且$\sigma_1^2=\sigma_2^2$时：

1）检验 $\mu_1=\mu_2$，则双侧检验假设如下：

$$H_0: \mu_1=\mu_2$$
$$H_1: \mu_1 \neq \mu_2$$

2）检验 $\mu_1 \geqslant \mu_2$，则左侧检验假设如下：

$$H_0: \mu_1 \geqslant \mu_2$$
$$H_1: \mu_1 < \mu_2$$

3）检验 $\mu_1 \leqslant \mu_2$，则右侧检验假设如下：

$$H_0: \mu_1 \leqslant \mu_2$$
$$H_1: \mu_1 > \mu_2$$

由于 σ_1^2 和 σ_2^2 未知且 $\sigma_1^2=\sigma_2^2$，因此选统计量：

$$t=\frac{(\overline{x}-\overline{y})-(\mu_1-\mu_2)}{\sqrt{\frac{(n_1-1)s_1^2+(n_2-1)s_2^2}{n_1+n_2-2}}\sqrt{\frac{1}{n_1}+\frac{1}{n_2}}}$$

在 H_0 成立的前提条件下，t 服从 t 分布，即 $t \sim t(n_1+n_2-2)$。所以当自由度小于 45 时，H_0 的双侧假设检验的拒绝域为 $|t|>t_{\alpha/2}(n_1+n_2-2)$；左侧假设检验的拒绝域为 $t<-t_{\alpha}(n_1+n_2-2)$；右侧假设检验的拒绝域为 $t>t_{\alpha}(n_1+n_2-2)$；当自由度大于 45 时，H_0 的双侧假设检验的拒绝域为 $|t|>z_{\alpha/2}$；左侧假设检验的拒绝域为 $t<-z_{\alpha}$；右侧假设检验的拒绝域为 $t>z_{\alpha}$。

（3）当 σ_1^2 及 σ_2^2 未知且 $\sigma_2^2 \neq \sigma_2^2$ 时：

1）检验 $\mu_1=\mu_2$，则双侧检验假设如下：

$$H_0: \mu_1=\mu_2$$
$$H_1: \mu_1 \neq \mu_2$$

2）检验 $\mu_1 \geqslant \mu_2$，则左侧检验假设如下：

$$H_0: \mu_1 \geqslant \mu_2$$
$$H_1: \mu_1 < \mu_2$$

3）检验 $\mu_1 \leqslant \mu_2$，则右侧检验假设如下：

$$H_0: \mu_1 \leqslant \mu_2$$
$$H_1: \mu_1 > \mu_2$$

由于 σ_1^2 和 σ_2^2 未知且 $\sigma_1^2 \neq \sigma_2^2$，因此选统计量：

$$Z \approx \frac{(\overline{x}-\overline{y})-(\mu_1-\mu_2)}{\sqrt{\frac{S_1^2}{n}+\frac{S_2^2}{m}}}$$

在 H_0 成立的前提条件下，Z 服从标准正态分布，即 $Z \sim N(0,\ 1)$。所以 H_0 的双侧假设检验的拒绝域为 $|Z|>z_{\alpha/2}$；左侧假设检验的拒绝域为 $Z<-z_{\alpha}$；右侧假设检验的拒绝域为 $Z>z_{\alpha}$。

例 5.12 某灯泡厂在采用一项新工艺的前后，分别抽取 10 个灯泡进行寿命试验。计算得到：采用新工艺前灯泡寿命的样本均值为 2460 小时，样本标准差为 56 小时；采用新工艺后灯泡寿命的样本均值为 2550 小时，样本标准差为 48 小时。设灯泡的寿命服从正态分布，问由此是否可以认为采用新工艺后灯泡的平均寿命有显著提高？（取显著性水平

$\alpha=0.01$，假定采用新工艺前、后灯泡寿命的方差不变，这将在例题5.15中进行检验）。

解：由题可知，这是两个总体方差未知且 $\sigma_1^2=\sigma_2^2$ 时均值差的左侧假设检验，检验假设如下：

$$H_0:\mu_1\geqslant\mu_2$$
$$H_1:\mu_1<\mu_2$$

因为 σ_1^2 和 σ_2^2 未知且 $\sigma_1^2=\sigma_2^2$，所以选统计量：

$$t=\frac{(\bar{x}-\bar{y})-(\mu_1-\mu_2)}{\sqrt{\dfrac{(n_1-1)s_1^2+(n_2-1)s_2^2}{n_1+n_2-2}}\sqrt{\dfrac{1}{n_1}+\dfrac{1}{n_2}}}$$

又因为 $\bar{x}=280$，$\bar{y}=286$，$s_1=56$，$s_2=48$，所以：

$$t=\frac{(\bar{x}-\bar{y})-(\mu_1-\mu_2)}{\sqrt{\dfrac{(n_1-1)s_1^2+(n_2-1)s_2^2}{n_1+n_2-2}}\sqrt{\dfrac{1}{n_1}+\dfrac{1}{n_2}}}=\frac{2460-2550}{\sqrt{\dfrac{9\times56^2+9\times48^2}{10+10-2}}\sqrt{\dfrac{1}{10}+\dfrac{1}{10}}}=-3.86$$

对显著性水平 $\alpha=0.01$，查表得 $-t_\alpha(n_1+n_2-2)=-t_{0.01}(18)=-2.55>t=-3.86$。

所以拒绝 H_0，即有95%的把握认为采用新工艺后灯泡的平均寿命有显著的提高。

5.3.1.2 两配对样本均值的 T 检验

配对样本：每个个体都具有两个特征的数值，且不能各自独立颠倒顺序，必须按问题的本来属性。

检验统计量：
$$T=\frac{\overline{X}-\mu}{s/\sqrt{n}}$$

$\overline{X}$：配对样本差值的均值。

例5.13 用两种激励方法对同样工种的两个班的7个人进行激励，测得激励后的业绩增长率如表5-10所示，问：两种激励方法的平均激励效果有无显著差异？

表5-10 两种激励方法分别用于两个班组的效果 （%）

激励法A	16.10	17.00	16.80	16.50	17.50	18.00	17.20
激励法B	17.00	16.40	15.80	16.40	16.00	17.10	16.90

SPSS的实现过程如下：

（1）定义“方法A效果”和“方法B效果”两个变量。

（2）在录入数据窗口依次录入表中数据。

（3）选择Analyze下拉菜单中的Compare Means子菜单，选择Paired-Samples T Test模块，如图5-27所示。

进入Paired-Samples T Test对话框，将“方法A效果”和“方法B效果”送入Paired Variables栏，如图5-28所示。

单击Options按钮，进入Paired-Samples T Test：Options界面，修改显著性水平，计算机默认的显著性水平为0.05，如图5-29所示。

单击Continue按钮返回Paired-Samples T Test对话框界面，单击OK按钮，输出结果如表5-11～表5-13所示。

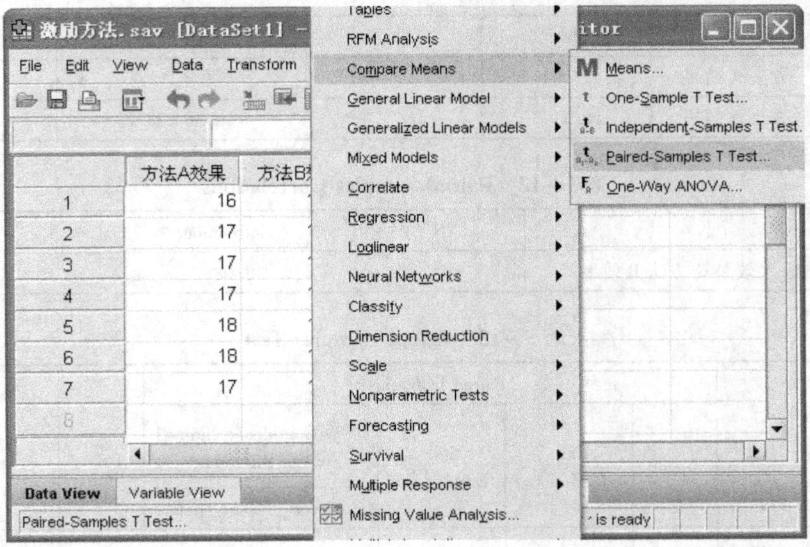

图 5-27 SPSS 的 Analyze 下拉菜单界面

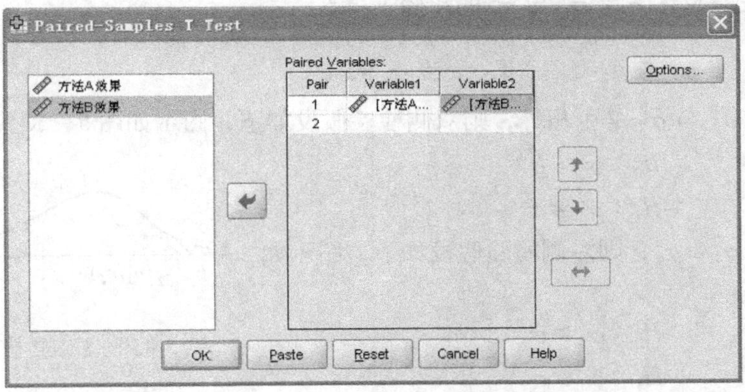

图 5-28 配对样本 T 检验对话框

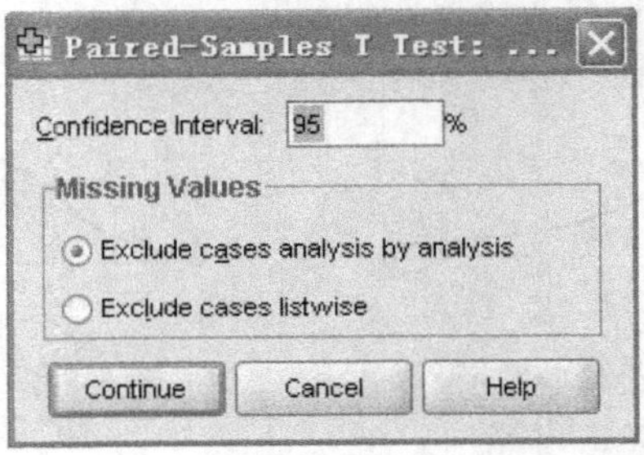

图 5-29 检验概率设置对话框

表 5 - 11 Paired Samples Statistics

		Mean	N	Std. Deviation	Std. Error Mean
Pair1	方法 A 效果	17. 01	7	0. 631	0. 238
	方法 A 效果	16. 5143	7	0. 504 74	0. 190 77

表 5 - 12 Paired Samples Correlations

	N	Correlation	Sig.
Pair 1 方法 A 效果 & 方法 B 效果	7	0. 088	0. 851

表 5 - 13 Paired Samples Test

		Paired Differences					t	df	Sig. (2-tailed)
		Mean	Std. Deviation	Std. Error Mean	95% Confidence Interval of the Difference				
					Lower	Upper			
Pair 1	方法 A 效果 & 方法 B 效果	0. 500	0. 772 44	0. 291 96	- 0. 214 39	1. 214 39	1. 713	6	0. 138

5. 3. 2 两个正态总体方差 σ_1^2 与 σ_2^2 的比较

5. 3. 2. 1 当 μ_1 与 μ_2 已知时，检验 σ_2^2 与 σ_2^2

(1) 检验 σ_1^2 与 σ_2^2 是否相等，则双侧检验假设如下，图示如图 5 - 30 所示。

$$H_0 : \sigma_1^2 = \sigma_2^2$$
$$H_1 : \sigma_1^2 \neq \sigma_2^2$$

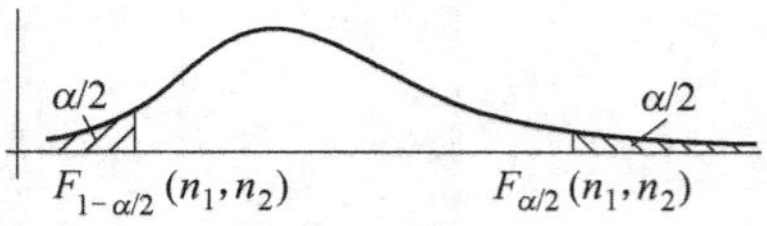

图 5 - 30 F 双边假设检验图示

(2) 检验 $\sigma_1^2 \geqslant \sigma_2^2$，则左侧检验假设如下，图示如图 5 - 31 所示。

$$H_0 : \sigma_1^2 \geqslant \sigma_2^2$$
$$H_1 : \sigma_1^2 < \sigma_2^2$$

(3) 检验 $\sigma_1^2 \leqslant \sigma_2^2$，则右侧检验假设如下，图示如图 5 - 32 所示。

$$H_0 : \sigma_1^2 \leqslant \sigma_2^2$$
$$H_1 : \sigma_1^2 > \sigma_2^2$$

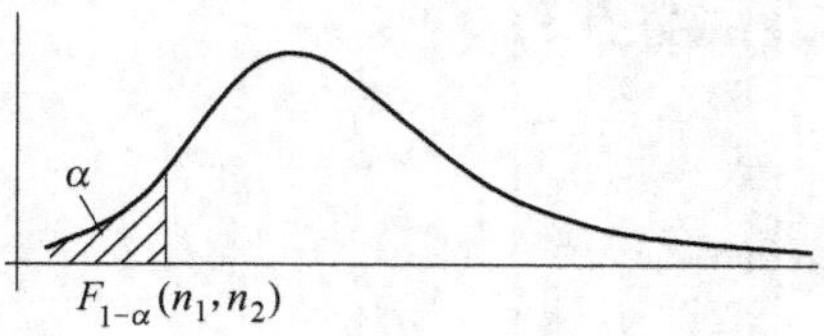

图 5 - 31 F 左侧假设检验图示

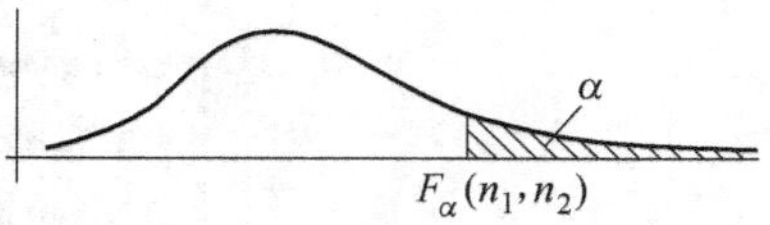

图 5 - 32 F 右侧假设检验图示

由于 μ_1 与 μ_2 已知，因此选检验统计量：$F = \dfrac{\sum (x_i - \mu_1)^2 / n_1}{\sum (y_i - \mu_2)^2 / n_2}$。

在 H_0 成立的前提条件下，$F\approx\frac{\sigma_1^2}{\sigma_2^2}$服从 F 分布，即 $F\sim F(n_1, n_2)$。所以 H_0 的双侧假设检验的拒绝域为 $F>F_{\alpha/2}(n_1, n_2)$ 或 $F<F_{1-\alpha/2}(n_1, n_2)$；左侧假设检验的拒绝域为 $F<F_{1-\alpha}(n_1, n_2)$；右侧假设检验的拒绝域为 $F>F_{\alpha}(n_1, n_2)$。

例 5.14 甲、乙两台包装机包装的白糖质量都服从均值为 $\mu=1000$g 的正态分布，从它们包装的白糖中随机抽取样本如表 5－14 所示。

表 5－14 甲、乙两台包装机包装的白糖样本数据表 （单位：g）

甲机	998	1005	1001	1002	996	995
乙机	1010	989	992	990	1007	

试以 95% 的概率保证程度比较甲、乙两台包装机哪台工作更稳定一些？

解：设甲、乙两台包装机包装的白糖质量分别记作 X 和 Y，则由题可知，$X\sim N(1000, \sigma_1^2)$，$Y\sim N(1000, \sigma_2^2)$，比较两台包装机哪台工作更稳定，就是比较 σ_1^2 与 σ_2^2 的大小，所以这是两个总体均值已知时方差的左侧假设检验，检验假设如下：

$$H_0: \sigma_1^2\geqslant\sigma_2^2$$
$$H_1: \sigma_1^2<\sigma_2^2$$

因为
$$\frac{\sum(x_i-\mu_1)^2}{n_1}=\frac{(4+25+\cdots+25)}{6}=12.5$$
$$\frac{\sum(x_i-\mu_2)^2}{n_2}=\frac{(100+121+\cdots+49)}{5}=86.8$$

又因为 μ_1 与 μ_2 已知，所以选检验统计量：

$$F=\frac{\sum(x_i-\mu_1)^2/n_1}{\sum(y_i-\mu_2)^2/n_2}\sim F(n_1,n_2)$$

对显著性水平 $\alpha=0.05$，查表得：

$$F_{1-\alpha}(n_1,n_2)=\frac{1}{F_\alpha(n_2,n_1)}=\frac{1}{F_{0.05}(5,6)}=\frac{1}{4.39}=0.228$$

所以
$$F=\frac{\sum(x_i-\mu_1)^2/n_1}{\sum(y_i-\mu_2)^2/n_2}=\frac{12.5}{86.8}\approx 0.144<0.228=F_{1-\alpha}(n_1,n_2)$$

所以拒绝 H_0，即有 95% 的把握判定甲包装机工作更稳定一些。

5.3.2.2 当 μ_1 与 μ_2 未知时，检验 σ_1^2 与 σ_2^2

（1）检验 σ_1^2 与 σ_2^2 是否相等，则双侧检验假设如下：

$$H_0: \sigma_1^2=\sigma_2^2$$
$$H_1: \sigma_1^2\neq\sigma_2^2$$

（2）检验 $\sigma_1^2\geqslant\sigma_2^2$，则左侧检验假设如下：

$$H_0: \sigma_1^2\geqslant\sigma_2^2$$
$$H_1: \sigma_1^2<\sigma_2^2$$

（3）检验 $\sigma_1^2\leqslant\sigma_2^2$，则右侧检验假设如下：

$$H_0: \sigma_1^2 \leqslant \sigma_2^2$$
$$H_1: \sigma_1^2 > \sigma_2^2$$

由于μ_1与μ_2未知，用$\bar{x}$与$\bar{y}$分别替代μ_1与μ_2。

因为$X \sim N(\mu_1, \sigma_1^2)$，$Y \sim N(\mu_2, \sigma_2^2)$，则：

$$\frac{(n_1-1)S_1^2}{\sigma_1^2} \sim \chi^2(n_1-1)$$

$$\frac{(n_2-1)S_2^2}{\sigma_2^2} \sim \chi^2(n_2-1)$$

所以
$$\frac{s_1^2/\sigma_1^2}{s_2^2/\sigma_2^2} \sim F(n_1-1, n_2-1)$$

所以在H_0成立的前提条件下有检验统计量：

$$F = \frac{s_1^2}{s_2^2} \sim F(n_1-1, n_2-1)$$

所以H_0的双侧假设检验的拒绝域为$F > F_{\alpha/2}(n_1-1, n_2-1)$同时$F < F_{1-\alpha/2}(n_1-1, n_2-1)$；左侧假设检验的拒绝域为$F < F_{1-\alpha}(n_1-1, n_2-1)$；右侧假设检验的拒绝域为$F > F_{\alpha}(n_1-1, n_2-1)$。

例 5.15 以显著性水平$\alpha = 0.01$，检验例5.12中σ_1^2与σ_2^2。

解：设采用新工艺前灯泡寿命为X，$X \sim N(\mu_1, \sigma_1^2)$，采用新工艺后灯泡寿命为$Y$，$Y \sim N(\mu_2, \sigma_2^2)$，由题可知，这是两个总体均值未知时方差的双侧假设检验，检验假设如下：

$$H_0: \sigma_1^2 = \sigma_2^2$$
$$H_1: \sigma_1^2 \neq \sigma_2^2$$

在H_0成立的前提条件下有检验统计量：

$$F = \frac{s_1^2}{s_2^2} \sim F(n_1-1, n_2-1)$$

对显著性水平$\alpha = 0.01$，$F_{1-\alpha/2}(n_1-1, n_2-1) = \dfrac{1}{F_{0.005}(9,9)} = \dfrac{1}{6.54} \approx 0.15$

$$F_{\alpha/2}(n_1-1, n_2-1) = F_{0.005}(9,9) = 6.54$$

所以
$$F = \frac{s_1^2}{s_2^2} = \frac{56^2}{48^2} \approx 1.36$$

所以
$$F_{0.995}(9,9) = 0.15 < F < 6.54 = F_{0.005}(9,9)$$

所以不拒绝H_0，即有95%的把握认为σ_1^2与σ_2^2相等。

例 5.16 用两种激励方法对同样工种的两个班组进行激励，每个班组都抽取7个人，测得激励后的业绩增长率如表5－15所示，问：两种激励方法的平均激励效果有无显著差异？

表 5－15 两种激励方法分别用于两个班组的效果 （%）

激励法 A	16.10	17.00	16.80	16.50	17.50	18.00	17.20
激励法 B	17.00	16.40	15.80	16.40	16.00	17.10	16.90

SPSS 的实现过程：

（1）定义“激励方法”和“激励效果”两个变量。

（2）在定义变量窗口对“激励方法”做变量值标签，令“1 = 方法 A”，“2 = 方法 B”。

（3）在录入数据窗口依次录入表中数据。

（4）选择 Analyze 下拉菜单中的 Compare Means 子菜单，选择 Independent-Samples T Test 模块，如图 5 - 33 所示。

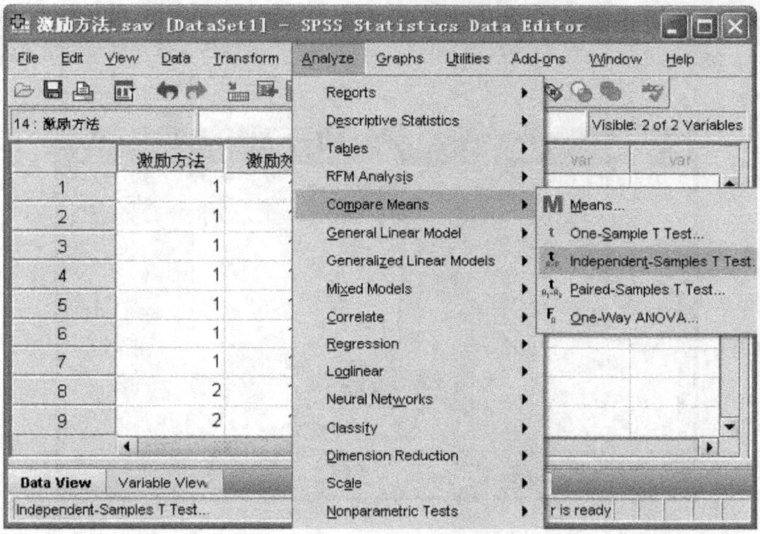

图 5 - 33 SPSS 的 Analyze 下拉菜单界面

进入 Independent-Samples T Test 对话框，将“激励效果”送入 Test Variable 栏，“激励方法”送入 Grouping Variable 栏，如图 5 - 34 所示。

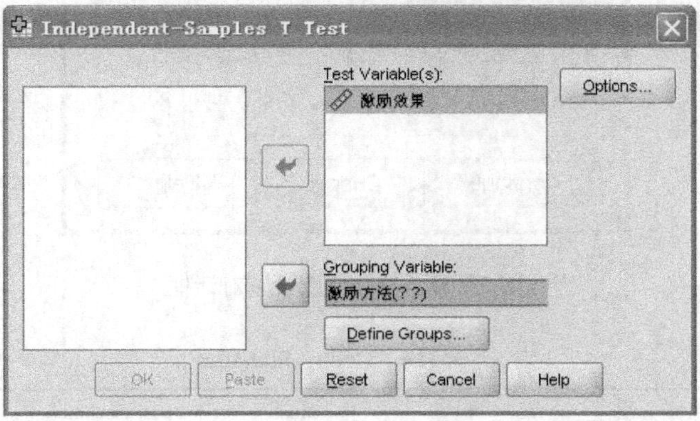

图 5 - 34 两个独立样本 T 检验对话框

单击 Define Groups 按钮，进入 Define Groups 对话框，如图 5－35 所示。

单击 Continue 按钮，返回 Independent-Samples T Test 对话框界面，图 5－36 所示。

单击 Options 按钮，进入 Independent-Samples T Test：Options 界面，修改显著性水平，计算机默认的显著性水平为 0.05，如图 5－37 所示。

单击 Continue 按钮，返回 Independent-Samples T Test 对话框界面，单击 OK，输出结果如表 5－16、表 5－17 所示。

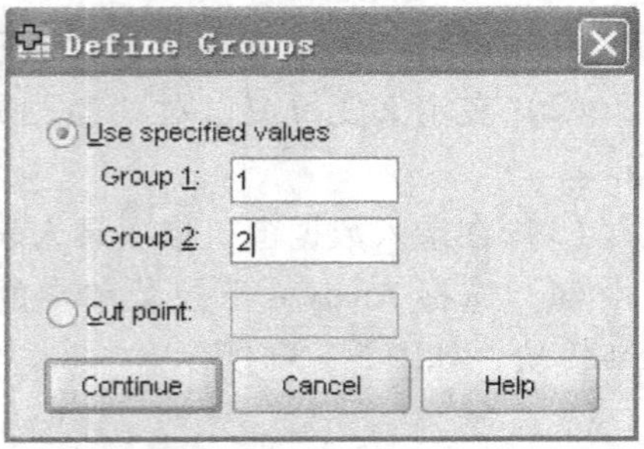

图 5－35 独立样本值设定对话框

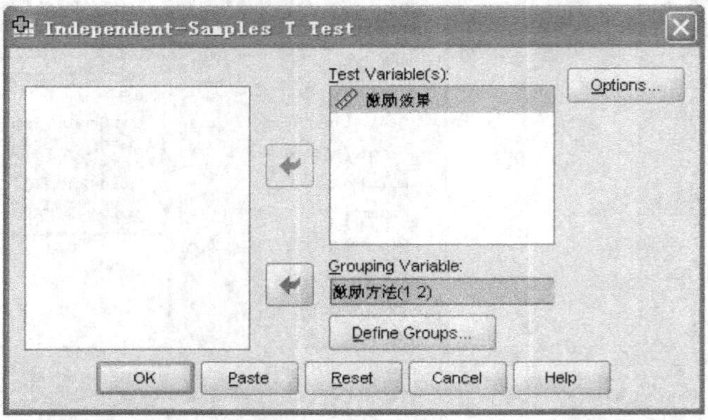

图 5－36 两个独立样本 T 检验对话框

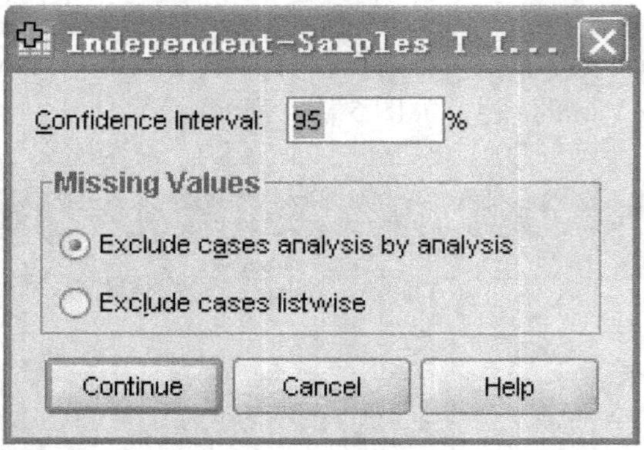

图 5－37 检验概率设置对话框

表 5－16 Group Statistics

	激励方法	N	Mean	Std. Deviation	Std. Error Mean
激励效果	激励方法 A	7	17.0143	.63095	.23848
	激励方法 B	7	16.5143	.50474	.19077

表 5－17　Independent Samples Test

		Levene's Test for Equality Variances		t-test for Equality of Means						
		F	Sig.	t	df	Sig. (2-tailed)	Mean Difference	Std. Error Difference	95% Confidence Interval of the Difference	
									Upper	Lower
两法的激励效果（业绩增长%）	Equal variances assumed	.121	.734	1.637	12	.128	.50000	.30539	－.16540	1.16540
	Equal variances not assumed			1.637	11.448	.129	.50000	.30539	－.16897	1.16897

由表 5－17 可知，应采用两个独立样本方差未知时均值的假设检验。

先检验方差是否相等，提出如下检验假设：

$$H_0: \sigma_1^2 = \sigma_2^2$$
$$H_1: \sigma_1^2 \neq \sigma_2^2$$

$$\bar{x}_1 = \frac{\sum x_1}{n_1} = 17.0143, \ \bar{x}_2 = \frac{\sum x_2}{n_2} = 16.5143$$

$$s_1 = \sqrt{\frac{\sum (x - \bar{x}_1)^2}{n_1 - 1}} = 0.63095, \ s_2 = \sqrt{\frac{\sum (x - \bar{x}_2)^2}{n_2 - 1}} = 0.50474$$

因为 $F = \frac{s_1^2}{s_2^2} = \frac{0.63095^2}{0.50474^2} = 0.121$，对应的 P 值为 $0.734 > \alpha = 0.05$。

所以不拒绝 H_0，即在 $\sigma_1^2 = \sigma_2^2$ 条件下检验均值差，提出如下检验假设：

$$H_0: \mu_1 = \mu_2$$
$$H_1: \mu_1 \neq \mu_2$$

因为检验统计量：

$$t = \frac{(\bar{x} - \bar{y}) - (\mu_1 - \mu_2)}{\sqrt{\frac{(n_1 - 1)s_1^2 + (n_2 - 1)s_2^2}{n_1 + n_2 - 2}} \sqrt{\frac{1}{n_1} + \frac{1}{n_2}}} = \frac{17.0143 - 16.5143}{\sqrt{\frac{6 \times 0.631^2 + 6 \times 0.505^2}{7 + 7 - 2}} \sqrt{\frac{1}{7} + \frac{1}{7}}}$$
$$= 1.637$$

对应的 P 值为 $0.128 > \alpha = 0.05$，

所以不拒绝 H_0，又因为 $\mu_1 - \mu_2$ 的 95% 的置信区间为（－0.1654，1.1654），跨越 0。

所以区间估计的结论验证了假设检验的结论，即有 95% 的把握认为两种激励方法下的平均激励效果相同。

6 方差分析

第 5 章介绍的 t 检验法适用于样本平均数与总体平均数及两样本平均数间的差异显著性检验。但在实际生产和科学研究中，经常会遇到多个处理结果进行优劣比较的问题，即需要进行多个平均数间的差异显著性检验。这时，若仍采用 t 检验法就不适宜了。这是因为有以下几个方面的原因。

（1）检验过程烦琐。如果一个试验包含 5 个处理，采用 t 检验法要进行 $C_5^2=10$ 次两两平均数的差异显著性检验。若有 k 个处理，则要作 $k(k-1)/2$ 次类似的检验。

（2）无统一的试验误差标准，误差估计的数值其精确性和检验的灵敏性相对低。在对同一个试验的多个处理进行比较时，应该有一个统一的试验误差的估计值。若用 t 检验法作两两比较，由于每次比较需计算一个 $S_{\bar{x}_1-\bar{x}_2}$，故使得各次比较误差的估计值不统一，同时也没有充分利用资料中所提供的信息，从而使得误差估计值的精确性和检验的灵敏性都有所降低。例如，试验有 5 个处理，每个处理重复 6 次，可获得 30 个观测值，进行 t 检验时，每次只能利用两个处理结果，即 12 个观测值估计试验误差，误差自由度为 $2\times(6-1)=10$；若利用整个试验的 30 个观测值估计试验误差，显然估计的精确性高，且误差自由度可达 $5(6-1)=25$。可见，在用 t 检法进行检验时，由于估计误差的精确性低，误差自由度小，使检验的灵敏性降低，容易掩盖差异的显著性。

（3）推断的可靠性低，检验的Ⅰ型错误率大。即使利用资料所提供的全部信息估计了试验误差，若用 t 检验法进行多个处理平均数间的差异显著性检验，由于没有考虑相互比较的两个平均数的秩次问题，因而会增大犯Ⅰ型错误的概率，降低推断的可靠性。

由于上述原因，多个平均数的差异显著性检验不宜用 t 检验，而须采用方差分析法。本章将介绍 $k(k\geqslant3)$ 个总体平均数的假设测验方法，即方差分析（analysis of variance, ANOVA）。方差分析就是将总变异剖分为各个变异来源的相应部分，从而发现各变异原因在总变异中相对重要程度的一种统计分析方法。其中，扣除了各种试验原因引起的变异后的剩余变异可提供试验误差的无偏估计，并作为假设测验的依据。因而，方差分析如上章的 t 检验一样，也是通过将试验处理的表面效应与其误差的比较进行统计推断，只不过这里是采用均方度量试验处理产生的变异和误差引起的变异。

6.1 方差分析的概述

（1）方差分析的含义。方差分析又称变异数分析或 F 检验，是由英国统计学家 R. A. Fisher 于 1923 年提出的，用于两个及两个以上样本均数差别的显著性检验。这种方法是将 k 个处理的观测值作为一个整体看待，把观测值总变异的平方和及自由度分解为相应的不同变异来源的平方和及自由度，进而获得不同变异来源总体方差估计值；通过计算这些总体方差的估计值的适当比值，就能检验各样本所属总体平均数是否相等。方差分析实质上是关于观测值变异原因的数量分析，是科学的试验设计和分析中一个十分重要的工具，在科学研究中应用十分广泛。

由于各种因素的影响，研究所得的数据呈现波动状。造成波动的原因可分成两类：一类是不可控的随机因素；另一类是研究中施加的对结果形成影响的可控因素。方差分析解决的基本问题是多个总体均值是否相等的检验问题，包括单因素方差分析和双因素方差分析。

（2）方差分析的假定条件：

1）各处理条件下的样本是随机的。

2）各处理条件下的样本是相互独立的，否则可能出现无法解析的输出结果。

3）各处理条件下的样本分别来自正态分布总体，否则使用非参数分析。

4）各处理条件下的样本方差相同，即具有齐效性。

（3）方差分析的作用。一个复杂的事物，其中往往有许多双因素互相制约又互相依存。方差分析的目的是通过数据分析找出对该事物有显著影响的因素，各因素之间的交互作用以及显著影响因素的最佳水平等。方差分析是在可比较的数组中把数据间总的变差按各自指定的变差来源进行分解的一种技术。对变差的度量采用离差平方和。方差分析方法就是从总离差平方和中分解出可追溯到指定来源的部分离差平方和，这是一个很重要的思想。

经过方差分析，若拒绝了检验假设，只能说明多个样本总体均数不相等或不全相等。若要得到各组均数间更详细的信息，应在方差分析的基础上进行多个样本均数的两两比较。

（4）方差分析的常用术语：

1）试验指标（experimental index）：为衡量试验结果的好坏或处理效率的高低，在试验中具体测定的性状或观测的项目称为试验指标。由于试验目的不同，选择的试验指标也不相同。在畜禽、水产试验中常用的试验指标有日增重、产仔数、产奶量、产蛋率、瘦肉率及某些生理生化和体型指标（如血糖含量、体高、体重）等。

2）试验因素（experimental factor）：试验中所研究的影响试验指标的因素称为试验因素。如研究如何提高猪的日增重时，饲料的配方、猪的品种、饲养方式、环境温湿度等都对日增重有影响，均可作为试验因素来考虑。当试验中考察的因素只有一个时，称为单因素试验；若同时研究两个或两个以上的因素对试验指标的影响时，则称为两因素或双因素试验。试验因素常用大写字母 A，B，C，…表示。

3）因素水平（level of factor）：试验因素所处的某种特定状态或数量等级称为因素水平，简称水平。例如，比较 3 个品种奶牛产奶量的高低，这里所指的 3 个品种就是奶牛品种这个试验因素的 3 个水平。研究某种饲料中 4 种不同能量水平对肥育猪瘦肉率的影响，这里所指的 4 种特定的能量水平就是饲料能量这一试验因素的 4 个水平。因素水平用代表该因素的字母及添加的下脚标 1，2，…来表示。如 A_1，A_2，…；B_1，B_2，…。

6.2　单因素方差分析

6.2.1　单因素方差分析方法

（1）单因素方差分析的概念理解。单因素方差分析是用来研究一个控制变量的不同水平是否对观测变量产生显著影响的分析方法。由于仅研究单个因素对观测变量的影响，因此称为单因素方差分析。

例如，分析不同的施肥量是否对农作物产量有显著影响，考察地区人均收入差异是否影响妇女的生育率，研究个人学历对工资收入的影响等，这些问题都可以通过单因素方差分析得出分析结果。

理解单因素方差分析，首先要明确观测变量和控制变量。例如，上述问题中的观测变量分别是农作物产量、妇女生育率、工资收入；控制变量分别为施肥量、地区、学历。其次，要剖析观测变量的方差。方差分析认为观测变量值的变动受控制变量和随机变量两个方面的影响。据此，单因素方差分析将观测变量总的离差平方和分解为组间离差平方和、组内离差平方和两部分，用数学形式表述为 SST = SSA + SSE。最后，通过比较观测变量总离差平方和及各部分所占的比例，推断控制变量是否给观测变量带来了显著影响。

（2）平方和与自由度的剖分。方差与标准差都可以用来度量样本的变异程度。因为方差在统计分析上有许多优点，而且不用开方，所以在方差分析中均采用样本方差，即均方（mean squares），来度量资料的变异程度。全部观测值的总变异可以用总均方来度量。将总变异分解为处理间变异和处理内变异，就是要将总均方分解为处理间均方和处理内均方。但这种分解是通过将总均方的分子——称为总离均差平方和（简称为总平方和，用 SST 表示），剖分成处理间平方和（用 SSA 表示）与处理内平方和（用 SSE 表示）两部分；将总均方的分母（称为总自由度），剖分成处理间自由度与处理内自由度两部分来实现。

1）总平方和的剖分。反映全部观测值总变异的总平方和是各观测值 x_{ij} 与总平均数 $\bar{x}_{..}$ 的离均差平方和，记为 SST（sum of squares for total 的缩写），即：

$$\mathrm{SST} = \sum_{i=1}^{k}\sum_{j=1}^{n}(x_{ij} - \bar{x}_{..})^2$$

因为 $$\sum_{i=1}^{k}\sum_{j=1}^{n}(x_{ij} - \bar{x}_{..})^2 = \sum_{i=1}^{k}\sum_{j=1}^{n}[(\bar{x}_{i.} - \bar{x}_{..}) + (x_{ij} - \bar{x}_{i..})]^2$$
$$= \sum_{i=1}^{k}\sum_{j=1}^{n}[(\bar{x}_{i.} - \bar{x}_{..})^2 + 2(\bar{x}_{i.} - \bar{x}_{..})(x_{ij} - \bar{x}_{i.}) + (x_{ij} - \bar{x}_{i.})^2]$$
$$= n\sum_{i=1}^{k}(\bar{x}_{i.} - \bar{x}_{..})^2 + 2\sum_{i=1}^{k}[(\bar{x}_{i.} - \bar{x}_{..})\sum_{j=1}^{n}(x_{ij} - \bar{x}_{i.})] + \sum_{i=1}^{k}\sum_{j=1}^{n}(x_{ij} - \bar{x}_{i.})^2$$

其中 $\sum_{j=1}^{n}(x_{ij} - \bar{x}_{i.}) = 0$，所以有：

$$\sum_{i=1}^{k}\sum_{j=1}^{n}(x_{ij} - \bar{x}_{..})^2 = n\sum_{i=1}^{k}(\bar{x}_{i.} - \bar{x}_{..})^2 + \sum_{i=1}^{k}\sum_{j=1}^{n}(x_{ij} - \bar{x}_{i.})^2$$

式中，$n\sum_{i=1}^{k}(\bar{x}_{i.} - \bar{x}_{..})^2$ 为各处理平均数 $\bar{x}_{i.}$ 与总平均数 $\bar{x}_{..}$ 的离均差平方和与重复数 n 的乘积，反映了重复 n 次的处理间变异，称为处理间平方和，记为 SSA（sum of squares for factor A 的缩写），即：

$$\mathrm{SSA} = n\sum_{i=1}^{k}(\bar{x}_{i.} - \bar{x}_{..})^2$$

式中，$\sum_{i=1}^{k}\sum_{j=1}^{n}(x_{ij}-\bar{x}_{i.})^2$ 为各处理内离均差平方和之和，反映了各处理内的变异即误差，称为处理内平方和或误差平方和，记为 SSE（sum of squares for error）的缩写，即：

$$\mathrm{SSE} = \sum_{i=1}^{k}\sum_{j=1}^{n}(x_{ij}-\bar{x}_{i.})^2$$

于是有 SST = SSA + SSE。

2）总自由度的剖分。在计算总平方和时，资料中的各个观测值要受 $\sum_{i=1}^{k}\sum_{j=1}^{n}(x_{ij}-\bar{x}_{..})=0$ 这一条件的约束，因此，总自由度等于资料中观测值的总个数减 1，即 $kn-1$。总自由度记为 df_{T}，即 $df_{\mathrm{T}}=kn-1$。

在计算处理间平方和时，各处理均数 $\bar{x}_{i.}$ 要受 $\sum_{i=1}^{k}(\bar{x}_{i.}-\bar{x}_{..})=0$ 这一条件的约束，因此，处理间自由度为处理数减 1，即 $k-1$。处理间自由度记为 df_{A}，即 $df_{\mathrm{A}}=k-1$。

在计算处理内平方和时，要受 k 个条件的约束，即 $\sum_{j=1}^{n}(x_{ij}-\bar{x}_{i.})=0(i=1,2,\cdots,k)$。因此，处理内自由度为资料中观测值的总个数减 k，即 $kn-k$。处理内自由度记为 df_{E}，即 $df_{\mathrm{E}}=kn-k=k(n-1)$。

因为：

$$nk-1=(k-1)+(nk-k)=(k-1)+k(n-1)$$

所以

$$df_{\mathrm{T}}=df_{\mathrm{A}}+df_{\mathrm{E}}$$

综合以上各式得：

$$df_{\mathrm{T}}=kn-1$$
$$df_{\mathrm{A}}=k-1$$
$$df_{\mathrm{E}}=df_{\mathrm{T}}-df_{\mathrm{A}}$$

（3）单因素方差分析基本原理。观察值之间的差异包括系统性差异和随机性差异，系统性差异的产生是由各因素中的不同水平造成的；随机性差异的产生是由选样时的随机性造成的。衡量系统性差异的大小采用水平间方差，衡量随机性差异大小采用水平内方差。水平间方差结果受系统因素和随机因素影响，水平内方差只受随机因素影响。

若采用不同的水平对结果无影响，即系统因素为 0，则有：

$$\frac{\text{水平间方差}}{\text{水平内方差}}\approx 1$$

反之，$\frac{\text{水平间方差}}{\text{水平内方差}}\gg 1$，即显著大于 1。

由于：

$$F=\frac{\text{水平间方差}}{\text{水平内方差}}\sim F(n,m)$$

所以，可利用 F 分布的临界点做出判断。

因为若 $X_i\sim N(\mu_i,\ \sigma^2)$，则 $\frac{(n-1)s^2}{\sigma^2}\sim\chi^2(n-1)$

所以

$$\frac{\mathrm{SSA}}{\sigma^2}\sim\chi^2(m-1),\ \frac{\mathrm{SSE}}{\sigma^2}\sim\chi^2(n-m)$$

因为两个服从χ^2分布的随机变量各自除以自己的自由度之后再做比值就服从F分布，所以

$$F=\frac{\text{SSA}/(m-1)}{\text{SSE}/(n-m)}\sim F(m-1,n-m)$$

在观测变量总离差平方和时，如果组间离差平方和所占比例较大，则说明观测变量的变动主要是由控制变量引起的，可以主要由控制变量来解释，控制变量给观测变量带来了显著影响；反之，如果组间离差平方和所占比例小，则说明观测变量的变动不是主要由控制变量引起的，不能主要由控制变量来解释，控制变量的不同水平没有给观测变量带来显著影响，观测变量值的变动是由随机变量因素引起的。

（4）单因素方差分析基本步骤：

1）提出检验假设。

$$H_0:\mu_{1\cdot}=\mu_{2\cdot}=\cdots=\mu_{m\cdot}=\mu$$
$$H_1:\mu_{i\cdot}\ (i=1,2,\cdots,m)\text{不全相等}$$

2）在假定H_0成立的前提条件下，寻找并计算检验统计量：

$$F=\frac{\text{SSA}/(m-1)}{\text{SSE}/(n-m)}$$

其中：

$$\text{SST}=\sum\sum(x_{ij}-\bar{\bar{x}})^2=\sum\sum x_{ij}^2-\frac{1}{n}T^2$$

$$\text{SSA}=\sum\sum(\bar{x}-\mu)^2=\sum\frac{T_{i\cdot}^2}{n_i}-\frac{1}{n}T^2$$

$$\text{SSE}=\sum_{i=1}\sum_{j=1}(x_{ij}-\bar{x})^2=\text{SST}-\text{SSA}$$

平方和中的样本均值$\bar{x}=\dfrac{\sum x}{n}$，总均值$\mu=\dfrac{\sum\sum x_{ij}}{n}$，总和的平方$T^2=(\sum\sum x_{ij})^2$。

3）根据给定的显著性水平，利用F分布的临界点得出检验结论。若$F>F_\alpha(m-1,n-m)$，则拒绝H_0。

（5）单因素方差分析的补充分析。在完成上述单因素方差分析的基本分析后，可以得到关于控制变量是否对观测变量造成显著影响的结论，此外，还应补充另外两个重要分析，即方差齐性检验和多重比较检验。

1）方差齐性检验。方差齐性检验——对控制变量不同水平下各观测变量总体方差是否相等进行检验。

控制变量不同的各个水平下观测变量总体方差无显著差异是方差分析的前提要素条件。如果不能满足这个前提要素，就不能认为各总体分布相同。因此，要对方差进行齐性检验。

在运用 SPSS 进行单因素方差分析时，方差齐性检验采用方差同质性（homogeneity of variance）检验方法，其原假设是各个水平下观测变量总体的方差无显著差异。

2）多重比较检验。F值显著或极显著，否定了无效假设H_0，表明试验的总变异主要来源于处理间的变异。试验中各处理平均数间存在着显著或极显著差异，但并不意味着每两个处理平均数间的差异都是显著或极显著的，也不能具体证明处理平均数间有显著或极显著差异，或哪些差异不显著。

因而，要进行两两处理平均数间的比较，以具体判断两两处理平均数间的差异显著

性。统计学中把多个平均数两两间的相互比较称为多重比较（multiple comparisons）。

多重比较的方法甚多，常用的有最小显著差数法（least significant difference，简称LSD法）和最小显著极差法（LSR法），本书仅介绍LSD法。

LSD法的基本做法是：在F检验显著的前提下，先计算出显著水平为α的最小显著差数LSD_α，然后将任意两个处理平均数的差数的绝对值$|\bar{x}_{i\cdot}-\bar{x}_{j\cdot}|$与其进行比较。若$|\bar{x}_{i\cdot}-\bar{x}_{j\cdot}|>LSD_\alpha$，则$\bar{x}_{i\cdot}$与$\bar{x}_{j\cdot}$在$\alpha$水平上差异显著；反之，则在$\alpha$水平上差异不显著。最小显著差数由下式计算：

$$LSD_\alpha = t_{\alpha(df_E)} S_{\bar{x}_{i\cdot}-\bar{x}_{j\cdot}}$$

式中，$t_{\alpha(df_E)}$为在F检验中误差自由度下，显著水平为α的临界t值，$S_{\bar{x}_{i\cdot}-\bar{x}_{j\cdot}}$为均数差异标准误差，由下式计算：

$$S_{\bar{x}_{i\cdot}-\bar{x}_{j\cdot}} = \sqrt{2MS_E/n}$$

式中，MS_E为F检验中的误差均方、n为各处理的重复数。

当显著水平$\alpha=0.05$和0.01时，从t值表中查出$t_{0.05(df_E)}$和$t_{0.01(df_E)}$的值，代入LSD_α式可得：

$$LSD_{0.05} = t_{0.05(df_E)} S_{\bar{x}_{i\cdot}-\bar{x}_{j\cdot}}$$

$$LSD_{0.01} = t_{0.01(df_E)} S_{\bar{x}_{i\cdot}-\bar{x}_{j\cdot}}$$

多重比较检验利用全部观测变量值实现对各个水平下观测变量总体均值的逐对比较。由于多重比较检验问题也是假设检验问题，因此也遵循假设检验的基本步骤。

例6.1 某企业培训科想对过去几年培训员工的三种方法进行评估，随机抽取15人并分三组观察他们培训后的产量，资料见表6-1。

表6-1 培训后的产量资料

	产量					T_i
方法1	15	18	19	22	11	85
方法2	22	27	18	21	17	105
方法3	18	24	16	22	15	95

问：以95%的概率保证程度判断三种培训方法对产量是否有显著影响？

解：首先对培训方法因素提出检验假设：

$$H_0: \mu_{1\cdot}=\mu_{2\cdot}=\mu_{3\cdot}=\mu$$

$$H_1: \mu_{1\cdot}, \mu_{2\cdot}, \mu_{3\cdot} \text{不全相等}$$

其次，在假定H_0成立的前提条件下，寻找并计算检验统计量$F=\dfrac{SSA/(m-1)}{SSE/(n-m)}$。

因为
$$\begin{aligned} SST &= \sum\sum x_{ij}^2 - \frac{1}{n}T^2 \\ &= (15^2+18^2+19^2+\cdots+22^2+15^2) - \frac{(85+105+95)^2}{15} \\ &= 5647-5415=232 \end{aligned}$$

$$SSA = \sum \frac{T_{i\cdot}^2}{n_i} - \frac{1}{n}T^2 = \left(\frac{85^2}{5}+\frac{105^2}{5}+\frac{95^2}{5}\right) - 5415 = 5455-5415 = 40$$

所以 $$\text{SSE}=\text{SST}-\text{SSA}=232-40=192$$

所以 $$F=\frac{\text{SSA}/(m-1)}{\text{SSE}/(n-m)}=\frac{40/2}{192/12}=1.25$$

最后，查 F 分布表，当 $\alpha=0.05$ 时：

$$F_{0.05}(2,12)=3.89>F=1.25$$

所以不拒绝 H_0，即有95%的把握认为三种训练方法对工人日产量没有显著影响。

6.2.2 单因素方差分析的 SPSS 操作过程

（1）定义“产量”和“培训方法”两个变量。

（2）对“培训方法”做变量值标签，令 1 = 方法 1，2 = 方法 2，3 = 方法 3。

（3）依次录入 15，18，…等 15 个数据。

（4）选择 Analyze 下拉菜单中的 Compare Means 项，选择 One-way ANOVA 模块，如图 6－1 所示。

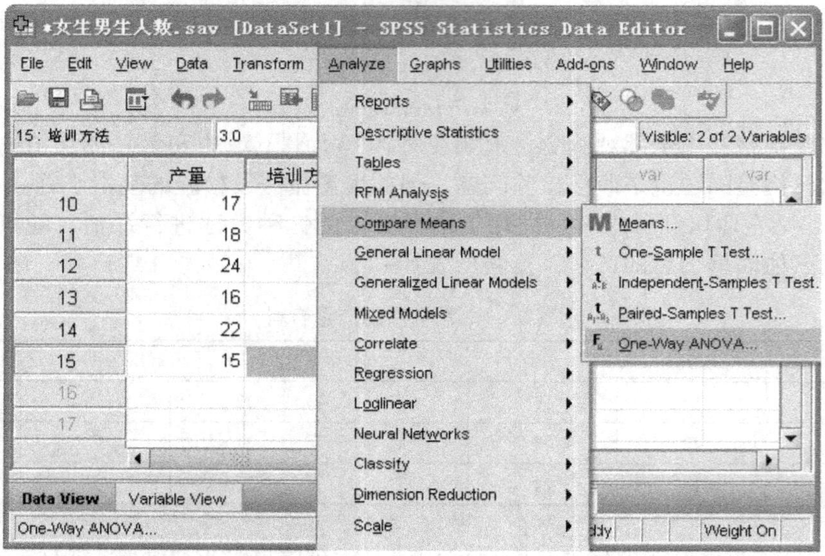

图 6－1 SPSS 的 Analyze 下拉菜单界面

（5）进入 One-way ANOVA 模块后，将“产量”变量送入 Dependent List 栏，将“培训方法”送入 Factor 栏，如图 6－2 所示。

（6）单击 OK 按钮，输出方差分析结果，见表 6－2。表 6－2 是单因素方差分析结果表，分析表略。

表 6－2 ANOVA

	Sum of Squares	df	Mean Square	F	Sig.
Between Groups	40.000	2	20.000	1.250	.321
Within Groups	192.000	12	16.000		
Total	232.000	14			

若同时进行单因素方差分析的补充分析，则在 One-way ANOVA 界面，先单击 Options 按钮，进入 One-way ANOVA：Options 界面，选择 Homogeneity of variance test 选项，进行方差齐性检验，如图 6-3 所示。若选择 Descriptive 选项，则输出结果如表 6-3 所示，该表是三种培训方法的描述统计结果输出表，分析表略。

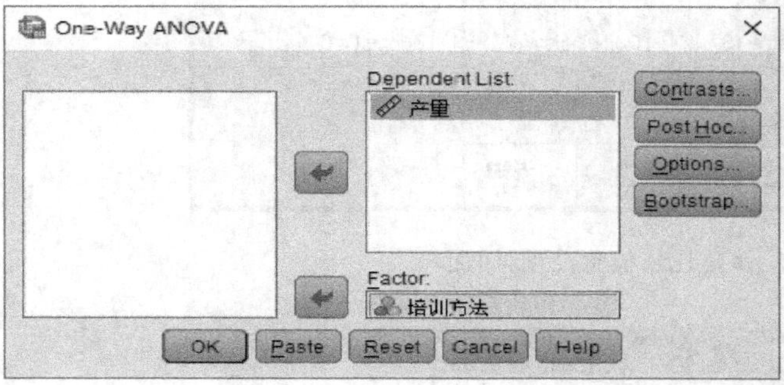

图 6-2 单因素方差分析对话框

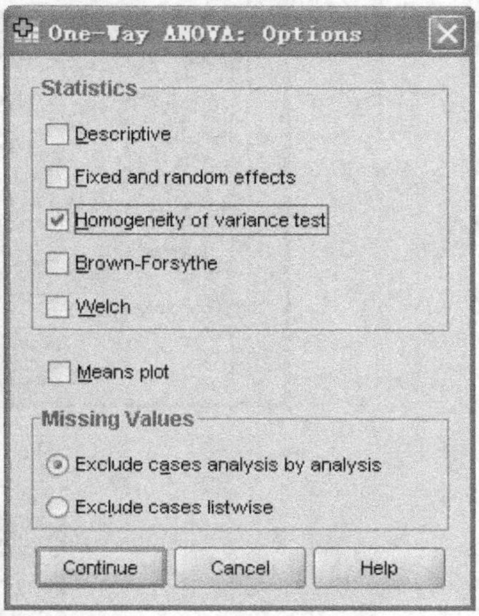

图 6-3 方差齐次性检验设置对话框

表 6-3 Descriptives 产量

	N	Mean	Std. Deviation	Std. Error	95% Confidence Interval for Mean		Minimum	Maximum
					Lower Bound	Upper Bound		
方法 1	5	17.00	4.183	1.871	11.81	22.19	11	22
方法 2	5	21.00	3.937	1.761	16.11	25.89	17	27
方法 3	5	19.00	3.873	1.732	14.19	23.81	15	24
Total	15	19.00	4.071	1.051	16.75	21.25	11	27

（7）单击 Continue 按钮，返回 One-way ANOVA 界面，单击 Post Hoc 按钮，进入 One-way ANOVA：Post Hoc Multiple Comparisons 界面，进行多重比较检验，选择 LSD 选项，如图 6-4 所示。

（8）单击 Continue 按钮，返回 One-way ANOVA 界面，单击 Contrasts 按钮，进入 One-way ANOVA：Contrasts 界面，进行指定两两均值比较检验，如图 6-5 所示。

（9）通过 Coefficients 选项，输入均值比较系数，被比较的均值系数设定为 -1，比较的均值系数设定为 1，不参与比较的均值系数设定为 0。

（10）单击 Continue 按钮，返回 One-way ANOVA 界面，单击 OK 按钮，输出方差分析结果，见表 6-4 ~ 表 6-7。

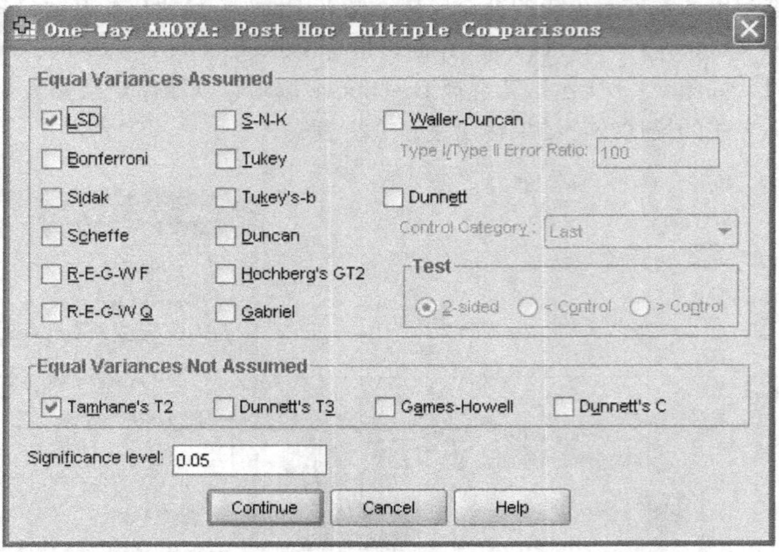

图 6-4 多重比较检验设置对话框

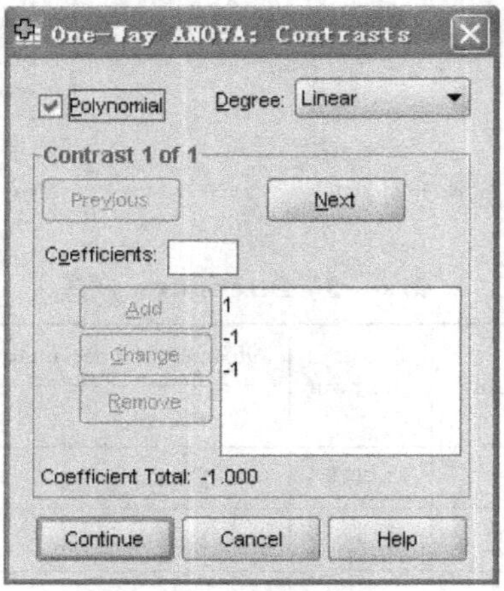

图 6-5 对比检验设置对话框

表 6-4 Test of Homogeneity of Variances 产量

Levene Statistic	df1	df2	Sig.
.063	2	12	.939

表 6-5 Contrast Tests

	Contrast	Value of Contrast	Std. Error	t	df	Sig. (2-tailed)
产量	Assume equal variances 1	-23.00[a]	3.098	-7.423	12	.000
	Does not assume equal variances 1	-23.00[a]	3.098	-7.423	11.946	.000

a. The sum of the contrast coefficients is not zero.

表 6-6 Contrast Coefficients

Contrast	培训方法		
	方法 1	方法 2	方法 3
1	1	-1	-1

表 6-7 Multiple Comparisons

Dependent Variable：产量

	(I) 培训方法	(J) 培训方法	Mean Difference (I-J)	Std. Error	Sig.	95% Confidence Interval	
						Lower Bound	Upper Bound
LSD	方法 1	方法 2	-4.000	2.530	.140	-9.51	1.51
		方法 3	-2.000	2.530	.445	-7.51	3.51
	方法 2	方法 1	4.000	2.530	.140	-1.51	9.51
		方法 3	2.000	2.530	.445	-3.51	7.51
	方法 3	方法 1	2.000	2.530	.445	-3.51	7.51
		方法 2	-2.000	2.530	.445	-7.51	3.51
Tamhane	方法 1	方法 2	-4.000	2.569	.404	-11.73	3.73
		方法 3	-2.000	2.550	.839	-9.67	5.67
	方法 2	方法 1	4.000	2.569	.404	-3.73	11.73
		方法 3	2.000	2.470	.826	-5.42	9.42
	方法 3	方法 1	2.000	2.550	.839	-5.67	9.67
		方法 2	-2.000	2.470	.826	-9.42	5.42

分析表略。

6.3 双因素方差分析

双因素方差分析包括有交互作用和无交互作用两种双因素方差分析，本书仅介绍无交互作用的双因素方差分析。

6.3.1 双因素方差分析方法

（1）双因素方差分析基本思想。双因素方差分析是研究两个及两个以上控制变量是否对观测变量产生显著影响的分析方法。由于是研究多个因素对观测变量的影响，因此称为双因素方差分析。双因素方差分析不仅能够分析多个因素对观测变量的独立影响，还能够分析多个控制因素的交互作用能否对观测变量的分布产生显著影响，进而最终找到有利于观测变量的最优组合。

例如，分析不同品种、不同施肥量对农作物产量的影响时，可将农作物产量作为观测变量，品种和施肥量作为控制变量，利用双因素方差分析方法，研究不同品种、不同施肥量对农作物产量产生的影响，并进一步研究哪种品种与哪种水平的施肥量是提高农作物产量的最优组合。

（2）双因素方差分析的其他功能：

1）均值检验。在 SPSS 应用中，利用双因素方差分析功能，还能够在各控制变量不同水平下观测变量的均值是否存在显著差异并进行比较。实现的方式有两种，即多重比较检验和对比检验。多重比较检验的方法与单因素方差分析类似；对比检验采用的是单样本 t 检验的方法，它将控制变量不同水平下的观测变量值视为来自不同总体的样本，并依次检验这些总体的均值是否与某个指定的检验值存在显著差异。其中，检验值可以指定为以下几种。

① 观测变量的均值（deviation）；

② 第一个水平或最后一个水平上观测变量的均值（simple）；

③ 前一个水平上观测变量的均值（difference）；

④ 后一个水平上观测变量的均值（helmert）。

2）控制变量交互作用的图形分析。控制变量的交互作用可以通过图形直观分析。（略）

（3）双因素方差分析的理论基础：

假设在 A_i 与 B_j 下的总体 X_{ij} 服从 $N(\mu_{ij},\ \sigma^2)$ 分布。设 $\mu = \frac{1}{s \times n}\sum_{i=1}^{s}\sum_{j=1}^{n}\mu_{ij}$ 为总体 X_{ij} 的总平均；$\mu_{i\cdot} = \frac{1}{n}\sum_{j=1}^{n}\mu_{ij}$ 为第 i 行 总体的平均；$\mu_{\cdot j} = \frac{1}{s}\sum_{i=1}^{s}\mu_{ij}$ 为第 j 列 总体的平均。

则在无交互影响的双因素模型下，有如下结论成立：

1）服从 SSA、SSB、SSE 相互独立，且 SST = SSA + SSB + SSE。其中 SSB 为因素 B 的平方和。

2）$\frac{\text{SSE}}{\sigma^2}$服从$\chi^2((m-1)(n-1))$分布。

3）当 H_{0A} 成立时，有$\frac{\text{SSA}}{\sigma^2}$服从$\chi^2(m-1)$ 分布。

4）当 H_{0B} 成立时，有$\frac{\text{SSB}}{\sigma^2}$服从$\chi^2(n-1)$ 分布。

5）$$F_A = \frac{\frac{\text{SSA}}{(m-1)}}{\frac{\text{SSE}}{(m-1)(n-1)}} = \frac{(n-1)\text{SSA}}{\text{SSE}} \sim F((m-1),(m-1)(n-1))。$$

6）$$F_B = \frac{\frac{\text{SSB}}{(n-1)}}{\frac{\text{SSE}}{(m-1)(n-1)}} = \frac{(m-1)\text{SSB}}{\text{SSE}} \sim F((n-1),(m-1)(n-1))。$$

例 6.2 某单位随机抽取 15 名员工，并根据学历情况，分别用不同的培训方法进行培训，日产量结果见表 6－8。

表 6－8 用不同的培训方法对 15 名员工进行培训 （件）

项目	小学 1	初中 2	高中 3	大学 4	研究生 5	T_i
方法 1	15	18	19	22	11	85
方法 2	22	27	18	21	17	105

续表 6-8

项目	小学 1	初中 2	高中 3	大学 4	研究生 5	T_i
方法 3	18	24	16	22	15	95
T_j	55	69	53	65	43	285

问：以 95% 的概率保证程度判断职工不同的培训方法因素及不同的学历对产量是否有显著影响。

解：首先，对因素 A，培训方法提出检验假设：

$$H_{0A}: \mu_{i.} = \mu (i=1,2,3)$$

$$H_{1A}: \mu_{1.}, \mu_{2.}, \mu_{3.} \text{之间不完全相等}$$

对因素 B，学历提出检验假设：

$$H_{0B}: \mu_{.j} = \mu (j=1,2,3,4,5)$$

$$H_{1B}: \mu_{.1}, \mu_{.2}, \cdots, \mu_{.5} \text{之间不完全相等}$$

其次，在假定 H_{0A} 和 H_{0B} 成立的前提条件下寻找并计算检验统计量：

$$\begin{aligned}
\mathrm{SST} &= \sum\sum x_{ij}^2 - \frac{1}{n_i \cdot n_j} T^2 \\
&= (15^2 + 18^2 + 19^2 + \cdots + 22^2 + 15^2) - \frac{285^2}{3 \times 5} \\
&= 5647 - 5415 = 232
\end{aligned}$$

$$\begin{aligned}
\mathrm{SSA} &= \sum \frac{T_{i.}^2}{n_i} - \frac{1}{n_i \cdot n_j} T^2 \\
&= \left(\frac{85^2}{5} + \frac{105^2}{5} + \frac{95^2}{5}\right) - 5415 \\
&= 5455 - 5415 = 40
\end{aligned}$$

$$\begin{aligned}
\mathrm{SSB} &= \sum \frac{T_{.j}^2}{n_j} - \frac{1}{n_i \cdot n_j} T^2 = \frac{1}{3}(55^2 + 69^2 + 53^2 + 65^2 + 43^2) - 5415 \\
&= 5556.33 - 5415 = 141.33
\end{aligned}$$

$$\mathrm{SSE} = \mathrm{SST} - \mathrm{SSA} - \mathrm{SSB} = 232 - 40 - 141.33 = 50.67$$

所以

$$F_A = \frac{\mathrm{SSA}/m-1}{\mathrm{SSE}/(m-1)(n-1)} = \frac{40/2}{50.67/8} = 3.158$$

$$F_B = \frac{\mathrm{SSB}/n-1}{\mathrm{SSE}/(m-1)(n-1)} = \frac{141.33/4}{50.67/8} = 5.578$$

最后，查 F 分布表，当 $\alpha = 0.05$ 时有 $F_{0.05}(2,8) = 4.46 > F_A = 3.158$，$F_{0.05}(4,8) = 3.84 < F_B = 5.578$。

所以不拒绝 H_{0A} 拒绝 H_{0B}，即有 95% 的把握认为不同的训练方法对员工日生产量没有显著影响，不同学历的员工对日生产量有显著影响。

6.3.2 双因素方差分析的 SPSS 操作过程

（1）定义“产量”、“学历”和“培训方法”三个变量。

（2）分别对“培训方法”和“学历”做变量值标签，令 1 = 方法 1，2 = 方法 2，3 =

方法 3，及令 1 = 小学，2 = 初中，3 = 高中，4 = 大学，5 = 研究生。

（3）依次录入 15，18，…15 个数据。

（4）选择 Analyze 下拉菜单中的 General Linear Model 项，选择 Univariate 模块，如图 6－6 所示。

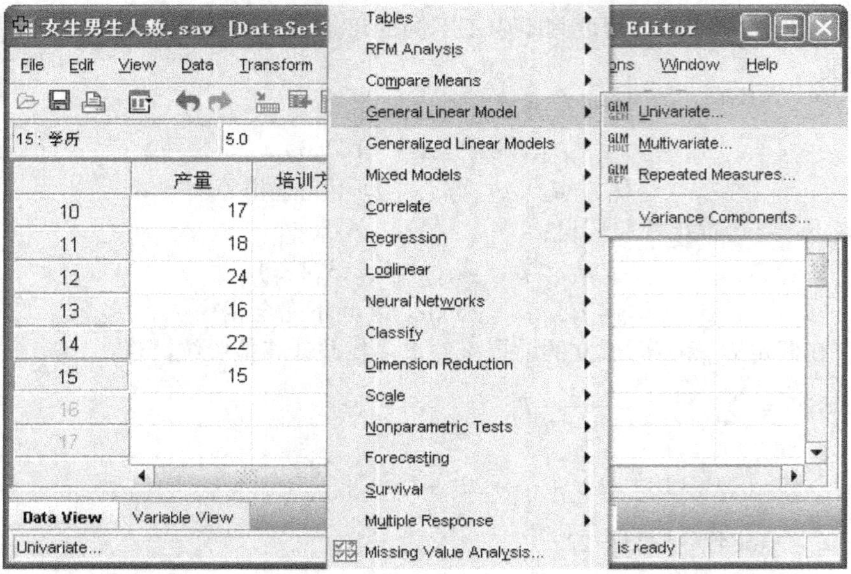

图 6－6 SPSS 的 Analyze 下拉菜单界面

（5）进入 Univariate 对话框，将"产量"送入 Dependent Variable 栏，将"培训方法"和"学历"送入 Fixed Factor［s］栏，如图 6－7 所示。

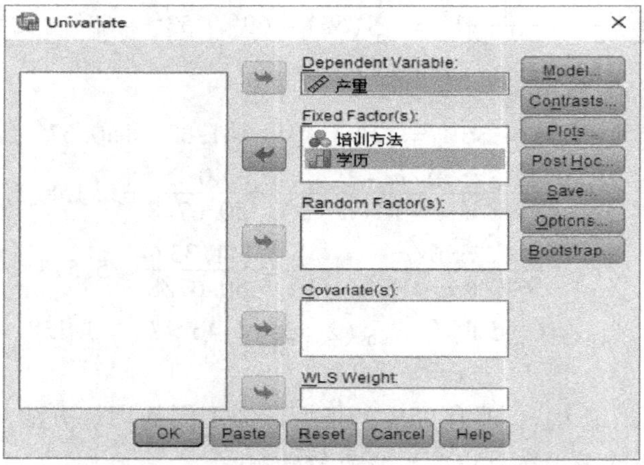

图 6－7 双因素方差分析设置对话框

（6）单击 Model 按钮，进入 Univariate：Model 界面，如图 6－8 所示。

（7）在 Specify Model 框选择 Custom，在 Factors & Covariates 栏将"培训方法"和

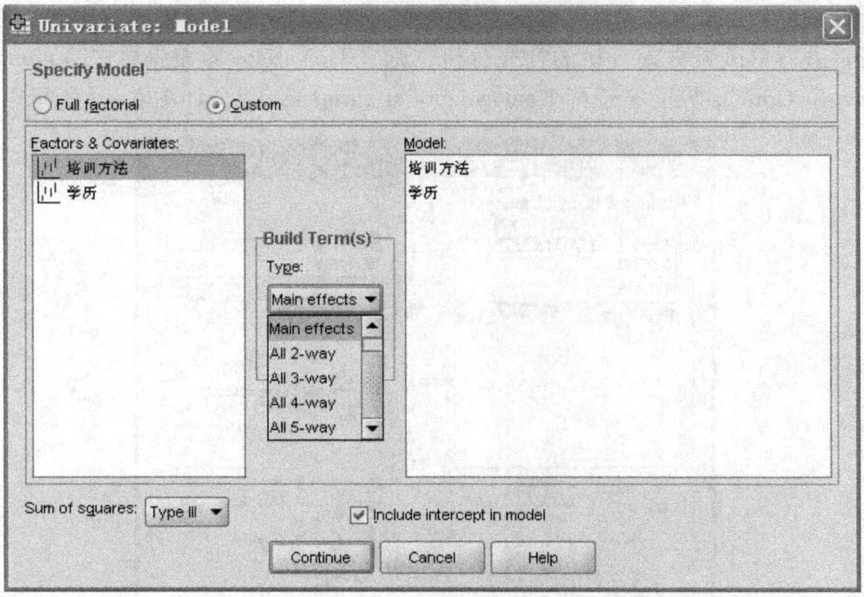

图 6-8 无交互作用设置对话框

“学历”送入 Model 栏，在 Build Term［s］里选择 Main effects，单击 Continue 返回 Univariate 界面，单击 OK 按钮，输出结果见表 6-9 和表 6-10。

表 6-9 Between-Subjects Factors

		Value Label	N
培训方法	1	方法 1	5
	2	方法 2	5
	3	方法 3	5
学历	1	小学	3
	2	初中	3
	3	高中	3
	4	大学	3
	5	研究生	3

表 6-10 Tests of Between-Subjects Effects

Dependent Variable：产量

Source	Type III Sum of Squares	df	Mean Square	F	Sig.
Model	5596.333[a]	7	799.476	126.233	.000
培训方法	40.000	2	20.000	3.158	.098
学历	141.333	4	35.333	5.579	.019
Error	50.667	8	6.333		
Total	232.000	15			

a. R Squared = .991（Adjusted R Squared = .983）.

分析表略。

若同时进行单因素方差分析的补充分析，则在 Univariate 界面先单击 Options 按钮，进入 Univariate：Options 界面，选择 Homogeneity of variance test，如图 6－9 所示。

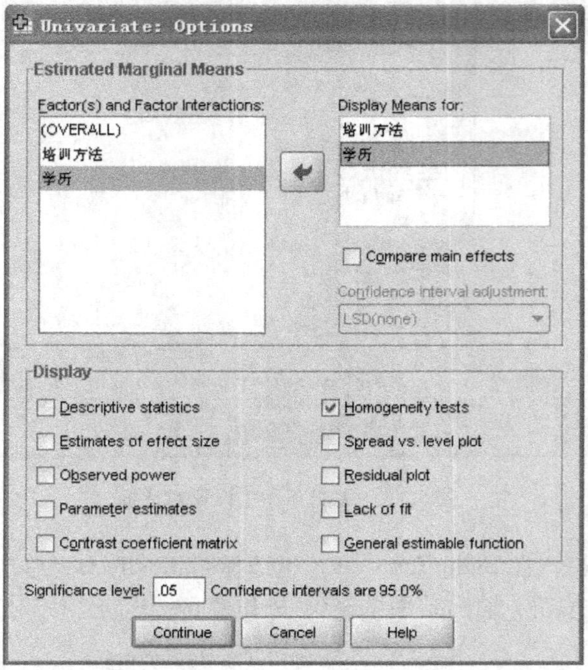

图 6－9　方差齐次性检验设置对话框

（8）单击 Continue 按钮，返回 Univariate 界面，单击 Post Hoc 按钮，进入 Univariate：Post Hoc Multiple Comparisons 界面，如图 6－10 所示。

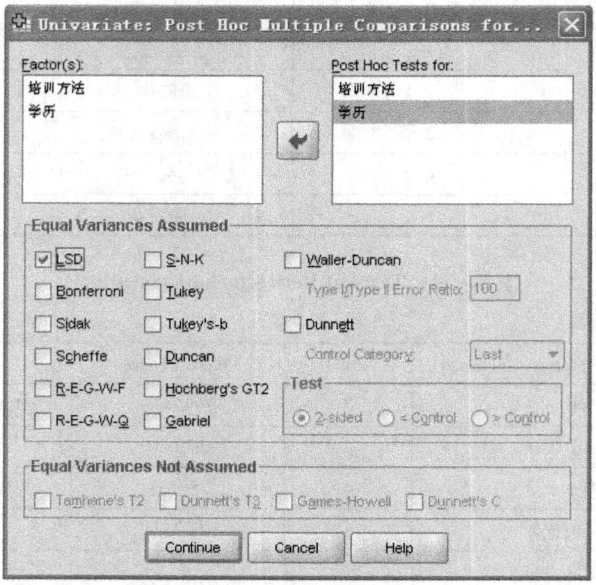

图 6－10　多重比较检验设置对话框

（9）单击 Continue 按钮，返回 Univariate 界面，单击 Contrasts 按钮，进入 Univariate：Contrasts 界面，在 Chang Contrast 栏里选择 Simple，如图 6－11 所示。

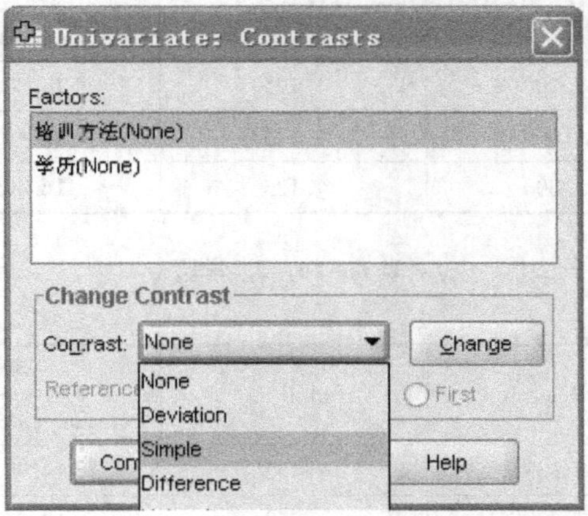

图 6－11 比较方法设置对话框

（10）单击 Continue 按钮，返回 Univariate 界面，单击 OK 按钮，输出方差分析结果，见表 6－11～表 6－15。

表 6－11 Between-Subjects Factors

		Value Label	N
培训方法	1	方法 1	5
	2	方法 2	5
	3	方法 3	5
学 历	1	小学	3
	2	初中	3
	3	高中	3
	4	大学	3
	5	研究生	3

表 6－12 Tests of Between-Subjects Effects

Dependent Variable：产量

Source	Type Ⅲ Sum of Squares	df	Mean Square	F	Sig.
Model	5596.333[a]	7	799.476	126.233	.000
培训方法	40.000	2	20.000	3.158	.098
学历	141.333	4	35.333	5.579	.019
Error	50.667	8	6.333		
Total	5647.000	15			

a. R Squared =.991 (Adjusted R Squared =.983).

表 6－13 1. 培训方法

Dependent Variable：产量

培训方法	Mean	Std. Error	95% Confidence Interval	
			Lower Bound	Upper Bound
方法 1	17. 000	1. 125	14. 405	19. 595
方法 2	21. 000	1. 125	18. 405	23. 595
方法 3	19. 000	1. 125	16. 405	21. 595

表 6－14 2. 学历

Dependent Variable：产量

学 历	Mean	Std. Error	95% Confidence Interval	
			Lower Bound	Upper Bound
小学	18. 333	1. 453	14. 983	21. 684
初中	23. 000	1. 453	19. 649	26. 351
高中	17. 667	1. 453	14. 316	21. 017
大学	21. 667	1. 453	18. 316	25. 017
研究生	14. 333	1. 453	10. 983	17. 684

表 6－15 Multiple Comparisons

产量 LSD

（I）培训方法	（J）培训方法	Mean Difference（I－J）	Std. Error	Sig.	95% Confidence Interval	
					Lower Bound	Upper Bound
方法 1	方法 2	－4. 00 *	1. 592	. 036	－7. 67	－. 33
	方法 3	－2. 00	1. 592	. 244	－5. 67	1. 67
方法 2	方法 1	4. 00 *	1. 592	. 036	. 33	7. 67
	方法 3	2. 00	1. 592	. 244	－1. 67	5. 67
方法 3	方法 1	2. 00	1. 592	. 244	－1. 67	5. 67
	方法 2	－2. 00	1. 592	. 244	－5. 67	1. 67

Based on observed means.

The error term is Mean Square（Error）＝6. 333.

*. The mean difference is significant at the . 05 level.

7 相关分析

7.1 相关分析的概述

7.1.1 相关分析

（1）相关分析的定义。相关分析（correlation analysis）是研究现象之间是否存在某种依存关系，并对具体有依存关系的现象探讨其相关方向以及相关程度，研究随机变量之间相关关系的一种统计方法。

（2）相关分析的分类。相关分析包括线性相关分析、偏相关分析和距离相关分析三种。

1）线性相关分析主要研究两个变量间线性关系的程度。

2）偏相关分析主要研究两个变量之间的线性相关关系时，控制可能对其产生影响的变量。如技术工人的年龄与二作经验，或职工薪资收入与受教育水平之间的相关关系。

3）距离相关分析主要研究各观测量之间或变量之间相似或不相似程度的一种测度，是一种广义的距离，分为观测量之间距离分析和变量之间距离分析两种。其中，不相似性测度中，对于有对等间隔（定距）数据的不相似性（距离）测度，可以使用的统计量有Euclid 欧氏距离、欧氏距离平方等；对计数数据的不相似性（距离）测度，可使用卡方统计量；对二值（只有两种取值）数据的不相似性（距离）测度，可使用欧氏距离、欧氏距离平方、尺寸差异、模式差异、方差等统计量。相似性测度有等间隔数据的相似性测度，使用统计量 Pearson 相关或余弦和，二元数据的相似性测度所使用的统计量有 20 余种。

（3）相关分析的主要内容。相关分析的目的在于分析现象间相关关系的形式和密切程度以及依存变动的规律性，在实际工作中，有非常广泛的应用。主要体现在以下两点。

1）确定变量之间有无相关关系，以及相关关系的表现形式。

这是相关分析的出发点，有相关关系才能用相应的方法去分析，反之则无法得到正确的结论。应根据相关关系的表现形式有针对性地采用相应的方法进行分析，若把本属于直线相关的变量采用曲线的方法进行分析，就会产生认识上的偏差。

2）确定相关关系的密切程度。

直线相关采用相关系数表示，曲线相关采用相关指数表示，相关系数的用途很广泛，相关关系的主要内容如图 7－1 所示。

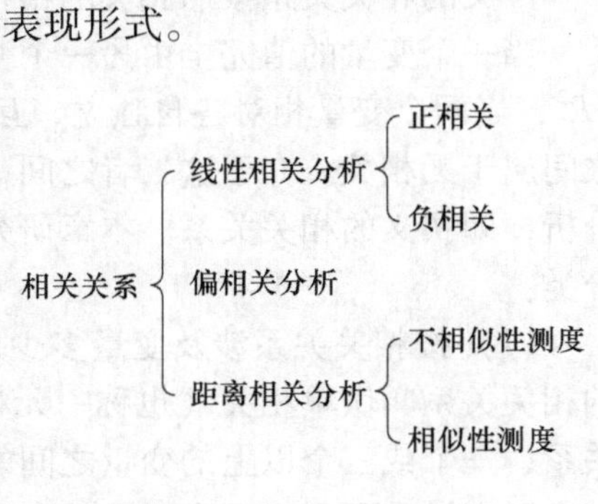

图 7－1　相关关系的内容

7.1.2 相关关系

7.1.2.1 相关关系的含义及表现形式

相关关系是一种非确定性的关系，例如，以 X 和 Y 分别记混凝土的抗压强度和抗拉强度，或分别记每亩农作物不同的施肥量与施肥后的亩产量，则 X 与 Y 显然有关系。采用相关分析和回归分析这两种统计方法就能解决这些变量之间的关系。

变量之间存在着相互的联系，通过观察可以看到两种不同的表现形式。

（1）函数关系。它反映现象之间存在着密切的依存关系。其特点如下：

1）变量之间的数值与确定的关系相对应。在这种关系中，对于某变量的任何一个数值，都有一个确定的值与之相对应。

2）变量间的关系可以用一个确定的公式来反映。例如，$S=\pi R^2$，圆的面积随着半径的变动而变动；$V=pq$，产值 V 和产量 p、单位生产成本 q 之间也是确定的函数关系。

（2）相关关系。相关关系是指现象之间确实存在依存关系，但这种关系不是一一对应的，是非确定的。例如，某农作物每亩施肥量与其亩产量之间显然有关系，但却不能确切到由其中的一个量去精确地判定另一个量的程度，这就是相关关系。其特点如下：

1）变量之间确实存在数量上的依存关系。如上述的混凝土的抗压强度和抗拉强度，每亩农作物不同的施肥量与施肥后的亩产量，都存在着某种依存关系。

2）相关关系依存程度具体量化后的数量值是不固定的。在相关关系中，对于某变量的任何数值，另一个变量可以有若干个数值与之对应，这些数值表现出一定的波动性。例如，某农作物每亩施肥量与其亩产量之间存在一定的依存关系。但是除了施肥量与亩产有关系以外，还受温度、光照、水分、病虫等因素影响。施肥量与亩产并无严格的对应关系，同样的施肥量，不同的自然条件下亩产是不相等的。但即便如此，这两个变量之间仍旧存在一定的关联性，在一定范围内，农作物施肥量越大，亩产量也越高。

统计学在研究变量的相关关系时，首先根据有关的科学理论，通过观察和实验，建立这种联系；然后还要通过理论与实践的检验，进一步得出科学的、有意义的结论。

7.1.2.2 相关关系的分类

变量之间的相关关系非常复杂，它们各自以不同的方式和程度相互作用，表现出不同的类型和形态，相关关系有广义和狭义之分。

广义的相关关系按照相关的密切程度不同，分为完全相关、不完全相关和无相关。

当一个变量的值完全由另一个变量的值决定时，称为完全相关，即函数关系，如 $S=\pi R^2$；当两个变量相对各自独立、互不影响时，称为无相关。如国际黄金价格走势和气温之间属于无相关。介于这二者之间，称为不完全相关，通常相关分析是指对不完全相关的分析，即狭义的相关关系。本章研究的是狭义的相关关系，狭义的相关关系又有如下三种分类：

（1）按相关关系涉及变量多少的不同，分为单相关和复相关。仅包含两个变量之间的相关关系叫做单相关（也称一元相关），即研究只涉及一个自变量和一个因变量之间的关系；三个或三个以上的变量之间的相关关系叫做复相关（也称多元相关），即研究涉及一个因变量和两个或两个以上的自变量之间的关系。

（2）按相关方向的不同，分为正相关和负相关。自变量的数值与因变量的数值同方向变化的，称为正相关，即自变量的数值增加，因变量的数值也会随之增加，自变量的数值减少，因变量的数值也会随之减少，如某商品价格上升，供给也会随之上升；自变量的数值与因变量的数值反方向变化的，称为负相关，如某商品价格上升，该商品的消费需求随之下降。

（3）按相关的表现形式不同，分为线性相关（直线相关）和非线性相关（曲线相关）。在平面坐标中，变量间的相关关系数值近似地表现为直线，称为直线相关。其特点是当一个变量增减1个单位变化时，另一个变量也会随之按一个大致固定的量变化。若这种相关关系近似为曲线时，则称为曲线相关，按具体形态又可分为抛物线、指数曲线、双曲线等。

在实际应用中，变量之间究竟采取哪种形态要根据具体情况进行理论分析，并结合实际应用经验才能得到较好的解决方案。

以上相关关系的种类，如图7－2所示。

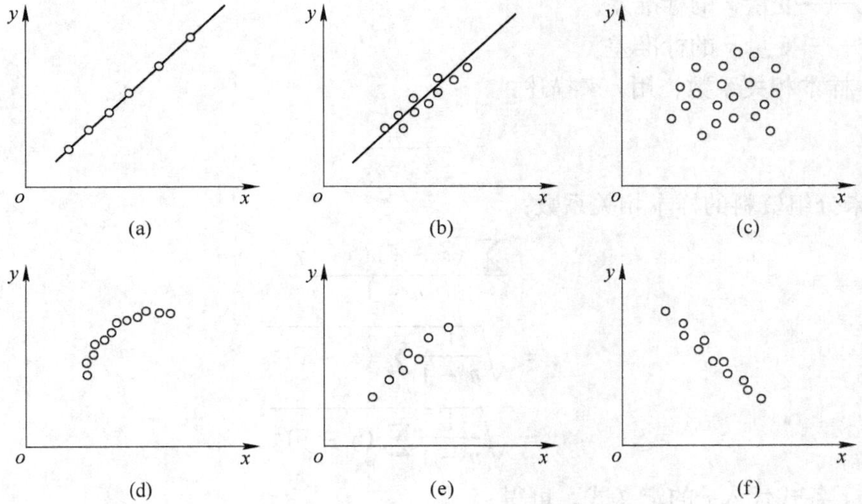

图7－2　相关关系类型

（a）完全相关；（b）不完全相关；（c）不相关；（d）曲线相关；（e）正相关；（f）负相关

需要注意的是，现实中的相关关系一般是以组合形态出现，如图7－2（a）为完全线性正相关，图7－2（b）为不完全线性正相关。而相应的完全线性负相关和不完全线性负相关如图7－3（a）和图7－3（b）所示。

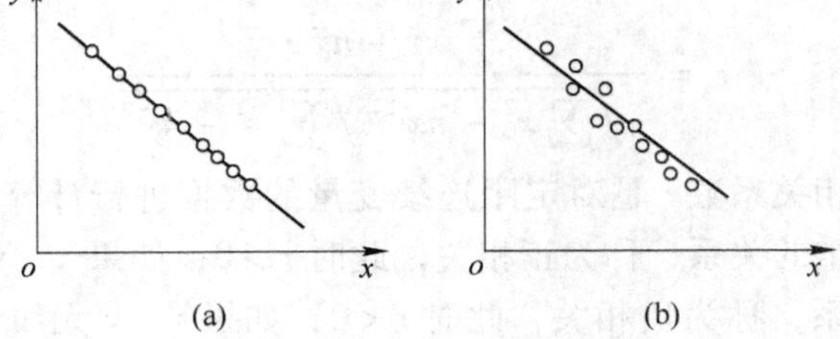

图7－3　相关关系的组合类型

（a）完全线性负相关；（b）不完全线性负相关

此外，线性关系还有其他的组合类型，本书不再一一列举。

7.1.3 相关系数的种类

相关系数的计算有三种。

7.1.3.1 积矩相关系数（Pearson）

1890 年英国统计学家卡尔·皮尔生（Karl Pearson）提出了相关系数的公式。

（1）总体相关系数：

$$\rho_{xy} = \frac{\sigma_{xy}^2}{\sigma_x \cdot \sigma_y}$$

式中 ρ_{xy}——总体相关系数；

σ_{xy}^2——变量 x 与变量 y 的协方差；

σ_x——变量 x 的标准差；

σ_y——变量 y 的标准差。

（2）样本相关系数，用 r 来描述：

$$r_{xy} = \frac{s_{xy}^2}{s_x \cdot s_y}$$

1）未分组资料的样本相关系数：

$$s_{xy}^2 = \frac{\sum (x-\bar{x})(y-\bar{y})}{n-1}$$

$$s_x = \sqrt{\frac{1}{n-1}\sum (x-\bar{x})^2}$$

$$s_y = \sqrt{\frac{1}{n-1}\sum (y-\bar{y})^2}$$

将以上各式代入 r 的定义式，可得：

$$r = \frac{\sum (x-\bar{x})(y-\bar{y})}{\sqrt{\sum (x-\bar{x})^2 \sum (y-\bar{y})^2}} \tag{7-1}$$

上式为相关系数 r 的基本计算公式。经推算，还可形成相关系数 r 的简便计算公式：

$$r = \frac{n\sum xy - \sum x \sum y}{\sqrt{n\sum x^2 - \left(\sum x\right)^2}\sqrt{n\sum y^2 - \left(\sum y\right)^2}} \tag{7-2}$$

或：

$$r = \frac{\sum xy - n\bar{x}\cdot\bar{y}}{\sqrt{\sum x^2 - n\bar{x}^2}\sqrt{\sum y^2 - n\bar{y}^2}} \tag{7-3}$$

需要说明的是，相关系数 r 是对定距连续变量的数据进行计算。如果 x、y 变化的方向一致，如身高和体重的关系，称为正相关，此时 $r>0$；如果 x、y 变化的方向相反，如吸烟与肺部健康的关系，称为负相关，此时 $r<0$；如果 x、y 无线性相关，称为不相关，此时 $r=0$。

可以证明，样本相关系数是区间［-1，1］的一个量。相关系数为 0 的两个随机变量虽然不相关，但不一定相互独立。相互独立的随机变量间的相关系数必然为0。相关系数为0的两个服从正态分布的随机变量，一定相互独立。

当$|r|=1$时，表明变量之间为完全的线性相关关系；当$|r|=0$时，表明变量之间没有线性关系，但要注意，有可能是曲线关系；当$0<|r|<1$时，变量之间有不同程度的线性关系。由此可以确定一个对相关程度评价的标准：

$0<|r|\leqslant 0.3$为弱相关；

$0.3<|r|\leqslant 0.5$为低度相关；

$0.5<|r|\leqslant 0.8$为显著相关；

$0.8<|r|\leqslant 0.95$为高度相关；

$0.95<|r|\leqslant 1$为极度相关。

2）分组资料的样本相关系数计算

当原始数据较多并已分组编成二元频数分布表时，可用各组频数加权计算相关系数，公式如下：

$$r=\frac{\sum(x-x)(y-y)f_{xy}}{\sqrt{\sum(x-\bar{x})^2f_x(y-\bar{y})^2f_y}} \tag{7-4}$$

式中 f_x——x的频数；

f_y——y的频数；

f_{xy}——x、y的联合频数。

7.1.3.2 等级相关系数（非参数相关）

等级相关是一种非参数统计方法，它适用的资料范围很广，例如：原始变量值用等级表示，总体分布型未知，不服从双变量正态分布时，均可采用等级相关分析。

讨论两个定序变量间的相关的程度与方向，又称等级相关。如研究夫妇双方文化程度的相关等。等级相关系数有R系数和γ系数。R系数的公式如下：

$$R=\frac{\sum(X_i-\bar{X})(Y_i-\bar{Y})}{\sqrt{\sum(X_i-\bar{X})^2}\sqrt{\sum(Y_i-\bar{Y})^2}}$$

式中，X、Y分别为x、y的测量值的等级。

R系数是一种非参数测度，是根据数据的秩并使用Pearson相关系数公式计算的结果，而不是根据实际值进行计算。它适用于有序数据或不满足正态分布假设的等间隔数据。英国统计学家C. E. Spearman从R系数中推导出简捷式，称为斯皮尔曼等级相关系数，即$R=1-\frac{6\sum d_i^2}{N(N^2-1)}$。式中$d_i=x_i-y_i$，$i=1,2,\cdots,N$（$N$为次数）。

等级相关系数R具有简单直线相关相同的性质：取值范围在［-1，+1］之间；R的绝对值愈大，变量间的等级相关程度愈大。

γ系数适用于资料次数N很大的情况。计算公式：

$$\gamma=\frac{N_s-N_d}{N_s+N_d}$$

式中 N_s——同序对数目；

N_d——异序对数目。

同序对表示两个个案（x_i，y_i）和（x_j，y_j）相比时，具有当 $x_i > x_j$ 时，$y_i > y_j$ 的性质；反之，当 $x_i > x_j$ 时，$y_i < y_j$，则称作一个异序对。

γ 系数的取值范围在（-1，+1）之间。γ 的绝对值愈大，变量间的等级相关程度愈大。

7.1.3.3 偏相关系数

偏相关是研究在多变量的情况下，当控制其他变量影响后，两个变量间的直线相关程度。又称净相关或部分相关。偏相关系数比简单直线相关系数更能真实地反映两变量间的联系。

（1）剔除了一个变量 Z 的影响后，两个变量 X、Y 间的偏相关系数：

$$r_{xy,z} = \frac{r_{xy} - r_{xz}r_{yz}}{\sqrt{(1 - r_{xz}^2)}\sqrt{(1 - r_{yz}^2)}}$$

式中 r——普通相关系数。

（2）剔除了两个变量 Z_1、Z_2 的影响后，两个变量 x、y 之间的偏相关系数：

$$r_{xy,z_1z_2} = \frac{r_{xy,z_1} - r_{xz_2,z_1}r_{yz_2,z_1}}{\sqrt{(1 - r_{xz_2,z_1}^2)}\sqrt{(1 - r_{yz_2,z_1}^2)}}$$

7.1.3.4 复相关系数

复相关是研究一个变量 x_0 与另一组变量（x_1，x_2，…，x_n）之间的相关程度。例如，评价职业声望时受到一系列因素（收入、文化、权力……）的影响，那么这一系列因素的总和与职业声望之间的关系就是复相关。复相关系数 $R_{0,1,2,\cdots,n}$ 的测定，可先求出 x_0 对一组变量 x_1，x_2，…，x_n 的回归直线，再计算 x_0 与回归直线估计值之间的简单直线回归。$R_{0,1,2,\cdots,n}$ 的取值范围为 $0 \leqslant R_{0,1,2,\cdots,n} \leqslant 1$。复相关系数值愈大，变量间的关系愈密切。样本复相关系数的定义式如下：

$$R = \frac{\sum(Y - \bar{Y})(\hat{Y} - \bar{Y})}{\sqrt{\sum(Y - \bar{Y})^2}\sqrt{\sum(\hat{Y} - \bar{Y})^2}}$$

7.2 线性相关分析

7.2.1 相关关系的判定：散点图、相关表和相关系数

相关分析同其他的统计分析方法一样，都是采用定性和定量相结合的方法，即先作定性分析，再作定量分析。所谓定性分析，是要根据有关专业知识和实践经验，来判断变量之间是否存在一定的相关性。如果确实存在关系再通过编制散点图和相关表，对变量之间相关关系的类型做出大致判断。上述工作完成后，再进行定量分析，通常采用计算相关系数的方法，以精确反映相关关系的方向和程度。

（1）绘制散点图。

例 7.1 在某个地区抽取 9 家生产同类产品的企业，其月产量和单位产品成本的资料见表 7-1，要求对月产量和单位成本的关系进行分析。

表 7－1 9 家企业的月产量和单位产品成本资料

企业编号	1	2	3	4	5	6	7	8	9
月产量 x/千件	4.1	7.3	5.4	7.6	3.2	8.5	9.7	7.8	2.1
单位成本 y/元	80	72	71	58	86	50	42	63	91

解：根据规模经济理论，可以判断产品的产量和单位成本之间存在着相关关系，再绘制散点图，可以比较直观地看出这两个变量间的关系，如图 7－4 所示。

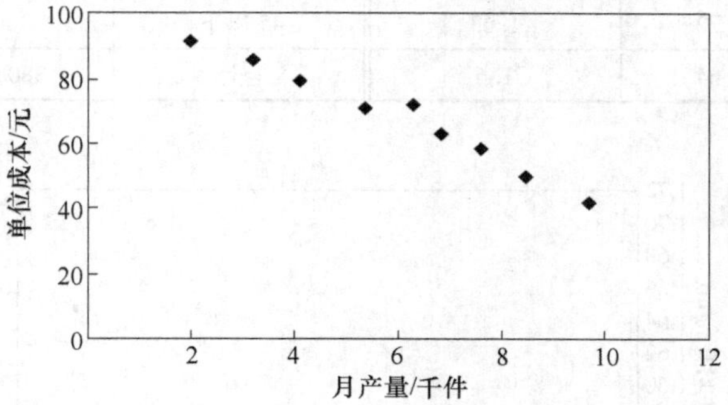

图 7－4 9 家企业的月产量和单位产品成本散点图

从图 7－4 可以看出，月产量和单位成本呈反方向变化，是负相关，而且有形成一条直线的倾向。如果与某变量相关的因素个数大于 1 时，则通过分别绘制出多个相关图，并将多个相关图进行对比，可以大致看出各个因素关系的密切程度，从中判断出哪个是主要因素，哪个是次要因素。

（2）相关表。根据总体单位的原始数据可以编制相关表，根据表 7－1 的数据，将月产量按照升序排列，即得相关表，见表 7－2。

表 7－2 9 家企业的月产量和单位产品成本相关表

序　号	月产量 x/千件	单位成本 y/元	序　号	月产量 x/千件	单位成本 y/元
9	2.1	91	8	7.8	63
5	3.2	86	4	7.6	58
1	4.1	80	6	8.5	50
3	5.4	71	7	9.7	42
2	7.3	72	合计	53.7	613

从相关表中可以看出，月产量和单位成本之间存在着明显的负相关关系。

（3）分组相关表。在统计分析工作中，当原始数据量非常多时，如果直接编制相关表其篇幅会很长，并且由于数据点过多，散点图也不易绘制，在这种情况下就要编制分组相关表。

根据分组情况不同，分组表分为两种。即单变量分组表和双变量分组表。在实际应用中，单变量应用最为广泛。

1）单变量分组表。在有相关关系的两个变量中，只对其中的一个变量进行分组，对未分组的变量仅计算其频数和平均值，见表 7－3。按表 7－3 的数据作散点图如图 7－5 所示。从表 7－3 和图 7－5 可以判断出这 380 名女大学生的身高和体重之间存在着明显的正相关关系。

表 7－3 380 名女大学生的体重和身高相关表

按体重分组/kg	人数/人	每组平均身高/m	按体重分组/kg	人数/人	每组平均身高/m
60 以上	4	1.7	47～50	110	1.58
60～62	6	1.65	45～47	121	1.56
55～60	72	1.63	45 以下	3	1.53
50～55	64	1.6	合计	380	11.25

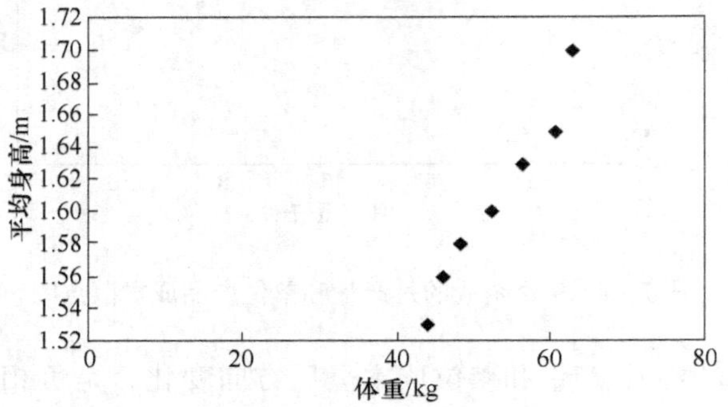

图 7－5 380 名女大学生的体重和身高散点图

2）双变量分组表。如果对表 7－3 中的两个变量都进行分组，可以得到双变量分组表，但由于对这种分组后的相关表进行加权的方法比较复杂，而且无实用价值，所以在实践操作中很少采用。

7.2.2 相关系数的计算

（1）积矩相关系数的计算。通过上述相关表和散点图的学习，可以基本判断变量间相关关系的方向和程度，但这只是相关分析的开始。如果通过散点图发现变量间基本是线性相关，则还需要利用相关系数衡量其线性关系的密切程度。

例 7.2 现用表 7－2 的数据来说明相关系数的计算过程，如表 7－4 所示。

表 7－4 相关系数计算表

序号	月产量 x/千件	单位成本 y/元	x^2	y^2	xy
1	4.1	80	17.81	6400	328
2	7.3	72	39.69	5184	453.6
3	5.4	71	29.16	5041	383.4
4	7.6	58	57.76	3364	440.8
5	3.2	86	10.24	7396	275.2
6	8.5	50	72.25	2500	425

续表 7-4

序号	月产量 x/千件	单位成本 y/元	x^2	y^2	xy
7	9.7	42	94.09	1764	407.4
8	7.8	63	47.24	3969	428.4
9	2.1	91	4.41	8281	191.1
合计	53.7	613	370.65	43899	3332.9

解：

$$r = \frac{n\sum xy - \sum x \sum y}{\sqrt{n\sum x^2 - \left(\sum x\right)^2}\sqrt{n\sum y^2 - \left(\sum y\right)^2}}$$

$$= \frac{9 \times 3332.9 - 53.7 \times 613}{\sqrt{9 \times 370.65 - 53.7^2}\sqrt{9 \times 43899 - 613^2}}$$

$$= -0.9886$$

在已有平均值的情况下，还可以用式（7-3）计算，即 $\bar{x} = 5.97$，$\bar{y} = 68.11$：

$$r = \frac{\sum xy - n\bar{x} \cdot \bar{y}}{\sqrt{\sum x^2 - n\bar{x}^2}\sqrt{\sum y^2 - n\bar{y}^2}}$$

$$= \frac{3332.9 - 9 \times 53.7 \times 613}{\sqrt{370.65 - 9 \times 5.97^2}\sqrt{43899 - 9 \times 68.11^2}}$$

$$= -0.9886$$

（2）等级相关系数的计算。等级相关系数是一种非参数测度，由于是根据数据的秩使用 Pearson 相关系数公式计算，而不是根据实际值计算的，因此，它适合有序数据或不满足正态分布假设的等间隔数据。

例 7.3 某学校随机抽取 10 名学生，调查他们的智商及每周花在电视上的小时数，调查数据见表 7-5。请分析智商及每周花在电视上的小时数二者之间是否有关系。

解：首先，计算智商和每周花在电视上的小时数的等级，见表 7-5。

表 7-5 学生的智商及每周花在电视上的小时数

序号	智商	每周花在电视上的小时数	等级 x	等级 y	x^2	y^2	xy
1	86	0	1	1	1	1	1
2	97	20	2	6	4	36	12
3	99	28	3	8	9	64	24
4	100	27	4	7	16	49	28
5	101	50	5	10	25	100	50
6	103	29	6	9	36	81	54
7	106	7	7	3	49	9	21
8	110	17	8	5	64	25	40
9	112	6	9	2	81	4	18
10	113	12	10	4	100	16	40
合计	—	—	55	55	385	385	288

其次，采用积矩相关系数的计算公式得出结果：

$$\begin{aligned} r &= \frac{n\sum xy - \sum x\sum y}{\sqrt{n\sum x^2 - \left(\sum x\right)^2}\sqrt{n\sum y^2 - \left(\sum y\right)^2}} \\ &= \frac{10 \times 288 - 55 \times 55}{\sqrt{10 \times 385 - 55^2}\sqrt{10 \times 385 - 55^2}} \\ &= -0.17578 \end{aligned}$$

（3）偏相关系数的计算。在多要素构成的系统中，当研究某一个要素对另一个要素的影响或相关程度时，可以把其他要素的影响视作常数（保持不变），即暂时不考虑其他要素影响，单独研究两个要素之间的相互关系的密切程度，其所得数值结果即为相关性系数。偏相关系数的具体计算有下面三种方法：

1）从线性回归的角度计算变量间的偏相关系数。

2）迭代法。认为简单相关系数为0阶偏相关系数，任何 n 阶偏相关都可以通过3个（$n-1$）阶偏相关系数计算出来。

3）相关矩阵求逆法。即首先计算出所有变量的相关性矩阵，然后求它的逆矩阵。这样可以求出任何两两变量之间的偏相关系数。

但无论哪种方法，手工计算都很麻烦，实务操作过程中都采用 SPSS 计算。

7.2.3 相关系数异于0的显著性检验

测算两个变量的相关系数，是从二元总体中随机抽取一个样本，再用样本的相关系数去推断，由于存在推断误差，所以无法保证百分之百的可靠。也就是说，因为样本是随机抽取的，根据其计算出的相关系数虽然很大，但总体却可能并不具备相关性。那么总体是否存在线性相关性，在求证之前必须要做假设检验。

检验样本（相关系数为 r）是否来自于一个无线性关系的总体（总体的相关系数为 ρ），可以采用费舍（R. A. Fisher）的 t 检验法。

（1）提出检验假设：

$$H_0: \rho = 0$$
$$H_1: \rho \neq 0$$

（2）在假定原假设成立的前提条件下，寻找并计算检验统计量：

1）积矩相关系数的检验统计量：

$$t = \frac{r\sqrt{n-2}}{\sqrt{1-r^2}} \sim t(n-2)$$

式中 n——样本容量；

r——简单相关系数（Pearson）。

2）等级相关系数的检验统计量与积矩相关系数相同，r 是等级相关系数。

3）偏相关系数的检验统计量：

$$t = \frac{r\sqrt{n-k-2}}{\sqrt{1-r^2}} \sim t(n-k-2)$$

式中 n——样本容量；

k——剔除了的变量数；

r——偏相关系数。

（3）判断。若显著性水平为 α，查 t 表的临界值 $t_{\alpha/2}(n-2)$，若 $|t|>t_{\alpha/2}(n-2)$，则拒绝 H_0，即有 $(1-\alpha)\%$ 的把握认为样本的相关系数显著，可以说明总体两个变量间存在着线性相关，检验通过；反之则结论相反。

例 7.4 用上述方法，对例 7.2 中 9 家企业的月产量和单位成本的样本相关系数做显著性检验。

解： 已知 $r=-0.9886$，$n=9$，提出如下检验假设：

$$H_0: \rho=0$$

$$H_1: \rho\neq0$$

因为

$$t=|r|\sqrt{\frac{n-2}{1-r^2}}=0.9886\times\sqrt{\frac{9-2}{1-0.9886^2}}=17.37$$

设显著性水平 $\alpha=0.05$。查 t 表得 $t_{\alpha/2}(n-2)=t_{0.025}(7)=2.3646$，故 $|t|>t_{\alpha/2}(n-2)$，表明总体相关系数 $\rho=0$ 的可能性小于 $\alpha=0.05$。所以拒绝原假设 $H_0: \rho=0$，即有 95% 的把握认为样本的相关关系具有显著性，即样本所表现的关系密切程度能够代表总体，说明全部的月产量和全部的单位成本之间也存在着极度负相关关系，关系密切程度也为 -0.9886。

7.3 相关分析的 SPSS 操作过程

7.3.1 积矩相关分析的 SPSS 处理

例 7.5 表 7-4 数据及例 7.2 的 SPSS 操作过程如下。

（1）在定义变量窗口定义“月产量”和“单位成本”两个变量。

（2）在录入数据窗口依次录入上述数据。

（3）选择 Analyze 选项下拉菜单中的 Correlate 选项，进入并选择子菜单中的 Bivariate 模块，如图 7-6 所示。

（4）进入 Bivariate 对话框，将“月产量”和“单位成本”送入 Variables 栏，其他选项采用计算机默认选项，如图 7-7 所示。

（5）单击 Options 按钮，进入 Bivariate Correlations：Options 对话框，选中 Statistics 中的两个选项，如图 7-8 所示。

（6）单击 Continue 按钮，返回 Bivariate Correlations 界面，单击 OK 按钮，输出结果见表 7-6、表 7-7。

表 7-6 Descriptive Statistics

项 目	Mean	Std. Deviation	N
月产量	5.437	2.3084	9
单位成本	71.61	14.757	9

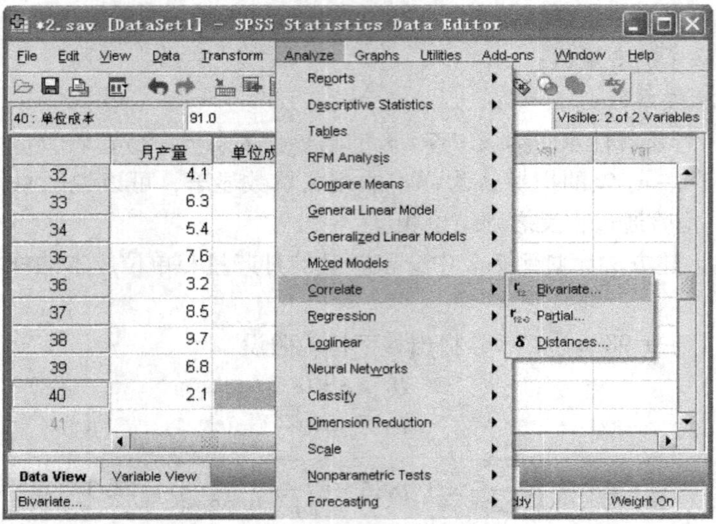

图 7－6 SPSS 的 Analyze 下拉菜单界面

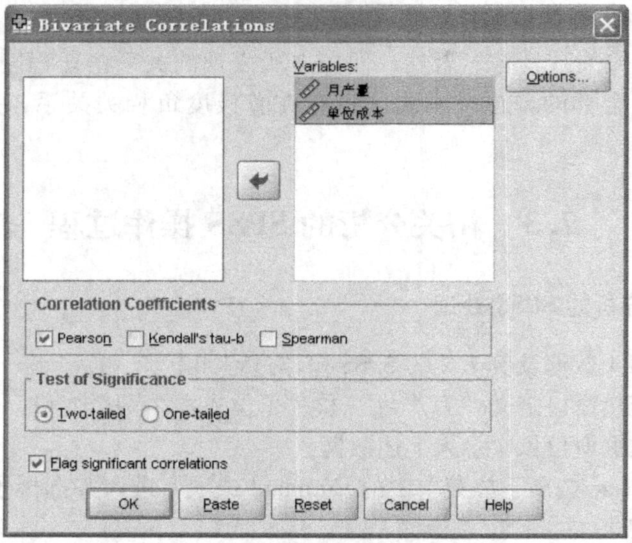

图 7－7 相关分析设置对话框

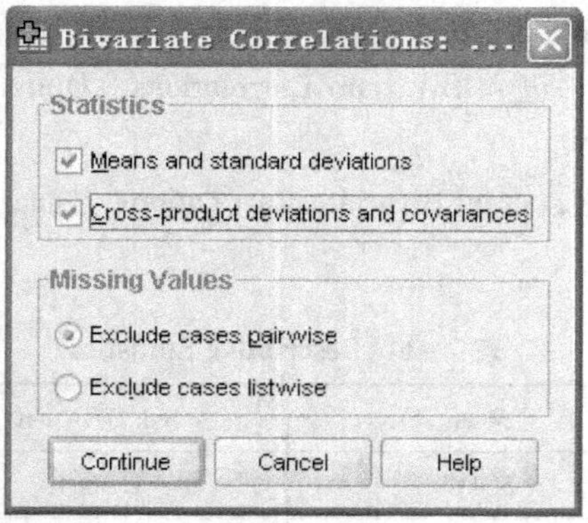

图 7－8 描述统计指标设置对话框

表 7－7 Correlations

项目		月产量	单位成本
月产量	Pearson Correlation	1	－.987**
	Sig.（2-tailed）		.000
	Sum of Squares and Cross－products	3261.189	－20585.924
	Covariance	5.329	－33.637
	N	9	9
单位成本	Pearson Correlation	－.987**	1
	Sig.（2-tailed）	.000	
	Sum of Squares and Cross-products	－20585.924	133277.370
	Covariance	－33.637	217.773
	N	9	9

**：Correlation is significant at the 0.01 level（2-tailed）.

表 7－6 是描述统计指标的计算结果，表 7－7 是相关系数及其异于 0 的显著性检验表。

分析表见例 7.2 和例 7.4。

例 7.6 随机抽取某果树研究所试验田的 7 株苹果树，测得株高与苗龄的数据，见表 7－8，请分析二者之间是否存在相关关系。

表 7－8 苹果的株高与苗龄数据

株高	2	5	9	14	19	25	33
苗龄	5	10	15	20	25	30	35

解：（1）通过散点图判断是否有相关关系。

SPSS 操作步骤：

1）在 Variable View 窗口定义变量“株高”和“苗龄”；

2）在 Data View 窗口录入数据；

3）点击 Graphs，在出现的下拉菜单中点击 Legacy Dialogs，出现次一级下拉菜单，然后点击 Scatter/Dot，如图 7－9 所示；

4）在新出现的窗口中点击 Simple Scatter，然后点击 Define，如图 7－10 所示；

5）在新出现的 Simple Scatterplot 窗口中，将变量分别移进 Y Axis 和 X Axis 框中，如图 7－11 所示；

6）点击 OK，观察图像分布是否具有规律，如图 7－12 所示。

由散点图可知，两者明显具有相关关系，可以进行相关分析。

（2）相关系数异于 0 的显著检验。

1）提出假设：

$$H_0: \rho = 0$$
$$H_1: \rho \neq 0$$

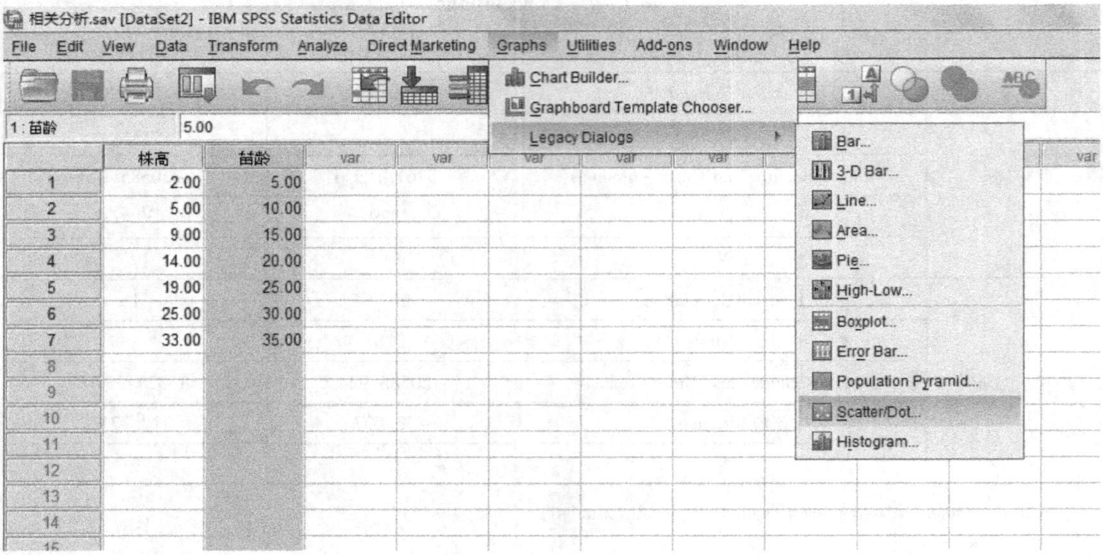

图 7－9 Graphs 下拉菜单

2）在假设 H_0 成立条件下寻找并计算统计量 $t=\frac{r\sqrt{n-2}}{\sqrt{1-r^2}}\sim t(n-2)$（$n$ 为样本容量，r 为相关系数）。

3）SPSS 操作：

① 点击 Analyze，在出现的下拉菜单中点击 Correlate，出现次一级下拉菜单，然后点击 Bivariate，如图 7－13 所示。

② 在新出现的窗口中，将“株高”和“苗龄”移进 Variable 框中，如图 7－14 所示。

③ 点击 OK，输出结果见表 7－9。

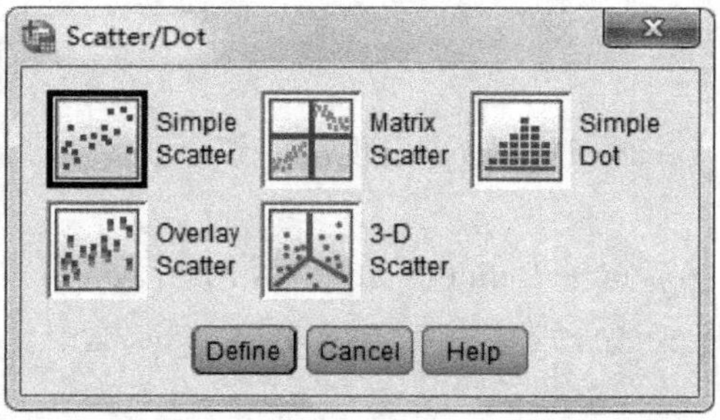

图 7－10 Scatter/Dot 窗口

表 7－9 Correlations

		株高	苗龄
株高	Pearson Correlation	1	.990**
	Sig.（2-tailed）		.000
	N	7	7
苗龄	Pearson Correlation	.990**	1
	Sig.（2-tailed）	.000	
	N	7	7

**：Correlation is significant at the 0.01 level（2-tailed）.

由表 7－9 可知，苗龄和株高样本积矩相关系数为 0.99，说明二者之间存在极度正相关关系，同时，相关系数异于 0 的检验结果显示，株高与苗龄相关系数的 P 值小于 $\alpha=0.01$，所以拒绝 H_0。即有 99% 的把握认为苗龄和株高二者之间存在极度正相关关系，关系密切程度为 0.99。

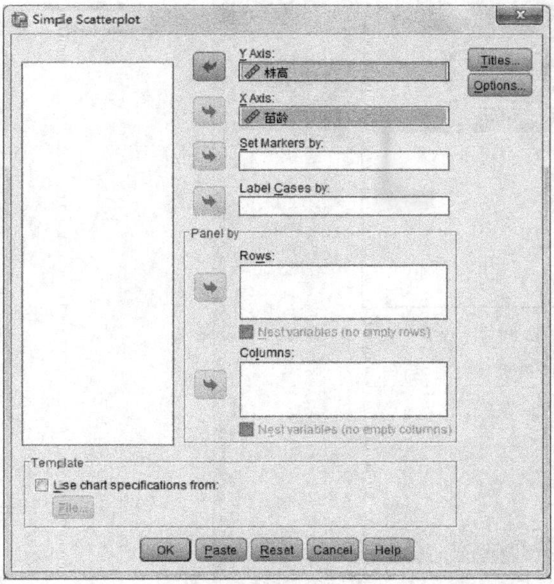

图 7－11 Simple Scatterplot 窗口

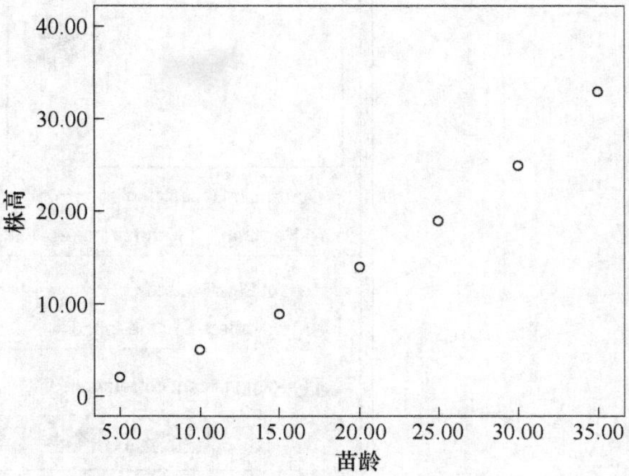

图 7－12 苗龄与株高的散点图

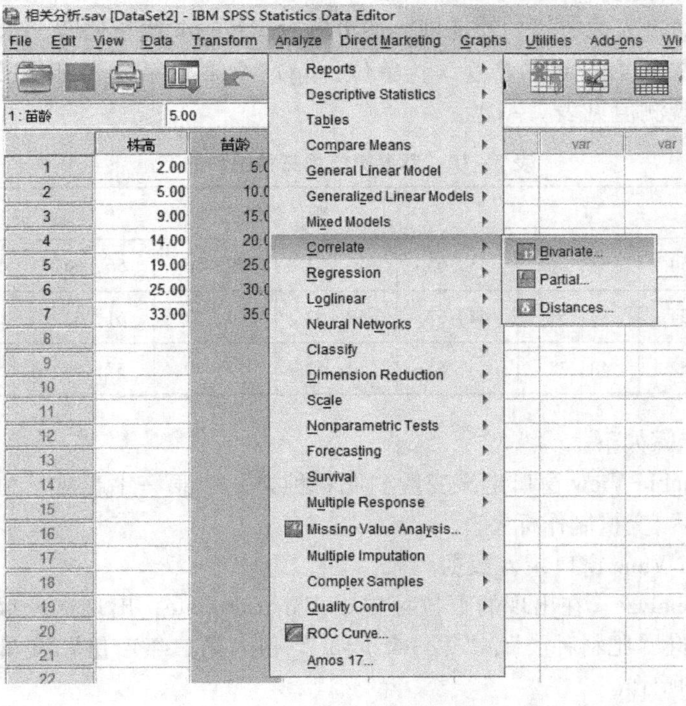

图 7－13 Analyze 下拉菜单

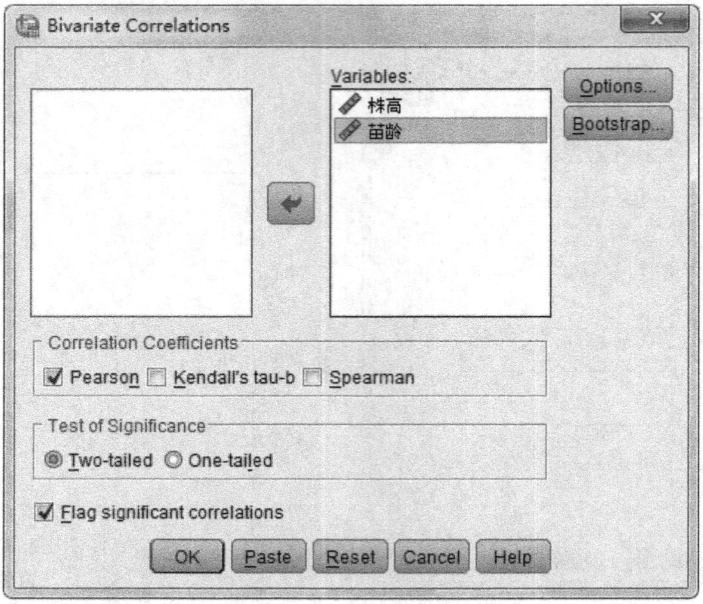

图 7-14 Bivariate 窗口

若做相关分析的变量在三个以上，在 Bivariate Correlations 界面中执行上述操作后，继续单击 Paste 按钮进入修改语句对话框，还可以对运行语句进行修改，示例如下。

例 7.7 苹果树第一年的产量 x（单位：kg）及第二年分别施用三种肥料的产量 y（单位：kg）的观测值见表 7-10。

表 7-10 苹果树施用三种肥料的产量

肥料	观测值							
A	47, 54	58, 66	53, 63	46, 51	49, 56	56, 66	54, 61	44, 50
B	52, 54	53, 53	64, 67	58, 62	59, 62	61, 63	63, 64	66, 69
C	44, 52	48, 58	46, 54	50, 61	59, 70	57, 64	58, 69	53, 66

SPSS 操作步骤如下：

（1）在 Variable View 窗口定义变量"肥料种类"、"第一年产量"和"第二年产量"，并将"肥料种类"变量制作标签。

（2）在 Data View 窗口录入数据。

（3）点击 Analyze，在出现的下拉菜单中点击 Correlate，出现次一级下拉菜单，然后点击 Bivariate，将"肥料种类"、"第一年产量"和"第二年产量"变量移进 Variables 框中，如图 7-15 所示。

（4）点击 Paste，在新出现的窗口中，在"肥料种类"与"第一年产量"、"第二年产量"变量之间添加 WITH（或者在"肥料种类"、"第一年产量"与"第二年产量"变量之间添加 WITH），然后点击 Run，在下拉菜单中点击 All，如图 7-16 所示。

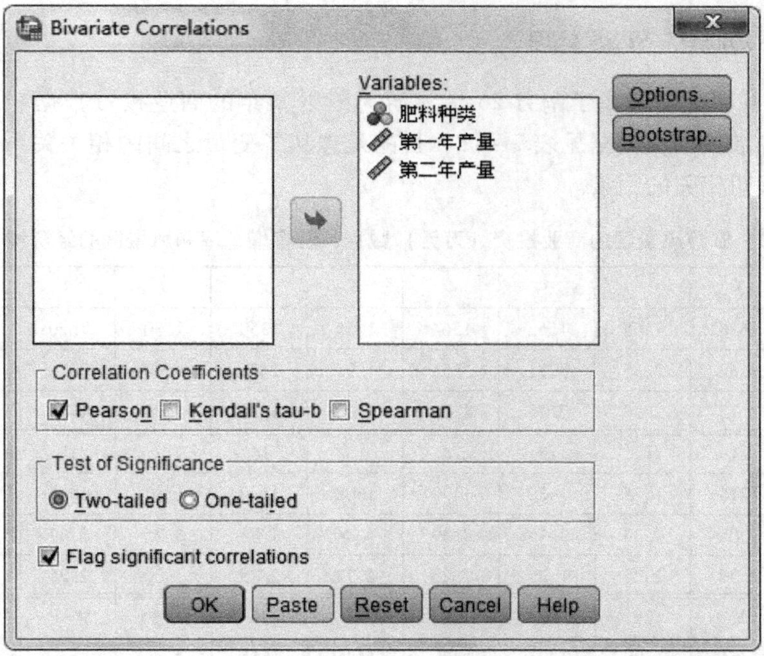

图 7－15　Bivariate 窗口

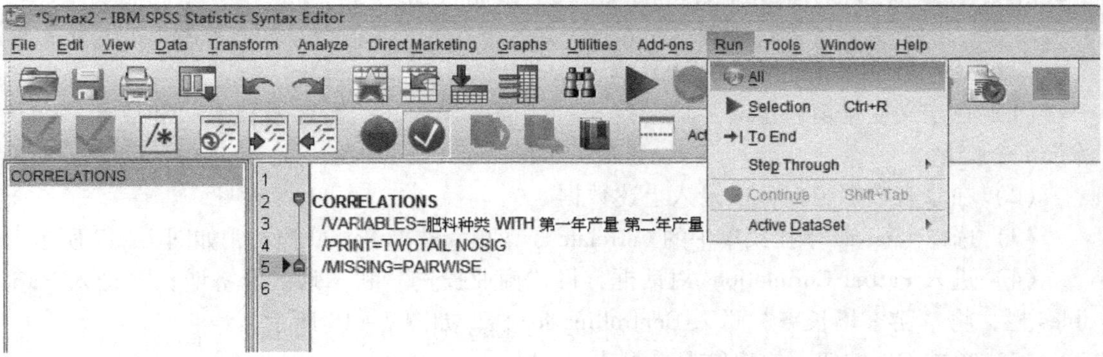

图 7－16　Paste 窗口

（5）输出结果，见表 7－11 或表 7－12。

若不进行语句的修改，则输出的是三个变量之间的积矩相关系数及其异于 0 的显著性检验结果。

表 7－11　Correlations

		第一年产量	第二年产量
肥料种类	Pearson Correlation	.065	.226
	Sig.（2-tailed）	.763	.288
	N	24	24

表 7－12　Correlations

		第二年产量
肥料种类	Pearson Correlation	.226
	Sig.（2-tailed）	.288
	N	24
第一年产量	Pearson Correlation	.834**
	Sig.（2-tailed）	.000
	N	24

**：Correlation is significant at the 0.01 level（2-tailed）.

7.3.2　偏相关分析的 SPSS 处理

例 7.8　某研究者搜集了南方 26 个旅游风景区某年的商业投资数据、游客增长率和风景区的经济增长率，数据见表 7－13，目的是想从各变量之间的相关关系中寻求与风景区经济增长密切相关的因素。

表 7－13　旅游风景区的商业投资（万元）数据、游客增长率和风景区的经济增长率数据

旅游区号	1	2	3	4	5	6	7	8	9	10
商业投资	1636	1465	1562	1564	1655	1350	1530	1520	1605	1530
游客增率	4.62	3.35	3.71	3.55	4.95	2.76	4.10	3.20	4.72	3.20
经济增率	2.75	2.50	2.75	2.00	3.00	1.25	2.75	1.75	2.25	1.75
旅游区号	11	12	13	14	15	16	17	18	19	20
商业投资	1476	1575	1430	1499	1608	1590	1582	1445	1546	1565
游客增率	4.05	4.33	3.15	3.39	4.04	3.85	3.75	3.47	3.95	3.20
经济增率	2.00	2.25	1.75	2.25	2.75	2.25	2.00	2.25	2.50	1.75
旅游区号	21	22	23	24	25	26				
商业投资	1351	1399	1497	1450	1485	1655				
游客增率	3.20	3.04	3.10	3.30	3.72	4.95				
经济增率	1.75	1.75	1.50	2.50	2.25	3.00				

偏相关的 SPSS 操作过程如下。

（1）在定义变量窗口定义“旅游区号”、“商业投资”、“游客增长率”和“经济增长率”4 个变量。

（2）在录入数据窗口依次录入上述数据。

（3）选择 Analyze 下拉菜单中的 Correlate 子菜单，选择 Partial 模块，如图 7－17 所示。

（4）进入 Partial Correlations 对话框，将“商业投资”和“地区经济增长”送入 Variables 栏，将“游客增长率”送入 Controlling for 栏，如图 7－18 所示。

（5）单击 OK 按钮，输出结果，见表 7－14。

表 7－14　Correlations

Control Variables			商业投资/万元	地区经济增长/%
游客增长/%	商业投资/万元	Correlation	1.000	.083
		Significance (2-tailed)	.	.695
		df	0	23
	地区经济增长/%	Correlation	.083	1.000
		Significance (2-tailed)	.695	.
		df	23	0

由表 7－14 可以看出，检验统计量的自由度 $n-k-2=27-1-2=24$，偏相关系数为 0.083，检验统计量对应的 p 值为 $0.695>0.05$，说明剔除变量“游客增长率”的影响后，

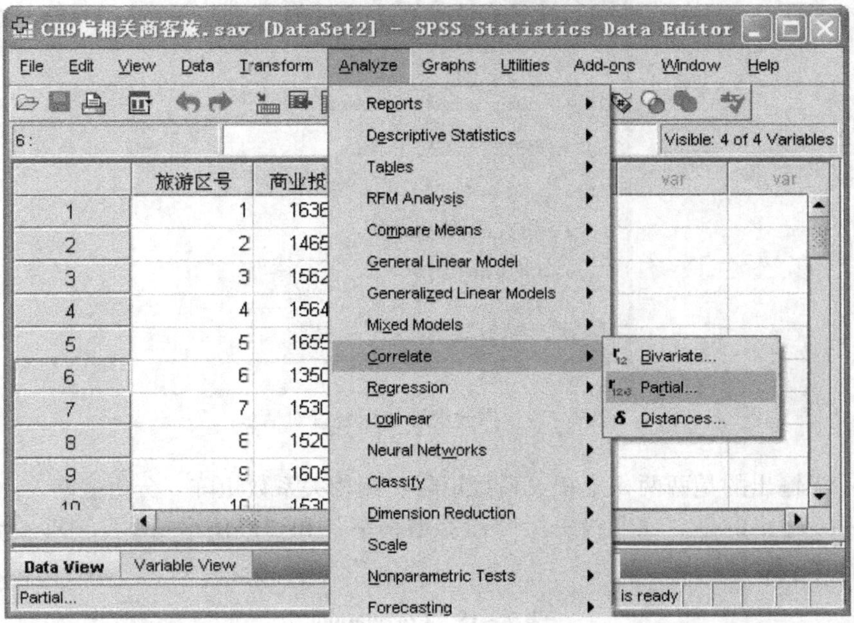

图 7-17 SPSS 的 Analyze 下拉菜单界面

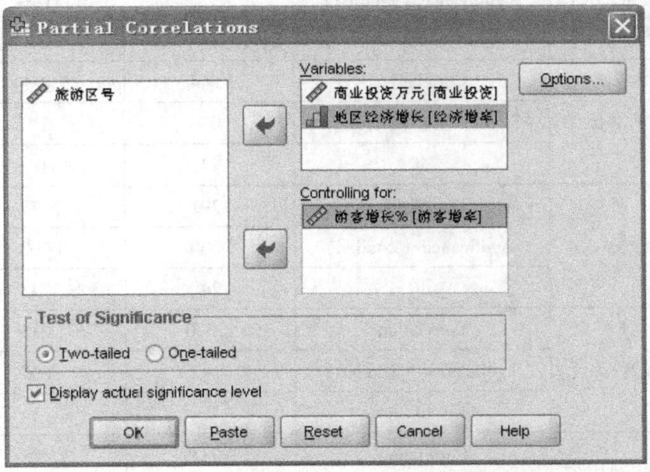

图 7-18 偏相关分析设置对话框

景区的商业投资额与景区经济增长没有显著性关系，无法证明景区的商业投资导致景区的经济增长。

若在 Partial Correlations 界面单击 Options 按钮，进入 Partial Correlations：Options 对话框，选中 Statistics 中的两个选项，如图 7-19 所示。

单击 Continue 按钮，返回 Partial Correlations 界面，单击 OK 按钮，输出结果，见表 7-15 和表 7-16。

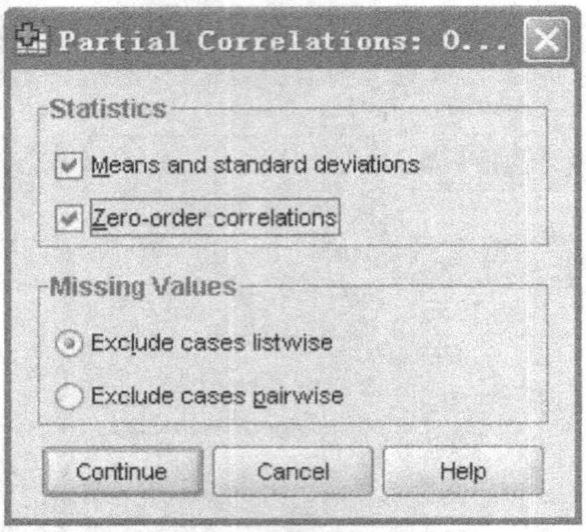

图 7-19 描述统计指标设置对话框

表 7-15 输出的是两两积矩相关系数矩阵和偏相关系数矩阵。分析表略。

表 7-16 输出的是“商业投资”、“游客增长率”和“经济增长率”三个变量的均值、标准差和样本容量。

表 7-15 Correlations

Control Variables			商业投资/万元	地区经济增长/%	游客增长/%
-none-[a]	商业投资/万元	Correlation	1.000	.644	.791
		Significance (2-tailed)	.	.000	.000
		df	0	24	24
	地区经济增长/%	Correlation	.644	1.000	.773
		Significance (2-tailed)	.000	.	.000
		df	24	0	24
	游客增长/%	Correlation	.791	.773	1.000
		Significance (2-tailed)	.000	.000	.
		df	24	24	0
游客增长/%	商业投资/万元	Correlation	1.000	.083	
		Significance (2-tailed)	.	.695	
		df	0	23	
	地区经济增长/%	Correlation	.083	1.000	
		Significance (2-tailed)	.695	.	

a: Cells contain zero-order (Pearson) correlations.

表 7-16 Descriptive Statistics

	Mean	Std. Deviation	N
商业投资/万元	1521.9231	85.09567	26
地区经济增长/%	2.2019	.46914	26
游客增长/%	3.7173	.61066	26

8 线性回归分析

(1) 回归分析的概念。通过相关分析可以说明变量之间相关关系的方向和程度，但是却不能说明变量之间具体的数量因果关系。当自变量给出一个数值时，因变量可能的取值是多少，这是相关分析不能解决的，需要进行回归分析。

回归分析是指通过建立一个数学方程来近似地反映变量之间具体的相互依存关系，并最终通过给定的自变量数值来估计或预测因变量可能的数值，这个数学方程就称为回归模型。

“回归”的意思源于19世纪英国生物学家葛尔登（Francis Galton）对人体遗传学的研究，他发现子女有回归或回复到上一代原有特性的倾向。葛尔登的学生统计学家皮尔生把这一概念和数理统计方法结合，最终形成了回归分析的理论体系。

(2) 相关分析（correlaticn analysis）与回归分析（regression analysis）的关系。相关分析与回归分析在实际应用中有密切关系。在回归分析中关心的是一个随机变量 Y 对另一个（或一组）随机变量 X 的依赖关系的函数形式；而在相关分析中讨论的变量的地位一样，分析侧重于随机变量之间的种种相关特征。例如，以 X、Y 分别记小学生的数学与语文成绩，相关分析感兴趣的是二者的关系如何，而不在于由 X 去预测 Y，所以二者侧重的点和应用的面不同。

1) 相关分析的两个变量必须都是随机变量；回归分析的因变量是随机变量。

2) 相关分析的两个变量是平等的；回归分析的因变量是被解释变量，必须是刻度级；自变量是解释变量，可以是刻度级、顺序级、名义级的变量，不论是什么级别的数据，都必须用数字（numeric）型来表示。

3) 相关分析揭示两个变量的密切程度，通过相关系数完成；回归分析揭示两个变量的内在数量变化规律，通过回归方程完成。

(3) 回归分析的任务：

1) 选择合适的数学方程式。确定了变量之间确实有相关关系及其密切程度，就要通过分析大量的样本数据，确定变量之间的数学表达式。选择合适的数学方程式对变量之间的关系近似描述，并用自变量的数值去推测因变量的数值，称为回归分析。如果变量之间为直线相关，则采用直线方程，称为线性回归；如果变量之间为曲线相关，则采用曲线方程，称为非线性回归。

2) 测定变量估计值的准确程度。在回归分析中，第三步是建立数学方程式，并用方程式对因变量进行估值；将因变量的估计值和实际值进行对比，因变量估计值的准确程度可以用估计标准误差来衡量。对确定的数学关系式的可信度进行统计检验，可以找出对某一特定变量影响较为显著和不显著的变量。

3) 对回归方程进行显著性检验。对上述步骤中变量之间建立的回归方程进行显著性检验。检验变量之间是否真的具备这样的关系，这种关系是不是因为数据的选取而偶然形成的，并利用确定的数学关系式，根据自变量预测或控制因变量的取值，并找出这种预测或控制的精确度。

（4）线性回归分析。在回归分析中，如果变量之间的回归模型是直线方程，这类回归分析称为线性回归分析（直线回归），该直线方程称为线性回归方程。如果直线方程中只有一个自变量和一个因变量，称为简单线性回归分析；若存在一组自变量和多个因变量，称为多元线性回归分析。线性回归分析是整个回归分析的基础。

（5）曲线回归分析。若回归模型表现为曲线形式，就称为曲线回归分析，曲线模型种类多样，不过在统计研究中常用的曲线模型主要有下面几种（见图8－1～图8－3）。

1）二次抛物线：$\hat{y}=a+b_1x+b_2x^2$

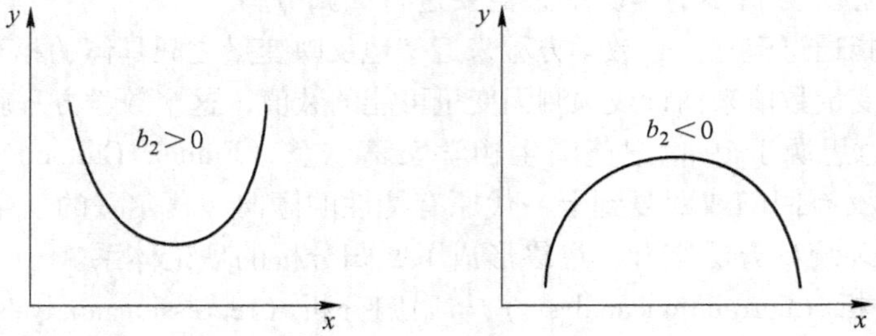

图8－1　抛物线

2）指数曲线：$\hat{y}=ab^x$

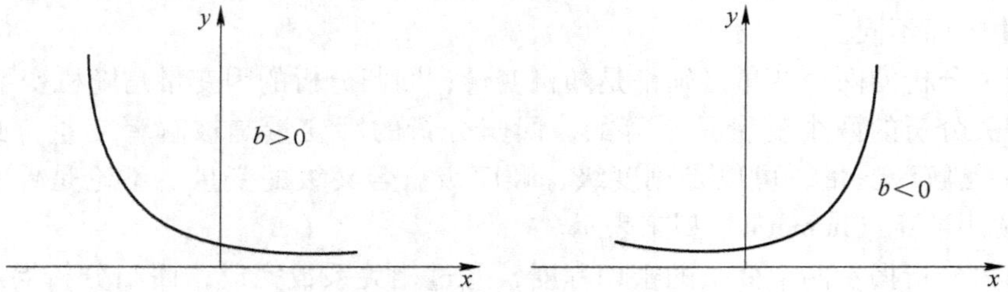

图8－2　指数曲线

3）双曲线：$\frac{1}{\hat{y}}=a+b\frac{1}{x}$

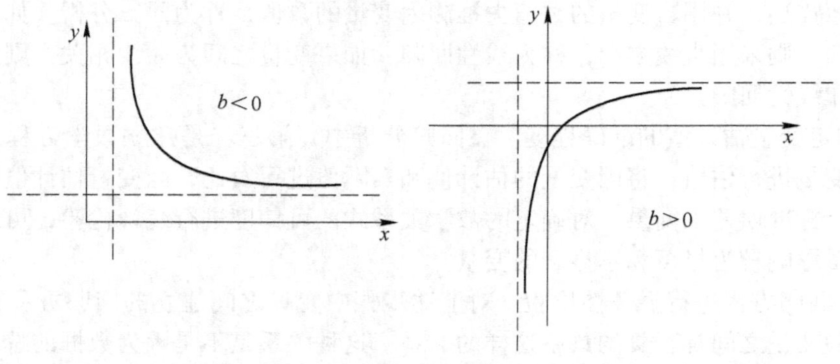

图8－3　双曲线

在建立曲线回归方程时，最重要的问题是如何选择合适的曲线类型。解决这个问题主要是通过作图，然后凭借经验从图形显示的曲线走向趋势来判断能够拟合的曲线。

在多数情况下，曲线回归问题可以通过变量的变换，将其化成线性回归问题，然后再用线性回归加以解决。

8.1 简单线性回归分析

简单线性回归分析的主要任务是在唯一的自变量 x 和因变量 y 之间建立一个直线函数，其表现形式如下：

$$\hat{y} = a + bx$$

式中 x——自变量；

$\hat{y}$——因变量 y 的估计值，又称理论值。

实际观测值 y 和理论值 $\hat{y}$ 的关系是 $y = \hat{y} + \varepsilon$，式中 ε 称为离差，反映了因各种偶然因素、观察误差以及被忽略的其他影响因素带来的随机误差。

(1) 一般简单线性回归方程。确定 $\hat{y} = a + bx$，主要是确定 a 和 b，那么如何选择最为满意的 a 和 b 呢?

最小平方法给出了解决方案，其基本思想是让 $\sum (y - \hat{y})^2$ = 最小，又称最小二乘法。

将 $\hat{y} = a + bx$ 代入 $\sum (y - \hat{y})^2$。令 $Q = \sum (y - \hat{y})^2 = \sum (y - a - bx)^2$，根据微分求极值的原理，分别对 a 和 b 求偏导，令其为零。得：

$$\frac{\partial Q}{\partial a} = -2\sum (y - a - bx) = 0, \frac{\partial Q}{\partial b} = -2\sum (y - a - bx)x = 0$$

整理得：

$$\begin{cases} \sum y = na + b\sum x \\ \sum xy = a\sum x + b\sum x^2 \end{cases}$$

求解方程组，可得 a 和 b：

$$\begin{cases} b = \dfrac{n\sum xy - \sum x \cdot \sum y}{n\sum x^2 - \left(\sum x\right)^2} \\ a = \bar{y} - b\bar{x} \end{cases} \tag{8-1}$$

最后可得直线回归方程 $\hat{y} = a + bx$。

例 8.1 根据表 8-1 中的月产量和单位成本数据资料，建立月产量 x 和单位产品成本 y 之间的直线方程，并估计当月产量为 10 千件时，单位产品成本的数值。

表 8-1 直线回归方程计算表

序 号	月产量 x/千件	单位成本 y/元	x^2	y	xy
1	4.1	80	16.81	6400	328.0
2	6.3	72	39.69	5184	453.6
3	5.4	71	29.16	5041	383.4

续表 8－1

序号	月产量 x/千件	单位成本 y/元	x^2	y	xy
4	7.6	58	57.76	3364	440.8
5	3.2	86	10.24	7396	275.2
6	8.5	50	72.25	2500	425.0
7	9.7	42	94.09	1764	407.4
8	6.8	63	46.24	3969	428.4
9	2.1	91	4.41	8281	191.1
合计	53.7	613	370.65	43899	3332.9

解：将表 8－1 有关数据代入式（8－1），得：

$$b = \frac{n\sum xy - \sum x \cdot \sum y}{n\sum x^2 - \left(\sum x\right)^2} = \frac{9 \times 3332.9 - 53.7 \times 613}{9 \times 370.65 - 53.7^2} = -6.46$$

$$\bar{x} = 5.97,\ \bar{y} = 68.11,\ a = \bar{y} - b\bar{x} = 68.11 - (-6.46) \times 5.97 = 106.68$$

所以回归方程为： $\hat{y} = 106.68 - 6.46x$

当 $x = 10$ 千件时，$\hat{y} = 106.68 - 6.46x = 42.08$ 元。直线如图 8－4 所示。

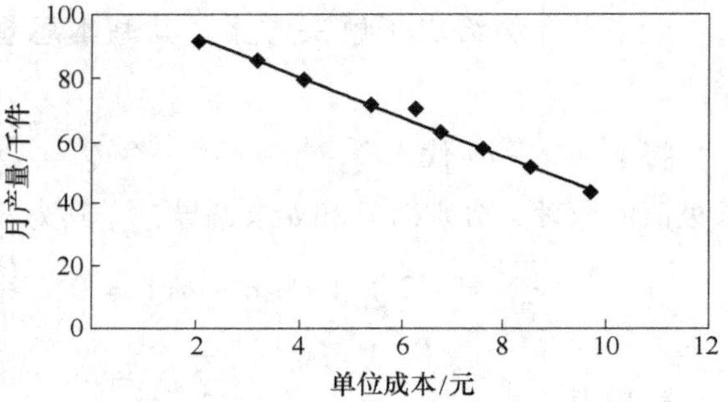

图 8－4 月产量和单位成本的直线回归方程图

（2）当时间为解释变量时的简单线性回归方程。若自变量为时间，则用 t 表示，此时，直线方程为 $\hat{y} = a + bt$

由最小二乘法原理可得：

$$b = \frac{n\sum ty - \sum t \cdot \sum y}{n\sum t^2 - \left(\sum t\right)^2},$$

$$a = \frac{\sum y}{n} - b\frac{\sum t}{n} = \bar{y} - b\bar{t}$$

若 $\sum t = 0$，则：

$$b = \frac{\sum ty}{\sum t^2},\ a = \frac{\sum y}{n} = \bar{y} \qquad (8-2)$$

使 $\sum t = 0$ 的方法见表 8－2。

表 8－2 使 $\sum t = 0$ 的解释表

年编（序）号	奇数	偶数	年编（序）号	奇数	偶数
2010	−2	−5	2014	2	+3
2011	−1	−3	2015	$\sum t = 0$	+5
2012	0	−1			$\sum t = 0$
2013	1	+1			

例 8.2　某风景区历年游客的数量见表 8 -3，用最小二乘法建立直线方程，并预测 2021 年的游客数量。

表 8 -3　某风景区历年观光游客的统计表

年份	时间序号		游客/万人	t^2		ty	
2009	1	-3	100	1	9	100	-300
2010	2	-2	112	4	4	224	-224
2011	3	-1	125	9	1	375	-125
2012	4	0	140	16	0	560	0
2013	5	1	155	25	1	775	155
2014	6	2	168	36	4	1008	336
2015	7	3	180	49	9	1260	540
合计	28	0	980	140	28	4302	382

解：设直线回归方程为：$\hat{y} = a + bt$

因为
$$b = \frac{n\sum ty - \sum t \cdot \sum y}{n\sum t^2 - \left(\sum t\right)^2} = \frac{7 \times 4302 - 28 \times 980}{7 \times 140 - 28^2} = 13.64$$

$$a = \frac{\sum y}{n} - b\frac{\sum t}{n} = \frac{980}{7} - 13.64 \times \frac{28}{7} = 85.44$$

所以
$$\hat{y} = 85.44 + 13.64t$$

因为 2021 年对应的时间序号为 13，所以 2021 年的游客数量预计为：

$$\hat{y} = 85.44 + 13.64t = 85.44 + 13.64 \times 13 = 262.76 \text{ 万人}$$

若令 $\sum t = 0$，则

$$b = \frac{\sum ty}{\sum t^2} = \frac{382}{28} = 13.64$$

$$a = \frac{\sum y}{n} = \frac{980}{7} = 140$$

所以回归方程为 $\hat{y} = 140 + 13.64t$。

因为此时 2021 年对应的时间序号为 9，所以 2021 年的游客数量预计为：

$$\hat{y} = 140 + 13.64t = 140 + 13.64 \times 9 = 262.76 \text{ 万人}$$

8.2　多元线性回归分析

简单线性回归反映的是一个自变量和一个因变量之间的关系，但是客观事物非常复杂，许多现象的变动都牵扯到多个影响因素。例如：一个企业的利润受产值、成本、价格等多个因素的影响；再如，粮食产量受施肥量，同时也受温度、播种量、土壤的酸碱性、降雨量的影响。所以在现实中，经常要进行一个因变量和多个自变量的多元线性回归分析。

多元线性回归分析的一般形式为：$\hat{y}=a+b_1x_1+b_2x_2+b_3x_3+\cdots+b_nx_n$。

为了叙述方便，本书以二元线性回归为例。即一个因变量 y 和两个自变量 x_1，x_2 的线性回归，方程为 $\hat{y}=a+b_1x_1+b_2x_2$。

利用最小二乘原理，可以得出如下的方程组：

$$\begin{cases}\sum y = na + b_1\sum x_1 + b_2\sum x_2 \\ \sum x_1y = a\sum x_1 + b_1\sum x_1^2 + b_2\sum x_1x_2 \\ \sum x_2y = a\sum x_2 + b_1\sum x_1x_2 + b_2\sum x_2^2\end{cases} \tag{8-3}$$

解该方程组可得 a、b_1、b_2。

例 8.3　某服装企业有 10 家销售公司分布在不同的城市，决策者通过反复调查分析后认为，影响该企业总销售额的因素主要有当地的人均月收入和广告投入，经过一年的统计，得出表 8－4 所示数据。

表 8－4　企业销售额与广告投入和人均收入　　（千元）

城市	销售额 y	广告投入 x_1	人均月收入 x_2	城市	销售额 y	广告投入 x_1	人均月收入 x_2
1	5540	192	2.63	7	4627	103	2.30
2	5439	210	2.42	8	4110	90	2.39
3	4290	146	1.71	9	4122	98	1.78
4	5502	200	3.12	10	4230	132	1.96
5	4871	130	2.63				
6	4708	110	2.70	合计	47439	1411	23.65

多元线性回归方程也可以按照上述的最小二乘法通过求解方程组得出，但在实际操作中可用 SPSS“数据分析”中的“回归”求解，具体操作过程如下。

（1）在定义变量窗口定义“城市、销售额、广告投入、人均月收入”4 个变量。

（2）在录入数据窗口依次录入表 8－4 中的数据。

（3）选择 Analyze 下拉菜单中的 Regression 子菜单，选择 Linear 模块，如图 8－5 所示。

（4）进入 Linear Regression 对话框，将“销售额”送入 Dependent 栏，将“广告投入”和“人均月收入”送入 Independent（s）栏，如图 8－6 所示。

（5）单击 OK 按钮，输出结果，见表 8－5。

表 8－5　Coefficients[a]

Model	Unstandardized Coefficients		Standardized Coefficients	t	Sig.
	B	Std. Error	Beta		
(Constant)	2116.516	349.994		6.047	.001
广告投入	8.577	1.570	.665	5.462	.001
人均月收入	599.454	158.221	.461	3.789	.007

a：Dependent Variable：销售额。

由表 8－5 可知，回归方程为：$\hat{y}=2116.52+8.58x_1+599.45x_2$

如果广告投入 $x_1=300$ 千元，人均月收入 $x_2=2.03$ 千元，则销售额的估计值为 $\hat{y}=$

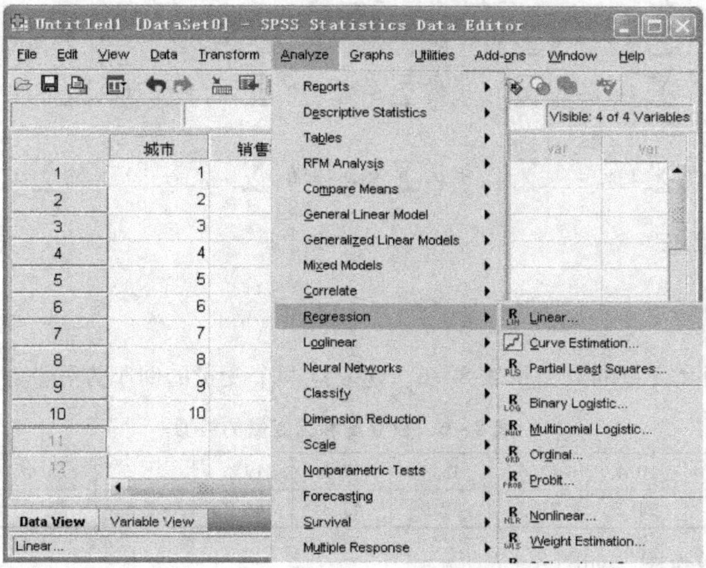

图 8-5 SPSS 的 Analyze 下拉菜单界面

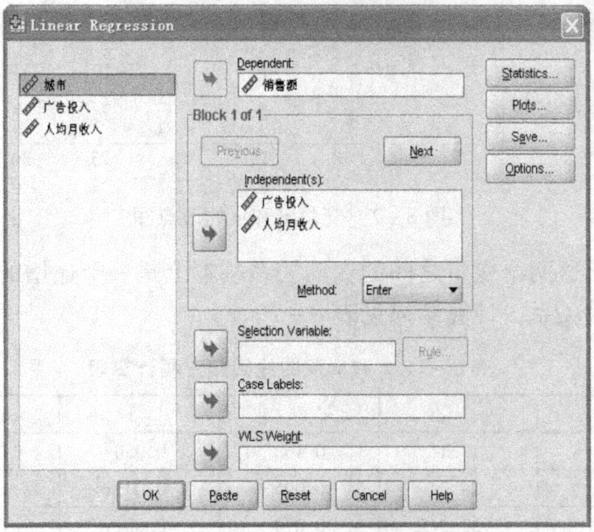

图 8-6 线性回归分析设置对话框

5907.4 千元。

上面的方法可以推广到 n 个自变量的情况，对回归方程：

$$\hat{y} = a + b_1x_1 + b_2x_2 + b_3x_3 + \cdots + b_nx_n$$

同样可用最小平方法建立一个（$n+1$）$\times n$ 阶方程组（式（8-4）），解该方程组可求出有关参数：

$$\begin{cases} \sum y = na + b_1 \sum x_1 + b_2 \sum x_2 + \cdots + b_n \sum x_n \\ \sum x_1 y = a \sum x_1 + b_1 \sum x_1^2 + b_2 \sum x_1 x_2 + \cdots + b_n \sum x_1 x_n \\ \sum x_2 y = a \sum x_2 + b_1 \sum x_1 x_2 + b_2 \sum x_2^2 + \cdots + b_n \sum x_2 x_n \\ \vdots \\ \sum x_n y = a \sum x_n + b_1 \sum x_1 x_n + b_2 \sum x_2 x_n + \cdots + b_n \sum x_n^2 \end{cases} \quad (8-4)$$

8.2.1 双曲线回归

令 $\hat{y}' = \frac{1}{\hat{y}}$，$x' = \frac{1}{x}$，则有 $\hat{y}' = a + bx'$

例 8.4 两个变量的数据见表 8－6，建立这两个变量的回归方程。

表 8－6 自变量和因变量的数据

x	9.3	10.4	12.6	15.4	17.5	19.6	21.7	23.4	25.3	27.5
y	17.1	24.2	31.3	37.9	43.3	46.2	47.5	50.1	51.1	51.3

解： 作出散点图，如图 8－7 所示。

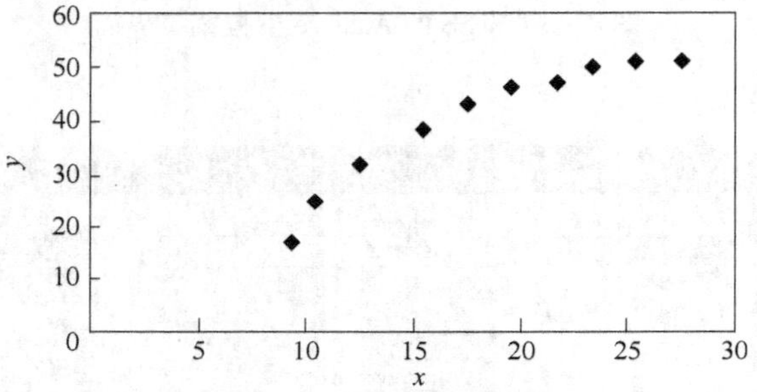

图 8－7 变量 x 和 y 的散点图

从图中可以看出这两个变量之间的变动关系基本上是一个递增的双曲线，则用双曲线模型分析两个变量的关系，计算结果见表 8－7。

表 8－7 x 和 y 双曲线回归方程计算表

序 号	x	y	$x' = 1/x$	$y' = 1/y$	$(x')^2$	$x'y'$
1	9.3	17.1	0.108	0.058	0.012	0.006288
2	10.4	24.2	0.096	0.041	0.009	0.003973
3	12.6	31.3	0.079	0.032	0.006	0.002536
4	15.4	37.9	0.065	0.026	0.004	0.001713
5	17.5	43.3	0.057	0.023	0.003	0.00132
6	19.6	46.2	0.051	0.022	0.003	0.001104
7	21.7	47.5	0.046	0.021	0.002	0.00097
8	23.4	50.1	0.043	0.02	0.002	0.000853
9	25.3	51.1	0.04	0.02	0.002	0.000773
10	27.5	51.3	0.036	0.019	0.001	0.000709
合计	182.7	400	0.621	0.283	0.044	0.02024

将表中数据代入以下公式：

$$\begin{cases} b = \dfrac{n\sum x'y' - \sum x' \cdot \sum y'}{n\sum (x')^2 - \left(\sum x'\right)^2} \\ a = \overline{y}' - b\overline{x}' \end{cases}$$

得：

$$\begin{cases} b = \dfrac{10 \times 0.02024 - 0.621 \times 0.283}{10 \times 0.044 - 0.621^2} = 0.0267 \\ a = 0.0283 - 0.0267 \times 0.0621 = 0.0266 \end{cases}$$

于是有：$\hat{y}' = 0.0266 + 0.0267x'$。

$\hat{y}' = \dfrac{1}{\hat{y}}$，$x' = \dfrac{1}{x}$，代入后，得：$\dfrac{1}{\hat{y}} = 0.0266 + 0.0267\dfrac{1}{x}$。

在实际操作中，一元曲线回归不用手工来完成，都是先将数据进行变换，再按照线性回归添加趋势线的方法来拟合曲线。

8.2.2 指数曲线回归和抛物线回归

（1）指数曲线：$\hat{y} = ab^x$。两边取对数：$\ln\hat{y} = \ln a + x\ln b$。

令：$\hat{y}' = \ln\hat{y}$，$A = \ln a$，$B = \ln b$，则得到一元线性回归模型：$\hat{y}' = A + Bx$。

（2）二次抛物线：$\hat{y} = a - b_1x + b_2x^2$。令 $x_1 = x$，$x_2 = x^2$，原方程转化为二元线性回归模型：$\hat{y} = a + b_1x_1 + b_2x_2$。

8.3 线性回归分析的评价和检验

通过以上方法可以得出回归方程，但变量之间的回归方程毕竟是根据随机抽取的样本来计算的一个经验公式，根据回归模型计算的 $\hat{y}$ 值毕竟是一个估计值，与实际 y 值之间存在着差异。因此会产生两个问题：（1）如何评价回归模型的准确性？（2）如何检验回归模型的可靠性？

线性回归分析是各类回归分析的基础，对上述两个问题的说明是本节的主要内容。

8.3.1 判定系数 R^2 和估计标准误差

要评价回归模型的精确性，主要是用判定系数 R^2 和估计标准误差这两个统计量。

8.3.1.1 判定系数 R^2

回归方程的准确性又称为拟合优度，判定系数是测定回归方程拟合优度的一个重要指标，为此要先引入几个概念：

总变差：$\sum(y - \overline{y})^2$，记作 SST。

回归变差：$\sum(\hat{y} - \overline{y})^2$，记作 SSR。

残余变差：$\sum(y - \hat{y})^2$，记作 SSE。

可以证明：
$$SST = SSR + SSE \tag{8-5}$$

判定系数 R^2 的定义为：

$$R^2 = \frac{SSR}{SST} = \frac{\sum(\hat{y}-\bar{y})^2}{\sum(y-\bar{y})^2} \tag{8-6}$$

结合式（8－5）和式（8－6），可以看出 R^2 越大，则意味着回归变差 SSR 在总变差 SST 中占的比重越大，因而 $SSE = \sum(y-\hat{y})^2$ 越小，即 y 与 $\hat{y}$ 的差距越小，$\hat{y}$ 对 y 的拟合程度越高，也就是说该回归模型的准确度越强。

可以证明：$0 \leqslant R^2 \leqslant 1$，即 R^2 越接近于1，回归模型的拟合优度越好。

（1）简单线性回归方程的 R^2。用式（8－6）计算 R^2 非常烦琐，可以证明一元线性回归方程的相关系数 r 有这样的结论：$R^2 = r^2$。

对第7章例7.2中的数据来计算其判定系数 R^2，其相关系数 $r = -0.9886$，所以 $R^2 = (-0.9886)^2 = 0.9773$。

计算结果表明，单位成本的总变差 $\sum(y-\bar{y})^2$ 中，有97.73%可以由回归变差 $\sum(\hat{y}-\bar{y})^2$ 来解释，这说明月产量和单位成本的回归方程 $\hat{y} = 106.68 - 6.46x$ 对真实的 y 值有很好的拟合效果。

（2）多元线性回归方程的 R^2。多元线性回归的 R^2 可在 SPSS 工具中的“回归”结果中获得。

8.3.1.2　估计标准误差

在前面用判定系数 R^2 对回归模型的准确度作了评价，并通过 $SSE = \sum(y-\hat{y})^2$ 衡量回归模型的准确度，在 SSE 的基础上形成了估计标准误差的概念。

（1）简单线性回归方程的估计标准误差 S_{xy}，定义：

$$S_{xy} = \sqrt{\frac{\sum(y-\hat{y})^2}{n-2}} \tag{8-7}$$

估计标准误差 S_{xy} 越小，说明 y 与 $\hat{y}$ 越接近。

将 $\hat{y} = a + bx$ 代入式（8－7），可得如下计算公式：

$$S_{xy} = \sqrt{\frac{\sum y^2 - a\sum y - b\sum xy}{n-2}} \tag{8-8}$$

同样将第7章的例7.2中数据代入式（8－8），可得：$S_{xy} = 2.640$ 元。

（2）二元线性回归方程的 $S_{x_1x_2y}$，定义：

$$S_{x_1x_2y} = \sqrt{\frac{\sum(y-\hat{y})^2}{n-3}} \tag{8-9}$$

多元线性回归的估计标准误差的计算可在 SPSS 工具中的“回归”结果中获得。

8.3.2　线性回归方程的显著性检验

8.3.2.1　简单线性回归方程的显著性检验

对于变量 x 和 y，一元直线方程 $\hat{y} = a + bx$ 根据样本的数据计算，带有样本抽取的随机性。例如，根据一个样本计算的结果是否具有代表性，是否真正描述了在总体中变量 x 和

y之间的关系，即x和y之间的关系是否真的是直线函数，这都需要进行检验，检验过程就称为对$\hat{y}=a+bx$的显著性检验。

根据样本，得出变量x和y之间的回归直线为$\hat{y}=a+bx$，总体变量x和y之间的回归直线为$y=A+Bx$。因此，可以认为a、b是A、B的估计值，如何检验估计的可靠性，主要有两种办法：t-检验和F-检验。如果总体变量x和y之间不存在直线关系，则意味着$B=0$，即根据样本计算的回归直线方程：$\hat{y}=a+bx$并不“显著”。因而对一元直线回归模型的检验最主要是对回归系数b进行检验。

A　t-检验：回归系数的检验

t-检验用来检验回归系数b的显著性。

（1）提出检验假设：

$$H_0: B=0,\ H_1: B\neq 0$$

（2）在假定H_0成立的前提条件下，构造t-检验统计量：

$$t=\frac{b-B}{\sigma_b} \tag{8-10}$$

式中，σ_b为回归系数b的标准差，可以其证明计算公式为：

$$\sigma_b=\frac{S_{xy}}{\sqrt{\sum x^2-n(\bar{x})^2}} \tag{8-11}$$

（3）根据给定的显著性水平为α，在t表中查找临界值$t_{\frac{\alpha}{2}}(n-2)$。

（4）判断，若$|t|>t_{\alpha/2}(n-2)$，则拒绝$H_0: B=0$，得出$B\neq 0$的结论，即线性方程$\hat{y}=a+bx$显著，检验通过；若$|t|<t_{\alpha/2}(n-2)$，则结论相反。

例8.5　若例8.1中的一元直线回归方程$\hat{y}=106.68-6.46x$的回归系数为$b=-6.46$，对其进行显著性检验（$\alpha=0.05$）。

解：由$\bar{x}=\frac{53.7}{9}=5.97$，又知$S_{xy}=2.640$

得：
$$\sigma_b=\frac{2.640}{\sqrt{370.65-9\times 5.97^2}}=0.3723$$

于是：
$$t=\frac{-6.46-0}{0.3723}=-17.35$$

可见$|t|>t_{\alpha/2}(n-2)$，即总体回归系数$B=0$的可能性小于5%，因而拒绝$H_0: B=0$，即认为根据样本计算的回归系数b是显著的，这进一步说明了月产量和单位产品成本之间确实存在线性关系，产量是影响单位成本的显著因素。其SPSS输出结果见表8-8。

表8-8　Coefficients[a]

Model		Unstandardized Coefficients		Standardized Coefficients	t	Sig.
		B	Std. Error	Beta		
1	(Constant)	106.67	2.390		44.626	.000
	月产量	-6.462	.372	-.989	-17.350	.000

a. Dependent Variable：单位成本。

B　F-检验

对线性回归模型进行显著性检验，除了t-检验外，还有F-检验。

（1）提出检验假设：

$$H_0：回归方程不显著，H_1：回归方程显著$$

（2）在假定 H_0 成立的前提条件下，构造 F-检验统计量。

$$F=\frac{\mathrm{SSR}/1}{\mathrm{SSE}/(n-2)}=\frac{\sum(\hat{y}-\bar{y})^2/1}{\sum(y-\hat{y})^2/(n-2)} \tag{8-12}$$

可以证明，若回归方程的判定系数为 R^2，则：

$$F=\frac{R^2(n-2)}{1-R^2} \tag{8-13}$$

（3）根据给定的显著性水平为 α，在 t 表中查找临界值 $F_\alpha(1,\ n-2)$。

若 $F>F_\alpha$，则拒绝原假设"H_0：方程不显著"，检验通过；若 $F<F_\alpha$，则接受原假设"H_0：方程不显著"，即认为线性方程不显著。例 8.1 中的一元直线回归方程 $\hat{y}=106.68-6.46x$ 显著性检验的 SPSS 输出结果见表 8－9。

表 8－9　ANOVA[b]

Model		Sum of Squares	df	Mean Square	F	Sig.
1	Regression	2098.098	1	2098.098	301.013	.000[a]
	Residual	48.791	7	6.970		
	Total	2146.889	8			

a. Predictors：(Constant)，月产量；

b. Dependent Variable：单位成本。

需要指出的是，在一元直线回归中，F-检验和 t-检验是等价的，任一种检验通过，其余必然通过。

8.3.2.2　二元线性回归方程的显著性检验

y 和变量 x_1，x_2 的二元线性回归模型 $\hat{y}=a+b_1x_1+b_2x_2$ 是否显著，这要观察总体中是否有 $y=A+B_1x_1+B_2x_2$ 这样的关系。若这种关系不成立，则 $\hat{y}=a+b_1x_1+b_2x_2$ 不显著。

A　t-检验：回归系数检验

其检验方法与简单线性回归基本相同，只是对每一个偏回归系数 b_1，b_2 都要分别做显著性检验。

（1）提出检验假设（$i=1,\ 2$）：

$$H_0：B_i=0，H_1：B_i\neq 0$$

（2）在假定 H_0 成立的前提条件下构造 t-检验统计量：

$$t_i=\frac{b_i-B_i}{\sigma_{bi}} \tag{8-14}$$

式中　σ_{bi}——回归系数 b_i 的标准差。

（3）根据给定的显著性水平 α，在 t 表中查找临界值 $t_{\alpha/2}(n-2)$。

（4）判断：若 $|t|>t_{\alpha/2}(n-2)$，则拒绝 H_0：$B_i=0$，得出 $B\neq 0$ 的结论，即线性方程 $\hat{y}=a+bx$ 显著，检验通过；若 $|t|<t_{\alpha/2}(n-2)$，则结论相反。

针对回归系数的 t 统计量的显著性检验，决定了相应的变量能否作为解释变量进入回归方程。

在实际的统计研究中，对于二元线性回归方程的 t-检验，一般不采用人工计算，因为有多种软件工具（如：Excel、SPSS 等）可以代替人工进行烦琐的计算，从而直接得出所需要的结果。

B F-检验：回归方程的显著性检验

同一元线性回归一样，F-检验是用来检验回归方程的显著性。

（1）提出检验假设。

$$H_0: B_1 = B_2 = 0(\text{即方程不显著}), H_1: B_1 = B_2 \neq 0(\text{即方程显著})$$

（2）在假定 H_0 成立的前提条件下构造 F-检验统计量：

$$F = \frac{SSR/k}{SSE/(n-k-1)} = \frac{\sum(\hat{y}-\bar{y})^2/2}{\sum(y-\hat{y})^2/(n-3)} \tag{8-15}$$

其中：$SSE = \sum(y-\hat{y})^2$：剩余平方和/残差平方和

$SSR = \sum(\hat{y}-\bar{y})^2$：回归离差平方和

$SST = \sum(y-\bar{y})^2$：总离差平方和

k 为自变量的个数，在二元线性回归方程中 $k=2$。

可以证明，若回归方程的判定系数为 R^2，则：

$$F = \frac{R^2(n-3)}{2(1-R^2)} \tag{8-16}$$

（3）根据给定的显著性水平 α，在 t 表中查找临界值 $F_\alpha(2, n-3)$。

若 $F > F_\alpha$，则拒绝原假设“H_0：方程不显著”，检验通过；若 $F < F_\alpha$，则接受原假设“H_0：方程不显著”，即认为线性方程不显著。

C 回归效果的检验：判定相关系数检验

若全部观测值都落在回归直线上，则 $R^2=1$；若 x 完全无助于解释 y 的变动，则 $R^2=0$。判定相关系数越接近 1，表明回归平方和占总离差平方和的比例越大，用 x 的变动解释 y 值变动的部分就越多，回归的效果就越好。例 8.1 中的一元直线回归方程 $\hat{y} = 106.68 - 6.45x$ 回归效果检验的 SPSS 输出结果见表 8-10。

表 8-10 Model Summary

Model	R	R Square	Adjusted R Square	Std. Error of the Estimate
1	.989[a]	.977	.974	2.64010

a. Predictors: (Constant), 月产量。

通常回归效果的评价标准为：

$R^2 \geqslant 0.9$：回归效果非常好

$0.8 \leqslant R^2 < 0.9$：回归效果很好

$0.7 \leqslant R^2 < 0.8$：回归效果比较好

$0.6 \leqslant R^2 < 0.7$：回归效果一般

$R^2 < 0.6$：回归效果不好

9 时间数列分析

9.1 时间数列分析概述

9.1.1 时间数列分析的定义、组成要素和种类

9.1.1.1 时间数列分析的定义

时间数列分析（time series analysis）也称动态数列分析，是一种动态数据处理的统计方法，是将各个不同时间的社会经济统计指标，按时间先后顺序排列形成的。该方法基于随机过程理论和数理统计学方法，研究随机数据序列所遵从的统计规律，以用于解决实际问题。

9.1.1.2 时间数列的组成要素

社会经济现象随着时间推移不断发展变化，社会经济现象的有关统计指标是在不同时间观察记录的，如表 9 - 1 所示的我国某地区 2006—2015 年若干统计指标的时间数列。

表 9 - 1 某地区若干国民经济指标时间数列

指标年份	GDP/亿元	年末人口/万人	人均 GDP/元	第三产业比重/%
2006	21618	115823	1879	33.4
2007	26638	117171	2287	34.3
2008	34634	118517	2939	32.7
2009	46759	119850	3923	31.9
2010	58478	121121	4854	30.7
2011	67885	122389	5576	30.1
2012	74663	123626	6079	30.9
2013	78345	124810	6307	32.1
2014	81911	125909	6534	33.0
2015	89404	126583	7082	33.2

从表 9 - 1 中可以观察到，时间数列有两个基本要素，即统计指标所属的时间和统计指标在特定时间的具体指标值。在统计研究中，时间数列的分析和研究具有很重要的地位。进行时间数列分析的主要目的有 3 个。

（1）通过计算各种水平指标和速度指标，了解和分析社会经济现象发展变化的历史过程。

（2）通过长期趋势分析、季节变动分析、循环变动分析等了解和分析社会经济现象发展变化的规律性。

（3）通过建立数学模型预测现象的未来发展趋势。

9.1.1.3　时间数列的种类

时间数列按照其指标的性质不同，可以分为总量指标、相对指标和平均指标三种类型。总量指标时间数列也称绝对数时间数列，它是基本的时间数列，相对指标和平均指标时间数列是在其基础上派生出来的。

（1）总量指标时间数列。总量指标用以反映社会经济现象达到的绝对水平，所谓总量指标时间数列就是把一系列总量指标值按时间的先后顺序排列起来所形成的时间数列。根据总量指标反映的社会经济现象性质的不同，又可分为时期指标时间数列和时点指标时间数列。在表 9－1 中，GDP 是时期指标，年末人口数是时点指标。

时期指标和时点指标的特点如下。

1）时期指标：

① 可加性。不同时期的总量指标可以相加，所得数值表明现象在更长一个时期的指标值。例如，月度 GDP、季度 GDP 和年度 GDP 指标所属的时间长短不同，把 1 月、2 月、3 月的 GDP 加总，则得到第一季度的 GDP，把一年 4 个季度的 GDP 加总，则得到年度的 GDP。

② 指标值的大小与所属时间的长短有直接关系。这是由时期指标的可加性特点决定的。一般指标所属时期越长，指标值越大。如上所述的季度 GDP 总是大于月度 GDP，年度 GDP 也总是大于季度 GDP。

③ 指标值采用连续统计的方式获得。由于时期指标反映现象在一段时间内的发展过程总量，因而必须在这段时间内把现象发生的数量逐一登记，并进行累计得到指标值。

2）时点指标

① 不可加性。不同时点的总量指标不可相加，这是因为把不同时点的总量指标相加后，无法解释所得数值的时间状态。如把表 9－1 的 2006 年末人口数 115823 万人和 2007 年末人口数 117171 相加得到 232994 万人，但 232994 万人这个数据属于哪个具体时间是无法说明的，因此也没有意义。

② 指标数值的大小与时点间隔的长短一般没有直接关系。在时点数列中，相邻两个指标所属时间的差距为时点间隔。因为时点指标的时间单位是瞬间，因而许多现象时间间隔的长短与指标值的大小没有直接联系。如企业年底的库存不一定比各月底的库存量大。企业 12 月底的职工人数也未必比 11 月底的职工人数多。但如果现象本身存在着长期变化趋势，如呈现长期增长或长期下降趋势，则指标数值的大小与时间间隔的长短就有一定关系了。如我国总人口变动呈现长期增长趋势，因此，时点间隔越长，指标的数值就越大。

③ 指标值采用间断统计的方式获得。时点指标具有不连续统计的特点。因为时点指标反映现象在某一时刻上的数量特征，只需要在某一时点上进行统计，取得该时点资料，不必连续统计。如我国历次的人口普查就是根据联合国的有关建议和国家的有关规定，间隔一定时点（一般为 10a）进行一次。

（2）相对指标和平均指标时间数列。前面已经指出，相对指标和平均指标是由总量指标派生出来的。相对指标和平均指标反映社会经济现象达到的相对水平和平均水平，把一系列相对指标或平均指标按时间先后顺序排列起来，就得到相对指标或平均指标时间数列。如表 9－1 中人均 GDP 和第三产业比重时间数列就属此类。

相对指标或平均指标时间数列反映了社会经济现象之间相互联系的发展过程。在经济统计分析中，往往把总量指标、相对指标和平均指标时间数列结合起来，以便从多方位对社会经济现象进行分析。

9.1.2 时间数列的编制原则和编制目的

9.1.2.1 时间数列的编制原则

编制时间数列的目的是要通过比较数列中的各指标，来研究社会经济现象的发展及其规律。因此，保证数列中各个指标数值的可比性是编制时间数列的基本原则；同时还要考虑以下三个方面。

（1）时间一致。对于时期指标时间数列，各指标值所属时期长短应一致；对于时点指标时间数列，各指标的时点间隔长短应一致。

（2）计算口径一致。包含4个方面。一是现象总体范围应一致。无论是时期指标时间数列还是时点指标时间数列，指标值的大小都与现象总体范围有密切关系，若指标的总体范围不一致，则失去比较意义。二是计算价格应一致。价值指标有不变价、现行价，而不变价又有不同时期的不变价，编制价值指标的时间数列要保证各指标的计算价格相同，才具有比较意义。三是计量单位一致。实物量指标度量单位有t、kg以及标准实物量和混合实物量等，编制实物量指标时间数列要保证各指标的计量单位相同。四是经济内容要一致。如新中国成立以来，我国曾经采用过工农业总产值、社会总产值、国民收入和国内生产总值等指标反映我国的经济活动总量，这些指标都有不同的经济内容，在编制新中国成立以来的经济活动总量时间数列时，就需要对这些指标加以区别和调整，才能符合可比性的要求。

（3）计算方法一致。指标名称、总体范围、计算价格和计量单位以及经济内容都一致的指标，有时因计算方法不一致，也会导致数值上的差异。如GDP指标，可以用生产法、分配法和支出法来计算，从理论上讲，三种方法的计算结果应一致，但由于资料来源的渠道不同，这三种方法计算的结果往往存在差异。因此，在编制时间数列时，应注意各指标的计算方法是否统一，以确保指标可比。

9.1.2.2 时间数列的编制目的

编制时间数列的目的是为了对经济现象在各时间上的指标数值进行对比，研究经济现象发展变化的过程和规律。因此，保证时间数列中各个指标数值具有可比性是编制时间数列的基本原则。同时，还应注意以下几点：

（1）时间长度应该前后一致。在时期数列中，由于其各项指标数值与时间长短有直接关系，一般要求各指标数值所属时间长短一致。在时点数列中，虽然各指标数值与时间间隔长短没有直接关系，但是为了便于分析和对比，一般来说也应尽可能使间隔相等。在工作中也可以根据实际情况编制间隔不等的时点数列。

（2）总体范围应一致，即在数列中各时间上现象所属的空间范围必须一致，如地区范围、隶属范围、分组范围等，否则不能直接对比。如果现象所属的总体范围前后发生变化，必须经过调整后才能进行比较。

（3）各指标的定义内容、计算口径应一致。计算口径一致既指计算方法，也指价格和计量单位一致。如劳动生产率指标，在同一数列中，要么都是全员劳动生产率，要么都是生产工人劳动生产率；计算方法要么都是按总量计算，要么都是按增加量计算；计量单位要么都是按实物计量，要么都是按统一价格的价值量计算。定义内容、计算口径不一致的指标数值不能直接对比，必须经过调整。

9.2　时间数列的水平分析

9.2.1　发展水平与平均发展水平

9.2.1.1　发展水平

在时间数列中，各指标数值就是该指标所反映的社会经济现象在所属时间的发展水平。它们是受长期趋势、季节变动、循环变动和不规则变动等因素共同作用的结果，反映社会经济现象在具体时间下所达到的规模和发展程度。表9－1中资料显示，2015年我国某地区GDP为89404亿元，人口数为12.66亿人，人均GDP为7082元，第三产业比重为33.2%，这说明2015年我国这些社会经济现象的发展水平以及所达到的规模和程度。

分析现象的发展水平要区分几个相关概念。在时间数列中，各个指标值用α_i表示，则时间数列可表示为α_0，α_1，α_2，…，α_{n-1}，α_n，通常把首项α_0称为最初水平，末项α_n称为最末水平，作为对比基准的水平称为基期水平，被研究考察时间的水平称为报告期水平。

9.2.1.2　平均发展水平

在对时间数列进行分析时，为了综合说明现象在一段时期内的发展水平，需要计算平均发展水平指标。就是对各不同时间上的指标数值求平均数，将指标在各时间上表现的差异加以抽象，以一个数值来代表现象在这一段时间上的一般发展水平，称为序时平均数。

计算序时平均数的方法要根据时间数列指标的性质来确定。通过第1节的介绍已经了解，时间数列可以由总量指标、相对指标和平均指标形成。计算这三种时间数列序时平均数的方法是不同的。但由于相对指标和平均指标是由总量指标派生的，所以根据总量指标时间数列计算序时平均数的方法是最基本的方法。

A　由总量指标计算序时平均数

总量指标时间数列分为时期数列和时点数列两种，二者的计算方法有所不同，下面分别加以说明。

a　根据时期数列计算序时平均数

这种序时平均数的计算方法比较简单，通常采用简单算术平均数方法计算。用公式表示如下：

$$\bar{a} = \frac{a_1 + a_2 + \cdots + a_n}{n} = \frac{\sum a}{n} \tag{9-1}$$

式中　$\bar{a}$——序时平均数；

a_i——各期发展水平；

n——时期项数。

b　根据时点数列计算序时平均数

从理论上说，要准确计算时点指标序时平均数，应当掌握现象在每一时点上的数据。

但时点指标大多数是间断统计的。有的是每隔一定时间统计一次，如每月末、每季末、每半年末、每年末统计一次；有的是当现象发生变动时才登记一次，有的则是不定期统计。对这些不同的资料情况，时点指标时间数列的序时平均数计算有相应的方法，下面逐一介绍。

（1）根据连续时点数列计算序时平均数。

1）未分组资料的连续时点数列序时平均数的计算。所谓未分组资料的连续时点数列，是指时点数列中的资料是逐日记录，且逐日排列的。根据这一特点，未分组资料的连续时点数列计算序时平均数的方法可采用简单算术平均法，即式（9－1）。

2）分组资料的连续时点数列序时平均数的计算。分组资料的连续时点数列是指对原始的连续时点数列进行分组汇总后得到的时间数列，或者是指仅当现象发生变化时在当天进行记录，否则就认为一直保持原有水平所形成的时间数列。其序时平均数的方法可采用以每次变动持续的间隔长度为权数（f）的加权算术平均法，用公式表示如下：

$$\bar{a} = \frac{a_1f_1 + a_2f_2 + \cdots + a_nf_n}{f_1 + f_2 + \cdots + f_n} = \frac{\sum af}{\sum f} \tag{9-2}$$

例 9.1 某企业 2016 年 5 月某种工具库存量资料见表 9－2，求 5 月份工具平均库存量。

表 9－2 某企业 2016 年 5 月某种工具库存量资料 （件）

时间	1 日	10 日	12 日	20 日	25 日	31 日
库存量	85	5	105	50	20	100

解：该企业 5 月份工具平均库存量如下。

$$\bar{a} = \frac{\sum af}{\sum f} = \frac{85 \times 9 + 5 \times 2 + 105 \times 8 + 50 \times 5 + 20 \times 6 + 100 \times 1}{9 + 2 + 8 + 5 + 6 + 1} = 90.484 \text{ 件}$$

这个例子的情况是后一时点的数据并非前一时点数据逐渐变化的结果，而是前一时点现象一直维持到后一时点的前一天，在后一时点的那一天库存量才发生变化。因此，在两个时点之间的代表值就是前一时点的数据。

（2）根据间断时点数列计算序时平均数。

1）间隔相等的间断时点数列序时平均数的计算。当只掌握相邻一个间隔的两个时点的时间数列时，假定所研究现象在相临时点之间的变动是均匀的，将相临的两个时点指标数值相加后除以 2，即为这两个时点间隔内的一般水平或平均数，用公式表示如下：

$$\bar{a} = \frac{\text{最初水平} + \text{最末水平}}{2} \tag{9-3}$$

注：式（9－3）是计算间断时点数列序时平均数的基本公式。

由式（9－2）可以引申出一般的间隔相等的间断时点数列的序时平均数的计算方法，即首先计算各间隔期内的平均数，再用简单算术平均法求得所研究时期内的序时平均数，这种方法称为简单序时平均法或首尾折半法，用公式表示如下：

$$\bar{a} = \frac{\frac{a_1 + a_2}{2} + \frac{a_2 + a_3}{2} + \cdots + \frac{a_{n-1} + a_n}{2}}{n-1} = \frac{\frac{a_1}{2} + a_2 + \cdots + a_{n-1} + \frac{a_n}{2}}{n-1} \tag{9-4}$$

例 9.2 根据表 9－1 的数据计算 2009—2012 年期间我国某地区年平均人口数。

解： 表 9－1 人口数资料是各年年末人口数据，用式（9－4）计算 2011～2015 年平均人口，首先要考虑它的首项应该是哪一年的数据。显然，首项不应是 2011 年年末人口数，而应是 2010 年年末人口数。这是因为 2011 年年末人口数是年末时点的人口数，它不能作为 2011 年人口数的代表值，而应以 2011 年年平均人口数作为代表值。可以把 2010 年年末的人口数看作是 2011 年年初的人口数，那么，2011 年的年平均人口就是年初和年末人口数的简单平均数（当然，这又是建立在假设两个时点间人口呈均匀变动的基础上）。即：

$$2011\text{ 年平均人口 } \overline{a} = \frac{121121 + 122389}{2} = 121775\text{ 万人}$$

类似地可以计算 2011～2015 年各年平均人口数。不难推知，式（9－4）的实质就是对各时点的平均数求平均数，因此，2011～2015 年年平均人口数如下：

$$\overline{a} = \frac{\frac{121121}{2} + 122389 + \cdots + 125909 + \frac{126583}{2}}{5} = 124117.2\text{ 万人}$$

2）间隔不等的间断时点数列序时平均数的计算。时点间隔不等的时间数列计算序时平均数的方法，其思路与时点间隔相等的时点序列相同。但因为这时时点间隔不同，所以要用时点间隔（f）为权数，将各相应时点的平均数进行加权，来计算序时平均数，这种方法称为加权序时平均法，用式（9－5）表示如下：

$$\overline{a} = \frac{\frac{a_1 + a_2}{2}f_1 + \frac{a_2 + a_3}{2}f_2 + \cdots + \frac{a_{n-1} + a_n}{2}f_{n-1}}{f_1 + f_2 + \cdots + f_{n-1}} \tag{9-5}$$

下面以一个例子说明间隔不等的时点数列序时平均数的计算。

例 9.3 某省 2012 年有关人口统计数据资料见表 9－3，求年平均人口。

表 9－3 某省 2012 年有关人口统计数据 （万人）

时　间	1 月 1 日	3 月 31 日	6 月 1 日	12 月 31 日
人口数	2704	2716	2698	2702

解： 年平均人口 $\overline{a} = \frac{\frac{a_1 + a_2}{2}f_1 + \frac{a_2 + a_3}{2}f_2 + \cdots + \frac{a_{n-1} + a_n}{2}f_{n-1}}{f_1 + f_2 + \cdots + f_{n-1}}$

$$= \frac{\frac{2704 + 2716}{2} \times 3 + \frac{2716 + 2698}{2} \times 2 + \frac{2698 + 2702}{2} \times 7}{3 + 2 + 7}$$

$= 2703.667$ 万人

在计算间断时点数列的序时平均数时，所采用的方法带有一定程度的假定性，即假定现象在各时点间的变动是均匀的，时间间隔越长，其假定性就越大，准确程度也就越差，因此，为了使计算结果能够尽可能反映实际情况，间断时点数列的间隔不宜过长。

B　由相对指标或平均指标时间数列计算序时平均数

计算相对指标或平均指标时间数列时，一般不能就时间数列中的相对指标或平均指标直接计算，而要分别计算出相对指标或平均指标分子和分母的平均数后，再进行对比，用公式表示如下：

$$\bar{c}=\frac{\bar{a}}{\bar{b}} \tag{9-6}$$

式中　$\bar{a}$——分子的时间数列序时平均数；

$\bar{b}$——分母的时间数列序时平均数。

例 9.4　某商厦 2015 年第一季度各月份有关商品销售资料见表 9-4，求第一季度商品月平均流转次数。

表 9-4　第一季度有关商品销售资料

时　间	1 月	2 月	3 月	4 月
商品销售额 a	120	143	289	350
月初库存额 b	60	65	85	100
商品流转次数 c	2.0	2.2	3.4	3.5

解：商品流转次数 $\bar{c}=\dfrac{\bar{a}}{\bar{b}}=\dfrac{\dfrac{120+143+289}{3}}{\dfrac{\dfrac{60}{2}+65+85+\dfrac{100}{2}}{3}}=2.4$（次）

计算结果表明，该商厦第一季度商品月平均流转次数为 2.4 次。

9.2.2　增长水平与平均增长水平

9.2.2.1　增长水平

增长水平也称增长量，是报告期发展水平与基期发展水平之差，用公式表示如下：

增长量 = 报告期水平 - 基期水平

增长量有逐期增长量和累积增长量之分。逐期增长量是报告期水平与前一期水平之差，说明报告期比前一期增长的绝对数量；累积增长量是报告期水平与某一固定时间的水平（通常为最初水平）之差，说明报告期比某一固定时间增长的绝对数量，即某一段较长时期内的总增长量。这两个指标用公式表示如下。

逐期增长量：

$$a_1-a_0,\ a_2-a_1,\ a_3-a_2,\cdots,a_n-a_{n-1} \tag{9-7}$$

累积增长量：

$$a_1-a_0,\ a_2-a_0,\ a_3-a_0,\cdots,a_n-a_0 \tag{9-8}$$

我们可以观察到，逐期增长量和累积增长量存在的数量依存关系如下。

（1）累积增长量等于相应时期的逐期增长量之和，用公式表示如下：

$$a_n-a_0=(a_1-a_0)+(a_2-a_1)+(a_3-a_2)+\cdots+(a_n-a_{n-1}) \tag{9-9}$$

（2）相邻两期的累积增长量之差等于相应时期的逐期增长量：

$$(a_i-a_0)-(a_{i-1}-a_0)=a_i-a_{i-1} \tag{9-10}$$

例 9.5　根据表 9-1 我国某地区年末人口数资料，计算人口逐期增长量和累积增长量。计算结果见表 9-5。

解：

表 9-5 我国某地区年末人口数 （万人）

年　份	2010	2011	2012	2013	2014	2015
年末人口数 a_i	121121	122389	123626	124810	125909	126583
逐期增长量 a_i-a_{i-1}	—	1268	1237	1184	1099	674
累积增长量 a_i-a_0	—	1268	2505	3689	4788	5462

在实际统计分析中，为了消除季节变动的影响，也常常计算年距增长量指标。年距增长量是本期发展水平与上年同期发展水平之比，用公式表示如下：

年距增长量 = 本期发展水平 - 上年同期发展水平

例 9.6 某市 2015 年春节旅游黄金周接待游客 47.59 万人次，2014 年同期接待 43 万人次，求春节旅游黄金周接待游客年距增长量。

解：年距增长量 = 47.59 - 43 = 4.59（万人次）

9.2.2.2 平均增长水平

平均增长水平也称平均增长量，是逐期增长量的序时平均数。计算平均增长量既可以将各逐期增长量相加除以逐期增长量个数，用简单算术平均数计算；也可以将累积增长量除以时间数列项数减 1，用公式表示如下：

$$\text{平均增长量}=\frac{(a_1-a_0)+(a_2-a_1)+\cdots+(a_n-a_{n-1})}{n}=\frac{a_n-a_0}{n} \quad (9-11)$$

根据例 9.5 资料，计算我国某地区 2010—2015 年年平均增加人口：

$$\text{平均增长量}=\frac{a_n-a_0}{n}=\frac{126583-121121}{5}=1092.4\text{ 万人}$$

9.3 时间数列的速度分析

9.3.1 发展速度与增长速度

9.3.1.1 发展速度

发展速度是反映社会经济发展快慢的相对指标，是报告期发展水平与基期发展水平之比，用于描述现象在观察期内相对发展变化程度。

设时间数列的观察值为 a_i，发展速度为 R，发展速度的计算公式如下：

$$R=\frac{\text{报告期发展水平}}{\text{基期发展水平}}\times 100\% \quad (9-12)$$

在通常情况下，报告期水平总是大于 0，因此发展速度指标值也总是表现为正数。当发展速度指标值大于 0 小于 1 时，表明报告期水平低于基期水平；当发展速度指标值等于 1 或大于 1 时，表明报告期水平达到或超过基期水平。由于采用的基期不同，发展速度有环比发展速度和定基发展速度之分。所谓环比发展速度也称逐期发展速度，是报告期水平与前一期水平之比，说明现象逐期发展变化的程度。所谓定基发展速度，是报告期水平与某一固定时期水平（通常为最初水平或特定时期水平）之比，说明现象在整个观察期内总的发展变化程度，也称为总速度。环比发展速度和定基发展速度的计算公式如下。

环比发展速度：

$$R_i = \frac{a_i}{a_{i-1}} \tag{9-13}$$

定基发展速度：

$$R_i = \frac{a_i}{a_0} \tag{9-14}$$

可以看到，环比发展速度和定基发展速度的数量依存关系如下。

（1）环比发展速度的连乘积等于相应时期的定基发展速度：

$$\frac{a_1}{a_0} \times \frac{a_2}{a_1} \times \frac{a_3}{a_2} \times \cdots \times \frac{a_n}{a_{n-1}} = \frac{a_n}{a_0} \tag{9-15}$$

（2）相邻时期的定基发展速度之商等于相应时期的环比发展速度：

$$\frac{a_i}{a_0} \div \frac{a_{i-1}}{a_0} = \frac{a_i}{a_{i-1}} \tag{9-16}$$

根据以上两个数量关系式，可以进行相互推算。

例 9.7　某产品外贸进出口量各年环比发展速度资料如下：2011 年为 103.9%，2012 年为 100.9%，2013 年为 95.5%，2014 年为 101.6%，2015 年为 108%，试计算 2015 年以 2010 年为基期的定基发展速度。

解：定基发展速度$\frac{a_n}{a_0} = \frac{a_1}{a_0} \times \frac{a_2}{a_1} \times \frac{a_3}{a_2} \times \cdots \times \frac{a_n}{a_{n-1}}$

$$= 103.9\% \times 100.9\% \times 95.5\% \times 101.6\% \times 108\% = 109.86\%$$

在实际统计分析工作中，为了消除季节变动的影响，类似于前面的年距增长量指标，也常计算年距发展速度，用以说明报告期水平与上年同期水平对比达到的相对程度，用公式表示如下：

$$\text{年距发展速度} = \frac{\text{报告期发展水平}}{\text{上年同期发展水平}} \times 100\% \tag{9-17}$$

根据例 9.6 资料计算，该市春节旅游黄金周接待游客人次的年距发展速度如下：

$$\text{年距发展速度} = \frac{\text{报告期发展水平}}{\text{上年同期发展水平}} \times 100\% = \frac{47.59}{43} \times 100\% = 110.67\%$$

9.3.1.2　增长速度

增长速度是反映增长程度的相对指标。增长速度与发展速度有密切关系，两者相差一个基数（1 或 100%）。增长速度的计算公式如下：

$$\text{增长速度} = \frac{\text{增长量}}{\text{基期发展水平}} = \frac{\text{报告期发展水平} - \text{基期发展水平}}{\text{基期发展水平}}$$

$$= \text{发展速度} - 1 \tag{9-18}$$

上面几种计算方法可根据实际掌握资料的情况选择应用。可以看到，增长速度指标值既有可能为正数，也有可能为负数。

与发展速度类似，由于采用的基期不同，也可以有环比增长速度和定基增长速度之分。前者表示现象的逐期增长速度，后者表示在较长时期内的总增长速度。与发展速度不同的是，环比发展速度和定基发展速度之间可以相互推算，环比增长速度和定基增长速度之间则不能直接相互推算。要进行环比增长速度和定基增长速度之间的推算，需先把它们还原成发展速度后才能进行。环比增长速度和定基增长速度的计算公式如下：

$$\text{环比增长速度} = \text{环比发展速度} - 1$$

$$= \frac{a_i}{a_{i-1}} \times 100\% - 1 \tag{9-19}$$

$$\text{定基增长速度} = \text{定基发展速度} - 1$$

$$= \frac{a_i}{a_0} \times 100\% - 1 \tag{9-20}$$

例 9.8　某企业几年来产量不断增长。已知 2008 年比 2007 年增长 20%，2009 年比 2007 年增长 50%，2010 年比 2009 年增长 25%，2011 年比 2010 年增长 15%，2012 年比 2007 年增长 132.5%，试计算表 9-6 的空缺数字。

解：将已知资料列入表 9-6 中。

表 9-6　某企业 2008—2012 年产量增长速度资料

年　份	2008	2009	2010	2011	2012
环比增长速度/%	20	②	25	15	⑤
定基增长速度/%	①	50	③	④	132.5

①2008 年定基增长速度 = 20%；

②2009 年环比增长速度 = [(1 + 50%) ÷ (1 + 20%)] - 1 = 25%；

③2010 年定基增长速度 = [(1 + 20%) × (1 + 25%) × (1 + 25%)] - 1 = 87.5%；

④2011 年定基增长速度 = [(1 + 87.5%) × (1 + 15%)] - 1 = 115.6%；

⑤2012 年环比增长速度 = [(1 + 132.5%) ÷ (1 + 115.6%)] - 1 = 7.8%。

9.3.2　平均发展速度与平均增长速度

平均发展速度是各个时期环比发展速度的序时平均数，说明社会经济现象在较长时期内速度变化的平均程度。平均发展速度与平均增长速度指标的数量关系是：

$$\text{平均增长速度} = \text{平均发展速度} - 1$$

平均发展速度是各个时期环比发展速度的平均数。在实际工作中有几何平均法和方程式法两种计算平均发展速度的方法。

9.3.2.1　几何平均法（水平法）

现象发展的平均速度一般用几何平均法计算，其计算公式如下：

$$\overline{R} = \sqrt[n]{\frac{a_1}{a_0} \times \frac{a_2}{a_1} \times \cdots \times \frac{a_n}{a_{n-1}}} = \sqrt[n]{\frac{a_n}{a_0}}$$

式中　$\overline{R}$——平均发展速度；

n——环比发展速度的项数。

用几何平均法公式计算平均发展速度的数学依据是：现象发展的总速度不等于各年发展速度之和，而等于各年环比发展速度的连乘积。不难看出，几何平均法名义上是各个环比发展速度的几何平均数，但实际上也是由最初和最末两期的水平所决定的。只要最末水平确定，中间各期的水平变化对平均发展速度的计算结果并没有影响。所以，平均发展速度的几何平均法也称为水平法。

9.3.2.2 方程式法（累积法）

方程式法计算方法如下：时间数列中的各年发展水平的总和等于全期的总水平，而各年发展水平是基期水平与各该年定基发展速度的乘积。根据定基发展速度等于环比发展速度连乘积的关系，各年发展水平也是基期水平和有关各年环比发展速度的乘积。这样，把各年环比发展速度加以平均化，列出方程式，求解即得出年平均发展速度。可将以上的文字表述用数学关系式表达如下：

$$a_1 + a_2 + a_3 + \cdots + a_n = \sum_{i=1}^{n} a_i$$

$$a_0 \frac{a_1}{a_0} + a_1 \frac{a_2}{a_1} + a_2 \frac{a_3}{a_2} + \cdots + a_{n-1} \frac{a_n}{a_{n-1}} = \sum_{i=1}^{n} a_i \tag{9-21}$$

所以

$$a_i = a_0 \times \frac{a_i}{a_0}$$

$$\frac{a_1}{a_0} \times \frac{a_2}{a_1} \times \cdots \times \frac{a_n}{a_{n-1}} = \frac{a_n}{a_0}$$

因为用 R_i 表示各期的环比发展速度，则式（9-21）可表示如下：

$$a_0 R_1 + a_0 R_1 R_2 + a_0 R_1 R_2 R_3 + \cdots + a_0 R_1 R_2 R_3 \cdots R_n = \sum_{i=1}^{n} a_i$$

把式中的各期环比发展速度平均化，用平均发展速度 $\overline{R}$ 取代各环比发展速度 R_i，即：

$$a_0 \overline{R} + a_0 \overline{R}\overline{R} + a_0 \overline{R}\overline{R}\overline{R} + \cdots + a_0 \overline{R}\overline{R}\overline{R} \cdots \overline{R} = \sum_{i=1}^{n} a_i$$

$$(\overline{R}) + (\overline{R})^2 + (\overline{R})^3 + \cdots + (\overline{R})^n = \frac{\sum_{i=1}^{n} a_i}{a_0} \tag{9-22}$$

这个方程式的正根就是所求的年平均发展速度。用方程式法计算平均发展速度的特点，是着眼于各期水平累计之和 $\sum_{i=1}^{n} a_i$，所以它也称为累计法。式（9-22）是一个高次方程，求解比较复杂。实际应用中，可以通过查找事先编好的累计方程法《平均增长速度查对表》（以下简称《查对表》），求平均增长速度。其一般步骤如下：

第一，计算 $\frac{\sum a_i}{a_0}$ 的值。由于 $\frac{a_i}{a_0} = R_i$，所以这个数值可以根据各年发展水平计算，也可以根据各年定基发展速度 R_i 计算。

第二，判断现象的发展类型，并从《查对表》中的相应部分找出所需的数值。当 $\frac{\sum a_i}{a_0} > n$ 时，判断现象为递增型，在表中的递增部分"n"所在栏找出 $\frac{\sum a_i}{a_0}$ 的值，与这个数值相对应的左边栏内的百分比即为所求的年平均增长速度；当 $\frac{\sum a_i}{a_0} < n$ 时，判断现象为递减型，则在表中递减部分查找，方法同上。

要注意的是，如果表中没有确切的平均增长速度与 $\frac{\sum a_i}{a_0}$ 相对应，则找出 $\frac{\sum a_i}{a_0}$ 的上下界所对应的平均增长速度，然后按比例推算出 $\frac{\sum a_i}{a_0}$ 所对应的平均增长速度数值。

例 9.9 某地区“2007—2012 年”期间固定资产投资额资料见表 9－7，用方程式法计算各年平均发展速度。

表 9－7 固定资产投资额资料 （百万元）

年　份	2007	2008	2009	2010	2011	2012
固定资产投资额	1074	1176	1343	1574	1551	1702

解： $$\frac{\sum_{i=1}^{n} a_i}{a_0}=\frac{1176+1343+1574+1554+1702}{1074}=\frac{7349}{1074}=6.8426=684.26\%$$

由于684.26% >5，所以为递增型。查表，684.26%介于683.33%和685.28%之间，对应的平均增长速度是10.6%和10.7%。按比例推算，该地区“2007—2012 年”期间固定资产投资额平均增长速度如下：

$$10.6\%+\frac{684.26\%-683.33\%}{685.28\%-683.33\%}\times(10.7\%-10.6\%)=10.65\%$$

9.3.2.3　*应用几何平均法与方程式法计算平均发展速度时要注意的问题*

几何平均法和方程式法的数理论据、计算方法和应用条件有所不同。几何平均法的侧重点是从最末水平出发来进行研究，按照几何平均法所确定的平均发展速度推算的最末一年发展水平，与实际资料最末一年的发展水平相同。方程式法的侧重点则是从各年发展水平的累计总和出发来进行研究，按照方程式法所确定的平均发展速度推算全期各年发展水平的总和，与全期各年的实际发展水平的总和相同。

我国制订国民经济发展长期计划，大致也有两种规定指标数值的方法。一种是以长期计划的最后一年应达到的水平来规定，如人口数、国内生产总值、工业主要产品产量、社会消费品零售总额，等等；另一种是以整个计划期应达到的累计数来规定，如固定资产投资额等。在计算平均发展速度时，前者应采用几何平均法，后者应采用方程式法。

9.3.3 速度分析与水平分析的结合与应用

对于大多数的实际序列，特别是有关社会经济现象的实际序列，经常利用速度来描述其发展的数量特征。时间数列的速度指标是由水平指标对比计算，以百分数表示的抽象化指标。速度指标把现象的具体规模或水平抽象掉了，因此不能反映现象的绝对量差别。尽管速度的计算与分析都比较简单，但实际应用中，有时也会出现误用乃至滥用速度的现象。因此，在应用速度指标分析实际问题时，应注意以下几个方面的问题：

第一，要结合具体研究目的适当选择基期，并注意其所依据的基本指标在整个研究时期的同质性。如果资料中有几年的环比增长速度特别快，而有几年又是负增长，出现显著的悬殊和不同的发展方向，以及所选择的最初水平和最末水平受特殊因素的影响过高或过低，用这样的资料来计算平均发展速度，就会降低甚至失去指标的代表意义和实际分析意义。

第二，要联系各个时期的环比发展速度来补充说明平均发展速度。如几何平均法名义上是各个时期环比发展速度的平均数，但实际上只计算最末水平和最初水平两个数字，把中间各个时期的具体变动抽象掉了，所以有必要补充各期的环比速度加以分析。

第三，要结合基期水平进行分析。因为发展速度是报告期水平除以基期水平而得，从数量关系来看，基期水平低，速度就容易上；基期水平高，就难以高速度。因此，速度高可能掩盖低水平，速度低可能隐藏着高水平。在有些情况下，不能单纯就速度论速度，要注意速度与绝对水平的结合分析。

例 9.10　假定有两个生产条件基本相同的企业，各年的利润额及有关的速度值见表 9－8。

表 9－8　甲乙两个企业的有关资料

年　份	甲企业		乙企业	
	利润额/万元	增长率/%	利润额/万元	增长率/%
2011	500	—	60	—
2012	600	20	84	40

解：如果不看利润额的绝对值，仅就速度对甲、乙两个企业进行分析评价，可以看出乙企业的利润增长速度比甲企业高出 1 倍。如果就此得出乙企业的生产经营业绩比甲企业要好得多，这样的结论就是不切实际的。因为速度是一个相对值，它与对比的基期值的大小有很大关系。大的速度背后，其隐含的增长绝对值可能很小；小的速度背后，其隐含的增长绝对值可能很大。这就是说，由于对比的基点不同，可能会造成速度数值上的极大差异，进而造成速度上的虚假现象。上述例子表明，由于两个企业的生产起点不同，基期的利润额不同，才造成了二者速度上的较大差异。从利润的绝对额来看，两个企业的速度每增长 1 个百分点所增加的利润绝对额是不同的。在这种情况下，需要将速度与绝对水平结合起来进行分析，通常要计算增长 1% 的绝对值来弥补速度分析中的局限性。增长 1% 绝对值表示速度每增长 1 个百分点而增加的绝对数量，即增长 1% 绝对值等于逐期增长量 ÷（环比增长速度 ×100）= 前期水平 ÷100，其计算公式如下：

$$\text{增长 1\% 绝对值} = \frac{a_i - a_{i-1}}{\left(\dfrac{a_i}{a_{i-1}} - 1\right)} = \frac{a_{i-1}}{100}$$

第四，平均速度指标应结合其所依据的各个基本指标，如发展水平、增长量、环比发展速度、定基发展速度等进行分析研究，才能深入了解现象的全面发展、具体过程和特点，从而对研究现象具有比较确切和完整的认识。

第五，当时间数列中的观察值出现 0 或负数时，不宜计算速度。比如，假定某企业连续五年的利润额分别为 5 万元、2 万元、0 万元、－3 万元、2 万元，对这一序列计算速度，要么不符合数学公理，要么无法解释其实际意义。在这种情况下，适宜直接用绝对数进行分析。

9.4　长期趋势分析

9.4.1　时间数列的影响因素

在时间数列中，各时期的发展水平是受各种因素共同影响的结果。归纳起来，这些影响因素可以分为四类：

(1) 长期趋势。也称趋势变动，指时间数列在较长时期中所表现出来的总态势。长期趋势变动是受某种根本性的支配因素影响，而呈现出各时期的发展水平不断递增或不断递减或水平变动的基本趋势。如我国的人口数时间数列呈现长期递增趋势。

(2) 季节变动。季节变动是指受自然界季节更替影响而发生的年复一年的有规律的变化，是时间数列在一年内重复出现的周期性波动。它是诸如气候条件、生产条件、节假日或人们的风俗习惯等各种因素影响的结果。在实际分析中，季节变动概念已有了扩展，一年内由于社会、政治、经济、自然因素影响形成的有规律的周期性的重复变动都称为季节变动。如学校寒暑假制度带来的客运部门客流量在一年中的规律性变化，上下班制度对城市市内公交带来的一天中客流量高峰的规律性变化等都称为季节变动。

(3) 循环变动。循环变动是指变动周期大于一年的有一定规律性的重复变动，是时间数列呈现出的非固定长度的周期性波动。如商业周期的繁荣、衰退、萧条、复苏四个阶段的循环波动。循环波动的周期可能会持续一段时间，但与趋势不同，它不是朝着单一方向的持续变动，而是涨落相同的交替波动。循环变动的规律也不如季节变动明显，一般较难识别。

(4) 不规则变动。也称随机变动，是时间数列中除去趋势、季节变动和周期波动之后的随机波动，指现象受众多偶然因素的影响而出现的不规则变动。不规则波动通常总是夹杂在时间数列中，致使时间数列产生一种波浪形或震荡式的变动。

时间数列分析的任务之一，就是对时间数列中这几个影响因素进行测定，从而揭示现象变动的规律和特征，为认识和预测事物的发展提供依据。

上述四种因素，按照它们的影响方式不同，可以设定乘法模型和加法模型两种组合模型。乘法模型是假定四个因素对现象发展的影响是相互的，加法模型则假定四个因素对现象发展的影响是独立的。

乘法模型： $$Y = T \times S \times C \times I$$

加法模型： $$Y = T + S + C + I$$

式中 Y——时间数列指标数值；

T——长期趋势；

S——季节变动；

I——不规则变动。

9.4.2 长期趋势分析方法

9.4.2.1 时距扩大法

时距扩大法是测定长期趋势最原始、最简单的方法。它是将原来时间数列中较小时距单位的若干个数据加以合并，得出较大时距单位的数据。扩大了时距单位的数据可以使较小时距单位数据所受到的偶然因素的影响相互抵消，而显示出现象变动的基本趋势。

例 9.11 2010—2012 年某城市 12 个季度旅游人数资料见表 9－9。

从表 9－9 中的资料可以看出，该城市旅游人数有升有降，既有明显的季节变动，也有着逐年增长的趋势。为了显示长期趋势，必须将其他因素剔除。本例的变动周期为四季，把以季为单位的数据合并为以年为单位的数据，这时旅游人数有升有降的周期变化就不见了，显示出来的是长期增长的趋势，见表 9－10。

表 9-9 某风景旅游城市旅游人数资料

年 份	旅游人数/万人			
	第一季	第二季	第三季	第四季
2010	32	40	61	28
2011	41	51	74	36
2012	57	65	93	57

时距扩大法的优点是简便直观。但它的缺点也很突出，表现在时距扩大之后所形成的新数列包含的数据减少，信息量大大流失，不便于做进一步的分析。

表 9-10 时距扩大法计算表

（万人）

年份	旅游人数	季平均旅游人数
2010	161	40
2011	202	51
2012	272	68

9.4.2.2 移动平均法

移动平均法是对时距扩大法的一种改良。它是采用逐期递推移动的办法对原数列按一定时距扩大，得出一系列扩大时距的序时平均数。

移动平均法有多种形式，下面介绍简单移动平均法和加权移动平均法。

A 简单移动平均法

该方法依次计算若干项时间数列数据的移动平均数，并将其作为移动平均中项的趋势测定值，所以这种方法也称为中心化移动平均法。表 9-11 是根据表 9-9 数据计算的四季移动平均数列。

表 9-11 移动平均计算表

年份	季度	序号	y_i	四季移动平均 T
2010	1	1	32	—
	2	2	40	—
	3	3	61	41.4
	4	4	28	43.9
2011	1	5	41	46.9
	2	6	51	49.5
	3	7	74	52.2
	4	8	36	56.2
2012	1	9	57	60.4
	2	10	65	57.8
	3	11	93	—
	4	12	57	—

由表 9-10 数据可以看到，该城市旅游人数的变动趋势呈稳步上升态势。

应用简单移动平均法分析长期趋势时，有几点需要注意：

（1）凡采用奇数项求移动平均数，只需移动平均一次。

例 9.12 某公司 2006—2012 年各年利润见表 9－12，试对其作 5 项平均。

若采取偶数项移动平均，则必须进行两次移正平均。

设时间数列的指标值为 y_i，其指标值顺次为 y_1，y_2，y_3，…，y_n。如果取四项移动平均，则所得的第一个移动平均数对应于原数列的第二年与第三年之间，第二个移动平均数对应于第三年与第四年之间，依次类推。因而尚需再进行一次移正平均，即将第一个移动平均数与第二个移动平均数再平均，求出一个新的平均数，对应于原数列的第三年。以后各年数字，照此类推，如表 9－13 所示。

表 9－12 某公司 2006—2012 年各年利润表

年份	利润 y	平均值	5 项移动平均
2006	2		
2007	4		
2008	5	5.2	$=\frac{2+4+5+7+8}{5}$
2009	7	6.0	$=\frac{4+5+7+8+6}{5}$
2010	8	6.8	
2011	6	8.0	
2012	8	9.2	

表 9－13 偶数项移动平均表

Y_i	4 项平均	4 项中心化移动平均
2		
6		
	5.0	
4		5.5
	6.0	
8		6.13
	6.25	
6		6.0
	5.75	
7		
2		

（2）逐项移动平均的一个关键的问题是取多长时间为宜。假如现象变动有周期性，就应以周期长度为移动平均的项数。如表 9－13 所示以一年四个季度为一周期，就应取四项移动平均。因为只有这样，才能消除周期变动，准确反映长期趋势。

（3）移动平均后所得的修匀数列，比原数列的项数更少。奇数项移动平均所形成的新数列，首尾各少 N 项（N 为移动项数）；偶数项移动平均所形成的新数列，首尾各少 N 项（N 为移动项数）。如两年或三年移动平均，首尾各少一项；四年或五年移动平均，首尾各少两项。平均项数越多失去的信息也越多，所以，移动平均的项数不宜过大。

B 加权移动平均法

简单移动平均法适用于线性趋势的测定，如果社会经济现象发展是非线性的，就要考虑用加权移动平均法。所谓加权移动平均法就是对各期指标值进行加权后再进行移动平均。依照在简单移动平均中，移动平均数代表移动平均中项时期的长期趋势值的做法，在加权移动平均法中一般也采用奇数项加权移动平均，各期权数以二项展开式的系数为计算基础，使中项时期指标值的权数最大，两边对称，逐期减小。如三项移动平均，应以 $(a+b)^2=a^2+2ab+b^2$ 系数 1、2、1 进行加权，即：

$$\overline{a}_{t-1}=\frac{1\times a_{t-2}+2\times a_{t-1}+1\times a_t}{1+2+1}$$

9.4.2.3 最小二乘法

A 普通最小二乘法

普通最小二乘法在第 7 章回归分析中已经讨论过。运用于时间数列分析就是将自变量 x 用时间变量 t 代替。

当时间数列逐期增长量近似于常数时，现象的发展趋势就是直线型的；若各个时期的二级增长量大体相同，即各个时期的逐期增长量的增长量近似于一个常数，则趋势线近似于一条抛物线，应配合抛物线方程；若现象各年环比增长速度大体相同，则趋势线近似于一条指数曲线，应配合指数曲线方程。根据不同情况，还可以拟合时间数列的S形曲线或多项式方程。

B 加权最小二乘法

普通最小二乘法将时间数列中各项数据的重要性同等看待。而事实上各项数据对未来的影响作用不同。一般来说，近期数据比起远期数据对未来的影响更大。因此，较合理的方法就是使用加权的方法，对近期数据赋以较大的权数，对远期数据则赋以较小的权数。加权最小二乘法采用指数权数 f^{n-i} 的形式（$0<f<1$），加权以后求得的参数估计值满足：

$$\sum_{i=1}^{n} f^{n-i}(y_i - \hat{y}_i)^2 = \min \qquad (i = 1,2,\cdots,n) \tag{9-23}$$

以直线模型为例，其加权的剩余平方和如下：

$$\sum_{i=1}^{n} f^{n-i}(y_i - \hat{\beta}_1 - \hat{\beta}_2 t)^2 \tag{9-24}$$

对式（9－24）分别求 $\hat{\beta}_1$ 和 $\hat{\beta}_2$ 的偏导数，得到标准方程组：

$$\begin{cases} \sum f^{n-i} y_i = \hat{\beta}_1 \sum f^{n-i} + \hat{\beta}_2 \sum f^{n-i} t \\ \sum f^{n-i} t y = \hat{\beta}_1 \sum f^{n-i} t + \hat{\beta}_2 \sum f^{n-i} t^2 \end{cases} \tag{9-25}$$

由上述方程解出 $\hat{\beta}_1$ 和 $\hat{\beta}_2$，就得到加权最小二乘法直线模型。应用加权最小二乘法，f 的取值不同，解出的回归系数也不同，因此 f 值取多少，需要经研究分析后确定。

例 9.13 某海关口岸征收关税额（百万元）资料见表 9－14 和表 9－15，试分别用简单最小二乘法和加权最小二乘法拟合线性趋势方程。

表 9－14 某海关口岸关税额普通最小二乘法计算表

年 份	时间变量 t_i	关税额 y_i	t_i^2	$t_i y_i$
2002	1	85.6	1	85.6
2003	2	91.0	4	182.0
2004	3	96.1	9	288.2
2005	4	101.2	16	404.8
2006	5	107.0	25	535.0
2007	6	112.2	36	673.2
2008	7	119.6	49	837.2
2009	8	125.6	64	1004.8
2010	9	136.5	81	1228.5
2011	10	145.2	100	1452.0
2012	11	155.7	121	1712.7
合计	66	1275.7	506	8404.0

表 9－15　某海关口岸关税额加权最小二乘法计算表

年份	时间变量 t	关税额 y	$f=0.9$					
			$n-i$	f^{n-i}	$f^{n-i}y$	$f^{n-i}t$	$f^{n-i}ty$	$f^{n-i}t^2$
2002	1	85.6	10	0.349	29.87	0.349	85.95	0.349
2003	2	91.0	9	0.387	35.22	0.774	70.43	1.548
2004	3	96.1	8	0.43	41.32	1.29	123.97	3.87
2005	4	101.2	7	0.478	48.37	1.912	193.49	7.648
2006	5	107	6	0.531	56.82	2.655	284.09	13.275
2007	6	112.2	5	0.59	66.2	3.54	397.19	21.24
2008	7	119.6	4	0.656	78.46	4.592	549.2	32.144
2009	8	125.6	3	0.729	91.56	5.832	732.5	46.656
2010	9	136.5	2	0.81	110.57	7.29	995.09	65.61
2011	10	145.2	1	0.9	130.68	9	1306.8	90
2012	11	155.7	0	1	155.7	11	1712.7	121
合计	66	1275.7		6.860	844.77	48.23	6451.4	403.34

解：(1) 普通最小二乘法：

由

$$\sum y = na + b\sum t$$

$$\sum ty = a\sum t + b\sum t^2$$

因为

$$1275.7 = 11a + 66b$$

$$8404.0 = 66a + 506b$$

所以　　$b = 6.82$，$a = 75.07$

所以所拟合的直线趋势方程为：

$$\hat{y} = 75.07 + 6.82t$$

(2) 加权最小二乘法：

将表 9－15 的数据代入式（9－25），得：

$$\begin{cases} 844.77 = \hat{\beta}_1 6.86 + \hat{\beta}_2 48.23 \\ 6451.4 = \hat{\beta}_1 48.23 + \hat{\beta}_2 403.34 \end{cases}$$

解得：　　$\hat{\beta}_1 = 66.95$，$\hat{\beta}_2 = 8$

所得趋势方程如下：

$$\hat{y} = 66.95 + 8t$$

两种估计方法的比较结果见表 9－16。

表 9－16　两种估计方法的误差比较

年份	实际值 y	普通最小二乘法		加权最小二乘法	
		模拟值 $\hat{y}_1$	相对误差 $\left(\frac{y-\hat{y}_1}{y}\right)$/%	模拟值 $\hat{y}_2$	相对误差 $\left(\frac{y-\hat{y}_2}{y}\right)$/%
2002	85.6	81.92	0.043	74.95	0.1244
2003	91	88.77	0.0245	82.95	0.0885
2004	96.1	95.62	0.005	90.95	0.0536

续表 9-16

年份	实际值 y	普通最小二乘法		加权最小二乘法	
		模拟值 $\hat{y}_1$	相对误差 $\left(\frac{y-\hat{y}_1}{y}\right)/\%$	模拟值 $\hat{y}_2$	相对误差 $\left(\frac{y-\hat{y}_2}{y}\right)/\%$
2005	101.2	102.47	-0.0125	98.95	0.0222
2006	107	109.32	-0.0217	106.95	0.0005
2007	112.2	116.17	-0.0354	114.95	-0.0245
2008	119.6	123.02	-0.0286	122.95	-0.028
2009	125.6	129.87	-0.034	130.95	-0.0426
2010	136.5	136.72	-0.0016	138.95	-0.0179
2011	145.2	143.57	0.0112	146.95	-0.0121
2012	155.7	150.42	0.0339	154.95	0.0048

可以看出，加权最小二乘法的近期误差比远期误差小，这显示了加权最小二乘法的优势。

9.4.3　趋势外推预测

测定长期趋势的一个重要目的就是要利用这一长期趋势对未来进行预测。进行趋势外推预测的常用方法有以下几种。

A　移动平均法

与前面的中心化移动平均法不同的是，用于外推预测的移动平均数不代表移动平均中项的趋势值，而是代表预测期的趋势值。

（1）简单移动平均法。$t+1$ 期预测值的计算公式如下：

$$\hat{y}_{t+1} = \frac{1}{N}(y_t + y_{t-1} + \cdots + y_{t-N+1}) = \frac{1}{N}\sum_{i=0}^{N-1} y_{t-i} \tag{9-26}$$

式中　N——移动平均的项数。

这种方法的一次移动平均只有一期的预测能力。

例 9.14　根据例 9.13 数据，用简单移动平均法作趋势外推预测，移动平均项数 $N=3$。

解： 海关关税趋势外推预测计算结果见表 9-17。

表 9-17　某海关关税趋势外推预测计算表　（百万元）

年份	时间变量 t	关税额 y_i	趋势外推预测值	年份	时间变量 t	关税额 y_i	趋势外推预测值
2002	1	85.6	—	2008	7	119.6	106.8
2003	2	91.0	—	2009	8	125.6	112.9
2004	3	96.1	—	2010	9	136.5	119.1
2005	4	101.2	90.9	2011	10	145.2	127.2
2006	5	107.0	96.1	2012	11	155.7	135.8
2007	6	112.2	101.4	2013			145.8

(2) 加权移动平均法。采用加权的方法加大近期数据的权数，突出近期数据在预测中的影响作用。设 f_i 为 y_{t-i} 的权数，满足各期值对预测值的影响由近及远逐渐减小，有 $f_0 > f_1 > \cdots > f_{N-1}$。$t+1$ 期的预测值 $\hat{a}_{t+1}$ 的计算公式如下：

$$\hat{y}_{t+1} = \frac{f_0 y_t + f_1 y_{t-1} + \cdots + f_{N-1} f_{t-N+1}}{f_0 + f_1 + \cdots + f_{N-1}} = \frac{\sum_{i=0}^{N-1} f_i y_{t-1}}{\sum_{i=0}^{N-1} f_i} \tag{9-27}$$

B　最小二乘法

也就是用最小二乘法拟合的趋势方程进行外推预测。

例 9.15　根据例 9.13 中得出的普通最小二乘法趋势方程和加权最小二乘法趋势方程，预测 2013 年与 2014 年的趋势值。

解：(1) 普通最小二乘法：

2013 年的趋势值 = 75.07 + 6.82 × 12 = 156.91 百万元

2014 年的趋势值 = 75.07 + 6.82 × 13 = 163.73 百万元

(2) 加权最小二乘法：

2013 年的趋势值 = 66.95 + 8 × 12 = 162.95 百万元

2014 年的趋势值 = 66.95 + 8 × 13 = 170.95 百万元

C　指数平滑法

指数平滑法是统计预测中广泛使用的一种方法，它可以直接用于预测，也可以用于估计模型参数。

指数平滑法也称为指数修匀预测法，按修匀次数的多少有一次指数平滑、二次指数平滑、三次乃至多次指数平滑。下面讨论的是一次指数平滑法。

指数平滑法是在时间数列中，以本期的实际数 y_t 和本期的预测数为依据，然后赋予不同的权数，求得下一期预测数。用公式表示如下：

$$\hat{y}_{t+1} = \alpha y_t + (1-\alpha)\hat{y}_t \tag{9-28}$$

式中　$\hat{y}_{t+1}$——下一期的预测数；

y_t，$\hat{y}_t$——分别表示 t 时期的实际数和预测数；

α——平滑系数，$0 < \alpha < 1$。

由于 $\alpha + (1-\alpha) = 1$，所以该公式实际上是加权平均公式。指数平滑法实质上是加权移动平均法的改良。式 (9-28) 的推演过程如下。

$$\begin{aligned}\hat{y}_{t+1} &= \alpha y_t + (1-\alpha)\hat{y}_t \\ &= \alpha y_t + (1-\alpha)[\alpha y_{t-1} + (1-\alpha)\hat{y}_{t-2}] \\ &= \alpha y_t + \alpha(1-\alpha) y_{t-1} + (1-\alpha)^2 \hat{y}_{t-2} \\ &= \alpha y_t + \alpha(1-\alpha) y_{t-1} + \alpha(1-\alpha)^2 y_{t-2} + \alpha(1-\alpha)^3 y_{t-3} + \cdots\end{aligned}$$

上式的各项系数是一个无穷等比数列，当 $t \to \infty$ 时，其总和 $\lim\limits_{t\to\infty}\frac{\alpha[1-(1-\alpha)^t]}{1-(1-\alpha)} = \lim\limits_{t\to\infty}[1-(1-\alpha)^t] = 1$。因此可以把各项系数视为加权平均数中的相对权数。但由于时间数列的项

数是有限的，故根据以上系数计算的结果只是一种近似的平均数。不难看出，应用指数修匀法预测，α 值的确定是一个关键问题。因为权数的分配是按指数方式递减的，递减的速度取决于 α 值的大小。α 值越大时权数的递减速度越快，反之就越慢。所以 α 的取值对预测的效果有很密切的关系。确定 α 值前，通常可以先取各种值进行试算，然后再作出决定。从选择方法上看，应选取使误差最小的 α 值。如从数据的特征上看，变化呈阶梯式上升下降者取较大的 α 值；变化比较平稳的取较小的 α 值。

例 9.16 假设某市各年彩电的销售量见表 9－18。

表 9－18 某市各年彩电的销售量

年度	实际销售量 y_t/万台	预测销售量 ($\hat{y}_{i+1}=0.9y_i+(1-0.9)\hat{y}_i$)/万台	年度	实际销售量 y_t/万台	预测销售量 ($\hat{y}_{i+1}=0.9y_i+(1-0.9)\hat{y}_i$)/万台
2001	450.5	—	2008	1030.5	986.8
2002	536.9	530.2	2009	1096.8	1026.1
2003	603.2	536.2	2010	1120.3	1089.7
2004	716.6	596.5	2011	1220.7	1117.2
2005	842.6	704.6	2012	1210.6	1210.4
2006	921.8	828.8	2013	—	1210.6
2007	995.1	912.5			

表 9－18 中，$\alpha=0.9$，并以 2001 年、2002 年、2003 年三年实际数的简单平均数作为 2002 年的预测数，第三年的预测数如下：

$$\hat{y}_3=0.9y_2+0.1\hat{y}_2=0.9\times536.9+0.1\times530.2=536.2\text{ 万台}$$

其余年的预测数依次类推。

从例 9.16 可以看出，用指数平滑法预测下一期的数值，只需利用本期实际数和本期的预测数即可，不必知道整个时期的时间数列。同时，为了减少误差，还可以通过 α 值的调整使预测值适应实际值的变化，所以这种方法较适合用于短期预测。

9.5 季节变动与循环波动分析

9.5.1 季节变动分析

关于季节变动的含义在上一节中我们已经作了介绍。季节变动具有三个明显的特征：

（1）有规律的变动；

（2）按一定的周期重复进行；

（3）每个周期变化大体相同。由于季节变动的最大周期为一年，所以以年份为单位的时间数列中不可能有季节变动。测定季节变动的方法很多，下面介绍较常用的同期平均法和趋势剔除法。

A 同期平均法

这种方法是测定季节变动最简便的方法。它是以若干年资料数据求出同月（季）的平均水平与全年总月（季）水平，二者对比得出各月（季）的季节指数来表明季节变动的程度。按月平均法可以分为直接按月（季）平均法和比率按月平均法两种。

（1）直接按月（季）平均法。直接按月（季）平均法将整个时间数列的趋势值视为常数。计算步骤如下：

第一，计算各年同月（季）的平均数 $\bar{y}_i$（$i=1\sim12$ 月或 $i=1\sim4$ 季）；

第二，计算各年所有月份（或季度）的总平均数 $\bar{y}$；

第三，计算季节指数 S_i：

$$S_i=\frac{\bar{y}_i}{\bar{y}}\times 100\% \tag{9-29}$$

例 9.17 对表 9-9 的数据用直接按月平均法分析季节变动见表 9-19。

表 9-19 直接按月平均法季节指数计算表

年 份	旅游人数/万人				
	第一季	第二季	第三季	第四季	合 计
2010	32	40	61	28	161
2011	41	51	74	36	202
2012	57	65	93	57	272
合计	130	156	228	121	635
同季平均	43.33	52	76	40.33	52.915
季节指数 S_i/%	81.88	98.27	143.63	76.22	400

假设该城市 2013 年旅游人数将比 2012 年增长 1.5%，达到 644.525 万人。利用季节指数，可以对各季度的旅游人数进行预测。

第一季度预测值 = 644.525 ÷ 4 × 81.88% = 131.934（万人）

第二季度预测值 = 644.525 ÷ 4 × 98.27% = 158.344（万人）

第三季度预测值 = 644.525 ÷ 4 × 143.63% = 231.433（万人）

第四季度预测值 = 644.525 ÷ 4 × 76.22% = 122.814（万人）

（2）比率按月（季）平均法。这种方法是在按月（季）平均之前，先将历年各月（季）的数据同其本年的月（季）平均数相比，得出说明该年度的季节比率；然后再将各年度同期（月或季）的比率进行平均，求出季节指数：

$$S_i=\frac{\sum_{i=1}^{N}\frac{y_{ij}}{\bar{y}}}{N}\times 100\% \tag{9-30}$$

例 9.18 仍以表 9-9 的数据，用比率按月平均法计算历年各季的年度季节比率和季节指数见表 9-20。

表 9-20 比率按月平均法季节指数计算表

年 份	第一季	第二季	第三季	第四季	合 计
2010	0.7950	0.9938	1.5155	0.6957	4
2011	0.8118	1.0099	1.4653	0.7130	4
2012	0.8382	0.9559	1.3676	0.8383	4
合 计	2.445	2.9596	4.3484	2.2470	12
季节指数/%	81.50	98.65	144.95	74.90	400

表 9－20 中各季数据是用各季度的数值除以年平均数而求得的。如用 2010 年第一季度旅游人数 32 万人除以 2010 年季平均旅游人数 40.25 万人得到 0.795。

表 9－20 的计算结果与例 9.17 的计算结果类似，表中第三季度的季节指数最高，达到 144.95%，表明第三季度是旅游旺季，旅游人数超过各季平均水平 44.95%。

B 移动平均趋势剔除法

在具有明显的长期趋势变动的数列中，为了测定季节变动，必须先将趋势变动因素加以剔除。假定趋势变动、季节变动、循环变动和不规则变动对时间数列的影响可以用乘法模型 $Y = T \cdot S \cdot C \cdot I$ 反映，用移动平均趋势剔除法测定季节变动的步骤如下：

（1）对原时间数列求移动平均数，作为相应时期的趋势值 T。

（2）剔除原数列中的趋势变动 T，即将原数列各项除以移动平均数的对应时间数据。

（3）以消除趋势变动后的数列计算季节指数，测定季节变动。

例 9.19 以表 9－9 的数据用移动平均趋势剔除法分析季节变动。计算过程和结果见表 9－21 和表 9－22。

表 9－21 季节指数计算表（一）

年 份	季 度	顺 序	Y_i	四季移动平均 T	年度季节比率
2010	1	1	32	—	—
	2	2	40	—	—
	3	3	61	41.4	1.4734
	4	4	28	43.9	0.6378
2011	1	5	41	46.9	0.8742
	2	6	51	49.5	1.0303
	3	7	74	52.2	1.4176
	4	8	36	56.2	0.6406
2012	1	9	57	60.4	0.9437
	2	10	65	57.8	1.1246
	3	11	93	—	—
	4	12	57	—	—

表 9－22 季节指数计算表（二）

年 份	第一季度	第二季度	第三季度	第四季度	合 计
2010	—	—	1.4734	0.6378	—
2011	0.8742	1.0303	1.4176	0.6406	—
2012	0.9437	1.1246	—	—	—
同季平均	0.9090	1.0775	1.4455	0.6392	1.0178
季节指数/%	89.31	105.87	142.02	62.80	400

9.5.2 循环变动的测定

如前所述，循环变动是指变动周期大于一年的有一定规律性的重复变动。循环变动不同于长期趋势，它所表现的不是朝着某一个方向持续上升或下降，而是从低到高，又从高到低的周而复始的近乎规律性的变动。循环变动也不同于季节变动，季节变动一般以一年、一季或一月等为一周期，可以预见；而循环变动没有固定的周期，一般都在数年以上，难以事先预知。因此，循环变动分析不仅要借助于统计方法，还要借助于定性的经济分析。

从统计分析的角度来看，循环变动的测定方法有多种，如剩余法、直接法和循环平均法等。不同的方法得出的分析结论有一定的差异，这就需要对不同测定方法的基本原理、前提条件有所了解。下面介绍两种常用的方法。

A 直接法

直接法适用于季度和月度时间数列。如果研究时间数列的目的只在于测定数列的循环波动特征，可用直接法进行分析。直接法是将每年各季或各月的数值与上年同期进行对比，即求出年距发展速度：

$$C \cdot I = \frac{y_t}{y_{t-4/12}} \tag{9-31}$$

直接法简便易行，可以大致消除趋势变动 T 和季节变动 S 的影响。它的主要局限性是在消除时间数列长期趋势的同时，相对放大了年度发展水平的影响，当某期发展水平偏低或偏高时，必然会影响 $C \cdot I$ 的数值，使之偏高或偏低，导致循环变动的振幅被拉大。

B 剩余法

剩余法也称分解法。假定各因素对现象发展影响的组合模型为乘法模型：$Y = T \cdot S \cdot C \cdot I$，剩余法的基本思路是，利用分解分析的原理，在时间数列中剔除长期趋势和季节变动，然后再消除不规则变动，从而揭示循环变动的特征，即：

$$\frac{Y}{T \cdot S} = \frac{T \cdot S \cdot C \cdot I}{T \cdot S} = C \cdot I \tag{9-32}$$

将所得的循环变动和不规则变动的结果 $C \cdot I$ 进行移动平均，消除不规则变动 I，求得循环变动值 C。

9.6 SPSS 在时间数列分析中的运用

季节变动、长期趋势与循环变动的测定。

例 9.20 2009—2012 年某城市 12 个季度旅游人数资料见表 9－23。试利用 SPSS 对该市旅游人数的季节变动情况进行测定。

表 9－23 某风景旅游城市旅游人数资料

年份	旅游人数/万人			
	第一季	第二季	第三季	第四季
2009	32	40	61	28
2010	41	51	74	36
2011	57	65	93	57
2012	58	75	46	60

解：SPSS 操作步骤如下：

（1）在定义变量窗口定义“旅游人数”和“年”两个变量。

（2）在录入数据窗口依次录入表中数据。

（3）选择 Data 下拉菜单的 Define Dates 选项，进行指定至少一个周期日期的变量，如图 9－1 所示。

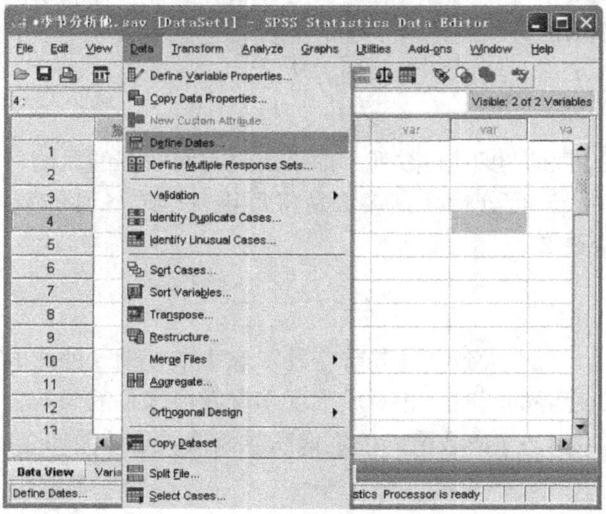

图 9－1　SPSS 的 Date 下拉菜单界面

进入 Define Dates 对话框后，在 Cases Are 区域选择 Years，quarters，在 First Case Is 区域，将 Year 设定为 2009，如图 9－2 所示。

点击 OK，返回录入数据界面，则在该界面自动生成三列数据，如图 9－3 所示。

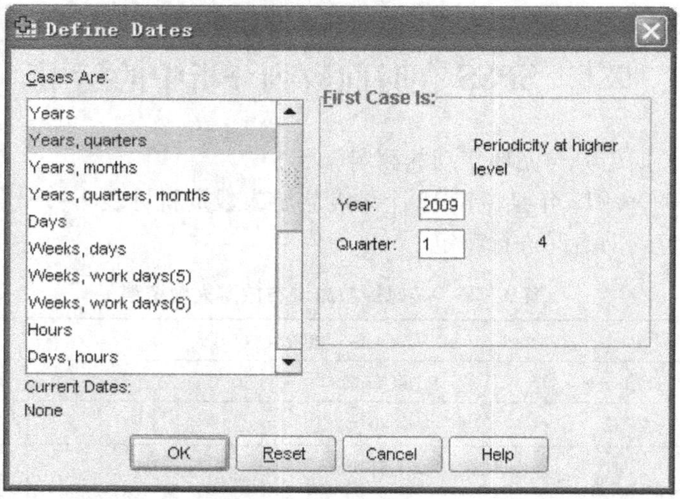

图 9－2　日期设置对话框

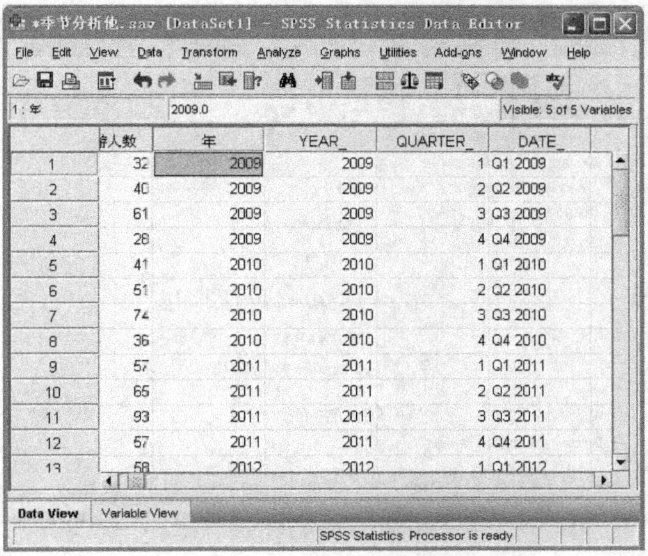

图 9－3　SPSS 的 Date View 界面

（4）选择 Analyze 下拉菜单的 forecasting 子菜单的 Seasonal Decomposition 模块，进行季节变动测定，如图 9－4 所示。

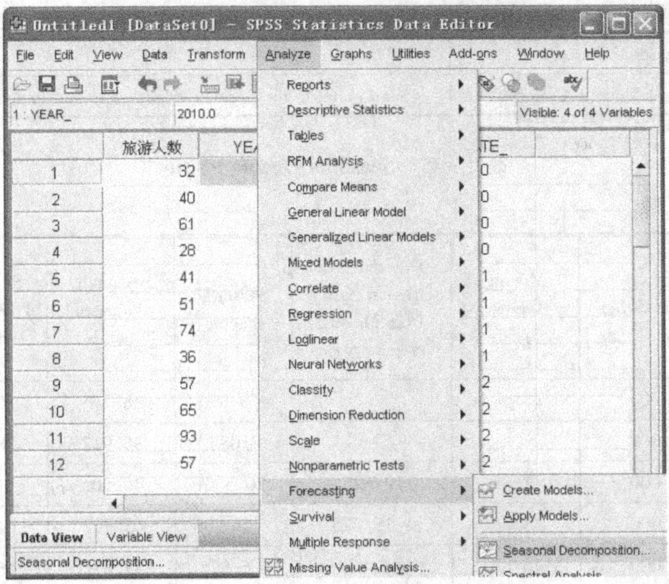

图 9－4　SPSS 的 Analyze 下拉菜单界面

进入 Seasonal Decomposition 对话框，将“旅游人数”送入 Variable(s) 栏，其他选项如图 9－5 所示。

点击 OK，SPSS 输出结果见表 9－24、表 9－25。

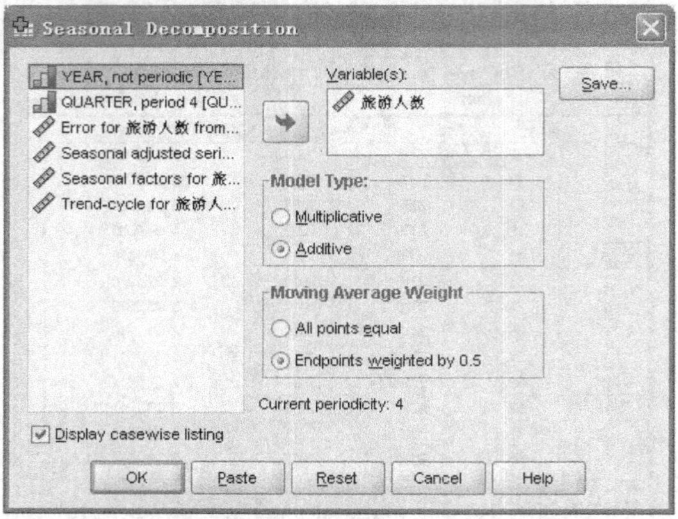

图 9－5 Seasonal Decomposition 设置对话框

表 9－24 Model Description

Model Name		MOD_1
Model Type		Additive
Series Name	1	旅游人数
Length of Seasonal Period		4
Computing Method of Moving Averages		Span equal to the periodicity plus one and endpoints weighted by 0. 5

表 9－25 Seasonal Decomposition

Series Name：旅游人数

DATE_	Original Series	Moving Average Series	Difference of Original Series from Moving Average Series	Seasonal Factor	Seasonally Adjusted Series	Smoothed Trend-Cycle Series	Irregular (Error) Component
Q1 2010	32. 000	.	.	－6. 875	38. 875	37. 007	1. 868
Q2 2010	40. 000	.	.	4. 083	35. 917	38. 431	－2. 514
Q3 2010	61. 000	41. 38	19. 625	20. 500	40. 500	41. 278	－. 778
Q4 2010	28. 000	43. 88	－15. 875	－17. 708	45. 708	44. 079	1. 630
Q1 2011	41. 000	46. 88	－5. 875	－6. 875	47. 875	46. 986	. 889
Q2 2011	51. 000	49. 50	1. 500	4. 083	46. 917	49. 213	－2. 296
Q3 2011	74. 000	52. 50	21. 500	20. 500	53. 500	52. 611	. 889
Q4 2011	36. 000	56. 25	－20. 250	－17. 708	53. 708	55. 968	－2. 259
Q1 2012	57. 000	60. 38	－3. 375	－6. 875	63. 875	60. 764	3. 111
Q2 2012	65. 000	65. 38	－. 375	4. 083	60. 917	64. 880	－3. 963

续表 9－25

DATE_	Original Series	Moving Average Series	Difference of Original Series from Moving Average Series	Seasonal Factor	Seasonally Adjusted Series	Smoothed Trend-Cycle Series	Irregular (Error) Component
Q3 2012	93.000	68.13	24.875	20.500	72.500	68.611	3.889
Q4 2012	57.000	69.50	－12.500	－17.708	74.708	70.079	4.630
Q1 2013	58.000	64.88	－6.875	－6.875	64.875	64.875	.000
Q2 2013	75.000	59.38	15.625	4.083	70.917	60.657	10.259
Q3 2013	46.000	.	.	20.500	25.500	58.042	－32.542
Q4 2013	60.000	.	.	－17.708	77.708	56.734	20.975

Applying the model specifications from MOD_1.

分析表略。

10 非参数假设检验

所谓非参数假设检验就是对总体分布形式的假设进行的检验，一般称为非参数假设检验或自由分布检验。非参数检验是相对于参数检验而言的，这两种检验方法在实际中都有广泛的应用，但它们有着不同的数理统计原理和应用场合。

在统计学的发展过程中，最先出现的推断统计方法都对样本所属总体的性质作出若干假设，即对总体的分布形状作某些限定，如 Z 检验、t 检验均对假设样本的总体分布加以某些限定，把所要推断的总体数字特征看作未知的“参数”进行推断，故称为参数统计方法（parameter statistical methods）或限定分布统计方法（distribution-specified statistical methods），基于此所做的假设检验就称为参数检验（parametric test）。常用的统计检验如 t 检验、Z 检验、F 检验等都是参数检验。

参数检验只有在关于总体分布的假设成立时，所得出的结论才是正确的，所以它在很多场合不便应用。于是统计学家发展了许多对总体不作太多或严格限定的统计推断方法，这些方法一般不涉及总体参数的假设，与之相对应的统计方法通常称为非参数统计（non-parametric statistics）或自由分布统计方法（distribution-free statiscal methods），基于此所做的假设检验则称为非参数检验（nonparametric test）或自由分布统计检验（distribution-free statistical test）。非参数检验的前提假设比参数检验方法少很多，也容易满足，适用于已知信息相对较少的数据资料，而且它的计算方法也简便易行。

对于每种多数参数检验方法，都有一种或几种相对应的非参数检验方法，见表 10－1。

表 10－1　参数检验与非参数检验方法对应表

参数检验方法	非参数检验方法
t 检验法	两个独立样本的中位数检验
	两个独立样本的秩和检验
t 检验法（配对样本）	成对比较、单样本正负号检验
	成对比较、单样本符号秩检验
单因素方差分析	K 个独立样本的 H 检验法
多因素方差分析	Friedman 检验法
相关系数	Spearman 秩相关系数

与参数检验方法对比，非参数检验方法具有以下优点：

（1）检验条件宽松，适应性强。参数检验假定总体分布为正态、近似正态或以正态分布为基础而构造的 t 分布或 χ^2 分布；非参数检验不受这些条件的限制，弥补了参数检验的不足，对于非正态的、方差不等的以及分布形状未知的数据都适用。

（2）检验方法灵活，用途广泛。非参数检验不但可以应用于定距、定比等连续变量的检验，而且适用于定类、定序等分类变量的检验。对于那些不能直接进行四则运算的定类数据和定序数据，运用符号检验、符号秩检验都能达到好的效果。

（3）非参数检验的计算相对简单，易于理解。由于非参数检验更多地采用计数的方法，其过程及结果可以被直观地理解，容易被使用者接受。

但是非参数检验也有一些不可避免的缺点，比如非参数检验方法虽然对总体分布的假定不多，适应性强，但方法本身也因此而缺乏针对性，其功效不如参数检验；另外，非参数检验使用的是等级或符号秩，而不是实际数值，方法虽简单，但会失去许多信息，因而检验的有效性也就比较差。如对于一批适用于 t 检验的配对资料，如果采用符号秩检验处理，其功效将低于 t 检验；如具用符号检验处理则效率更低，因为它对信息的利用更不充分。当然，如果假定的分布不成立，那么非参数检验就是更值得信赖的。

非参数假设检验需要处理的问题是：

（1）猜出总体的分布（假设），用另一组样本检验，即一个总体分布的检验。

（2）两个总体的分布未知，它们是否相同，即两个总体分布的检验。

10.1　一个总体分布的检验

一个总体分布的检验内容主要包括检验总体的正态分布、检验总体的卡方分布、检验总体的二项分布、单样本变量值的随机性检验（游程检验）和单样本的 Kolmogorov-Smirnov 检验五个。

（1）检验总体的正态分布。检验总体的正态分布的图示法有 *P-P* 正态概率分布图和 *Q-Q* 正态概率单位分布图。*P-P* 正态概率分布图是根据变量的累计比例对所指定的理论分布累计比例绘制的图形；*Q-Q* 正态概率单位分布图是根据变量分布的分位数对所指定的理论分布分位数绘制的图形。其 SPSS 操作过程如图 10－1、图 10－2 所示。

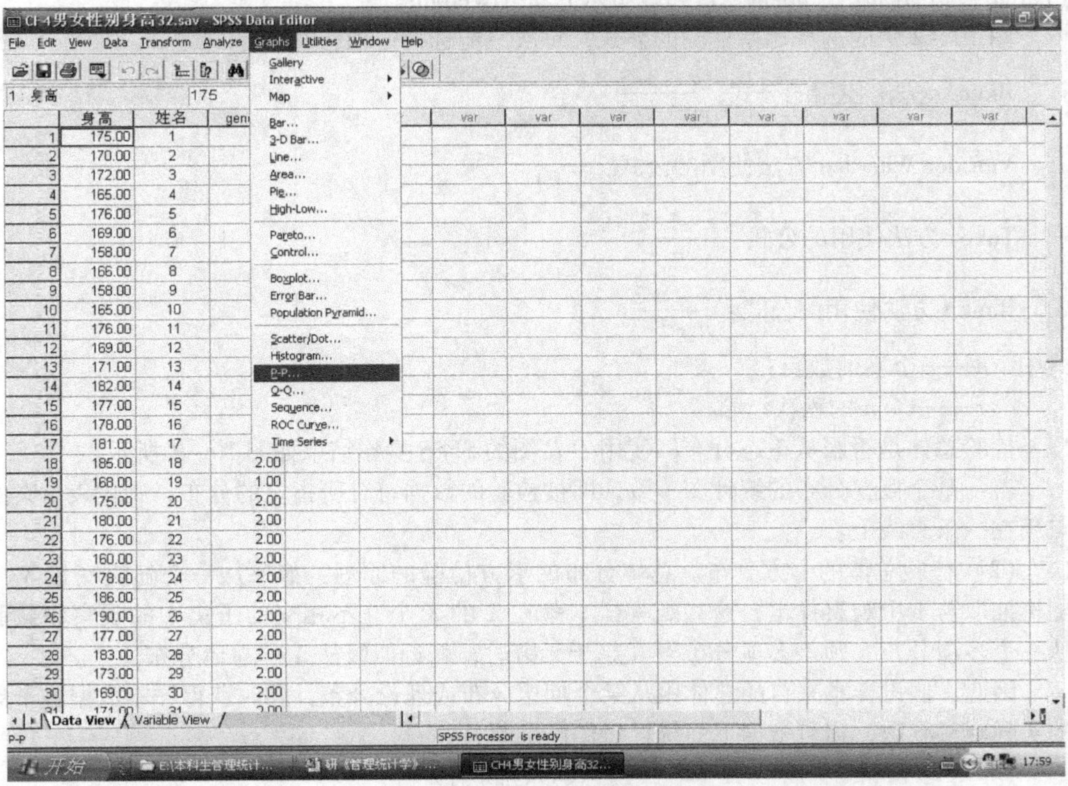

图 10－1　SPSS 的 Graphs 下拉菜单界面

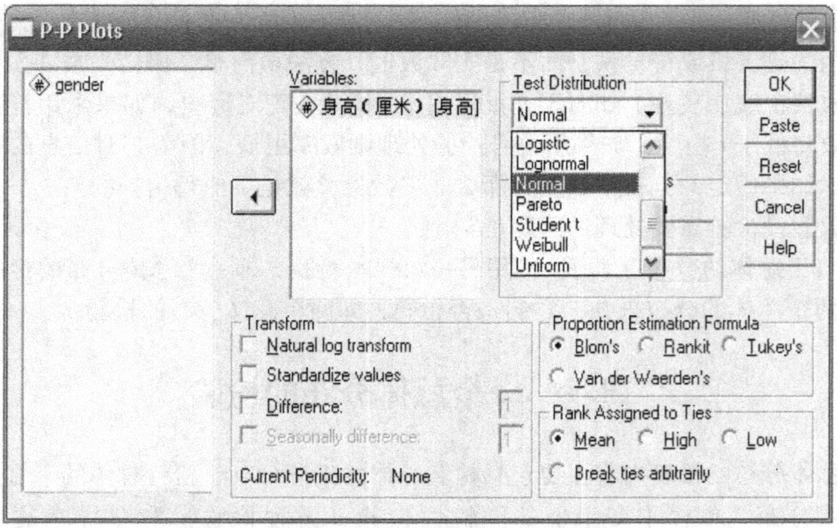

图 10－2　*P-P* 正态概率分布图设置对话框

图 10－2 中的 Test Distribution 提供 13 种概率分布：

拉普拉斯分布（Laplace）、逻辑斯谛分布（Logistic）、指数分布（Exponential）、伽玛分布（Gamma）、均匀分布（Uniform）、半正态分布（Half-normal）、对数正态分布（Lognormal）、贝塔分布（Beta）、卡方分布（Chi-square）、正态分布（Normal）、帕累托分布（Pareto）、T 分布（Student T）和威布尔分布（Weibull）。

图 10－2 中的选择比率估测的公式，每次只能选择一项，其中：

Blom's 方法使用的公式：$\dfrac{r-3/8}{n+1/4}$

Van der Waerden 方法使用的公式：$\dfrac{r}{n+1}$

Tukey 方法使用的公式：$\dfrac{r-1/2}{n}$

Rankit 方法使用的公式：$\dfrac{r-1/3}{n+1/3}$

式中　n——个案的数目；

　　r——$1\sim n$ 的秩次。

检验总体是否服从正态分布，使用 *P-P* 图的 SPSS 操作结果如图 10－3 所示。

若与某个概率分布的统计图一致，即被检验的数据符合所指定的分布，则代表个案的点簇在一条直线上。

（2）检验总体的卡方分布。总体分布的卡方检验的原理：如果从一个随机变量 X 中随机抽取若干个观察样本，这些观察样本落在 X 的 K 个互不相交的子集中的观察频数服从一个多项分布，则该多项分布当 K 趋于无穷时，就近似服从 X 的总体分布。

因此，假设样本来自的总体服从某个期望分布或理论分布，同时获得样本数据各子集的实际观察频数，则可依据下面统计量作出推断：

$$\chi^2 = \sum_{i=1}^{k} \frac{(f_0 - f_e)^2}{f_r}$$

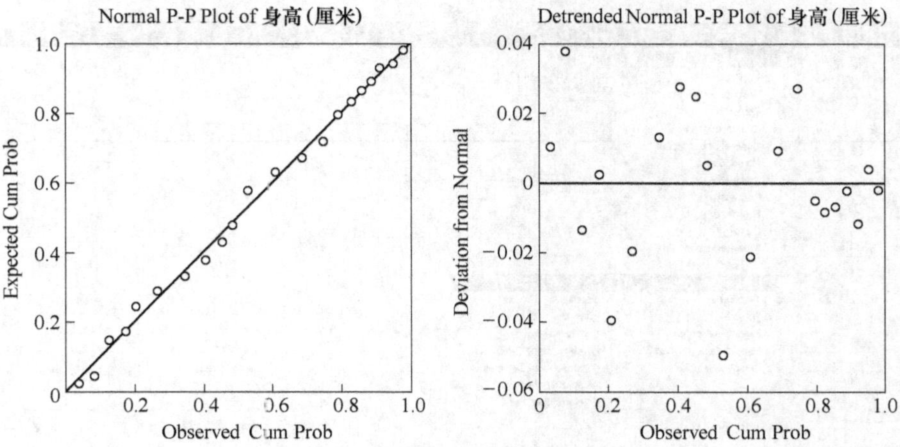

图 10-3 *P-P* 正态概率分布结果图

例 10.1 某地一周内每日患忧郁症的人数见表 10-2，请检验一周内每日患忧郁症的人数是否满足 1∶1∶2∶2∶1∶1∶1。

表 10-2 每日患忧郁症的人数

周 日	患者数	周 日	患者数
1	31	5	29
2	38	6	24
3	70	7	31
4	80		

SPSS 实现过程如图 10-4～图 10-6 所示。

用于选择计算非参数检验统计量对应的 *P* 值的方法，SPSS 提供了以下 3 种计算 *P* 值的方法：

1）Asymptotic only：渐进性的显著性检验，适合于样本服从渐进分布或较大样本。

2）Monte Carlo：不依赖渐进性方法估测精确显著性，这种方法在数据不满足渐进性分布，而且样本数据过大以致不能计算精确显著性时特别有效。

3）Exact：精确计算法，即准确计算观测结果的统计概率。计算量较大，适用于小样本。

SPSS 操作结果见表 10-3、表 10-4。

表 10-3 每日患病的观测数与期望数

周日

	Observed N	Expected N	Residual
1	31	33.7	-2.7
2	38	33.7	4.3
3	70	67.3	2.7
4	80	67.3	12.7
5	29	33.7	-4.7
6	24	33.7	-9.7
7	31	33.7	-2.7
Total	303		

表 10-4 检验统计量数值及其 *P* 值

Test Statistics

	周 日
Chi-Square[a]	6.891
df	6
Asymp. Sig.	.331

a. 0 cells (.0%) have expected frequencies less than 5. The minimum expected cell frequency is 33.7.

卡方检验要求样本量充分大，使用时建议样本容量应该不小于 30，同时每个单元

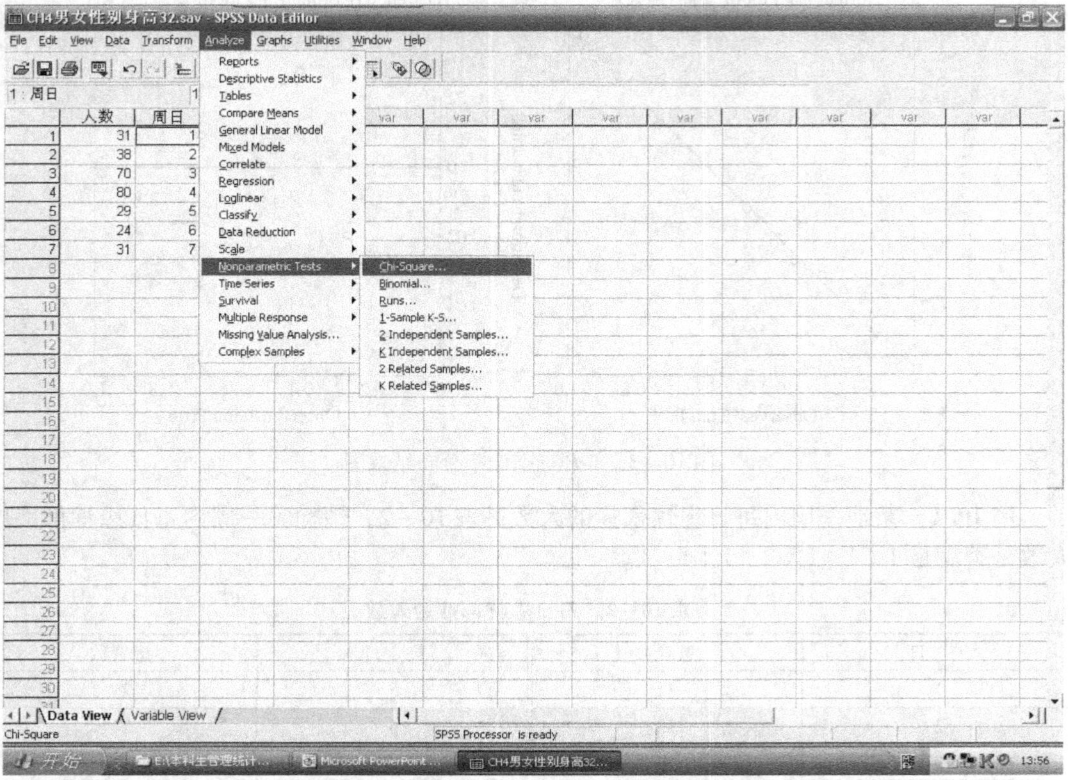

图 10－4　SPSS 的 Analyze 下拉菜单界面

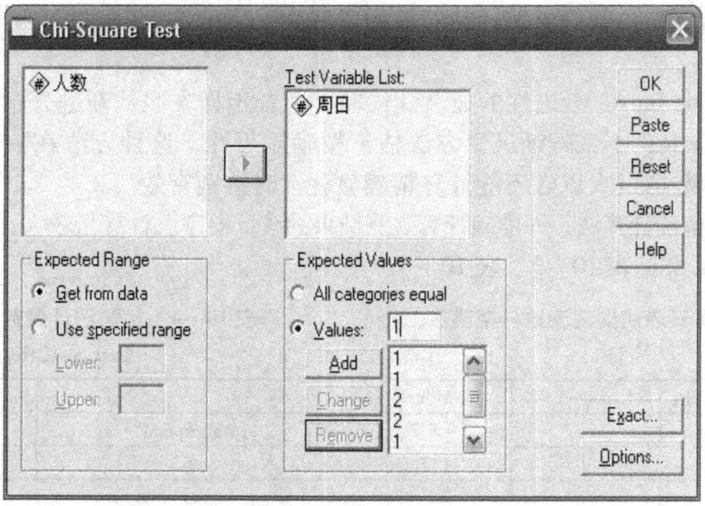

图 10－5　卡方检验对话框

中的期望频数不能太小，如果有某个类别的频数小于 5，则建议将它与相邻的类别合并，如果有 20% 的单元期望频数都小于 5，就不能再使用卡方检验了。

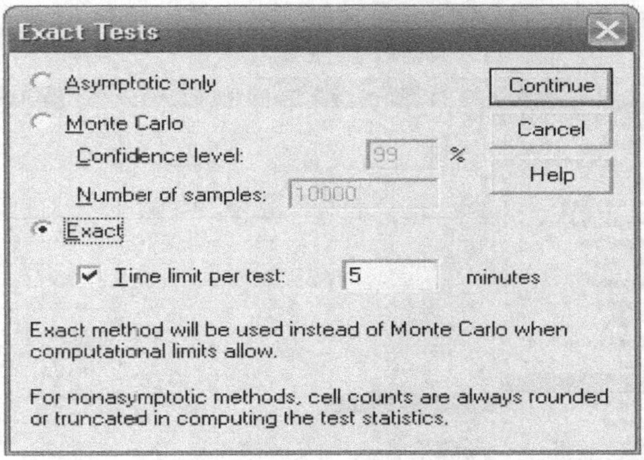

图 10－6 Exact 检验设置对话框

（3）二项分布检验。二项分布检验的基本思想：根据搜集到的样本数据，推断总体分布是否服从某个指定的二项分布。其零假设：样本来自的总体与所指定的某个二项分布不存在显著的差异。

SPSS 中的二项分布检验，在样本不大于 30 时，按照计算二项分布概率的公式进行计算；样本数大于 30 时，计算的是 Z 统计量，认为在零假设下，Z 统计量服从正态分布：

$$Z=\frac{K\pm0.5-np}{\sqrt{np(1-p)}}$$

式中 K——观察变量取值的样本个数，当 K 小于 $n/2$ 时，取加号；

p——检验概率。

例 10.2 某地某一时期内出生 35 名婴儿，其中女孩儿 19 名（Sex＝0），男孩儿 16 名（Sex＝1）。问，该地区出生婴儿的性别比例与通常的男女性别比例（总体概率约为 0.5）是否不同？数据见表 10－5。

表 10－5 出生婴儿的性别比例

婴 儿	Sex	婴 儿	Sex	婴 儿	Sex
1	1	13	1	25	1
2	0	14	1	26	1
3	1	15	1	27	0
4	1	16	1	28	0
5	1	17	0	29	0
6	1	18	0	30	0
7	0	19	0	31	1
8	0	20	0	32	0
9	0	21	0	33	0
10	0	22	0	34	0
11	1	23	1	35	0
12	1	24	1		

SPSS 操作过程如图 10－7、图 10－8 所示。

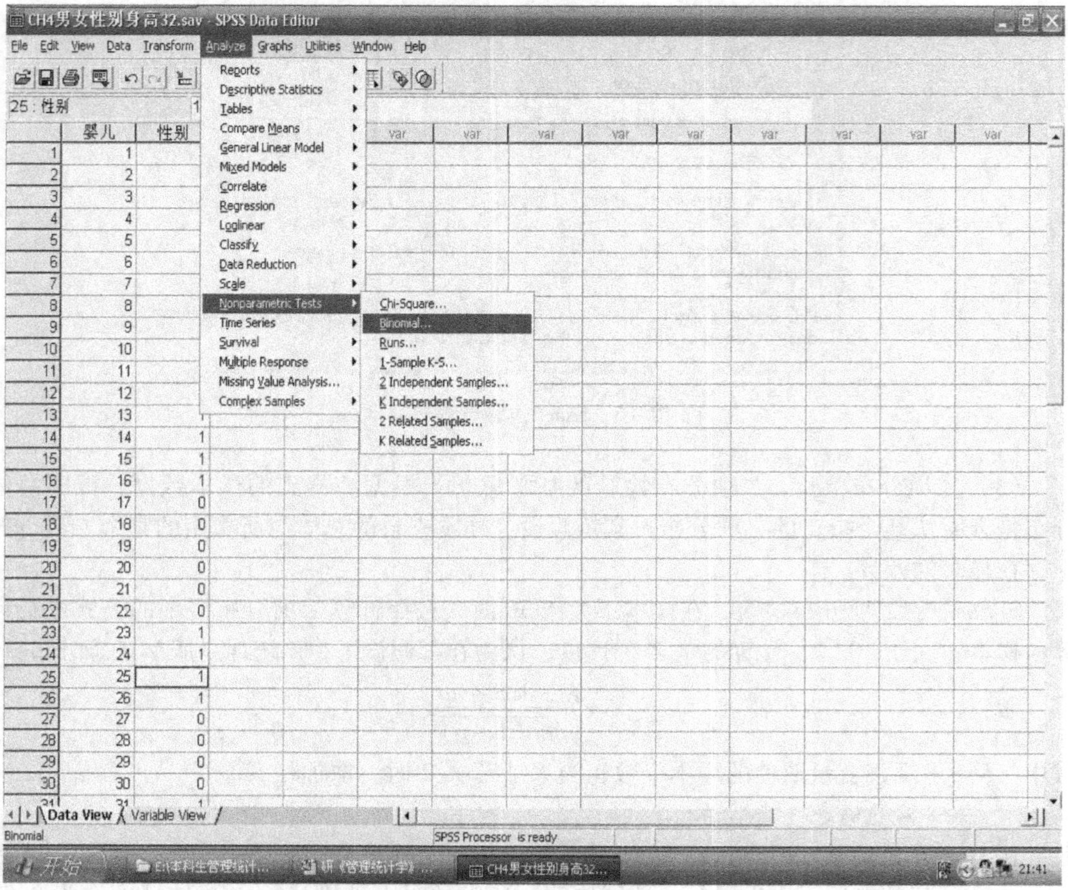

图 10－7 SPSS 的 Analyze 下拉菜单界面

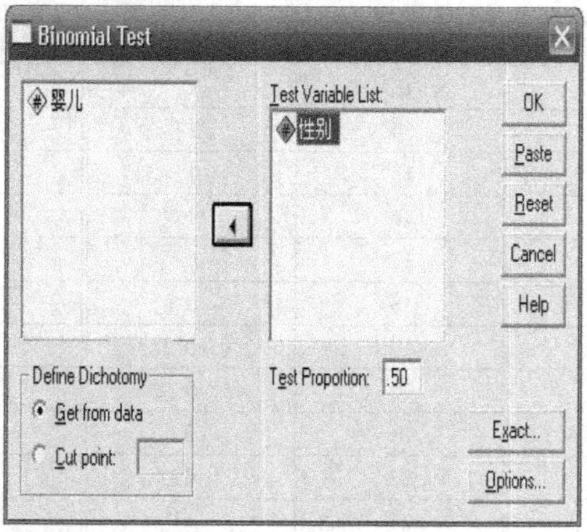

图 10－8 二相分布检验对话框

SPSS 操作结果见表 10－6。

表 10－6 检验结果表

Binomial Test

		Category	N	Observed Prop.	Test Prop.	Asymp. Sig. (2-tailed)
性别	Group 1	1	16	.46	.50	.736[a]
	Group 2	0	19	.54		
	Total		35	1.00		

a. Based on Z Approximation.

（4）单样本变量值的随机性检验（游程检验）。单样本变量值的随机性检验是对某变量的取值出现是否随机进行检验，也称为游程检验。

依时间或其他顺序排列的有序数列中，具有相同的事件或符号的连续部分称为一个游程。调用 Runs 过程可进行游程检验，即用于检验序列中事件发生过程的随机性分析。

例 10.3 某村发生一种地方病，其住户沿一条河排列，调查时对发病的住户标记为“1”，对非发病的住户标记为“0”，共 35 户，其取值见表 10－7。

表 10－7 35 家住户的发病情况

住 户	发病情况	住 户	发病情况	住 户	发病情况
1	1	13	1	25	1
2	0	14	1	26	1
3	1	15	1	27	0
4	1	16	1	28	1
5	1	17	0	29	0
6	1	18	0	30	0
7	0	19	1	31	1
8	0	20	1	32	0
9	0	21	0	33	0
10	0	22	0	34	0
11	1	23	1	35	0
12	1	24	1		

SPSS 操作过程如图 10－9、图 10－10 所示。

SPSS 操作结果见表 10－8。

表 10－8 游程检验结果

Runs Test

	发病情况
Test Value[a]	1.00
Total Cases	35
Number of Runs	14
Z	－1.339
Asymp. Sig. (2-tailed)	.181

a. User-specified.

（5）单样本的 Kolmogorov-Smirnov 检验。单样本 K-S 检验是一种拟合优度的非参数检验，是利用样本数据推断总体是否服从某一理论分布的方法，适用于探索连续性随机变量的分布形态。进行 Kolmogorov－Smirnov Z 检验，是将一个变量的实际频数

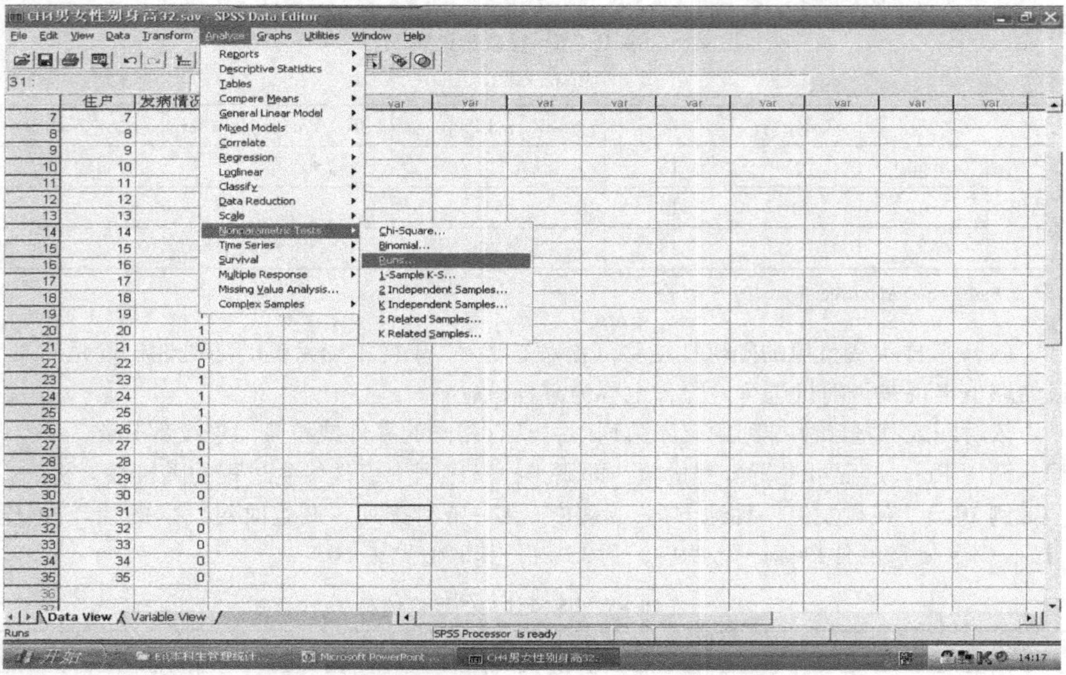

图 10－9　SPSS 的 Analyze 下拉菜单界面

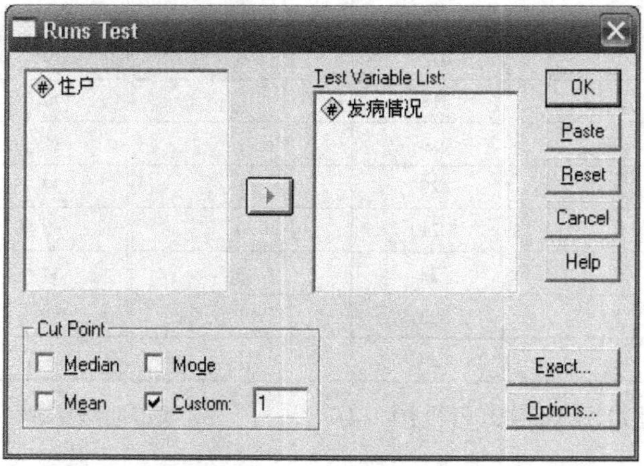

图 10－10　Runs Test 对话框

分布与正态分布（Normal）、均匀分布（Uniform）、泊松分布（Poisson）进行比较。

SPSS 实现 K-S 检验的过程如下：

1）根据样本数据和用户的指定构造出理论分布，查分布表得到相应的理论累计概率分布函数 $F_0(x)$。

2）利用样本数据计算各样本数据点的累积概率，得到检验累计概率分布函数 $S_0(x)$。

3）计算 $F_0(x)$ 和 $S_0(x)$ 在相应的变量值点 X 上的差，得到差值序列。单样本 K-S 检验主要对差值序列进行研究。

例 10.4 某地 144 个周岁儿童的身高数据见表 10－9，问该地区周岁儿童身高频数是否呈正态分布？

表 10－9 周岁儿童的身高数据 (cm)

身高区间	64 ~	68 ~	69 ~	70 ~	71 ~	72 ~	73 ~	74 ~	76 ~	78 ~	79 ~	83 ~
人　数	2	4	7	16	20	25	24	22	16	2	6	1

SPSS 操作过程如图 10－11、图 10－12 所示。

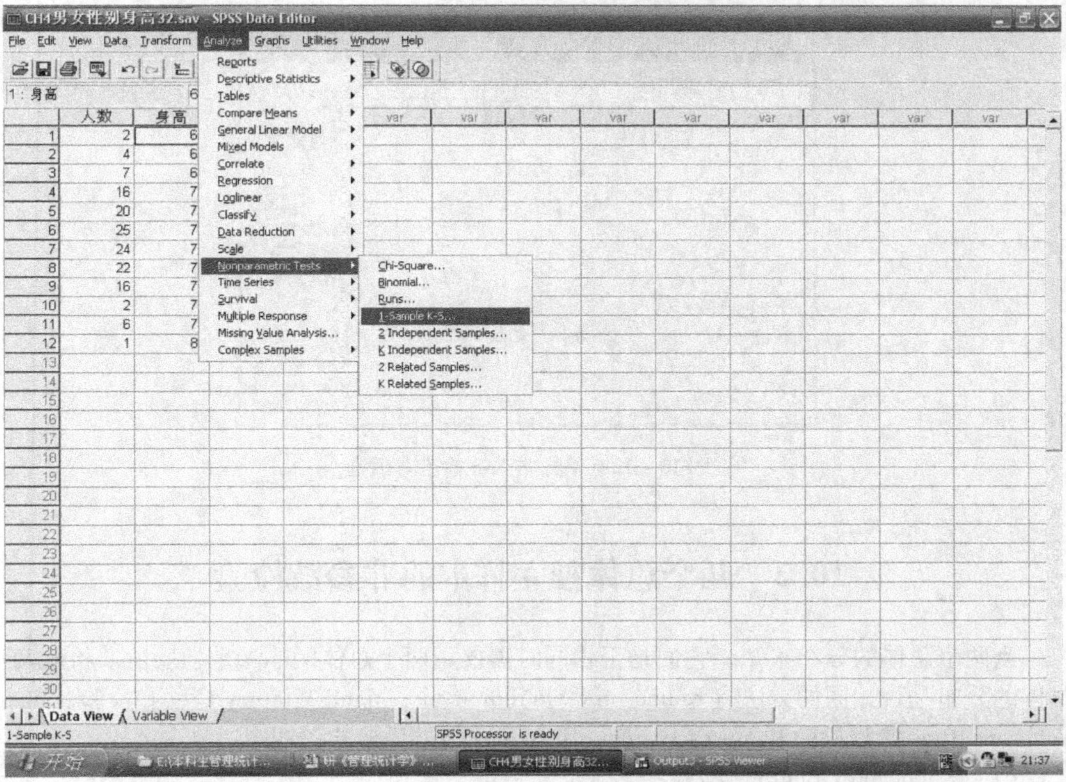

图 10－11 SPSS 的 Analyze 下拉菜单界面

SPSS 操作结果见表 10－10。

表 10－10 单样本的 Kolmogorov-Smirnov 检验结果

One-Sample Kolmogorov-Smirnov Test

		人　数
N		12
Normal Parameters[a,b]	Mean	12.08
	Std. Deviation	9.317

续表 10－10

		人 数
Most Extreme Differences	Absolute	.207
	Positive	.207
	Negative	－.163
Kolmogorov-Smirnov Z		.718
Asymp. Sig.（2-tailed）		.681

a. Test distribution is Normal.

b. Calculated from data.

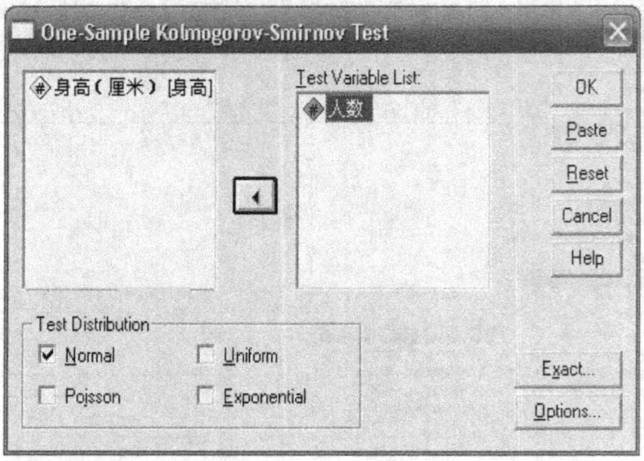

图 10－12　单样本 K-S 检验对话框

10.2　两个总体独立样本的非参数检验

当两个总体的分布未知，它们是否相同时需要用两个总体的非参数检验法。检验两个总体的分布是否相同的方法有 Kolmogorov-Smirnov 检验、Mann-Whitney U 秩和检验、Wald-wolfowitz Runs 游程检验和 Moses Extreme Reactions 极端反应检验四个。

（1） Kolmogorov-Smirnov 检验：

零假设：样本来自的两独立总体分布无显著差异。

K-S 检验实现的方法：将两组样本数据混合并升序排列，分别计算两组样本秩的累计频率和每个点上的累积频率，然后将两个累计频率相减，得到差值序列数据。

K-S 检验将关注差值序列，并计算 K-S 的 Z 统计量，依据正态分布表给出相应的相伴概率值。

（2） Mann-Whitney U 秩和检验法：

问题：有两个总体的样本为：x_1，x_2，…，x_n 与 y_1，y_2，…，y_m，可能 $m \neq n$。两组样本是可以各自独立颠倒顺序的，检验这两组样本是否来自同一个总体（或检验两组样本的总体分布是否相同）。

Mann-Whitney U 检验的统计量是：

$$U_1 = nm + \frac{n(n+1)}{2} - w_1$$
$$U_2 = nm + \frac{m(m+1)}{2} - w_2$$
$$U = \min\{U_1, U_2\}$$

对给定 α，查 U 值表，得 U_α。若 $U < U_\alpha$，则总体分布相同。

（3）Wald-wolfowitz 游程检验。两样本 Wald-wolfowitz 游程检验中，计算游程的方法与观察值的秩有关。首先，将两组样本混合并升序排列，在数据排序时，两组样本的每个观察值对应的样本组标志值序列也随之重新排列，然后对标志值序列求游程。

如果计算出的游程数相对比较小，说明样本来自的两总体分布形态存在较大差距。

SPSS 将自动计算游程数得到 Z 统计量，并依据正态分布表给出对应的相伴概率值。

（4）Moses 极端反应检验：

零假设：样本来自的两独立总体分布没有显著差异。

两独立样本的极端反应检验：将一个样本作为控制样本，另一个样本作为实验样本。以控制样本做对照，检验实验样本是否存在极端反应。

首先，将两组样本混合并升序排列；然后计算控制样本最低秩和最高秩之间的观察值个数，即 Span（跨度）。

为控制极端值对分析结果的影响，可先去掉样本两个最极端的观察值后再求跨度，这个跨度称为截头跨度。

如果跨度或截头跨度很小，说明两个样本数据无法充分混合，认为实验样本存在极端反应。

例 10.5 用两种激励方法对同样工种的两个班组进行激励，每个班组都有 7 个人，测得激励后的业绩增长率见表 10－11，问：两种激励方法激励效果分布有无显著差异？

表 10－11 两种激励方法分别用于两个班组的效果 （%）

激励法 A	16.10	17.00	16.80	16.50	17.50	18.00	17.20
激励法 B	17.00	16.40	15.80	16.40	16.00	17.10	16.90

SPSS 的实现过程如图 10－13～图 10－16 所示。

点击进入 Analyze 菜单的 Nonparametric Tests 子菜单，选择 2 Independent Sample 命令，如图 10－14 所示。

SPSS 操作结果见表 10－12。

表 10－12 Moses 极端反应检验

Test Statistics[b]

	两法的激励效果（%）
Mann－Whitney U	5.500
Wilcoxon W	20.500
Z	－1.956
Asymp. Sig.（2-tailed）	.051
Exact Sig.［2＊(1-tailed Sig.)］	.048[a]

a. Not corrected for ties.

b. Grouping Variable：AB 两种激励方法 .

Ranks

AB 两种激励方法		N	Mean Rank	Sum of Ranks
两法的激励效果（%）	A 法	7	8.21	57.50
	1.00	5	4.10	20.50
	Total	12		

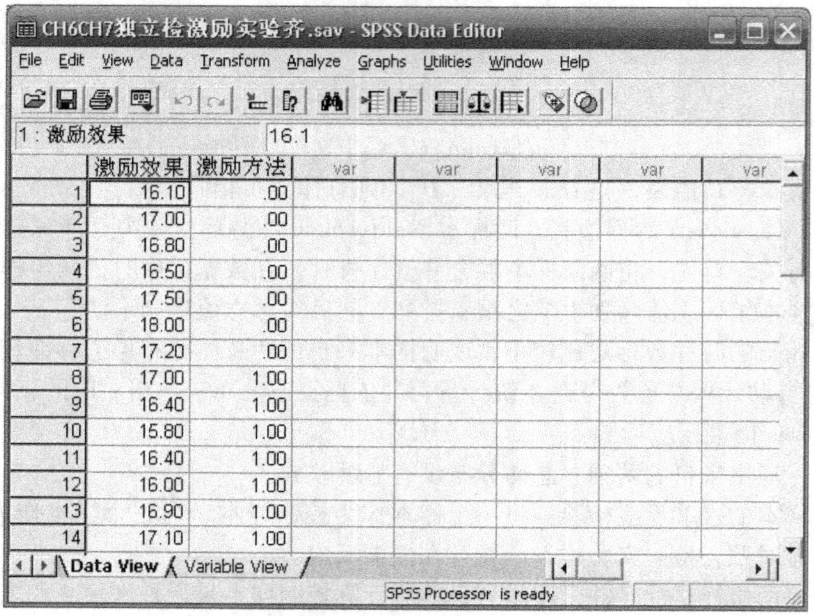

图 10－13 SPSS 的 Date View 界面

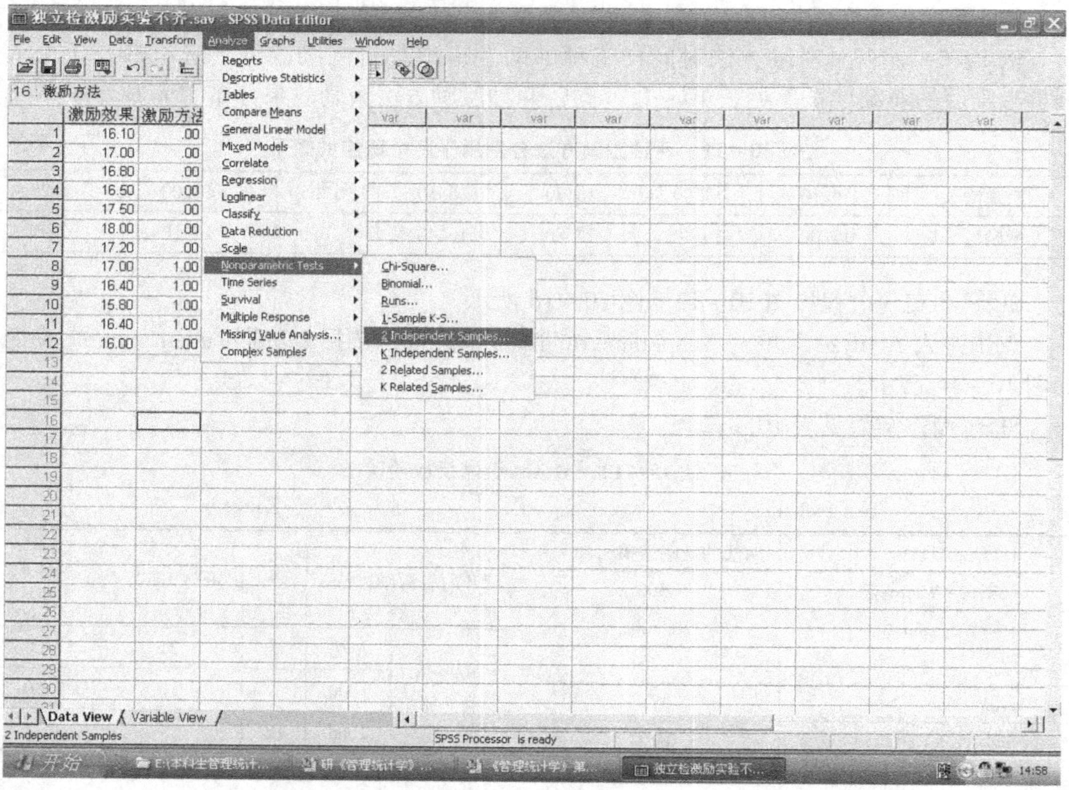

图 10－14 SPSS 的 Analyze 下拉菜单界面

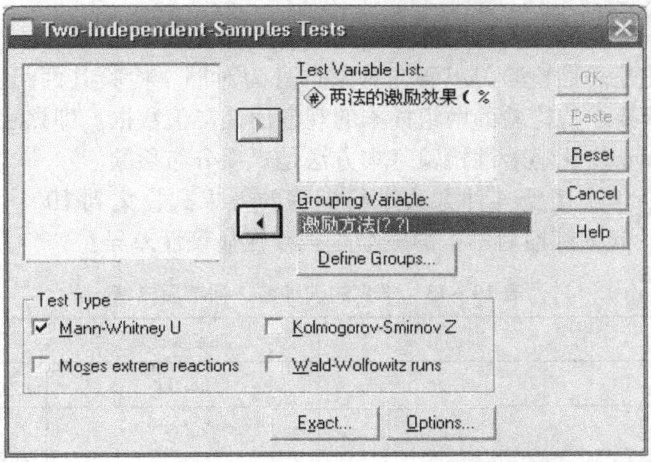

图 10-15　两个独立样本非参数检验对话框

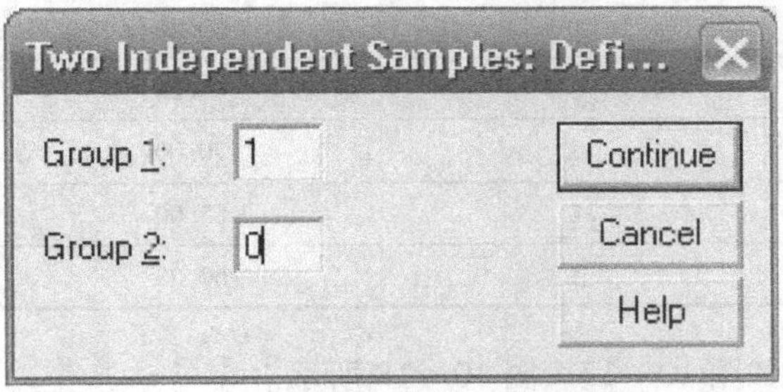

图 10-16　独立样本值设定对话框

10.3　两个总体配对样本的非参数检验

A　Wilcoxon 秩和检验法

设有两个总体的样本：x_1，x_2，…，x_n 与 y_1，y_2，…，y_m，可能 $m \neq n$，两组样本是可以各自独立颠倒顺序的。不妨设 $n \leqslant m$，把两组样本放在一起，按样本观察值的大小重新排序，那么每个观察值就有一个序号，称为秩。把样本个数少的一组样本 x_1，x_2，…，x_n 的序号（秩）加总起来，记为 w。如果两个总体的分布相同，则样本应当是均匀混合的，即 w 不能太小，也不能太大。w 太小，说明样本 x_1，x_2，…，x_n 较多地集中在左段；w 太大，说明样本较多地集中在右段。

由于 $n \leqslant m$，故 w 应在某两个数字之间：$w_1 < w < w_2$。w_1，w_2 是由 n，m，α 决定的。对于给定的显着性水平 α，可以由威尔可可逊表，依据 n，m，α 查出 w_1，w_2。

若 $w \leqslant w_1$，或 $w \geqslant w_2$，则拒绝 $H_0: F(x) = G(x)$，反之，若 $w_1 < w < w_2$，则接受 H_0：$F(x) = G(x)$。

B McNemar 检验

零假设：样本来自的两配对总体分布无显著差异。

McNemar 变化显著性检验，以研究对象自身为对照，检验其两组样本“前后”变化是否显著。该检验要求待检验的两组样本的观察值是二值数据。即该法适用于相关的二分变量数据。McNemar 变化显著性检验基本方法是二项分布检验。

例 10.6 分析学生接受某种方法进行训练的效果，收集到 10 个学生训练前后的成绩，见表 10-13。问训练前后学生的成绩是否存在显著性差异？

表 10-13 学生的训练前、训练后成绩

训练前	训练后	训练前成绩	训练后成绩
0	1	58.00	70.00
1	1	70.00	71.00
0	1	45.00	65.00
0	1	56.00	68.00
0	0	45.00	50.00
0	0	50.00	55.00
1	1	61.00	75.00
1	1	70.00	70.00
0	1	55.00	65.00
1	1	60.00	70.00

SPSS 的实现过程如图 10-17、图 10-18 所示。

SPSS 操作结果见表 10-14。

表 10-14 配对样本非参数检验结果

Test Statistics[b]

	训练后 - 训练前	训后成绩 - 训前成绩
Z	-2.000[a]	-2.673[a]
Asymp. Sig. (2-tailed)	.046	.008

a. Based on negative ranks.

b. Wilcoxon Signed Ranks Test.

Test Statistics[b]

	训练前 & 训练后
N	10
Exact Sig. (2-tailed)	.125[a]

a. Binomial distribution used.

b. McNemar Test.

C 符号检验法

(1) 符号检验法（正负号检验法）的前提：样本 x_i 或 y_i 不能各自独立地颠倒顺序。

(2) 复习二项分布。假设在 n 次重复努力试验中，事件 A 发生的概率为 p，A 在 n 次试验中出现的次数为 r，则如果随机变量 X 的分布如下：

$$p(X=r)=C_n^r p^r(1-p)^{n-r} \qquad (r=0,1,2,\cdots,n) \qquad 0<p<1$$

则称 X 服从参数为 $(n,\ p)$ 的二项分布，记为 $X\sim B(n,\ p)$，且二项分布的均值为 np，方差为 $np(1-p)$。

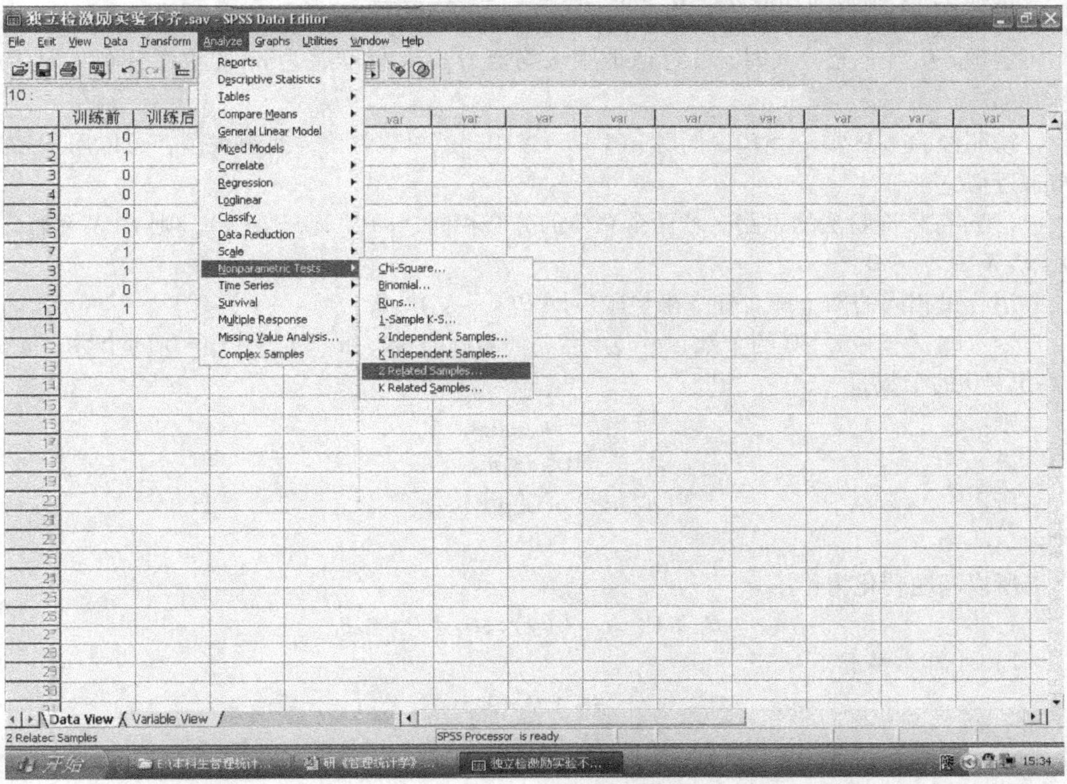

图 10－17　SPSS 的 Analyze 下拉菜单界面

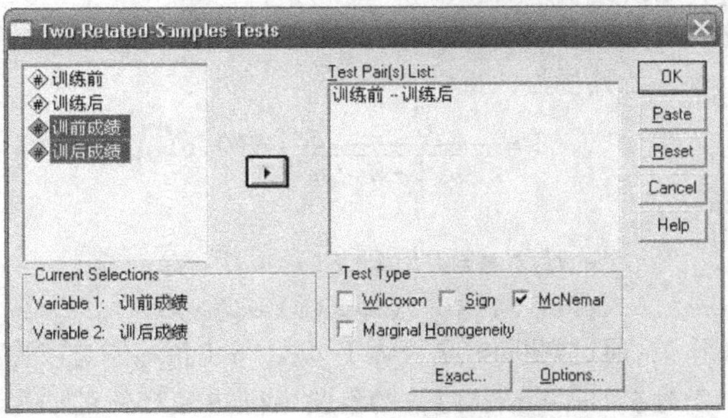

图 10－18　两个配对样本非参数检验对话框

定理 1：若随机变量 $X \sim B(1,\ p)$ 分布，则统计量：

$$Y = X_1 + X_2 + \cdots + x_n \sim B(n, p)$$

且

$$\mu_x = np,\ \sigma_x = \sqrt{np(1-p)}$$

定理 2：$\overline{X}$ 函数的均值 $\mu_{\overline{X}}=\mu_x=p$，$\sigma_{\overline{X}}^2=\frac{\sigma_x^2}{n}=\frac{p(1-p)}{n}$

定理 3：当 n 充分大时，$\overline{X}$ 近似地服从均值为 $\mu_{\overline{X}}$、标准差为 $\sigma_{\overline{X}}$ 的正态分布，即 $\overline{X}\sim N(\mu_{\overline{X}},\sigma_{\overline{X}}^2)$

按照经验，只要 $np\geqslant10$，同时 $n(1-p)\geqslant10$，就可以认为 n 足够大了，可以用正态分布来近似它。

（3）符号检验法的思路。若两个总体的分布相同，即 $F(x)=G(y)$，则 $P(X_i-Y_i)>0=P(X_i-Y_i)<0$。

用容量相同的两个配对样本来检验，即 $P(x_i-y_i)>0\approx P(x_i-y_i)<0$。

令：n_+ 为 $x_i-y_i>0$ 的个数，n_- 为 $x_i-y_i<0$ 的个数，n_0 为 $x_i-y_i=0$ 的个数，m 为 $x_i-y_i\neq0$ 的个数，

则
$$m=n-n_0=n_++n_-$$
设
$$0\leqslant r\leqslant m$$
所以
$$P(n_+=r)=C_m^rp^r(1-p)^{m-r}$$
式中 $p=0.5$。

所以问题转化为：

$$H_0:F(x)=G(y)\Leftrightarrow H_0:P=0.5$$

1）小样本情况下：

$$H_0:P=0.5$$
$$H_0:P\neq0.5$$

对 r 求从小到大的累积概率：$\sum P\{r\leqslant k_1\}\leqslant\frac{\alpha}{2}$，$k_1$ 是拒绝 H_0 的最高界限。

对 r 求从大到小的累积概率：$\sum P\{r\geqslant k_2\}\leqslant\frac{\alpha}{2}$，$k_2$ 是拒绝 H_0 的最低界限。

若 $k_1\leqslant n_+\leqslant k_2$，则接受 H_0，即 $F(x)=G(y)$。

2）大样本情况下，正负号个数检验法的处理。所谓“大样本”，就是要 $mP\geqslant10$ 同时 $m(1-P)\geqslant10$，检验统计量为：

$$Z=\frac{\overline{U}-p}{\sqrt{p(1-p)/m}}\sim N(0,1)$$

式中用 $\overline{u}=n_+/m$ 代替 $\overline{U}$。

假设：
$$H_0:P=0.5（即 F(x)=G(x)）$$
$$H_0:P\neq0.5（即 F(x)\neq G(x)）$$

对于显著性水平 α，通过判断 $|z|$ 是否大于 $Z_{\frac{\alpha}{2}}$，得出拒绝还是接受 $H_0:P=0.5$。

例 10.7 一个卖衬衣的邮购店从过去的经验中得知有 15% 的购买者说衬衣的大小不合身，要求退货。现这家邮购店改进了邮购订单的设计，结果在以后售出的 500 件衬衣中，有 60 件要求退货。问：在 5% 的 α 水平上，改进后的退货比例（母体比例）与原来的退货比例有无显著差异？

解：由于 $nP=500\times0.15=75>25$，已经足够大，故由中心极限定理，$\overline{X}$ 近似地服从均值为 P、方差为 $\frac{P(1-P)}{n}$ 的正态分布。于是

$$H_0: P = 0.15$$
$$H_1: P = 0.15$$

取显著性水平 $\alpha = 0.05$，检验统计量 $Z = \dfrac{\overline{U} - P}{\sqrt{P(1-P)/m}} \sim N(0,1) = 2.12$，大于 $z_{\alpha/2} = 1.96$，所以拒绝原假设。

10.4　多个总体独立样本的非参数检验

多个总体独立样本的非参数检验方法有多独立样本的 Median 检验、多独立样本的 K-W 检验、多独立样本的 K-T 检验和多独立样本的中位数检验。

通过对多组数据的分析，可以推断多个独立总体分布是否存在显著差异。

多个总体独立样本的非参数检验的零假设：样本来自的多个独立总体的中位数无显著差异。

如果多组独立样本的中位数无显著差异，说明多组独立样本有共同的中位数。如果每组中大于该中位数的中位数大致等于每组中小于该中位数的样本数，则可以认为该多个独立总体的中位数没有显著差异。

SPSS 实现的过程中，将多组样本数据混合并升序排列，求出混合样本数据的中位数，并假设是共同的中位数。

多个总体独立样本的 K-W 检验的零假设：样本来自的多个独立总体的分布无显著差异。

SPSS 的实现，将多组样本数据混合并升序排列，求出每个观察值的秩，然后对多组样本的值分别求平均值。如果各组样本的平均秩大致相等，则认为多个独立总体的分布无显著差异。

$$K - W = \frac{12}{N(N+1)} \sum_{i}^{k} n_i (\overline{R_i} - \overline{R})^2$$

式中　n——第 i 组样本的观察值个数；

　　R——平均秩。

例 10.8　随机抽取 3 个班级学生的 21 个成绩样本，数据结果见表 10－15。问 3 个班级学生总体成绩是否存在显著差异？

表 10－15　3 个班级的 21 个学生成绩

班　级	成　绩						
1	60	70	71	80	75	65	90
2	80	85	81	83	90	96	70
3	85	92	97	96	88	89	80

SPSS 操作过程如图 10－19～图 10－21 所示。

SPSS 操作结果见表 10－16。

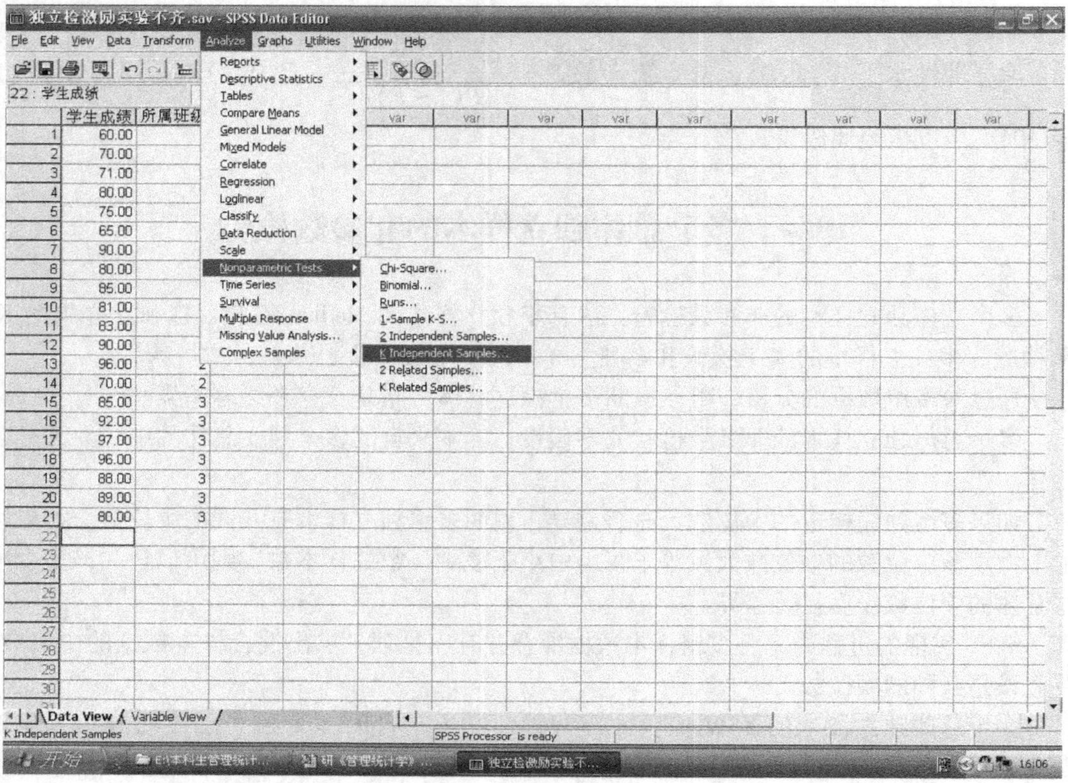

图 10－19 SPSS 的 Analyze 下拉菜单界面

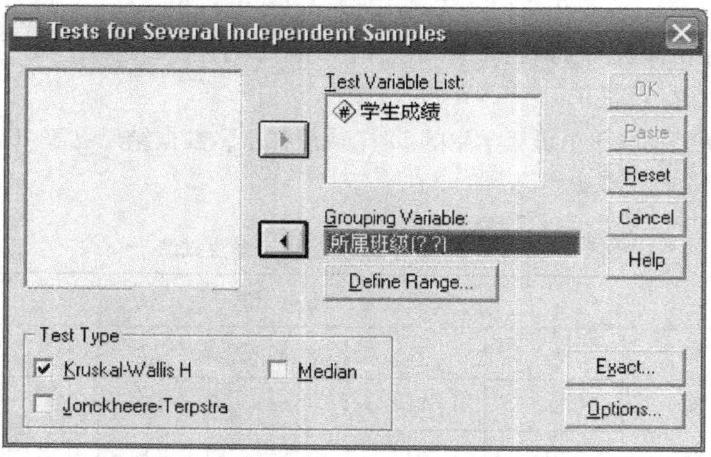

图 10－20 多个独立样本值非参数检验对话框

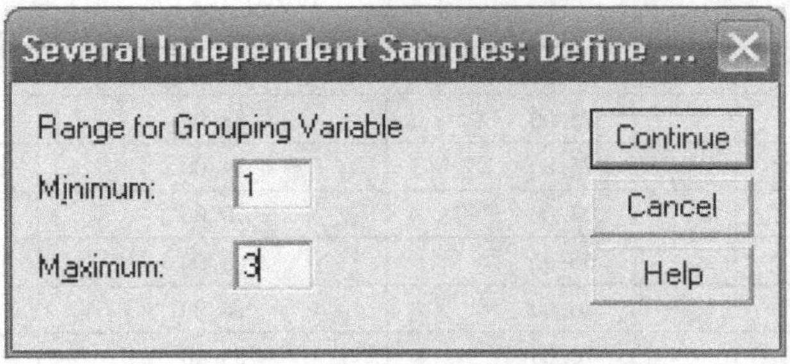

图 10－21 多个独立样本值设定对话框

表 10－16 多个独立样本检验结果

Test Statistics[a,b]

	学生成绩
Chi-Square	8.213
df	2
Asymp. Sig.	.016

a. Kruskal Wallis Test.
b. Grouping Variable：所属班级.

Ranks

	所属班级	N	Mean Rank
学生成绩	1	7	6.00
	2	7	11.57
	3	7	15.43
	Total	21	

10.5 多个总体配对样本的非参数检验

多个总体配对样本的非参数检验方法有多配对样本的 Friendman 检验、多配对样本的 Kendall 检验和多配对样本的 Cochran Q 检验三种。

(1) 多配对样本的 Friendman 检验。

要求：数据是定距的。

实现原理：以样本为单位，将各个样本数据按照升序排列，求各个样本数据在各自行中的秩，然后计算各样本的秩总和及平均秩。

如果多个配对样本的分布存在显著性差异，则数值普遍偏大组的秩和必然偏大，各组的秩之间就会存在显著差异。如果各样本的平均秩大致相当，则可以认为各组的总体分布没有显著差异：

$$\chi^2 = \frac{12}{bk(k+1)}\sum_{i=1}^{k}\left(R_i - \frac{b(k+1)}{2}\right)^2$$

例 10.9 为了试验某种减肥药物的性能，测量 11 个人在服用该药以前以及服用该药 1 个月后、2 个月后、3 个月后的体重，见表 10－17。问：在这 4 个时期，11 个人的体重有无发生显著变化？

表 10－17 11 个人在服用该药以前及后的体重

Pre-1	Post-1	Post-2	Post-3
80.00	80.00	70.00	69.00
79.00	75.00	71.00	70.00
85.00	80.00	75.00	75.00

续表 10－17

Pre-1	Post-1	Post-2	Post-3
80. 00	75. 00	68. 00	70. 00
75. 00	75. 00	74. 00	70. 00
74. 00	74. 00	70. 00	69. 00
65. 00	65. 00	63. 00	61. 00
70. 00	70. 00	70. 00	70. 00
80. 00	70. 00	65. 00	65. 00
75. 00	72. 00	70. 00	60. 00
80. 00	80. 00	70. 00	69. 00

SPSS 操作过程如图 10－22～图 10－24 所示。

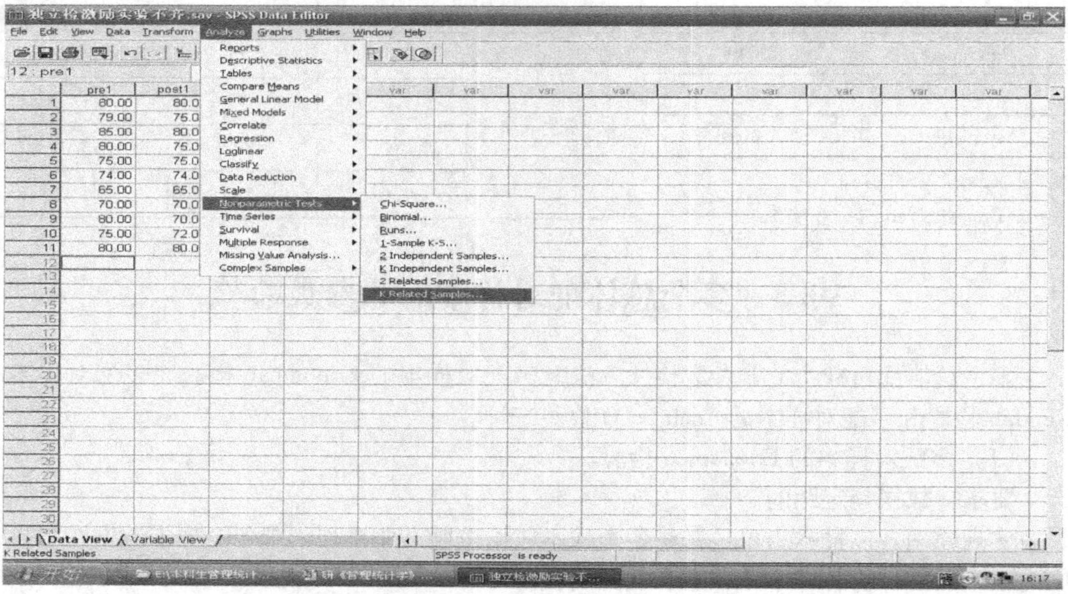

图 10－22　SPSS 的 Analyze 下拉菜单界面

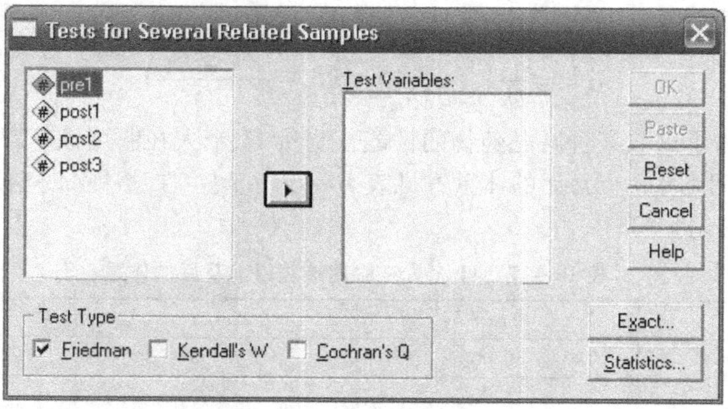

图 10－23　多个配对样本非参数检验对话框

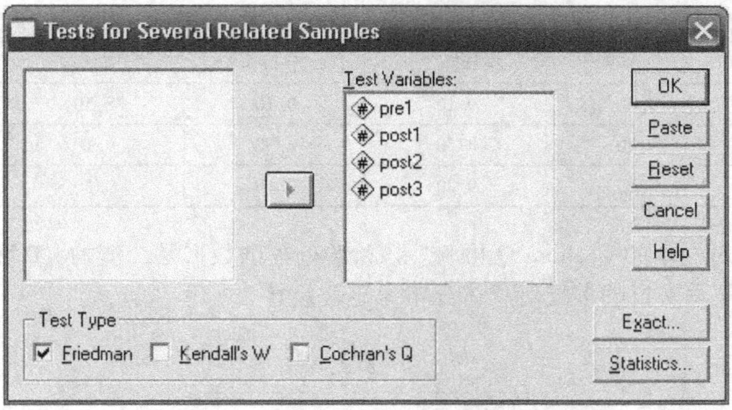

图 10－24　多个配对样本非参数检验对话框

SPSS 操作结果见表 10－18。

表 10－18　多个配对样本检验结果

Ranks

	Mean Rank
pre1	3.64
post1	3.18
post2	1.86
post3	1.32

Test Statistics[a]

N	11
Chi-Square	27.774
df	3
Asymp. Sig.	.000

a. Friedman Test.

（2）多配对样本的 Kendall 检验。主要用于分析评判者的判别标准是否一致公平。它将每个评判对象的分数都看作是来自多个配对总体的样本。一个评判对象对不同评判对象的分数构成一个样本。

零假设：样本来自的多个配对总体的分布无显著差异，即评判者的评判标准不一致。

Kendall 协同系数 W 的公式：

$$W = \sum_{i}^{n} \frac{(R_i - m(n+1)/2)^2}{(m^2 n(n^2-1))/12}$$

式中　R_i——第 i 个被评判者的秩和；

n——被评判者人数；

m——评判人数。

例 10.10　某文艺晚会有 5 个节目，共有 5 个评委参与打分，数据见表 10－19。问这 5 个评委的判别标准是否一致。注意：不是检验这 5 个节目之间实际是否存在显著差异。（解题过程略）

表 10－19　5 个评委的打分结果

评委	节目 1	节目 2	节目 3	节目 4	节目 5
评委 1	8.75	8.25	8.80	9.00	8.50
评委 2	10.00	9.50	9.50	8.90	9.50

续表 10－19

评委	节目 1	节目 2	节目 3	节目 4	节目 5
评委 3	9.60	9.10	9.10	8.50	9.60
评委 4	9.20	8.50	8.90	9.10	9.40
评委 5	9.65	9.20	9.10	9.10	8.90

（3）多配对样本的 Cochran Q 检验。该检验处理的数据是二值的（0 和 1）。

零假设：样本来自的多配对总体分布无显著差异。

$$Q = \frac{k(k-1)\sum_{j=1}^{k}(G_j - \overline{G})^2}{k\sum_{i=1}^{n}L_i - \sum_{i=1}^{n}L_i^2}$$

式中 k——样本数；

n——样本容量；

G_j——第 j 列取值为 1 的个数；

L_i——第 i 行取值为 1 的个数。

例 10.11 消费者协会调查了顾客对 3 种品牌电视机的满意程度，共有 10 个顾客参与了满意度的调查，数据见表 10－20。

表 10－20 顾客对 3 种品牌电视机的满意程度

顾　客	品牌 1	品牌 2	品牌 3
顾客 1	满意	不满意	不满意
顾客 2	满意	满意	满意
顾客 3	不满意	不满意	不满意
顾客 4	满意	满意	满意
顾客 5	满意	满意	不满意
顾客 6	满意	满意	不满意
顾客 7	满意	不满意	满意
顾客 8	满意	满意	满意
顾客 9	满意	满意	不满意
顾客 10	满意	不满意	满意

SPSS 操作过程如图 10－25～图 10～28 所示。

SPSS 操作结果见表 10－21。

表 10－21 多个配对样本非参数检验结果

Descriptive Statistics

	N	Mean	Std. Deviation	Minimum	Maximum
品牌 1	10	.90	.316	0	1
品牌 2	10	.60	.516	0	1
品牌 3	10	.50	.527	0	1

Ranks

	Mean Rank
品牌 1	2.35
品牌 2	1.90
品牌 3	1.75

Test Statistics[a]

N	10
Chi-Square	4.333
df	2
Asymp. Sig.	.115

a. Friedman Test.

Frequencies

	Value	
	0	1
品牌 1	1	9
品牌 2	4	6
品牌 3	5	5

Test Statistics

N	10
Cochran's Q	4.333[a]
df	2
Asymp. Sig.	.115

a. 1 is treated as a success.

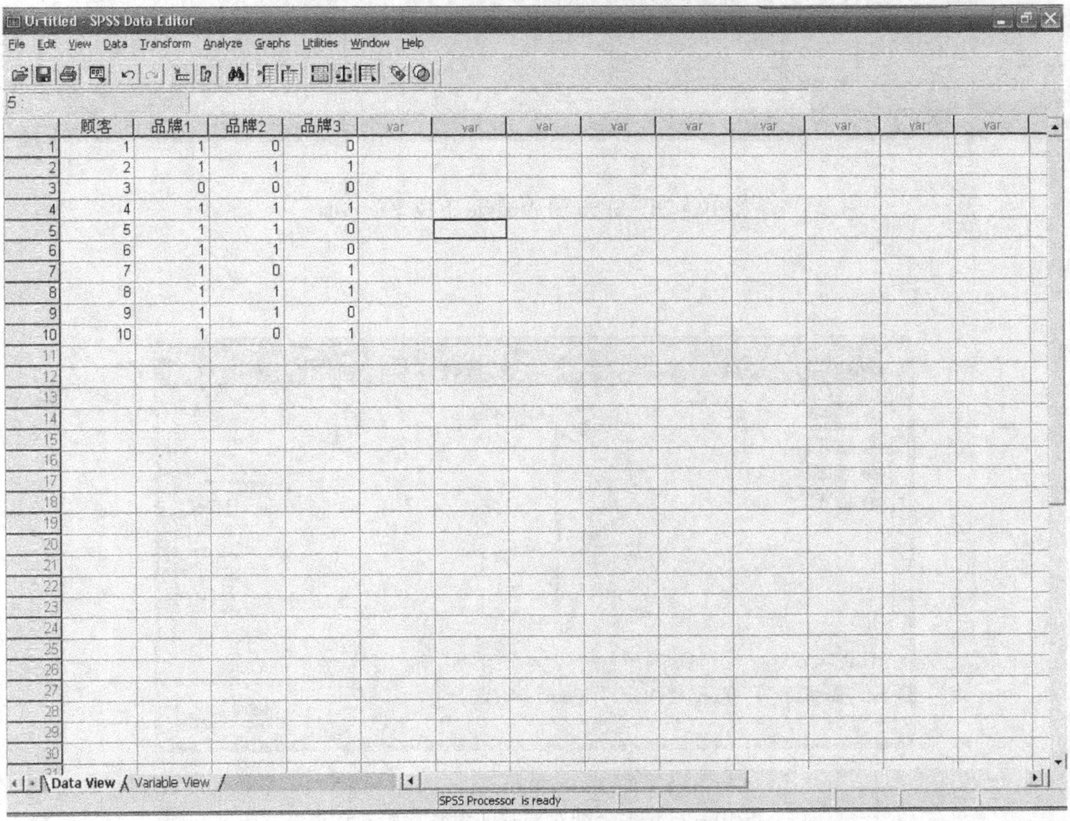

图 10－25　SPSS 的 Date View 界面

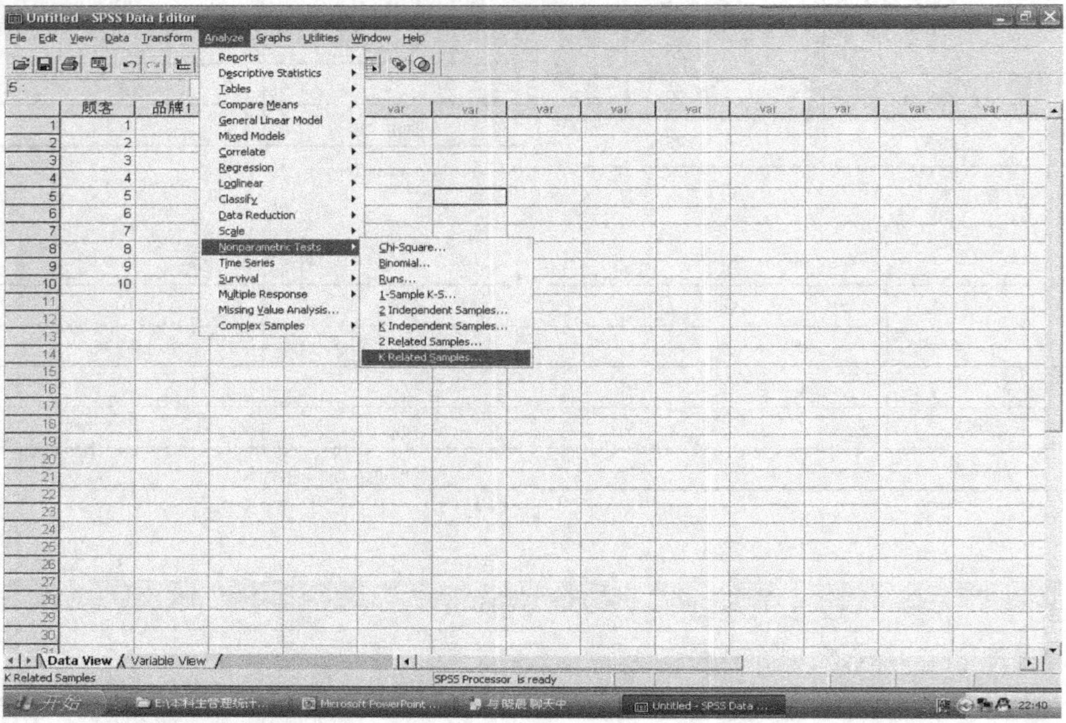

图 10－26　SPSS 的 Analyze 下拉菜单界面

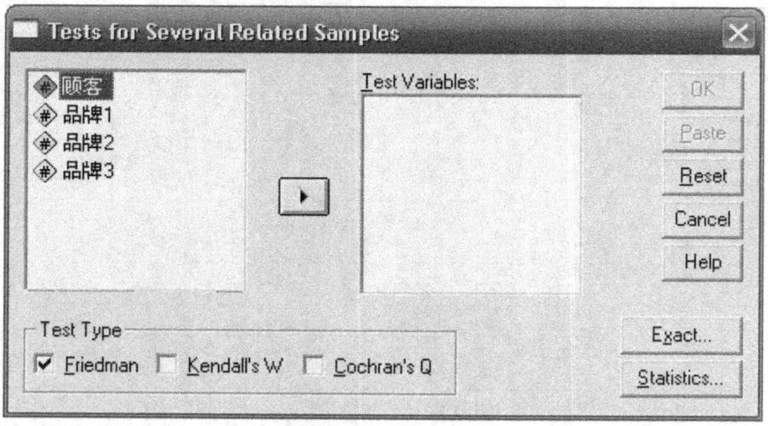

图 10－27　多个配对样本非参数检验对话框

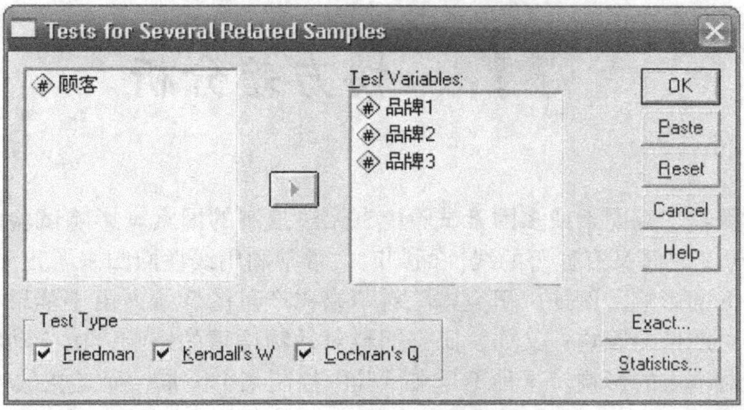

图 10－28　多个配对样本非参数检验对话框

11 协方差分析

如果在单因素、双因素或多因素试验中有无法控制的因素 x 影响试验的结果 Y，且 x 可以测量、x 与 Y 之间又有显著的线性回归时，常常利用线性回归来矫正 Y 的观测值、消去 x 的差异对 Y 的影响。例如，研究施肥对苹果树产量的影响，由于苹果树的长势不齐，必须消去长势对产量的影响；又如，研究饲料对动物增重的影响，由于动物的初重不同，必须消去初重对增重的影响。这种不是在试验中控制某个因素，而是在试验后对该因素的影响进行估计，并对试验指标的值作出调整的方法称为统计控制，可以作为试验控制的辅助手段。以统计控制为目的，利用线性回归消除混杂因素的影响后再进行的方差分析，称为协方差分析，需要统计控制的一个或多个因素称为协变量。常见的实例有苹果树的长势，比较两种药物治疗高血压的疗效，不同人的年龄等。

11.1 协方差分析概述

协方差分析是采用线性回归方法，寻找各分组的因变量 y 与协变量 x 之间的数量关系，求出假定 x 相等时的修正均值，然后用方差分析比较修正均值之间的差别的一种分析方法。

与回归分析相比，协方差分析侧重于求修正均值，其次才是比较。

协方差分析的条件：

（1）x 与 y 的线性关系在各个分组都成立，且各组之间的回归系数近似相等；

（2）x 的取值范围不宜过大，否则修正均值在回归直线的延长线上不能确定是否仍然满足线性关系和平行性的假设条件，协方差分析的结论也不正确。

协方差分析需要满足的假设条件：

（1）自变量是分类变量，协变量是定距变量，因变量是连续变量。

（2）对连续变量或定距变量的协变量的测量不能有误差。

（3）协变量与因变量之间的关系是线性关系，可以用协变量和因变量的散点图来检验是否违背这一假设。

（4）协变量的回归系数相同。在分类变量形成的各组中，协变量的回归系数（即各回归线的斜率）必须是相等的，即各组的回归线是平行线。如果违背了这一假设，就有可能犯第一类错误，即错误地接受虚无假设。

（5）自变量与协变量是直角关系，即互不相关，它们之间没有交互作用。

如果协方差受自变量的影响，那么协方差分析在检验自变量的效应之前对因变量所作的控制调整将是偏倚的，自变量对因变量的间接效应就会被排除。

协方差分析有两个意义：一是对试验进行统计控制；二是对协方差组分进行估计，现分述如下：

（1）对试验进行统计控制。为了提高试验的精确性和准确性，对处理以外的一切条件都需要采取有效措施严加控制，使它们在各处理之间尽量一致，称为试验控制。但在有些情况下，即使作出很大努力也难以使试验控制达到预期目的。例如，研究几种配合饲料对猪的增重效果，希望试验仔猪的初始体重相同，因为仔猪的初始体重不同，将影响猪的增重。经研究发现：增重与初始体重之间存在线性回归关系。但是，在实际试验中很难满足试验仔猪初始体重相同这一要求。这时可利用仔猪的初始体重（记为 x）与其增重（记为 y）的回归关系，将仔猪增重都矫正为初始体重相同时的增重，于是初始体重不同对仔猪增重的影响就消除了。由于矫正后的增重是应用统计方法将初始体重控制一致而得到的，故叫统计控制。统计控制是试验控制的一种辅助手段。经过这种矫正，试验误差将减小，对试验处理效应估计将更为准确。

若 y 的变异主要由 x 的不同造成（处理没有显著效应），则各矫正后的 y' 间将没有显著差异（但原 y 间的差异可能是显著的）。

若 y 的变异除掉 x 不同的影响外，y' 尚存在不同处理的显著效应，则可期望各 y' 间将有显著差异（但原 y 间差异可能是不显著的）。此外，矫正后的 y' 和原 y 的大小次序也常不一致。

所以，处理平均数的回归矫正和矫正平均数的显著性检验，能够提高试验的准确性和精确性，从而更真实地反映试验实际。这种将回归分析与方差分析结合在一起，对试验数据进行分析的方法，叫做协方差分析（analysis of covariance）。

（2）估计协方差组分。表示两个相关变量线性相关性质与程度的相关系数的计算公式：

$$r = \frac{\sum (x - \bar{x})(y - \bar{y})}{\sqrt{\sum (x - \bar{x})^2 \sum (y - \bar{y})^2}}$$

若将公式右端的分子分母同除以自由度（$n-1$），得：

$$r = \frac{\sum (x - \bar{x})(y - \bar{y})/(n - 1)}{\sqrt{\left[\sum (x - \bar{x})^2/(n-1)\right]\left[\sum (y - \bar{y})^2/(n - 1)\right]}}$$

其中 $\frac{\sum (x - \bar{x})^2}{n - 1}$ 是 x 的均方 MS_x，它是 x 的方差 σ_x^2 的无偏估计量；

$\frac{\sum (y - \bar{y})^2}{n - 1}$ 是 y 的均方 MS_y，它是 y 的方差 σ_y^2 的无偏估计量；

$\frac{\sum (x - \bar{x})(y - \bar{y})}{n - 1}$ 称为 x 与 y 的平均的离均差的乘积和，简称均积，记为 MP_{xy}，即

$$MP_{xy} = \frac{\sum (x - \bar{x})(y - \bar{y})}{n - 1} = \frac{\sum xy - \frac{\left(\sum x\right)\left(\sum y\right)}{n}}{n - 1}$$

与均积相应的总体参数叫协方差（covariance），记为 $\mathrm{cov}(x, y)$ 或 σ_{xy}。统计学证明了，均积 MP_{xy} 是总体协方差 $\mathrm{cov}(x, y)$ 的无偏估计量，即 $EMP_{xy} = \mathrm{cov}(x, y)$。

于是，样本相关系数 r 可用均方 MS_x、MS_y，均积 MP_{xy} 表示为：

$$r = \frac{MP_{xy}}{\sqrt{MS_x MS_y}}$$

相应的总体相关系数 ρ 可用 x 与 y 的总体标准差 σ_x、σ_y 总体协方差 $\text{cov}(x, y)$ 或表示如下：

$$\rho = \frac{\text{cov}(x, y)}{\sigma_x \sigma_y} = \frac{\sigma_{xy}}{\sigma_x \sigma_y}$$

均积与均方具有相似的形式，也有相似的性质。在方差分析中，一个变量的总平方和与自由度可按变异来源进行剖分，从而求得相应的均方。统计学已证明：两个变量的总乘积和与自由度也可按变异来源进行剖分而获得相应的均积。这种把两个变量的总乘积和与自由度按变异来源进行剖分并获得相应均积的方法亦称为协方差分析。

协方差分析是将线性回归与方差分析相结合的一种分析方法。把对反应变量 Y 有影响的因素 X 看作协变量，建立 Y 对 X 的线性回归，利用回归关系把 X 值化为相等，再进行各组 Y 的修正均数间比较。修正均数是假设各协变量取值固定在其总均数时的反应变量 Y 的均数。其实质是从 Y 的总离均差平方和 $\sum(Y - \bar{Y})^2$ 中扣除协变量 X 对 Y 的回归平方和 $\sum(\hat{Y} - \bar{Y})^2$，对离回归平方和 $\sum(Y - \hat{Y})^2$ 作进一步分解后再进行方差分析。

11.2 单因素协方差分析

设单因素试验的因素为 A，共有 A_1，A_2，…，A_r 等 r 个水平，分别安排了 s 次重复试验，所得到的样本为（x_{i1}，Y_{i1}）、（x_{i2}，Y_{i2}），…，（x_{is}，Y_{is}），相应的观测值为（x_{i1}，y_{i1}），（x_{i2}，y_{i2}），…，（x_{is}，y_{is}），$i=1$，…，n。

将样本及样本的观测值初步整理后有：

$$\bar{x}_{i\cdot} = \frac{1}{s}\sum_j x_{ij}(j = 1,\cdots,s),\quad \bar{x}_{\cdot\cdot} = \frac{1}{rs}\sum_i\sum_j x_{ij} = \frac{1}{r}\sum_i \bar{x}_{i\cdot}(i = 1,\cdots,r, j = 1,\cdots,s)$$

$$\bar{y}_{i\cdot} = \frac{1}{s}\sum_j y_{ij}(j = 1,\cdots,s),\quad \bar{y}_{\cdot\cdot} = \frac{1}{rs}\sum_i\sum_j y_{ij} = \frac{1}{r}\sum_i \bar{y}_{i\cdot}(i = 1,\cdots,r, j = 1,\cdots,s)$$

记 $\text{SST}(x) = \sum_i\sum_j (x_{ij} - \bar{x}_{\cdot\cdot})^2$，称为 x 的总离均差平方和；

$\text{SSA}(x) = \sum_i\sum_j (\bar{x}_{i\cdot} - \bar{x}_{\cdot\cdot})^2$，称为 x 的组间平方和；

$\text{SSE}(x) = \sum_i\sum_j (x_{ij} - \bar{x}_{i\cdot})^2$，称为 x 的组内平方和；

$\text{SST}(y) = \sum_i\sum_j (y_{ij} - \bar{y}_{\cdot\cdot})^2$，称为 y 的总离均差平方和；

$\text{SSA}(y) = \sum_i\sum_j (\bar{y}_{i\cdot} - \bar{y}_{\cdot\cdot})^2$，称为 y 的组间平方和；

$\text{SSE}(y) = \sum_i\sum_j (y_{ij} - \bar{y}_{i\cdot})^2$，称为 y 的组内平方和；

$\text{SPT} = \sum_i\sum_j (x_{ij} - \bar{x}_{\cdot\cdot})(y_{ij} - \bar{y}_{\cdot\cdot})$，称为 x 与 y 的总离均差乘积和；

$\text{SPA} = \sum_i\sum_j (x_{i\cdot} - \bar{x}_{\cdot\cdot})(y_{i\cdot} - \bar{y}_{\cdot\cdot})$，称为 x 与 y 的组间乘积和；

$SPE = \sum_i \sum_j (x_{ij} - \bar{x}_{i\cdot})(y_{ij} - \bar{y}_{i\cdot})$，称为 x 与 y 的组内乘积和。

单因素协方差分析的步骤如下。

（1）判断是否需要做协方差分析：

1）对自变量做单因素方差分析；

2）对自变量和因变量做相关分析。

（2）进行方差齐性检验和回归系数的假设检验（斜率同质性检验），只有满足上述条件之后才能应用，否则不宜使用。

（3）做协方差分析。

例 11.1 某果树研究所进行果树施肥的实验，苹果树第一年的产量 x（单位：kg）及第二年分别施用三种肥料的产量 y（单位：kg）的观测值见表 11－1。

表 11－1 果树施用三种肥料的产量

肥料	观测值							
A	47,54	58,66	53,63	46,51	49,56	56,66	54,61	44,50
B	52,54	53,53	64,67	58,62	59,62	61,63	63,64	66,69
C	44,52	48,58	46,54	50,61	59,70	57,64	58,69	53,66

请分析不同的肥料对苹果树的产量是否产生影响？

解：本题中自变量为化肥种类，协变量为第一年产量，因变量为第二年产量。其 SPSS 操作步骤如下：

（1）判断是否需要做协方差分析。以协变量 x“第一年产量”为 Dependent Factor，变量“化肥种类”为 Factor 做单因素方差分析：

1）在 Variable View 窗口定义变量“肥料种类”、“第一年产量”和“第二年产量”，并将“肥料种类”变量制作标签。

2）在 Data View 窗口录入数据。

3）点击 Analyze，在出现的下拉菜单中点击 Compare Means，出现次一级下拉菜单，然后点击 One Way ANOVA，如图 11－1 所示。

4）在新出现的窗口中，将协变量 x“第一年产量”移进 Dependent Factor 框中，将变量“化肥种类”移进 Factor 框中，如图 11－2 所示。

5）点击 OK，输出单因素方差分析结果，见表 11－2。

表 11－2 ANOVA

第一年产量

	Sum of Squares	df	Mean Square	F	Sig.
Between Groups	356.083	2	178.042	6.340	.007
Within Groups	589.750	21	28.083		
Total	945.833	23			

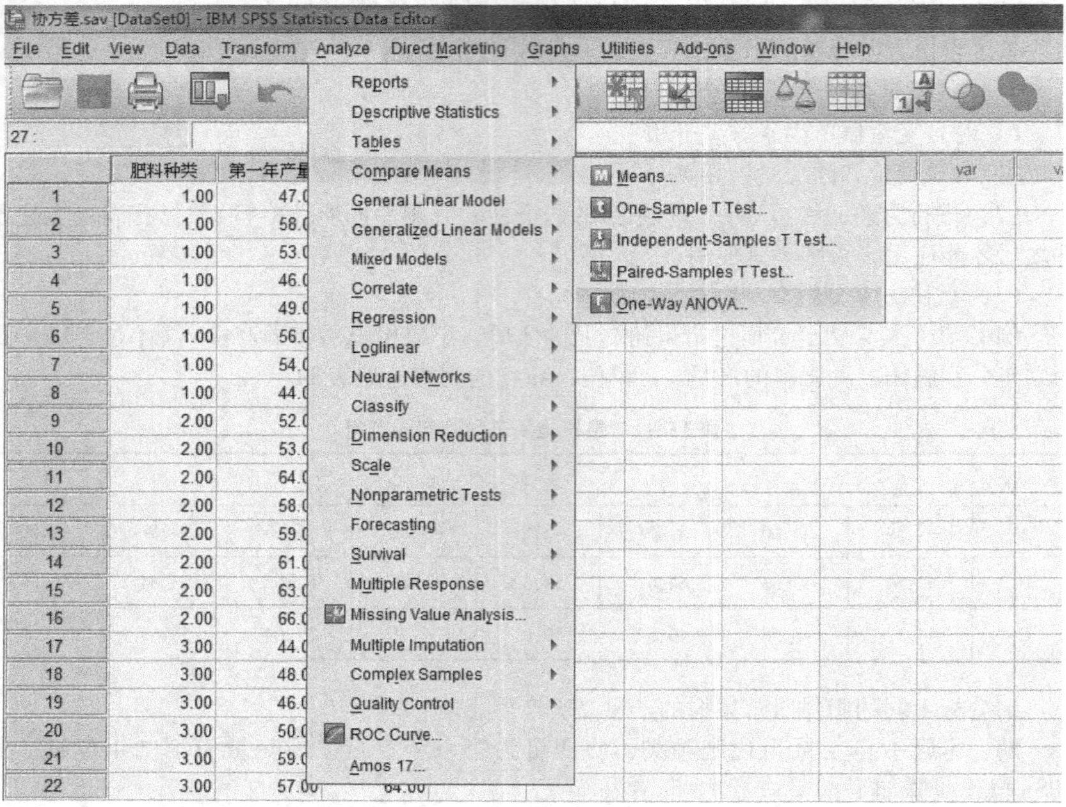

图 11－1 Analyze 下拉菜单

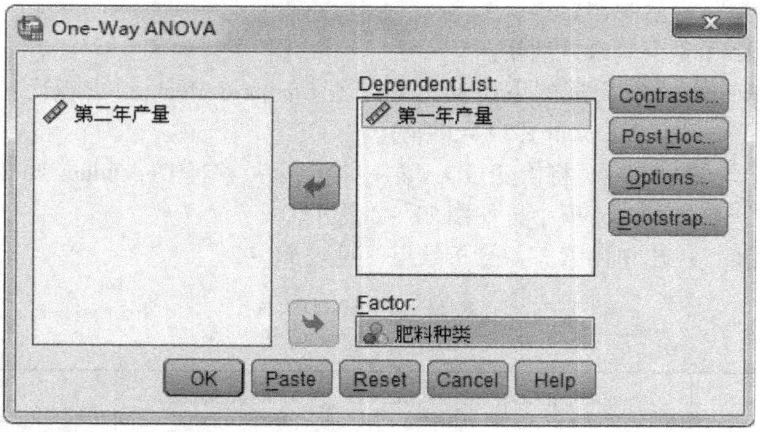

图 11－2 One Way ANOVA 窗口

6）对输出的结果进行分析。由协变量的单因素方差分析结果可知，检验统计量 $F=6.340$，其对应的 P 值为 $0.007<0.05$，说明第一年的产量有所不同，第一年的产量会对

第二年的产量分析有影响，需要做协方差分析。

(2) 进行方差齐性检验和回归系数的假设检验（斜率同质性检验）：

1) 首先，判断是否需要做协方差分析，对协变量 x "第一年产量"，因变量 y "第二年产量" 做相关分析，进行斜率同质性检验：

① 在 Variable View 窗口定义变量 "肥料种类"、"第一年产量" 和 "第二年产量"，并对 "肥料种类" 变量制作标签。

② 在 Data View 窗口录入数据。

③ 点击 Analyze，在出现的下拉菜单中点击 Correlate，出现次一级下拉菜单，然后点击 Bivariate，如图 11－3 所示。

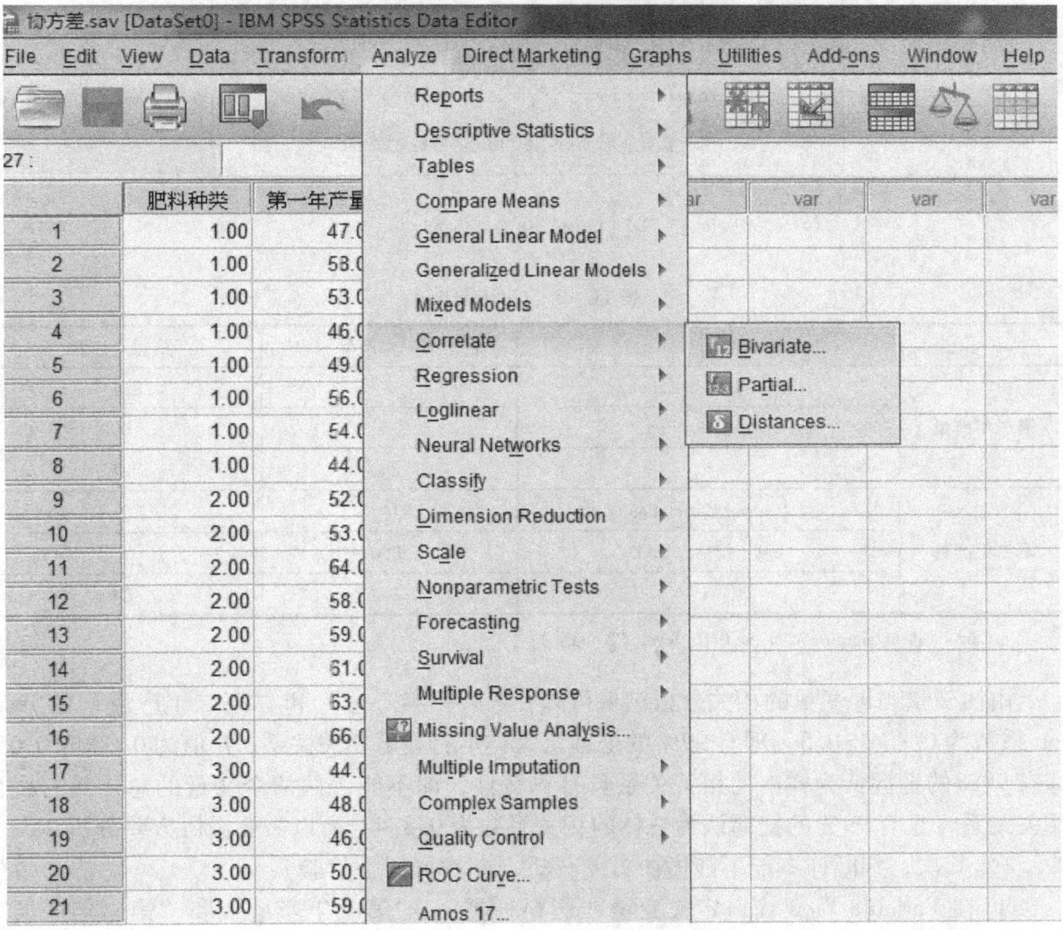

图 11－3　Analyze 下拉菜单

④ 在新出现的窗口中将 "第一年产量"、"第二年产量" 移进 Variables 框中（只有刻度级变量才能选 "Pearson"：积距相关），如图 11－4 所示。

⑤ 点击 OK，对得出的结果进行分析，见表 11－3。

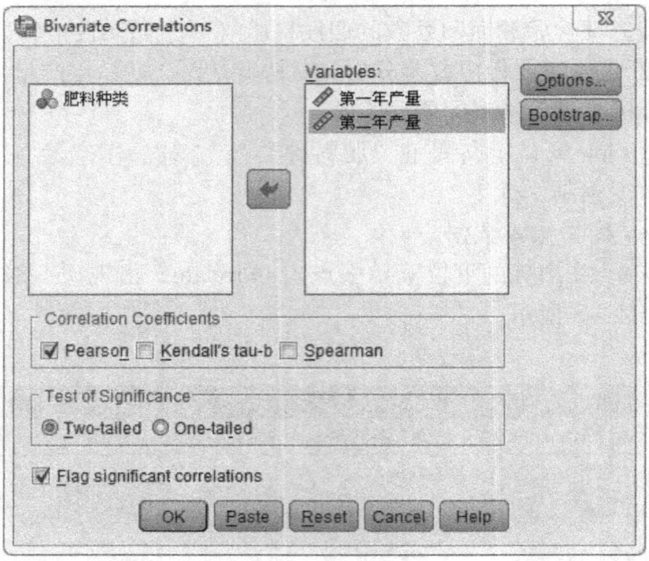

图 11－4 Bivariate 窗口

表 11－3 Correlations

		第一年产量	第二年产量
第一年产量	Pearson Correlation	1	.834 **
	Sig. (2－tailed)		.000
	N	24	24
第二年产量	Pearson Correlation	.834 **	1
	Sig. (2－tailed)	.000	
	N	24	24

**. Correlation is significant at the 0.01 level (2－tailed).

由协变量与因变量的相关分析结果可知，“第一年产量”和“第二年产量”的 Pearson 系数为 0.834 >0.5，即有 99% 的把握认为样本有显著相关关系；P 值为 0.000 <0.05，即有 99% 的把握认为样本的相关关系具有显著性，即不能否认两个变量的总体具有线性相关关系，且有 99% 的把握认为总体的相关系数为 0.834，所以需要做协方差分析。

2）其次，判断样本能不能做协方差分析（斜率同质性检验）：

① 在 Variable View 窗口定义变量“肥料种类”、“第一年产量”和“第二年产量”，并将“肥料种类”变量制作标签。

② 在 Data View 窗口录入数据。

③ 点击 Analyze，在出现的下拉菜单中点击 General Linear Model，出现次一级下拉菜单，然后点击 Univariate，如图 11－5 所示。

④ 在新出现的窗口中将“第二年产量”移进 Dependent Variable 框，将“肥料种类”移进 Fixed Factor 框，将“第一年产量”移进 Covariate 框，如图 11－6 所示。

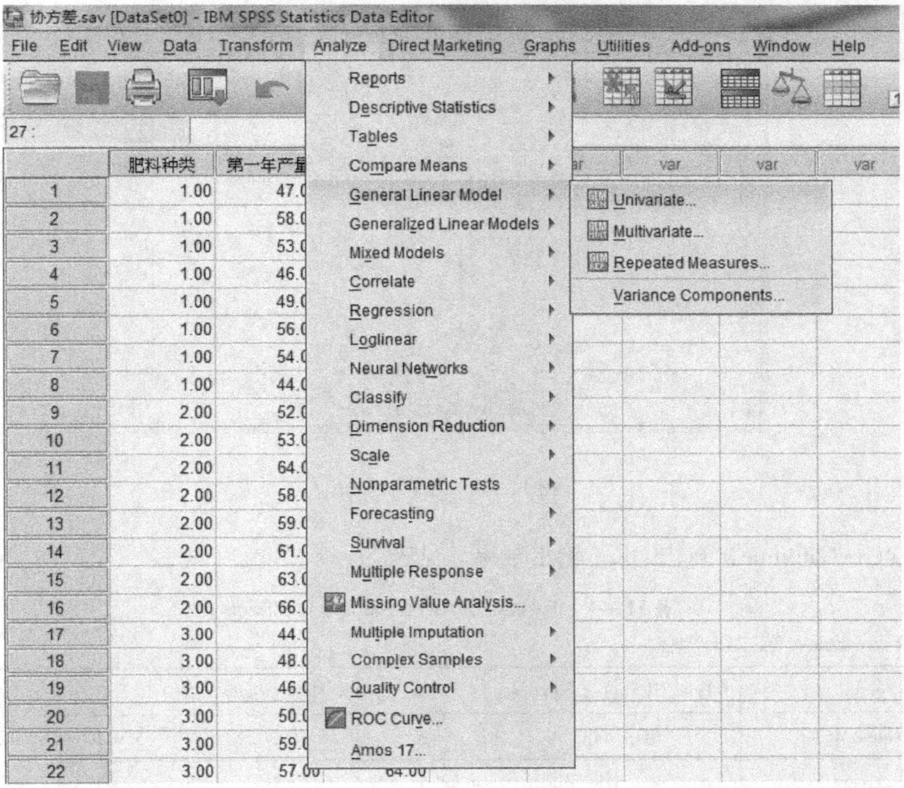

图 11 －5　Analyze 下拉菜单

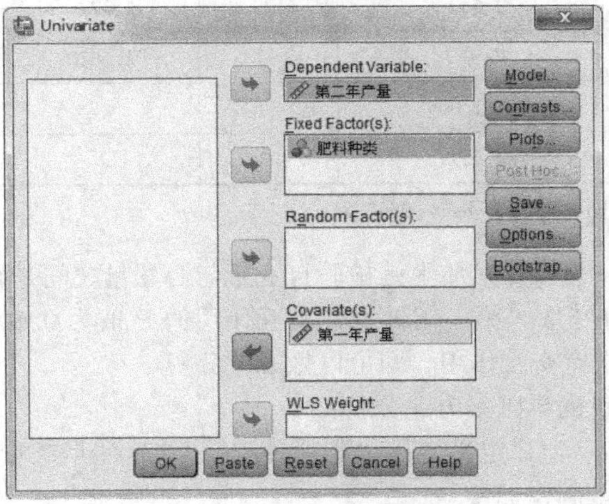

图 11 －6　Univariate 窗口

⑤ 点击 Model，在新出现的窗口中选中 Custom，将“肥料种类”、“第一年产量”和“肥料种类 * 第一年产量”移进 Model 框中，如图 11 －7 所示。

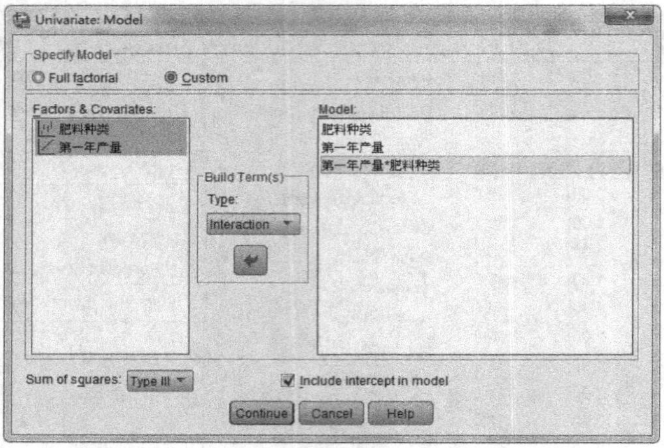

图 11 - 7 Model 窗口

⑥ 点击 Continue，点击 OK，输出结果，见表 11 - 4。

表 11 - 4 Tests of Between-Subjects Effects

Dependent Variable：第二年产量

Source	Type III Sum of Squares	df	Mean Square	F	Sig.
Corrected Model	845.448[a]	5	169.090	65.911	.000
Intercept	.518	1	.518	.202	.659
肥料种类	3.561	2	1.780	.694	.512
第一年产量	775.009	1	775.009	302.100	.000
肥料种类 * 第一年产量	2.653	2	1.327	.517	.605
Error	46.177	18	2.565		
Total	89101.000	24			
Corrected Total	891.625	23			

a. R Squared = .948（Adjusted R Squared = .934）.

对结果进行分析：该操作实质上是检验自变量与协变量之间是否有交互作用，结果显示："肥料种类" 和协变量 "第一年种类" 交互作用的 P 值为 $0.605 > 0.05$，满足斜率同质性假设，说明两者没有交互作用，即可以做方差分析。

（3）进行有协变量的单因素方差分析：

1）在 Variable View 窗口定义变量 "肥料种类"、"第一年产量" 和 "第二年产量"，并将 "肥料种类" 变量制作标签。

2）在 Data View 窗口录入数据。

3）点击 Analyze，在出现的下拉菜单中点击 General Linear Model，出现次一级下拉菜单，然后点击 Univariate。

4）在新出现的窗口中将 "第二年产量" 移进 Dependent Variable 框，将 "肥料种类"

移进 Fixed Factor 框，将“第一年产量”移进 Covariate 框，如图 11－8 所示。

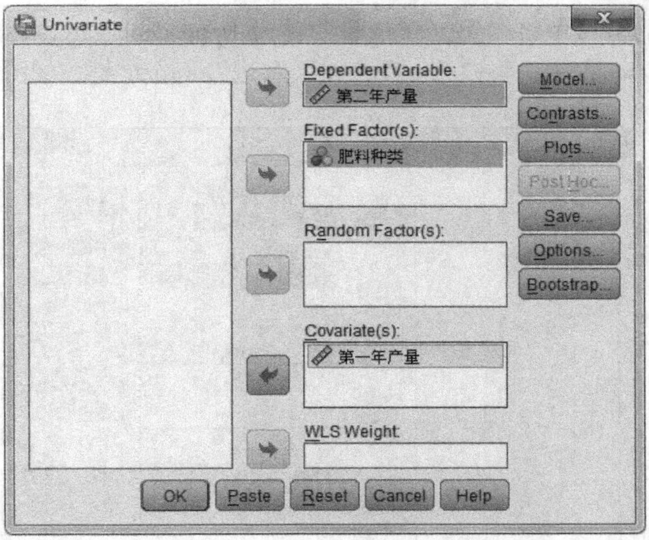

图 11－8　单因素协方差分析窗口

5）点击 OK，输出结果，见表 11－5。

表 11－5　Tests of Between-Subjects Effects

Dependent Variable：第二年产量

Source	Type III Sum of Squares	df	Mean Square	F	Sig.
Corrected Model	842.795[a]	3	280.932	115.064	.000
Intercept	.547	1	.547	.224	.641
第一年产量	782.045	1	782.045	320.310	.000
肥料种类	222.841	2	111.420	45.636	.000
Error	48.830	20	2.442		
Total	89101.000	24			
Corrected Total	891.625	23			

a. R Squared ＝.945（Adjusted R Squared ＝.937）.

（4）对结果进行分析：由表可得检验统计量 $F=45.636$，P 值为 $0.000<0.05$，说明不同肥料种类对第二年的产量有显著影响。

1）做单因素协方差分析的同时，还能分析哪种肥料的效果最佳，其 SPSS 操作步骤如下：

① 在 Variable View 窗口定义变量“肥料种类”、“第一年产量”和“第二年产量”，并将“肥料种类”变量制作标签。

② 在 Data View 窗口录入数据。

③ 点击 Analyze，在出现的下拉菜单中点击 General Linear Model，出现次一级下拉菜单，然后点击 Univariate。

④ 在新出现的窗口中将“第二年产量”移进 Dependent Variable 框中，将“肥料种类”移进 Fixed Factor 框中，将“第一年产量”移进 Covariate 框，如图 11 - 9 所示。

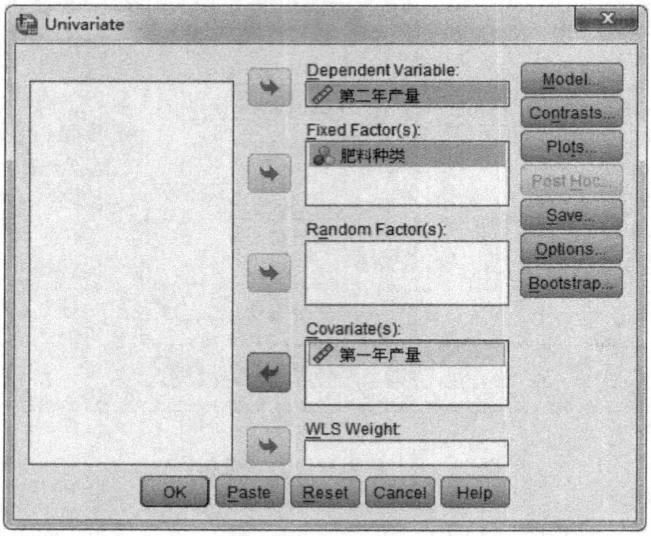

图 11 - 9　Univariate 窗口

⑤ 点击 Options，在新出现的窗口中勾选 Descriptive Statistics，如图 11 - 10 所示。

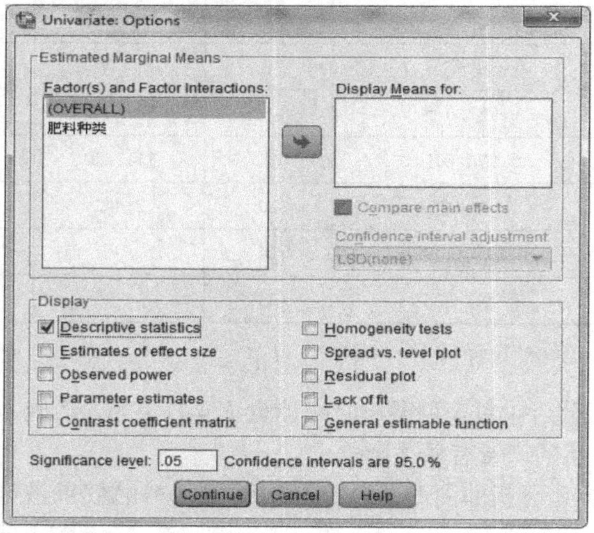

图 11 - 10　Options 窗口

⑥ 点击 Continue，点击 OK，输出结果，见表 11 - 6。

表 11 - 6 Descriptive Statistics

Dependent Variable：第二年产量

肥料种类	Mean	Std. Deviation	N
A	58.3750	6.47936	8
B	61.7500	5.65054	8
C	61.7500	6.69221	8
Total	60.6250	6.22626	24

对结果进行分析：由 Descriptive Statistics 表可知，不同种类的化肥均值不相等，因此采用离散系数中的标准差系数对样本代表性大小进行比较（代表性越佳标准差系数越小）。由于肥料 B 均值最大，方差最小，即标准差系数最小，所以，肥料 B 效果更佳。

2）此外，我们还可以分析第一年产量和第二年产量的关系如何，其 SPSS 操作步骤如下：

① 在 Variable View 窗口定义变量“肥料种类”、“第一年产量”和“第二年产量”，并将“肥料种类”变量制作标签。

② 在 Data View 窗口录入数据。

③ 点击 Analyze，在出现的下拉菜单中点击 General Linear Model，出现次一级下拉菜单，然后点击 Univariate。

④ 在新出现的窗口中将“第二年产量”移进 Dependent Variable 框中，将“肥料种类”移进 Fixed Factor 框中，将“第一年产量”移进 Covariate 框中，如图 11 - 11 所示。

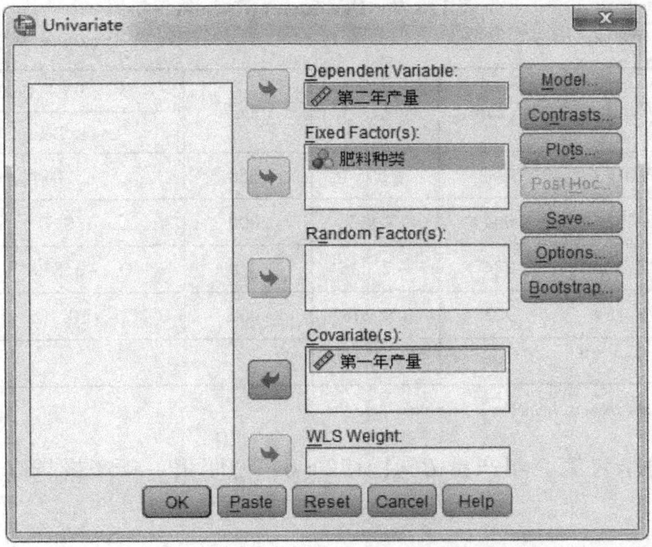

图 11 - 11 Univariate 窗口

⑤ 点击 Options，在新出现的窗口中勾选 Parameter estimates，如图 11 - 12 所示。

⑥ 点击 Continue，点击 OK，点击 OK，输出结果，见表 11 - 7。

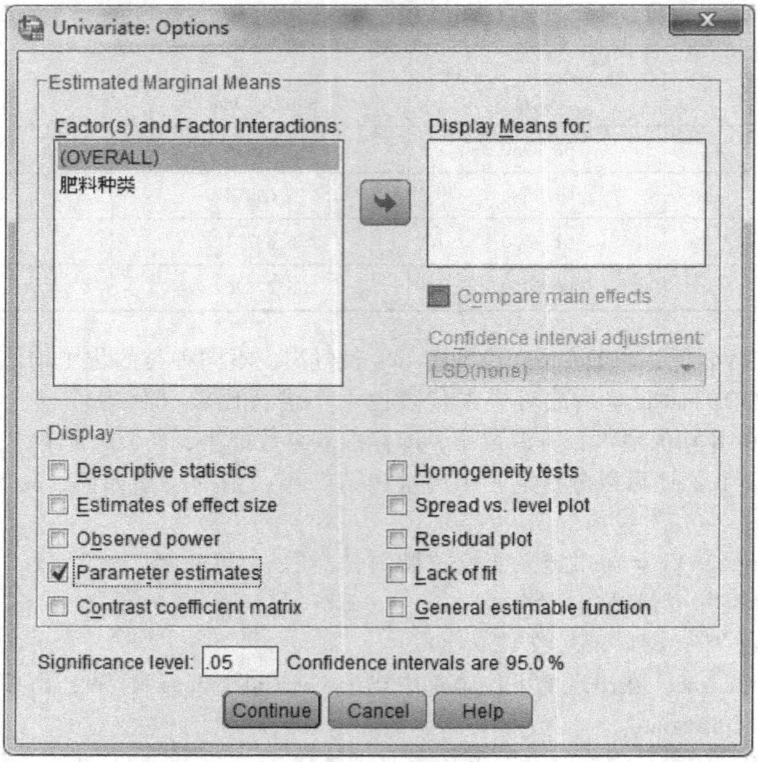

图 11－12 Options 窗口

表 11－7 Parameter Estimates

Dependent Variable：第二年产量

Parameter	B	Std. Error	t	Sig.	95% Confidence Interval	
					Lower Bound	Upper Bound
Intercept	2.013	3.383	.595	.558	－5.044	9.071
第一产量	1.152	.064	17.897	.000	1.017	1.286
[肥料种类＝1]	－2.223	.784	－2.836	.010	－3.859	－.588
[肥料种类＝2]	－8.781	.923	－9.518	.000	－10.705	－6.856
[肥料种类＝3]	0[a]					

a. This parameter is set to zero because it is redundant.

对结果进行分析：第一年产量 $B = 1.152 > 0$，说明第一年产量越高在施肥后第二年产量也越高。

11.3 双因素协方差分析

在实际问题的研究中，有时需要考虑两个因素对实验结果的影响。例如饮料销售，除了关心饮料品牌之外，我们还想了解销售地区是否影响销售量，如果在不同的地区，销售量存在显著的差异，就需要分析原因，采用不同的销售策略，使该饮料品牌在市场占有率高的地区继续深入人心，保持领先地位；在市场占有率低的地区，进一步扩大宣传，让更多的消费者了解、接受该产品。若把饮料的品牌看作影响销售量的因素A，饮料的销售地区则是影响因素B。对因素A和因素B同时进行分析，属于双因素方差分析的内容，但是不同的年龄对品牌认知不同，因此，在研究品牌和销售地区对销售量是否有影响时必须考虑年龄因素，这就是双因素协方差分析。

双因素协方差分析（double factor variance analysis）有两种类型：一个是无交互作用的双因素协方差分析，它假定因素A和因素B的效应之间是相互独立的，不存在相互关系；另一个是有交互作用的双因素协方差分析，它假定因素A和因素B的结合会产生出一种新的效应。例如，若假定不同地区的消费者对某种品牌有与其他地区消费者不同的特殊偏爱，这就是两个因素结合后产生的新效应，属于有交互作用的背景；否则，就是无交互作用的背景。

（1）无交互作用的双因素协方差分析：

例 11.2 对五个马铃薯品种进行产量比较试验，各种3个小区，每个小区各种12株，但由于干旱及病虫害等原因，收获时不全为12株，每小区的株数 x 及产量（单位：kg）的观测值见表11－8。

表 11－8 不同品种不同小区的马铃薯产量

小区	品种				
	1	2	3	4	5
一	8，2.85	10，4.24	12，3.00	11，4.94	10，2.88
二	10，3.14	12，4.50	7，2.75	12，5.84	10，4.06
三	12，3.88	10，3.86	9，2.82	10，4.94	9，2.89

本题中，由于株数不同，会直接影响产量，所以将株数 x 作为协变量，马铃薯品种和小区作为自变量，产量为因变量，SPSS操作过程如下：

1）在 Variable View 窗口定义变量“小区”、“品种”、“株数”和“产量”并对变量“小区”、“品种”做变量值标签。

2）在 Data View 窗口录入相应数据。

3）点击 Analyze，在出现的下拉菜单中点击 General Linear Model，出现次一级下拉菜单，点击 Univariate，如图11－13所示。

4）在新窗口中，将变量“产量”移进 Dependent Variable 框中，将变量“小区”、“品种”移进 Fixed Factor（s）框中，将变量“株数”移进 Covariate（s）框中，如图11－14所示。

5）点击 Model，在新窗口中勾选 Custom，将变量“小区”、“品种”、“株数”分别移进 Model 框中，并将 Type 改为 Main effects，如图11－15所示。

6）点击 Continue，点击 OK，分析结果，见表11－9。

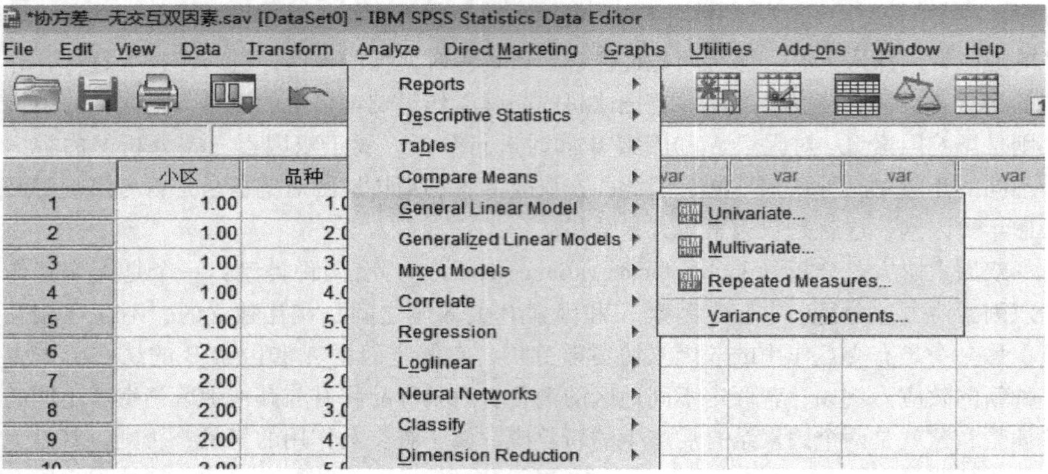

图 11 – 13 Analyze 下拉菜单

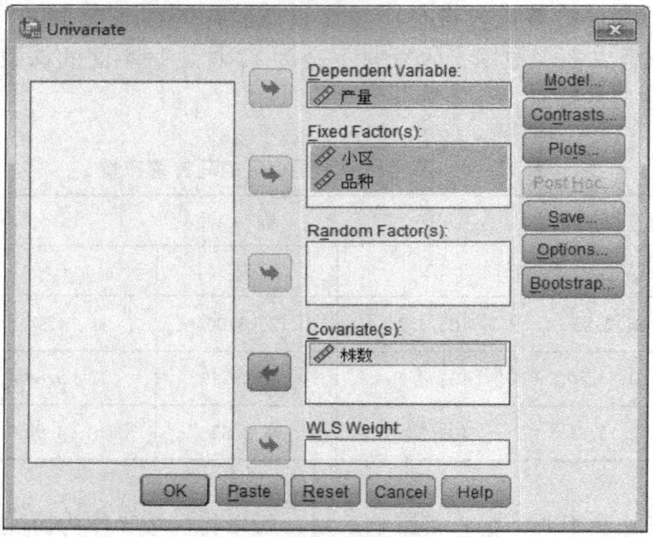

图 11 – 14 Univariate 窗口

表 11 – 9 Tests of Between-Subjects Effects

Dependent Variable：产量

Source	Type III Sum of Squares	df	Mean Square	F	Sig.
Corrected Model	12. 376[a]	7	1. 768	14. 556	. 001
Intercept	1. 003	1	1. 003	8. 254	. 024
小区	. 605	2	. 302	2. 489	. 153
品种	7. 124	4	1. 781	14. 664	. 002
株数	. 781	1	. 781	6. 432	. 039
Error	. 850	7	. 121		
Total	226. 722	15			
Corrected Total	13. 226	14			

a. R Squared = . 936 （Adjusted R Squared = . 871）.

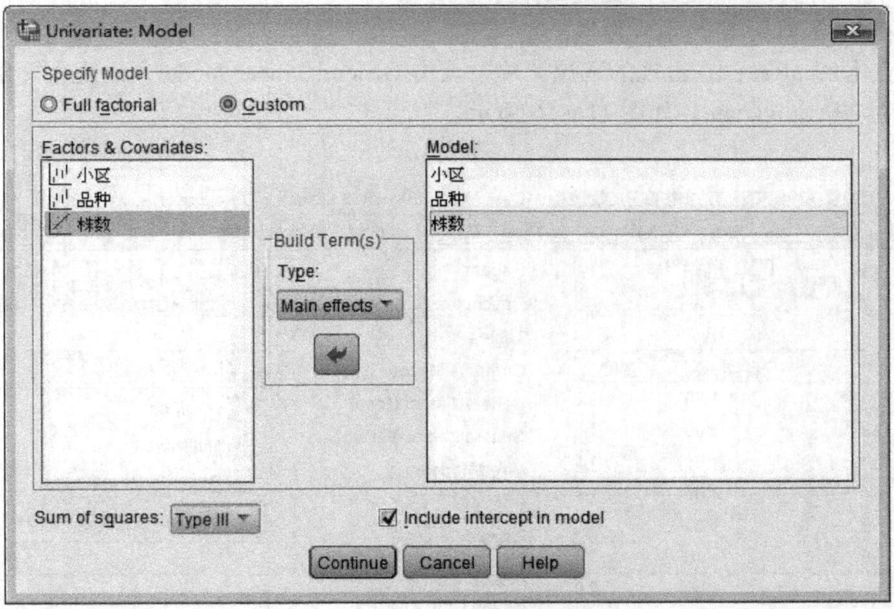

图 11－15 Model 窗口

分析结果如表 11－9 所示，由表可知，小区的 P 值为 0.153 >0.05，说明不同小区对产量没有显著影响；马铃薯品种的 P 值 0.002 <0.05，说明不同种类对产量有显著影响。

因此，检验各小区的产量矫正后没有显著差异，各品种的产量矫正后有极显著差异。

（2）有交互作用的双因素协方差分析。某园艺家研究鲜花的种类和湿度对出售鲜花量的影响。因为试验田的大小不等，故把试验田的大小作为协变量，每个试验田重复 6 次。资料见表 11－10。试分析鲜花出售量与鲜花的种类和湿度的关系。

表 11－10 鲜花的种类和湿度对鲜花的出售量影响

种类\ 湿度	湿度低 B1		湿度高 B2	
花种 LP	15，98	4，60	10，71	12，80
	7，77	9，80	14，86	13，82
	14，95	5，64	2，46	3，55
花种 WB	4，55	5，60	11，76	10，68
	8，75	7，65	2，43	3，47
	13，87	11，78	7，62	9，70

1）判断是否满足协方差条件。SPSS 步骤如下：

① 在 Variable View 窗口定义变量“种类”、“湿度”、“出售鲜花量”和“试验田大

小”，并将“种类”、“湿度”变量制作标签。

② 在 Data View 窗口录入数据。

③ 点击 Analyze，在出现的下拉菜单中点击 General Linear Model，出现次一级下拉菜单，然后点击 Univariate，如图 11－16 所示。

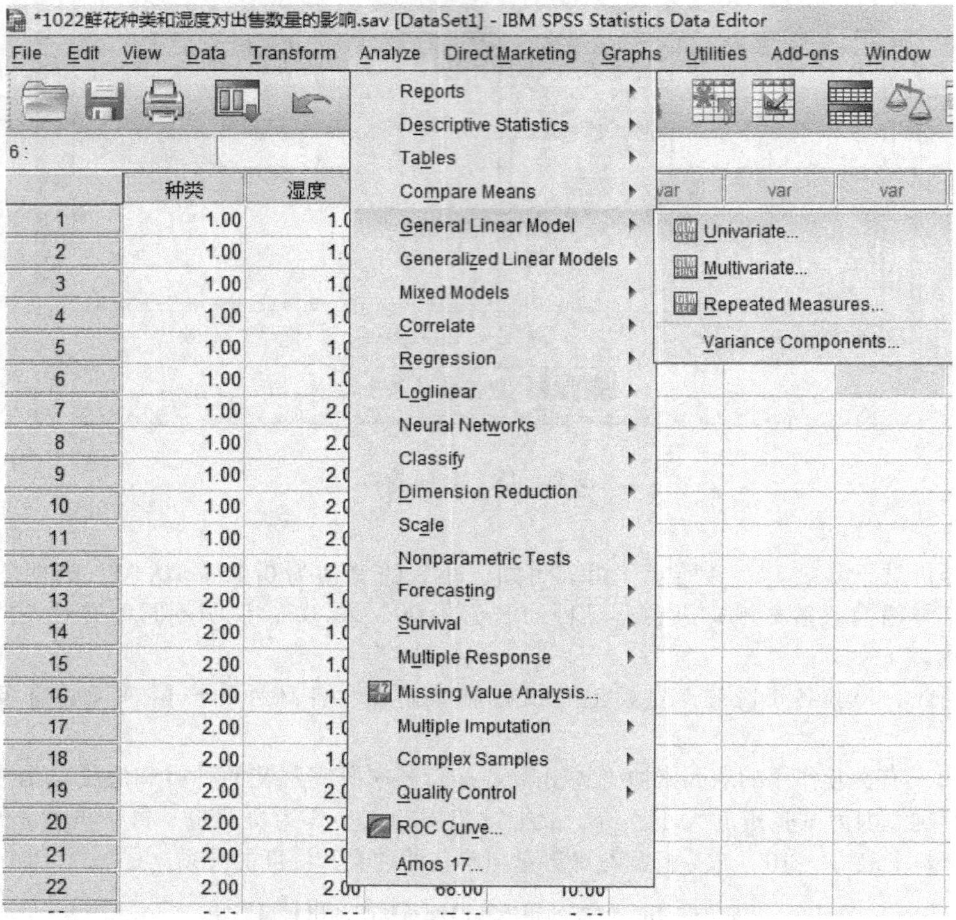

图 11－16 Analyze 下拉菜单

④ 在新出现的 Univariate 窗口中，将“出售鲜花量”变量作为因变量移进 Dependent Variable 框中，将“种类”、“湿度”作为自变量移进 Fixed Factor（s）框中，将协变量“试验田大小”移进 Covariate（s）框中，如图 11－17 所示。

⑤ 点击 Model，勾选 Custom，将影响因素“湿度”、“种类”、“试验田大小”、“湿度 * 种类 * 试验田大小”和“湿度 * 种类”移进右侧 Model 框中，如图 11－18 所示。

⑥ 点击 Continue，点击 OK，对得出的结果进行分析，见表 11－11。

2）进行协方差分析。由表 11－11 可知，“湿度 * 种类 * 试验田大小”的交互项的 P 值为 $0.67 > \alpha = 0.05$，所以可以进行下一步操作。

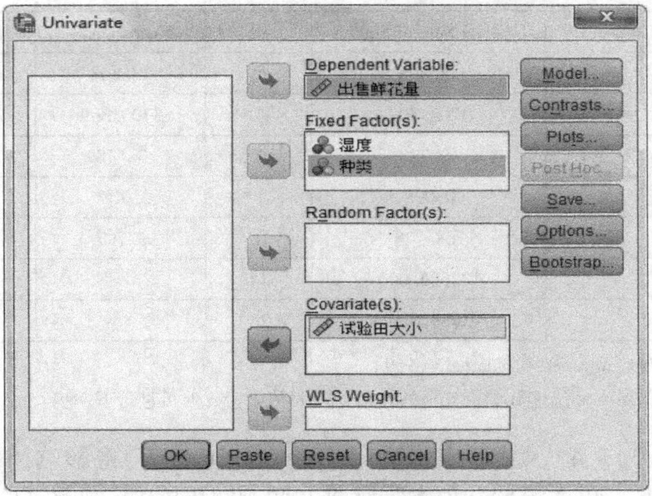

图 11－17 Univariate 窗口

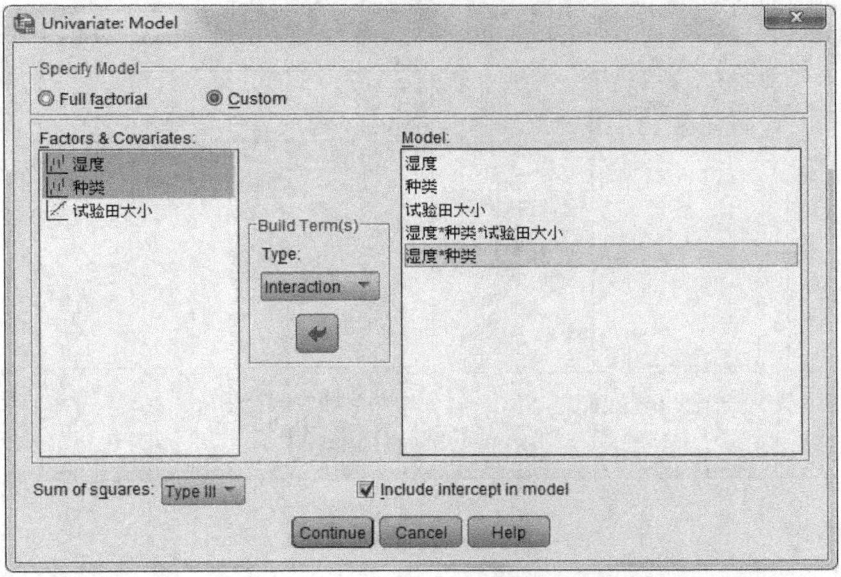

图 11－18 Model 窗口

表 11－11 Tests of Between-Subjects Effects

Dependent Variable：出售鲜花量

Source	Type III Sum of Squares	df	Mean Square	F	Sig.
Corrected Model	4977.252[a]	7	711.036	104.614	.000
Intercept	7684.973	1	7684.973	1130.685	.000
湿度	44.035	1	44.035	6.479	.022

续表 11－11

Source	Type III Sum of Squares	df	Mean Square	F	Sig.
种类	38.808	1	38.808	5.710	.030
试验田大小	3703.309	1	3703.309	544.866	.000
湿度 * 种类 * 试验田大小	10.733	3	3.578	.526	.670
湿度 * 种类	0.028	1	.028	.004	.950
Error	108.748	16	6.797		
Total	122686.000	24			
Corrected Total	5086.000	23			

a. R Squared ＝.979（Adjusted R Squared＝.969）.

（分析协变量 X 与花种 A 和湿度 B 的交互项的 P 值，当 P 值大于 α 时可进行下一步）

7）重复步骤 3）、4），然后点击 Model，勾选 Custom，将影响因素“湿度”、“种类”、“试验田大小”和“湿度＊种类”移进右侧 Model 框中，如图 11－19 所示。

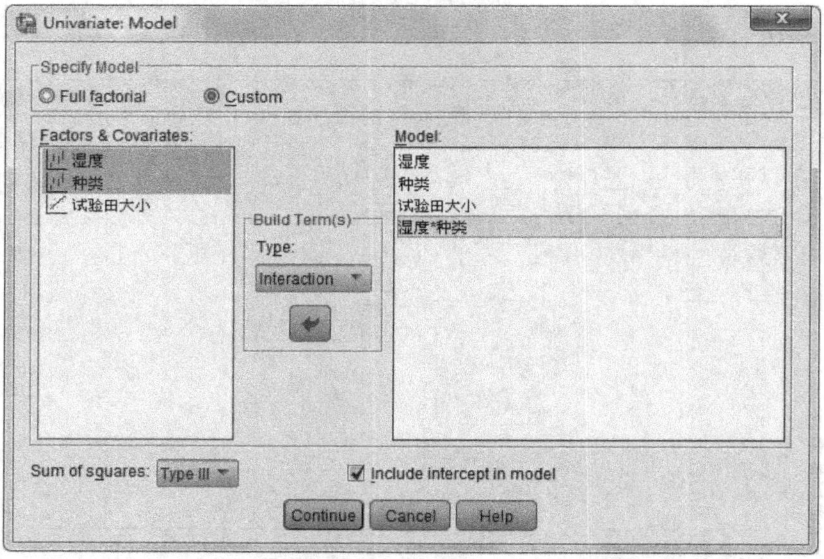

图 11－19　Model 窗口

8）点击 Continue，点击 OK，对得出的结果进行分析，见表 11－12。

表 11－12　Tests of Between-Subjects Effects

Dependent Variable：出售鲜花量

Source	Type III Sum of Squares	df	Mean Square	F	Sig.
Corrected Model	4966.519[a]	4	1241.630	197.445	.000
Intercept	8218.183	1	8218.183	1306.863	.000
湿度	323.849	1	323.849	51.499	.000
种类	96.602	1	96.602	15.362	.001

续表 11－12

Source	Type III Sum of Squares	df	Mean Square	F	Sig.
试验田大小	3994. 519	1	3994. 519	635. 212	. 000
湿度 * 种类	16. 042	1	16. 042	2. 551	. 127
Error	119. 481	19	6. 288		
Total	122686. 000	24			
Corrected Total	5086. 000	23			

a. R Squared = . 977 (Adjusted R Squared = . 972).

（最好大于80%，大于70%勉强，与影响因素的选择有关）

由表 11－12 可知，“湿度”、“种类”和“试验田大小”的 P 值小于 0. 05，“湿度 * 种类”的 P 值大于 0. 05，即湿度、种类、试验田大小对鲜花销售数量均有影响，但是与种类交互没有影响。

参考文献

[1] 贾俊平，何晓群，金勇进．管理统计学［M］．2 版．北京：中国人民大学出版社，2014.
[2] 王梓坤．概率论基础及其应用［M］．北京：科学出版社，2013.
[3] W. W. 丹民尔，loc. 特勒若，陈鹤琴，等译，经营管理统计学［M］．北京：中国商业出版社，2014.
[4] R. I. 莱文警，杨美煊，等编译．管理统计［M］．北京：电子工业出版社，2015.
[5] M. 费史，著，王福保，译．概率论及数理统计［M］．上海科学技术出版社，2012.
[6] 卢纹岱，SPSS for Windows 统计分析［M］．3 版．北京：电子工业出版社，2014.
[7] 薛薇．统计软件分析与 SPSS 的应用［M］．北京：中国人民大学出版社，2011.
[8] 余锦华，杨维权．多元核计分析与应用［M］．广州：中山大学出版社，2015.
[9] 薛薇，SPSS 统计分析方法及应用［M］．4 版．北京：电子工业出版社，2014.
[10] 张文彤，SPSS 11 统计分析教程——高级篇［M］．北京：北京希望电子出版社，2015.
[11] Richard A. Johnson，Dean W. Wichern. Applied Multivariate Statistical Analysis［M］．北京：中国统计出版社，2013.
[12]［美］John A. Rice. 数理统计与数据分析［M］．北京：机械工业出版社，2013.
[13] 杜金观，项静怡，戴俭华．时间序列分析——建模与预报［M］．合肥：安徽教育出版社，2012.
[14] 中国统计年鉴（2012）［M］．北京：中国统计出版社，2012.

冶金工业出版社部分图书推荐

书　名	作　者	定价（元）
管理信息系统	宋宇辰	45.00
管理信息系统——IT 管理导向的理论与实践	周　鸿	48.00
管理学概论	杨红娟	29.00
概率统计	刘筱萍　等	16.00
离散数学概论	周丽珍	25.00
粒子群优化算法	李　丽　牛　奔	20.00
论数学真理	李浙生	25.00
模糊数学及其应用（第 2 版）	李安贵	22.00
数学规划及其应用（第 3 版）	范玉妹　等	49.00
数学建模入门	焦云芳	20.00
数学物理方程	魏培君	20.00
冶金工程数学模型及应用基础	张延玲	28.00
冶金过程数学模型与人工智能应用	龙红明	28.00
轧制过程数学模型	任　勇　程晓茹	20.00
最优化原理与方法	薛嘉庆	18.00
线性代数——Excel 版教学用书	颜宁生	22.00
数值分析（第 2 版）	张　铁　阎家斌	22.00
C 语言程序设计	邵回祖	27.00
JSP 程序设计案例教程	刘丽华　付晓东	30.00
UG NX7.0 三维建模基础教程	王庆顺	42.00
创新思维、方法和管理	张正华　雷晓凌	26.00